I0049852

Chabot de l'Allier
Commentaire sur la loi des successions
Tome 3

39261

COMMENTAIRE

SUR

LA LOI DES SUCCESSIONS.

IMPRIMERIE DE Mᵐᵉ JEUNEHOMME-CRÉMIÈRE,
RUE HAUTEFEUILLE, Nᵒ 20.

COMMENTAIRE

SUR

LA LOI DES SUCCESSIONS,

FORMANT LE TITRE PREMIER

DU LIVRE TROISIÈME DU CODE CIVIL.

PAR M. CHABOT DE L'ALLIER,

Commandeur de l'ordre royal de la Légion d'Honneur, conseiller à la Cour de cassation, inspecteur-général des Ecoles de droit.

CINQUIÈME ÉDITION.

TOME TROISIÈME.

A PARIS,

Chez NÈVE, LIBRAIRE DE LA COUR DE CASSATION, SALLE NEUVE DU PALAIS DE JUSTICE, Nº 9.

1818.

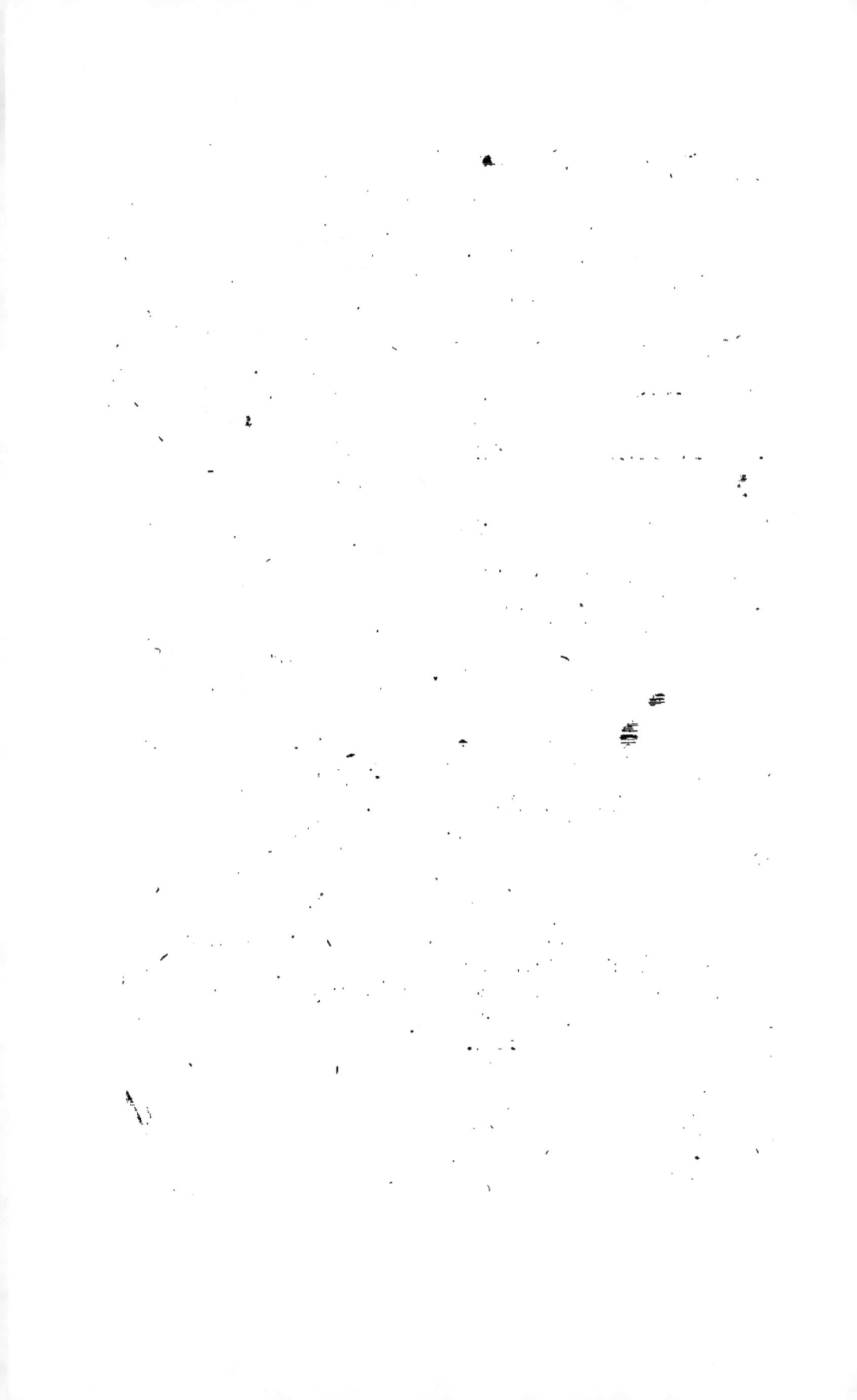

COMMENTAIRE

SUR

LA LOI DES SUCCESSIONS.

ARTICLE 801.

L'héritier qui s'est rendu coupable de recélé, ou qui a omis sciemment et de mauvaise foi, de comprendre dans l'inventaire des effets de la succession, est déchu du bénéfice d'inventaire.

1. LA loi accorde bien à l'héritier présomptif la faveur de modifier son acceptation, en ne se portant qu'héritier bénéficiaire; mais il peut renoncer à cette faveur, lors même que d'abord i a manifesté la volonté d'en jouir.

Il y renonce, lorsque ne se bornant pas aux actes d'un héritier bénéficiaire, il fait des actes d'héritier pur et simple.

Il y renonce, lorsqu'il dispose des effets de la

succession , soit publiquement, comme s'il en
était propriétaire, soit clandestinement, en cherchant à se les approprier, au préjudice des autres
héritiers et des créanciers.

2. La disposition de l'art. 801, qui déclare
déchu du bénéfice d'inventaire, l'héritier qui a
recélé, ou omis, sciemment et de mauvaise foi,
de comprendre dans l'inventaire des effets de la
succession , est fondée sur les mêmes motifs que
la disposition de l'art. 792 , et les diverses observations que j'ai déjà faites sur l'une, doivent également s'appliquer à l'autre.

Il faut notamment remarquer que la disposition de l'art. 801 ne peut, pas plus que la disposition de l'art. 792 , être appliquée aux mineurs , même émancipés, puisque ces mineurs
ne peuvent jamais être héritiers que sous bénéfice d'inventaire , et ne peuvent conséquemment
faire aucun acte qui les rende héritiers purs et
simples. Lors même qu'ils seraient *doli capaces*,
ils ne pourraient être cependant punis par la
déchéance du bénéfice d'inventaire, parce qu'ils
n'ont pas la capacité légale de se rendre héritiers purs et simples, et qu'ainsi aucun fait de
leur part, et même aucun délit, ne peut leur
conférer cette qualité. (*Voyez* le n° 4.)

3. L'héritier majeur, qui n'aurait pas fait comprendre dans l'inventaire des objets qu'il ne connaissait pas, ou qui, sans mauvaise foi, aurait

omis d'en faire comprendre quelques-uns dont il avait connaissance, ne serait pas dans le cas de la déchéance du bénéfice d'inventaire ; l'art. 801 ne prononce cette déchéance, que lorsque l'héritier a omis *sciemment et de mauvaise foi.*

Mais si, après l'inventaire, l'héritier découvrait des objets, ou non inventoriés, parce qu'il ne les connaissait pas, ou omis par erreur, par exemple, s'il acquérait la preuve d'un dépôt fait par le défunt, il devrait s'empresser d'en faire sa déclaration au bas de l'inventaire : autrement son silence deviendrait fraude. Il ne suffit pas qu'il ait été de bonne foi pendant un certain temps ; il doit l'être pendant tout le temps qu'il se trouve chargé des affaires de la succession.

4. Il n'est pas dit dans l'art. 801, comme il a été dit dans l'art. 792, que l'héritier déchu du bénéfice d'inventaire et devenu héritier pur et simple, ne peut prétendre aucune part dans les objets qu'il a recélés, ou qu'il a omis, sciemment et de mauvaise foi, de comprendre dans l'inventaire.

Mais il faut évidemment lui appliquer à cet égard la disposition de l'art. 792, puisqu'il y a mêmes motifs ; il ne peut pas être traité plus favorablement que l'héritier présomptif qui, sans avoir fait la déclaration de bénéfice d'inventaire, aurait, comme lui, recélé ou diverti des effets

I.

de la succession. Il y a de la part de l'un , comme
de la part de l'autre , fraude et larcin, et l'on
pourrait dire même que l'héritier qui a déclaré
accepter sous bénéfice d'inventaire , est encore
plus coupable, puisqu'en prenant la qualité d'héritier bénéficiaire , il a contracté l'obligation de
conserver et d'administrer de bonne foi les biens
de la succession.

Je pense même que le mineur, qui aurait diverti ou recélé des effets de la succession , quoiqu'il ne puisse être déchu du bénéfice d'inventaire et déclaré héritier pur et simple , devrait
être puni, s'il était *doli capax*, par la privation de
la part qu'il aurait eue, en concours avec d'autres
héritiers, dans les objets qu'il a divertis ou recélés.

5. L'héritier qui est déchu du bénéfice d'inventaire, se trouve nécessairement héritier pur
et simple ; car il a accepté la succession , et conséquemment il ne peut plus y renoncer.

ARTICLE 802.

L'effet du bénéfice d'inventaire est de
donner à l'héritier l'avantage ,

1° De n'être tenu du paiement des
dettes de la succession , que jusqu'à
concurrence des biens qu'il a recueillis,

même de pouvoir se décharger du paiement des dettes, en abandonnant tous
les biens de la succession aux créanciers
et aux légataires;

2° De ne pas confondre ses biens
personnels avec ceux de la succession,
et de conserver contre elle le droit de
réclamer le paiement de ses créances.

1. Déjà il a été dit sur les articles qui précèdent,
que le bénéfice d'inventaire consiste principalement en ce que l'héritier bénéficiaire n'est tenu
d'acquitter les dettes et les charges de la succession, que jusqu'à la concurrence de la valeur des
biens qu'il a recueillis. Il faut voir maintenant
quels sont les autres effets de ce bénéfice.

L'héritier bénéficiaire n'étant tenu des dettes
et des charges, que jusqu'à concurrence de la
valeur des biens de la succession, il s'ensuit qu'il
n'en est tenu que sur les biens même de l'hérédité, qu'ainsi ses biens personnels n'y sont pas
obligés, qu'ainsi ses biens personnels ne sont pas
confondus avec ceux de la succession.

L'héritier pur et simple se trouve obligé sur
ses biens propres, comme sur les biens de l'hérédité, parce qu'il a pris, sans réserve, la place du
défunt, et qu'il a volontairement consenti à le représenter entièrement; mais l'héritier bénéficiaire

n'ayant accepté qu'avec la condition restrictive de ne rien payer au-delà des forces de la succession, l'effet nécessaire de cette condition admise par la loi, est qu'il ne peut être obligé au paiement des dettes, que sur les biens qui se trouvent dans l'hérédité.

Le patrimoine personnel de l'héritier bénéficiaire et le patrimoine de la succession demeurent donc distincts et séparés, et il en résulte encore que, si l'héritier bénéficiaire était personnellement créancier du défunt, il ne confond pas cette qualité de créancier avec celle d'héritier, c'est-à-dire, qu'il conserve le droit de se faire payer entièrement sur la succession, avec ses priviléges et ses hypothèques, de même que tous les autres créanciers; au lieu que l'héritier pur et simple ne peut exercer sa créance sur les biens de l'hérédité, même lorsqu'elle est privilégiée ou hypothécaire, qu'après que toutes les dettes et les charges de la succession ont été acquittées, et en supporte même sa portion virile, en concours avec d'autres héritiers.

Enfin, l'héritier bénéficiaire jouit encore du privilége d'abandonner aux créanciers et aux légataires, tous les biens de la succession, pour se décharger du paiement des dettes, et des embarras de l'administration qu'il avait entreprise, au lieu que l'héritier pur et simple est irrévocable-

ment obligé au paiement des dettes, et n'a pas
la faculté, pour s'y soustraire, d'abandonner les
biens, ni de renoncer à la succession.

Sur ces divers effets du bénéfice d'inventaire,
il sera utile de présenter quelques observations.

2. De ce que le patrimoine personnel de l'héritier bénéficiaire et le patrimoine de la succession restent distincts et séparés, de ce que l'héritier bénéficiaire conserve le droit de réclamer
contre la succession le paiement de ses créances
personnelles contre le défunt, et qu'ainsi sa qualité de créancier et sa qualité d'héritier ne sont
pas confondues, il résulte :

1° Qu'en ce qui concerne ses droits personnels, l'héritier bénéficiaire ne peut être lié par
les faits du défunt; qu'en conséquence, si ses
biens propres avaient été vendus par le défunt,
il peut exercer l'action en revendication ou en
désistement contre les tiers-détenteurs; que ceux-
ci ne pourraient lui opposer qu'il est garant des
faits du défunt, comme étant son héritier; qu'ils
ne pourraient lui opposer la maxime, *quem de
evictione tenet actio, eum agentem repellit exceptio*, ainsi qu'ils le pourraient à l'égard de l'héritier pur et simple, et que seulement ils auraient
à prétendre une indemnité contre la succession ;

2° Que, si, avant l'ouverture de la succession,
l'héritier bénéficiaire avait acquis une hypothèque
sur des biens du défunt, il peut la faire valoir et

l'exercer, soit contre les acquéreurs de ces biens,
soit contre les autres créanciers hypothécaires;.

3° Qu'en un mot, il a le droit d'exercer contre
et sur la succession, toutes les actions et tous les
droits qu'il avait contre le défunt, de même que
s'il n'était pas héritier, et en conséquence qu'il
n'est pas même tenu de faire déduction sur sa
créance, d'une portion virile égale à la portion
virile pour laquelle il est appelé à succéder. Autrement, en effet, si les biens de la succession ne
suffisaient pas pour acquitter toutes les dettes et
toutes les charges, il perdrait réellement la portion de sa créance, dont la déduction aurait été
faite, et se trouverait ainsi personnellement
chargé d'une partie des dettes de l'hérédité.

3. Mais comment et contre qui l'héritier bénéficiaire peut-il exercer les actions qu'il avait
contre le défunt, et réclamer ses créances?

Il a été statué à cet égard par l'art. 996 du
Code de procédure civile, qui dispose que.
les actions à intenter par l'héritier bénéficiaire
contre la succession, seront intentées contre les
autres héritiers, et que, s'il n'y a pas d'autres
héritiers, ou qu'elles soient intentées par tous
conjointement, elles le seront contre un curateur
au bénéfice d'inventaire, nommé en la même
forme que le curateur à la succession vacante.

D'après les termes de cet article, on voit que
l'action ne doit être formée contre un curateur

au bénéfice d'inventaire , que lorsque l'héritier bénéficiaire se trouve seul héritier , ou lorsque l'action appartient également à tous les héritiers bénéficiaires et qu'il n'y a pas d'autres héritiers qui aient accepté purement et simplement ; mais que , si l'action n'appartenait qu'à un seul des héritiers bénéficiaires , il devrait la former contre les autres , et que , si elle appartenait à tous les héritiers bénéficiaires , ils devraient la former contre les héritiers purs et simples.

4. L'art. 2258 du Code civil , dispose que la prescription ne court pas contre l'héritier bénéficiaire à l'égard des créances qu'il a contre la succession ; la raison est que l'héritier bénéficiaire ayant la possession des biens de l'hérédité dans l'intérêt de toutes les personnes qui ont des droits sur la succession , jouit aussi pour lui-même , et qu'ainsi sa possession empêche que la prescription coure contre lui.

Mais aussi , par ce même motif , il me semble que , si l'héritier bénéficiaire n'est pas seul héritier , et si en conséquence il n'a pas seul la possession de l'hérédité , la prescription court . contre lui à l'égard des portions de sa créance , qui sont à la charge des autres héritiers , pour leurs portions viriles.

5. Doit-on comprendre dans les biens de la succession , sur lesquels l'héritier bénéficiaire est tenu d'acquitter les dettes et les charges ,

1° La part qu'il prend dans les objets qui sont

rapportés par ses cohéritiers, en vertu de l'article 843 ;

2° La part qu'il prend, comme héritier à réserve, dans les objets provenant du retranchement de donations entre-vifs consenties par le défunt, et qui excédaient la portion disponible?

Non. Ces biens ne font pas partie de la succession, et les créanciers n'y ont aucun droit.

En effet, d'une part, l'art. 857 dispose que le rapport n'est dû ni aux légataires, ni aux créanciers de la succession; ils ne peuvent donc aucunement profiter de ce rapport, lorsqu'il est fait en faveur d'un héritier bénéficiaire, qui n'est pas leur débiteur, qui n'est pas obligé envers eux, sur ses biens personnels.

D'autre part, l'art. 921 dit formellement que la réduction des dispositions entre-vifs, ne pourra être demandée que par ceux au profit desquels la loi fait la réserve, par leurs héritiers ou ayans-cause, et que les donataires, les légataires, ni les créanciers du défunt, ne pourront demander cette réduction, *ni en profiter.*

Or, les légataires et les créanciers du défunt profiteraient évidemment et du rapport et de la réduction, s'ils pouvaient exercer sur les biens rapportés au profit de l'héritier bénéficiaire, ou sur les biens dont il a obtenu le retranchement par voie de réduction, les droits qu'ils avaient contre

le défunt ou qui leur sont acquis sur la succession.

Les biens n'appartenaient pas au défunt, lors
de son décès, puisqu'il les avait donnés par actes
entre-vifs; ils ne font donc pas partie de sa succession, et ce sont des biens *personnels aux héritiers*, puisque c'est à ces héritiers seuls que la
loi accorde le droit de les réclamer.

Par les mêmes motifs, on ne peut considérer
comme faisant partie de l'hérédité et comme
étant soumis aux dettes et charges de la succession, les biens que l'héritier bénéficiaire avait
reçus du défunt par acte entre-vifs, et dont ses
cohéritiers n'ont pas demandé le rapport.

Il est bien vrai que, si le rapport avait lieu au
profit des cohéritiers qui auraient accepté purement et simplement, les créanciers de la succession et les légataires pourraient exercer leurs
droits sur les biens rapportés à ces cohéritiers,
puisqu'ils peuvent les exercer sur tous les biens,
tant *personnels* qu'héréditaires, qui appartiennent aux héritiers purs et simples.

Mais il n'en est pas moins certain qu'aux termes
de l'art. 857, ils ne peuvent ni exiger eux-mêmes
ce rapport, ni contraindre les héritiers à le demander. La disposition de l'art. 857 contient à
cet égard une exception formelle à la règle établie par l'art. 1166.

Enfin, et toujours par les mêmes motifs, l'héritier bénéficiaire, qui se trouve seul héritier, n'est pas tenu de rapporter, au profit des créanciers et des légataires, lès biens qu'il avait reçus du défunt par acte entre-vifs, et il les garde, sans qu'il soit aucunement soumis aux dettes ni aux charges de la succession.

(*Voyez* les observations sur l'art. 857.)

6. Aux termes de l'art. 802, l'héritier bénéficiaire, qui veut se décharger du paiement des dettes, doit abandonner *tous* les biens de la succession; il ne peut donc abandonner seulement une partie des biens, puisqu'alors il ne serait pas entièrement déchargé du paiement des dettes, puisqu'il aurait encore l'administration de ceux des biens, qu'il n'aurait pas abandonnés.

Les biens qu'il doit abandonner, sont tous ceux qui font partie de la succession, c'est-à-dire, tous ceux qui appartenaient au défunt, lors de son décès.

Dans ces biens ne sont pas compris ceux qui sont énoncés dans le numéro précédent, puisqu'ils ne font pas partie de la succession, puisqu'ils sont biens personnels à l'héritier bénéficiaire, et ne sont pas soumis au paiement des dettes et des charges de l'hérédité.

7. L'art. 802 dit, d'une manière générale, que les biens doivent être abandonnés aux créanciers et aux légataires; l'abandon doit donc être fait à tous les créanciers et à tous les légataires, sans

aucune exception. Si l'héritier bénéficiaire ne faisait l'abandon qu'à quelques-uns des créanciers
ou des légataires, ce serait une disposition qu'il
ferait en leur faveur, et il n'a le droit de disposer
d'aucun bien de la succession, dans sa qualité de
simple héritier bénéficiaire; en disposant, il ferait
acte d'héritier pur et simple.

L'abandon doit être notifié à tous les créanciers et à tous les légataires, pour qu'ils en aient
tous connaissance. Aucun article, ni du Code civil, ni du Code de procédure, n'autorise à faire
au greffe d'un tribunal, la déclaration d'abandon.

8. Il doit être nommé un curateur aux biens
abandonnés, s'il n'y a pas d'autres héritiers. Car
il faut bien qu'il y ait quelqu'un qui gère la succession, contre qui les créanciers et les légataires
puissent exercer leurs actions, sur qui ils puissent
faire vendre les biens, qui ait une qualité légale
pour contester leurs demandes et leurs poursuites, quand elles ne sont pas légitimes, et qui ait
aussi le droit d'administrer les affaires et les biens
de la succession.

Ce n'est pas un curateur à succession vacante,
qui doit être nommé. Dans l'espèce, la succession n'est pas vacante, puisque l'héritier bénéficiaire, en abandonnant les biens aux créanciers
et aux légataires, pour se décharger du paiement
des dettes, ne renonce pas à la succession, et

qu'il ne peut pas même y renoncer: *qui semel hæres, semper hæres*. Il suffit qu'il ait accepté la succession, même sous bénéfice d'inventaire, pour qu'il ne puisse plus la répudier; il suffit qu'il se soit porté volontairement héritier, pour qu'il ne puisse plus cesser de l'être.

Vainement on opposerait que, si l'héritier bénéficiaire restait héritier, après avoir abandonné les biens aux créanciers et aux légataires, ce serait contre lui que les créanciers et les légataires devraient encore exercer leurs actions, puisqu'il serait toujours, comme héritier, le représentant de la succession, puisqu'il serait toujours, comme héritier, saisi des biens.

Je réponds que l'article 802 a sur ce point dérogé à la règle générale, et qu'en effet il serait contradictoire que, d'une part, le législateur eût permis à l'héritier bénéficiaire de faire l'abandon des biens, précisément pour se décharger du paiement des dettes, c'est-à-dire, des affaires relatives à ce paiement, l'héritier bénéficiaire n'étant pas obligé personnellement aux dettes; et que, d'autre part cependant, il eût voulu que les créanciers et les légataires pussent encore diriger leurs actions contre l'héritier bénéficiaire qui aurait fait l'abandon, ce qui obligerait évidemment cet héritier à se mêler toujours du paiement des dettes.

Vainement encore on dirait qu'au moins l'a-

bandon fait par l'héritier bénéficiaire , des biens
de la succession, équivaut à une rénonciation ,
qu'il a les mêmes résultats, les mêmes effets , et
qu'ainsi la différence n'est que dans les mots.

Mais si cela était vrai, il en résulterait que l'héritier bénéficiaire, qui aurait abandonné les biens,
devant être considéré comme ayant renoncé , ne
serait plus tenu de rapporter à ses cohéritiers ce
qui lui avait été donné par le défunt : or, Polhier
décide formellement le contraire dans son *Traité
des Successions*, page 383 , et il se fonde sur ce
que la renonciation que ferait un héritier bénéficiaire, ne serait pas une véritable renonciation
à succession , puisqu'il n'est pas permis de renoncer , après avoir accepté , quoique sous bénéfice
d'inventaire; qu'elle ne serait réellement qu'un
abandon des biens, qui ne dépouillerait pas l'héritier bénéficiaire de la qualité d'héritier dont il
s'est revêtu par son acceptation, et conséquemment ne le déchargerait pas de l'obligation du
rapport, attachée à cette qualité.

Ce qui prouve encore qu'il peut exister une
différence réelle entre une renonciation à succession et un simple abandon des biens, c'est
que, si après l'acquit de toutes les dettes et
charges de la succession, il restait une portion
libre des biens abandonnés, l'héritier bénéficiaire
ne serait exclu de cette portion, qu'autant qu'on

le considérerait comme ayant expressément renoncé.

Or, par qui donc pourrait lui être contestée
cette portion de l'hérédité?

Serait-ce par les créanciers et par les légataires? Mais comme on suppose qu'ils auraient
déjà reçu tout ce qui leur était dû, ils n'auraient
plus rien à réclamer sur la succession et conséquemment ils seraient sans intérêt et sans qualité.

Serait-ce par d'autres héritiers? Mais le bénéficiaire ne serait-il pas bien fondé à leur répondre
que ce n'est pas à eux qu'il a abandonné les biens;
qu'il ne les a abandonnés qu'aux créanciers et
aux légataires, et uniquement pour se débarrasser d'une administration pénible; qu'en un mot
il n'a pas renoncé à la succession, et qu'en conséquence il est toujours héritier?

Et, en effet, si le législateur avait voulu que
l'héritier bénéficiaire ne pût se décharger du
paiement des dettes et des embarras de l'administration, qu'en renonçant à la succession, ne
l'aurait-il pas dit clairement? n'eût-il pas même
été nécessaire qu'il le dît expressément et textuellement, pour déroger à la règle générale qui
ne permet pas de renoncer à une succession qu'on
a volontairement acceptée? Et lorsqu'on voit, au
contraire, que, dans la rédaction de l'art. 802,
le législateur a évité le mot *renonciation*, qui
était le plus simple et le plus naturel, qu'il n'a

parlé que *d'abandon des biens*, et qu'il l'a même limité en faveur des créanciers et des légataires, ne doit-on pas en conclure que ce n'est pas une véritable renonciation qu'il a voulu autoriser, et qu'il n'a pas entendu que l'abandon aurait les mêmes résultats et les mêmes effets que la renonciation ?

ARTICLE 8o3.

L'héritier bénéficiaire est tenu d'administrer les biens de la succession, et doit rendre compte de son administration aux créanciers et aux légataires.

Il ne peut être contraint sur ses biens personnels qu'après avoir été mis en demeure de présenter son compte, et faute d'avoir satisfait à cette obligation.

Après l'apurement du compte, il ne peut être contraint sur ses biens personnels que jusqu'à concurrence seulement des sommes dont il se trouve reliquataire.

1. Il est d'abord essentiel de remarquer que l'héritier bénéficiaire, quoiqu'il soit tenu d'administrer les biens de la succession, quoiqu'il soit

tenu de rendre compte de son administration, n'en est pas moins un véritable héritier.

Comme l'héritier pur et simple, il est saisi, de plein droit, des biens, droits et actions du défunt; c'est contre lui que doivent être dirigées les actions des créanciers et des légataires; la propriété des biens réside en sa personne, et il la transmet, en mourant, à ses héritiers.

Comme l'héritier pur et simple, il est obligé, par l'art. 843, au rapport envers ses cohéritiers, des choses qui lui avaient été données par le défunt, et l'on verra bientôt qu'il a le droit de vendre, comme il lui plaît, les biens meubles et immeubles de la succession, que les ventes par lui consenties sans aucune formalité judiciaire, sont valables, et que seulement, en ce cas, il devient héritier pur et simple.

Il n'y a donc réellement de différence entre lui et l'héritier pur et simple, qu'en ce qu'il n'est jamais obligé, tant qu'il n'est pas déchu du bénéfice d'inventaire, au-delà de la valeur des biens qu'il a recueillis, et qu'il ne confond pas les biens de la succession avec les siens propres; et c'est précisément à raison de ce privilége, que la loi le constitue l'administrateur des biens et le charge d'en rendre compte. Ne pouvant avoir la propriété des biens qu'à la charge d'acquitter les dettes et les charges de la succession, et voulant d'ailleurs n'être obligé au paiement des dettes et des charges, que jusqu'à concurrence de la valeur des biens, il faut nécessairement qu'il rende compte aux créanciers de la succession et aux légataires, de la valeur des biens et de tous leurs produits.

S'il avait voulu être héritier pur et simple, comme il aurait été tenu indéfiniment de toutes les dettes et charges, comme il en aurait été tenu, non-seulement sur les biens de l'hérédité, mais encore sur ses biens personnels, sans doute il n'aurait pas eu besoin de constater la valeur des biens héréditaires, puisqu'indépendamment de cette valeur, il aurait été obligé de tout payer; mais quoiqu'il n'ait voulu s'obliger à payer les dettes et les charges, que sur les biens de la succession, que jusqu'à concurrence de la valeur de ces biens, et qu'en conséquence il se soit soumis à rendre compte de cette valeur aux créanciers et aux légataires, il n'en résulte pas qu'il ne soit pas un véritable héritier, qu'il ne soit pas réellement propriétaire des biens de la succession.

Il est héritier, puisque c'est à lui que la succession a été déférée par la loi, puisqu'il l'a acceptée, en usant de la faculté que la loi lui laissait d'accepter purement et simplement, ou sous bénéfice d'inventaire, puisque c'est contre lui que les créanciers de la succession et les légataires sont tenus d'exercer leurs actions.

Il est propriétaire des biens de la succession,

2.

puisqu'il en est saisi pár la loi même, puisqu'il a
le droit de les vendre, en observant néanmoins
les formalités qui sont prescrites pour l'intérêt des
créanciers et des légataires, puisque c'est contre
lui seul que les créanciers peuvent poursuivre
l'expropriation des biens et les faire vendre en
justice.

Ainsi l'a décidé la cour de cessation, par deux
arrêts, l'un du 22 juillet 1812, l'autre du 23
mai 1815.

2. Maintenant il faut examiner comment l'héritier bénéficiaire doit administrer les biens de la
succession et quels sont à cet égard ses obligations et ses droits.

La loi n'a pas déterminé, sur tous les points, le
mode d'administration ; seulement elle a prescrit
certaines formalités sans lesquelles l'héritier bénéficiaire ne pourrait vendre, soit les meubles, soit
les immeubles, sous peine d'être déchu du bénéfice d'inventaire.

Il n'est point un administrateur étranger ; c'est
sa propre chose qu'il administre ; il est donc
personnellement intéressé à bien administrer.

Mais comme il administre aussi dans l'intérêt
des créanciers et des légataires, il doit gérer avec
bonne foi, avec exactitude, et en conséquence il
est responsable, ainsi qu'on le verra dans l'article
suivant, des fautes graves qu'il commet dans son
administration.

Sa gestion s'étend à toutes les affaires de l'hérédité, tant activement que passivement.

Il doit intenter et suivre toutes les actions de la
succession, reprendre et continuer celles qui
étaient suspendues, interrompre le cours des
prescriptions, et prendre tous les moyens nécessaires pour prévenir l'insolvabilité des débiteurs.

Il doit défendre aux demandes qui sont formées
contre la succession, et résister à celles qui lui
paraissent mal fondées.

Il n'a pas besoin d'être autorisé pas les créanciers et par les légataires, ni même de les consulter, soit pour former les demandes, soit pour
défendre à celles qui sont formées. Seul, il est
le représentant de la succession.

Néanmoins, je pense que les créanciers et les
légataires pourraient intervenir sur les demandes
formées contre la succession; car si l'héritier
bénéficiaire ne faisait pas valoir tous les moyens
qui pourraient faire rejeter ou modifier ces demandes, il en résulterait que les créanciers et les
légataires se trouveraient privés, par sa négligence, d'une partie de leur gage et n'auraient
qu'un recours à exercer contre cet héritier, qui,
n'étant pas tenu de fournir caution à raison de
son administration, n'offrirait peut-être pas dans
sa fortune personnelle une garantie suffisante.

Au reste, l'héritier bénéficiaire n'ayant pas la

libre disposition de l'hérédité, n'à le droit, ni de compromettre, ni de transiger, sur les affaires de la succession. Ainsi l'a jugé un arrêt de la cour de cassation, du 20 juillet 1814.

Mais il a le droit de recevoir toutes les sommes qui sont dues à la succession, soit intérêts ou arrérages, soit capitaux.

Il a le droit d'acquitter les dettes et les charges de la succession, qui sont légitimes, et il est même tenu de les acquitter, soit sur les deniers appartenant à la succession, soit sur le prix des ventes du mobilier et des immeubles.

Il a également le droit de faire faire aux biens de l'hérédité, toutes les réparations, qui sont de simple entretien ou d'absolue nécessité.

3. Le compte que doit l'héritier bénéficiaire, peut être rendu à l'amiable, si tous les créanciers et tous les légataires y consentent, et que d'ailleurs ils aient tous, ainsi que l'héritier, la libre disposition de leurs droits.

Autrement, le compte doit être rendu dans les formes prescrites par le Code de procédure civile, au titre *des Redditions de comptes*.

Il doit être divisé en deux chapitres, l'un *des Recettes*, l'autre *des Dépenses*.

Le chapitre des recettes doit comprendre toutes les sommes et tous les effets mobiliers qui ont été portés dans l'inventaire, le montant des

recouvremens faits pour la succession, en capitaux, intérêts et arrérages, le prix de la vente des
meubles et immeubles, les fruits et revenus des
biens, en un mot tout ce que l'héritier bénéficiaire
a trouvé dans la succession, ou reçu à cause
d'elle?

Le chapitre des dépenses se compose, 1° des
frais funéraires pour le défunt, sauf aux créanciers et aux légataires à faire réduire ces frais,
dans le cas où ils n'auraient pas été réglés eu égard
à la fortune du défunt et à son état; 2° des frais
de scellés et d'inventaire; 3° des droits de muta-
tion payés à la régie de l'enregistrement; 4° de
toutes les sommes payées en l'acquit de la succession; 5° de toutes les dépenses faites légitimement pour l'entretien, la conservation et la jouissance des biens; 6° de tous les frais légalement
faits dans les instances de contribution et d'ordre
pour la distribution du prix des ventes des meubles et des immeubles; 7° de tous les frais des
procès que l'héritier bénéficiaire a soutenus pour
la succession, soit en demandant, soit en défen-
dant, et lors même qu'il aurait succombé, à moins
que par les jugemens qui seraient intervenus, il
n'eût été condamné aux dépens en son nom personnel et sans répétition, conformément à l'article 132 du Code de procédure civile; 8° des
frais du compte rendu aux créanciers et aux légataires, et enfin de tout ce que l'héritier bénéfi-

ciaire justifie avoir légitimement déboursé pour les affaires de la succession.

4. Mais il ne peut réclamer aucune indemnité pour le temps qu'il a employé et les soins qu'il a donnés à la régie et à l'administration des biens et des affaires de la succession, lors même que la succession toute entière serait absorbée par les créanciers et par les légataires. Comme il n'a voulu courir aucun risque, il ne doit avoir aucun profit: c'est volontairement qu'il s'est chargé de l'administration, et il y avait d'ailleurs intérêt, puisqu'après l'acquit des dettes et des charges, il devait profiter de ce qui pouvait rester dans l'hérédité.

Il n'a pas même le droit de prendre sa nourriture et son logement sur les biens de la succession: tout appartient aux créanciers et aux légataires, et il ne peut rien prendre, avant qu'ils soient payés.

5. Il n'est pas, non plus, autorisé à comprendre dans le chapitre des dépenses, soit les sommes qui lui étaient dues par le défunt, quoiqu'aux termes de l'art. 802, il conserve le droit d'en réclamer le paiement, soit les dettes de la succession qu'il a acquittées de ses propres deniers, quoiqu'aux termes de l'art. 1251 il soit subrogé de plein droit aux créanciers qu'il a payés. Comme tous les autres créanciers, il n'a le droit de réclamer son paiement, que dans l'ordre et de la

manière réglés par les art. 806, 808 et 809. Si les biens de la succession ne suffisent pas pour acquitter toutes les dettes et les charges, il est, comme les autres créanciers, soumis à supporter une perte proportionnelle, et conséquemment il n'a pas le privilège de prélever sur ce qu'il a reçu pour la succession, les sommes qui lui sont dues, comme créancier personnel du défunt, ou comme subrogé aux droits d'autres créanciers.   • .

6. Lorsqu'au moment de la reddition du compte, il reste à recouvrer des objets actifs de la succession, par exemple, des créances dont il n'aurait pas encore été possible de se procurer le paiement, ils doivent être portés et désignés dans un chapitre particulier du compte, conformément à l'art. 533 du Code de procédure civile.

7. L'héritier bénéficiaire doit rendre son compte, aussitôt qu'il en est requis. S'il se laissait constituer en demeure à cet égard, et s'il ne satisfaisait pas, sans retard, à l'obligation que lui impose la loi, il pourrait être contraint, même sur ses biens personnels, au paiement de toutes les dettes et de toutes les charges de la succession.

Cependant il pourrait obtenir de la justice le délai qui lui serait nécessaire, suivant les circonstances, pour préparer son compte et le présenter.

Après que le compte a été arrêté, à l'amiable, ou par la justice, l'héritier bénéficiaire peut être encore contraint, sur ses biens personnels, au paiement des sommes dont il se trouve reliquataire.

Mais on voit que, dans ces deux cas, ce n'est pas comme héritier qu'il est contraint sur ses biens personnels; c'est comme administrateur, c'est comme comptable, envers les créanciers et les légataires, de ce qu'il a reçu ou pu recevoir pour la succession, comme reliquataire de sommes que les créanciers et les légataires ont le droit de réclamer.

8. Lorsque l'héritier bénéficiaire a payé le reliquat du compte, dans l'ordre et de la manière réglés par les art. 806, 808 et 809, il est affranchi de toutes poursuites de la part des créanciers et des légataires; car on a vu précédemment qu'il n'est tenu de l'acquit des dettes et des charges de la succession, que jusqu'à concurrence des biens qu'il a recueillis.

9. Lorsque toutes les dettes et toutes les charges de la succession sont pleinement acquittées, ce qui reste des biens, appartient à l'héritier bénéficiaire, puisqu'aucune autre personne ne peut y avoir de droits. Alors, débarrassé de toute administration, il dispose de la propriété des biens restés libres, comme pourrait le faire un héritier pur et simple, et c'est là encore une nouvelle preuve que, malgré l'administration dont il était chargé, il a toujours été héritier.

ARTICLE 804.

Il n'est tenu que des fautes graves dans l'administration dont il est chargé.

1. On distingue, en droit, le dol, la faute et le cas fortuit.

Le dol consiste dans un dessein formé de nuire à autrui.

La faute consiste à manquer de soins là où l'on était tenu d'en porter.

Le cas fortuit est un événement qui ne peut être imputé ni à notre volonté, ni à notre négligence.

On ne répond jamais des cas fortuits, à moins qu'on ne s'y soit expressément soumis; on répond toujours de son dol, quand même on aurait stipulé le contraire; on répond de ses fautes, suivant qu'elles sont plus ou moins grandes, et encore suivant la nature des contrats.

Une faute peut être très-légère, commune, ou grave.

La faute très-légère consiste dans l'omission des soins que les personnes *les plus vigilantes et les plus exactes* apportent à leurs affaires.

La faute commune, ou simplement légère, consiste dans l'omission des soins qu'une personne *prudente* apporte à ses affaires.

La faute grave consiste à ne pas apporter aux

affaires d'autrui, les mêmes soins *qu'ordinairement* on apporte à ses propres affaires.

Il ne faut pas confondre la faute grave, avec la faute grossière, qui consiste dans l'omission de toutes les précautions que les personnes les moins soigneuses ont coutume de prendre, et qui, suivant les lois romaines, était assimilée au dol.

2. Suivant l'art. 804, l'héritier bénéficiaire n'est tenu, ni des fautes très-légères, ni même des fautes légères, qu'il commet dans son administration; il n'est tenu que des fautes graves.

La raison est que l'héritier bénéficiaire, qui est appelé par la loi à succéder, ne doit aux affaires de la succession, que les mêmes soins qu'il a coutume d'apporter à ses propres affaires, puisque les affaires de la succession sont ses affaires propres.

On ne peut le comparer à un administrateur étranger, qui, par là même qu'il entreprend volontairement la gestion des affaires d'autrui, s'engage à y apporter tous les soins possibles, et qui en conséquence doit être tenu des fautes légères.

3. Ainsi, l'héritier bénéficiaire n'est pas responsable du défaut de succès d'une affaire, lorsqu'il ne l'a pas entreprise, ou soutenue, sans raison et témérairement. On ne doit considérer que l'intention dans laquelle il a agi, et non pas un résultat qui n'a pas été en son pouvoir. *Sufficit si ab initio utiliter gessit, etsi eventum adversum*

habuit quod estum est. L. 10 , §. 1. , *ff. de negotiis gestis*

Mais , lorsqu'il y a eu , de sa part , ou mauvaise foi , ou négligence notable , ou toute autre faute grave , il est juste qu'il soit responsable , envers les créanciers et les légataires , du tort qu'il leur a causé.

Ainsi , quand il a fait aux biens des changemens ou de prétendues améliorations , qui n'augmentent pas réellement la valeur du fonds , il ne peut en porter le prix dans le chapitre de dépenses.

S'il a laissé prescrire , à défaut de poursuites , des créances actives ou des droits fonciers de la succession ; s'il a occasionné des dégradations , en négligeant de faire des réparations urgentes et nécessaires ; s'il n'a pas fait cultiver ou affermer les biens ; s'il a intenté ou soutenu une contestation qui était évidemment mal fondée ; s'il avait pu contraindre au paiement un débiteur qui est ensuite devenu insolvable ; dans tous les cas enfin où il y a faute non excusable , il doit indemnité à la succession. Ou il ne peut répéter ce qu'il a payé , ou il doit tenir compte de ce qu'il aurait pu recevoir.

Article 8o5.

Il ne peut vendre les meubles de la

succession que par le ministère d'un officier public, aux enchères et après les
affiches et publication accoutumée.

S'il les représente en nature, il n'est
tenu que de la dépréciation ou de la détérioration causée par sa négligence.

1. Il est de l'intérêt des créanciers et des légataires, que l'héritier bénéficiaire ne vende pas
arbitrairement les meubles de la succession ; il
pourrait les vendre à vil prix, ou ne pas déclarer
le prix véritable.

L'art. 805 du Code civil s'était borné à dire
que la vente serait faite par le ministère d'un
officier public, aux enchères et après des affiches
et publications ; mais l'art. 989 du Code de procédure civile, a réglé, d'une manière plus particulière, les formalités, en ordonnant que la vente
serait faite dans les formes prescrites, pour la
vente du mobilier, par le titre 5 du livre 2 de la
seconde partie du même Code. Ces formes se
trouvent indiquées dans les articles 945, 946 et
suivans.

2. Ces mots de l'art. 805, *il ne peut vendre*,
avaient fait naître la question de savoir si la vente
qu'un héritier bénéficiaire avait consentie des
meubles de la succession, sans avoir rempli les
formalités prescrites, était valable à l'égard des

tiers acquéreurs, et si les créanciers et les légataires n'avaient pas le droit d'en faire prononcer
la nullité.

Mais la question se trouve décidée par la disposition de l'art. 989 du Code de procédure civile, qui porte que la vente sera faite dans les
formes prescrites, à peine contre l'héritier bénéficiaire d'être réputé héritier pur et simple.

Et, en effet, puisque l'héritier bénéficiaire,
en vendant les meubles de la succession, sans les
formalités prescrites, a encouru la peine d'être
réputé héritier pur et simple, ce ne peut être
que parce qu'en vendant *de sa propre autorité*,
en disposant comme maître, il a fait réellement
un acte d'héritier pur et simple: or, si par cette
vente il a fait un acte d'héritier pur et simple,
nécessairement la vente est valable ; car l'héritier
pur et simple a le droit de vendre, ainsi qu'il lui
plaît, et sans remplir aucune formalité, non-seulement les meubles, mais encore les immeubles
de la succession.

Dira-t-on que les créanciers et les légataires
peuvent renoncer au droit que leur donne la loi,
de faire déclarer héritier pur et simple, l'héritier
bénéficiaire qui a vendu sans formalités, et qu'en
lui laissant la qualité d'héritier bénéficiaire, ils
sont autorisés à provoquer la nullité de la vente
qu'il a illégalement faite en cette qualité ?

Mais, quoiqu'ils n'usent pas de leur droit, il n'en

reste pas moins certain que l'héritier bénéficiaire a fait un acte d'héritier pur et simple, en vendant sans formalité, et qu'ainsi la vente est valable, comme si elle avait été faite par un héritier pur et simple qui n'aurait pas fait précédemment la déclaration de ne vouloir être qu'héritier bénéficiaire.

L'héritier bénéficiaire peut, quand il lui plaît, renoncer au bénéfice d'inventaire, qui n'a été introduit qu'en sa faveur, et lorsqu'il y renonce, en faisant un acte d'héritier pur et simple, cet acte profite à toutes les personnes qui peuvent y avoir intérêt.

Les créanciers et les légataires ne peuvent, par leur fait et pour leurs intérêts personnels, détruire les droits légalement acquis à des acquéreurs qui ont été de bonne foi, et qui savaient qu'en achetant sans formalités, ils achetaient d'un héritier pur et simple.

Aussi, l'art. 989 du Code de procédure civile, ne dit pas que les ventes faites sans les formalités qu'il prescrit, seront nulles. Il ne prononce à cet égard d'autre peine que celle de faire réputer héritier pur et simple, l'héritier bénéficiaire qui a vendu sans les formalités prescrites, et les créanciers ou légataires ne peuvent substituer à cette peine, celle de la nullité contre les tiers-acquéreurs.

S'ils voulaient prévenir les ventes que l'héritier bénéficiaire pourrait faire à leur préjudice, il fallait qu'en vertu de leurs titres ils fissent saisir les meubles et qu'ils en provoquassent eux-mêmes la vente.

3. L'héritier bénéficiaire n'est pas obligé de faire vendre les meubles de la succession, puisque l'art. 805 du Code civil prévoit le cas où l'héritier représentera les meubles en nature.

Mais, dans ce cas, l'héritier bénéficiaire est tenu de la dépréciation ou de la détérioration causée par sa négligence, c'est-à-dire, que, si les meubles ne peuvent plus être vendus aussi avantageusement qu'ils l'auraient été précédemment, soit parce qu'ils auraient été détériorés, soit parce que le prix en aurait baissé dans le commerce, l'héritier bénéficiaire doit une indemnité aux créanciers et aux légataires.

4. L'art. 805 du Code civil ne parle que de la vente des meubles, et d'après l'art. 533, le mot *meuble*, employé seul dans les dispositions de la loi, sans autre addition ni désignation, ne comprend pas l'argent comptant, les pierreries, les dettes actives, les livres, les médailles, les instrumens des sciences, des arts et des métiers, le linge de corps, les chevaux, équipages, armes, grains, vins, foins et autres denrées; il ne comprend pas aussi ce qui fait l'objet d'un commerce.

Il paraît donc que l'héritier bénéficiaire peut vendre, comme il lui plaît et sans remplir aucune des formalités prescrites, soit par l'art. 805 du

Code civil, soit par l'art. 989 du Code de procédure civile, tous les objets qui, d'après l'art. 533,
ne sont pas compris dans le mot *meuble*.

Cependant il y a deux exceptions :

La première est pour les *rentes* sur particuliers;
suivant l'art. 989 du Code de procédure civile,
l'héritier bénéficiaire ne peut vendre ces rentes,
à peine d'être réputé héritier pur et simple, qu'en
observant les formes prescrites pour la vente de
ces sortes de biens ;

La seconde est pour les inscriptions sur le
grand livre. Aux termes d'un avis du conseil
d'état, approuvé le 11 janvier 1808, l'héritier
bénéficiaire ne peut, sans autorisation préalable,
consentir le transfert de rentes sur l'état, qui
sont *au-dessus de* 50 *francs*. L'autorisation doit
être accordée par un tribunal.

ARTICLE 806.

Il ne peut vendre les immeubles que
dans les formes prescrites par les lois
sur la procédure; il est tenu d'en déléguer le prix aux créanciers hypothécaires qui se sont fait connaître.

1. Les formes pour la vente des immeubles,
ont été déterminées par le Code de procédure
civile, dont voici les dispositions principales:

Art. 987. « S'il y a lieu de vendre des immeubles dépendant de la succession, l'héritier bénéficiaire présentera au président du tribunal de première instance une requête où ils seront désignés : cette requête sera communiquée au ministère public ; sur ses conclusions et le rapport d'un juge nommé à cet effet, il sera rendu jugement qui ordonnera préalablement que les immeubles seront vus et estimés par un expert nommé d'office. »

Art. 988. « Si le rapport est régulier, il sera entériné sur requête par le même tribunal ; et, sur les conclusions du ministère public, le jugement ordonnera la vente. Il sera procédé à ladite vente suivant les formalités prescrites au titre *des partages et licitations*. »

2. Ces termes de l'art. 806 du Code civil, *il ne peut vendre les immeubles*, avaient fait naître la même question que ces autres termes de l'art. 805, *il ne peut vendre les meubles*. On demandait également si les ventes d'immeubles de la succession, que l'héritier bénéficiaire aurait consenties, sans les formes prescrites par les lois sur la procédure, seraient valables au profit des tiers-acquéreurs.

La question a été décidée, pour la vente des immeubles, par l'art. 988 du Code de procédure civile, de même qu'elle l'a été, pour la vente des meubles, par l'art. 989.

L'art 988 dispose également, et même en

3.

termes plus positifs encore, que l'héritier bénéficiaire *sera réputé héritier pur et simple*, s'il a
vendu des immeubles, sans se conformer aux
règles prescrites.

Il faut donc appliquer ici, pour la validité de
la vente des immeubles en faveur des tiers-acquéreurs, tout ce qui a été dit au n° 2 des observations sur l'art. 805, pour la validité de la vente
des meubles. Les raisons de décider sont absolument les mêmes.

3. Il est dit dans l'art. 806, que l'héritier bénéficiaire est tenu de déléguer aux créanciers hypothécaires qui se sont fait connaître, le prix des
ventes d'immeubles.

C'est par l'inscription de leurs titres aux bu-
reaux des hypothèques, que les créanciers hypothécaires se font connaître.

Mais, quand l'héritier bénéficiaire ne ferait pas
de délégations, ou qu'il n'y comprendrait pas tous
les créanciers inscrits, les acquéreurs des immeubles n'en seraient pas moins tenus de payer
le prix à tous les créanciers, suivant l'ordre de
leurs privilèges et hypothèques.

Les créanciers et les légataires n'éprouveraient
donc aucun préjudice de ce que l'héritier bénéficiaire n'aurait pas délégué formellement le prix
des ventes, et aussi l'art. 991 du Code de procédure civile, se borne à dire que le prix de la vente

des immeubles sera distribué suivant l'ordre des
priviléges et des hypothèques.

ARTICLE 807.

Il est tenu , si les créanciers ou autres
personnes intéressées l'exigent , de donner caution bonne et solvable de la valeur du mobilier compris dans l'inventaire , et de la portion du prix des immeubles , non déléguée aux créanciers
hypothécaires.

Faute par lui de fournir cette caution,
les meubles sont vendus , et leur prix
est déposé , ainsi que la portion non
déléguée du prix des immeubles , pour
être employés à l'acquit des charges de
la succession.

1. Il faut remarquer que le cautionnement auquel l'héritier bénéficiaire est assujetti par cet
article, a un objet limité ; il ne s'étend pas à toute
la gestion dont est chargé l'héritier bénéficiaire ;
il n'est ordonné que pour assurer la valeur du
mobilier compris dans l'inventaire, et la portion du prix des immeubles, qui n'est pas déléguée aux créanciers hypothécaires, c'est-à-dire,

qui doit rester libre après le paiement des créances hypothécaires.

Ainsi, l'on ne peut exiger que l'héritier bénéficiaire donne une caution, soit pour répondre
des fautes qu'il pourrait commettre dans l'administration, soit pour assurer la valeur des objets
mobiliers non compris dans l'inventaire, qui appartiennent à la succession.

2. L'héritier bénéficiaire n'est assujetti à donner
caution, que lorsqu'elle est exigée par les créanciers, ou autres personnes intéressées; mais aussi,
quand elle est exigée, il ne peut se dispenser de la
donner, et la justice ne pourrait l'en dispenser,
quoiqu'il fût notoirement solvable. *Il est tenu,*
dit l'article, de donner caution bonne et solvable.

3. L'art. 807 n'ayant assujetti l'héritier bénéficiaire à donner caution, que lorsque les créanciers ou autres personnes intéressées l'exigent,
on pouvait conclure de cette expression générique, *les créanciers,* qu'un seul d'entr'eux n'avait
pas le droit d'exiger la caution, si les autres ne
le croyaient pas nécessaire.

Mais les doutes à cet égard ont été levés par la
disposition de l'art. 992 du Code de procédure
civile, qui porte que *le créancier,* ou autre partie
intéressée, qui voudra obliger l'héritier bénéficiaire à donner caution, lui fera sommation à cet
effet, etc.

4. Les légataires peuvent être intéressés à de-

mander la caution, surtout lorsqu'ils ne sont que légataires de sommes en argent, ou d'objets mobiliers.

5. Les formes à suivre relativement à la demande et à la réception de caution, sont déterminées par les art. 992, 993 et 994 du Code de procédure civile.

6. Lorsque l'héritier bénéficiaire ne fournit pas la caution exigée, il ne perd pas l'administration des biens; il ne perd que le droit de prendre les choses à raison desquelles la caution est prescrite; ainsi il ne peut recevoir, ni le prix du mobilier vendu, ni la portion du prix des immeubles, qui reste libre après le paiement des dettes hypothécaires; le dépôt en est fait dans les mains d'un tiers, pour être employé à l'acquit des dettes et des charges de la succession.

Article 808.

S'il y a des créanciers opposans, l'héritier bénéficiaire ne peut payer que dans l'ordre et de la manière réglés par le juge.

S'il n'y a pas de créanciers opposans, il paie les créanciers et les légataires, à mesure qu'ils se présentent.

1. On doit entendre par créanciers opposans, tous ceux qui, par un acte légal, ont fait connaître à l'héritier bénéficiaire qu'ils sont ou se prétendent créanciers de la succession, et qui ont ainsi annoncé, ou ont d'ailleurs déclaré d'une manière directe, qu'ils s'opposent à ce que les deniers de la succession soit distribués, sans qu'ils soient appelés à la distribution.

Il ne me paraît pas nécessaire qu'un créancier qui s'est fait légalement connaître à l'héritier bénéficiaire, forme, en outre, une opposition directe et formelle. La notification de sa créance à l'héritier, ne pouvant avoir d'autre objet que de le faire payer sur les biens de la succession, est bien réellement une opposition à ce que ces biens, ou leur valeur, soient distribués à d'autres que lui.

2. L'héritier bénéficiaire n'a pas le droit de distribuer arbitrairement et ainsi qu'il lui convient, entre les divers créanciers qui se sont fait connaître, les deniers provenant de la succession. S'il en agissait ainsi, il disposerait en maître; il ferait un acte d'héritier pur et simple.

Aux termes de l'art. 808, il ne peut payer que dans l'ordre et de la manière réglés par le juge; et pour savoir dans quel ordre et comment le juge doit régler les paiemens aux divers créanciers, il faut consulter les art. 990 et 991 du Code de procédure civile, au titre *du bénéfice d'inventaire*.

« Le prix de la vente du mobilier, dit l'art. 990, sera distribué par contribution entre les créanciers opposans, suivant les formalités indiquées au titre *de la distribution par contribution*. »

« Le prix de la vente des immeubles, dit l'article 991, sera distribué suivant l'ordre des priviléges et hypothèques. »

3. Cependant il ne devient nécessaire que les distributions soient faites par la justice, que lorsqu'il existe des contestations; car si *tous* les créanciers s'accordaient pour régler à l'amiable la distribution, entr'eux, des deniers de la succession, et s'ils avaient tous la capacité suffisante pour s'obliger à cet égard, l'héritier bénéficiaire ne s'exposerait à aucun risque, en payant d'après cet arrangement qui épargnerait des longueurs et des frais.

4. Lorsqu'il n'y a pas de créanciers opposans, rien n'empêche l'héritier bénéficiaire de payer aux créanciers et aux légataires, à mesure qu'ils se présentent.

Ceux qui se présentent et qui établissent leurs droits, ne peuvent être forcés d'attendre, pour recevoir ce qui leur est dû, que les autres créanciers se soient mis en règle et se soient présentés.

Ce serait d'ailleurs un prétexte pour l'héritier bénéficiaire, de retarder indéfiniment les paiemens; et en conséquence ce n'est pas en alléguant qu'il existe d'autres créanciers, mais en le justifiant par les actes qu'ils ont faits contre lui ou contre les débiteurs de la succession, qu'il peut être dispensé de payer aux créanciers et aux légataires qui se présentent.

5. Toutefois, les créanciers doivent avoir un délai pour se faire connaître, et il ne serait pas juste que les non-opposans fussent toujours privés de leurs droits, par cela seul qu'ils auraient été prévenus par d'autres créanciers qui auraient connu plus tôt l'ouverture de la succession, ou qui auraient été plus diligens. Il n'a pu être dans l'intention du législateur, que, si l'héritier bénéficiaire payait volontairement à certains créanciers, dès le moment même où il aurait pris l'administration des biens, peu de jours après l'ouverture de la succession, les autres créanciers, même privilégiés, qui n'auraient pu se présenter assez tôt, ne fussent pas recevables à exercer un recours contre ceux qui auraient tout reçu et à demander une nouvelle distribution des deniers.

Aussi, voit-on dans l'art. 809 que les créanciers non opposans ne sont réduits à un simple recours contre les légataires, que lorsqu'ils ne se présentent qu'*après* l'apurement du compte et le paiement du reliquat.

La disposition de l'art. 809 explique donc la disposition de l'art. 808, et il résulte de leur combinaison, que ce n'est qu'après l'apurement du compte et le paiement du reliquat, que les créanciers non opposans se trouvent privés de tout recours contre les autres créanciers à qui l'héritier bénéficiaire aurait volontairement payé. (*Voyez* le n° 3 des observations sur l'art. 809.)

Mais les créanciers hypothécaires inscrits ne peuvent être obligés d'attendre l'apurement du compte, pour se faire payer sur le prix des immeubles grevés de leurs hypothéques; et de même, s'il s'était engagé une instance pour la distribution du prix du mobilier, les créanciers colloqués par le jugement de distribution, et qui auraient reçu en vertu de ce jugement, seraient à l'abri de tout recours de la part des autres créanciers qui ne se seraient pas présentés dans l'instance.

ARTICLE 809.

Les créanciers non opposans qui ne se présentent qu'après l'apurement du compte et le paiement du reliquat, n'ont de recours à exercer que contre les légataires.

Dans l'un et l'autre cas, le recours se prescrit par le laps de trois ans, à compter de jour de l'apurement du compte, et du paiement du reliquat.

1. Il faut qu'il y ait un terme après lequel les créanciers qui se sont mis en règle, et qui ont reçu ce qui leur était dû, soient à l'abri de toutes demandes en restitution ou en contribution, de la part d'autres créanciers qui ne se seraient pas présentés; en conséquence, il a été statué que les créanciers non opposans, qui ne se présentent qu'après l'apurement du compte et le paiement du reliquat, n'ont de recours à exercer que contre les légataires... *

Ainsi, les créanciers non opposans, et qui ne se présentent qu'après l'apurement du compte et le paiement du reliquat, n'ont aucun recours contre l'héritier bénéficiaire qui a payé tout le reliquat à d'autres créanciers ou à des légataires, parce qu'en effet cet héritier n'est tenu des dettes que jusqu'à concurrence du produit des biens de la succession, et qu'après l'apurement du compte, il a pu, aux termes de l'art. 808, payer aux créanciers et aux légataires qui se sont présentés,

Ils n'ont pas, non plus, de recours contre les créanciers qui ont reçu, lors même qu'ils auraient pu réclamer un privilége. Par leur négligence, ils ont perdu leurs droits.

S'il ont un recours contre les légataires, c'est que les légataires n'ont de droits à exercer sur les biens de la succession, qu'après l'acquit des dettes et des charges, puisque le défunt n'a

pu faire une libéralité par testament au préjudice de ses créanciers.

Et encore, comme le sort des légataires ne
doit pas rester dans une perpétuelle incertitude,
l'art. 809 a statué que le recours ne pourrait être
exercé contre eux que dans les trois ans à compter du jour de l'apurement du compte et du
paiement du reliquat. Après les trois ans le recours serait prescrit.

On voit donc que les créanciers ont grand intérêt, pour conserver leurs droits, à se présenter et à réclamer avant l'apurement du compte.

2. Néanmoins, tant que le reliquat du compte
n'est pas entièrement payé, les créanciers peuvent
encore réclamer ce qui reste dû, quoiqu'ils ne se
présentent qu'après que le compte est apuré.
L'art. 809 dit expressément que ce n'est qu'après
l'apurement du compte et le paiement du reliquat,
que les créanciers qui se présentent tardivement,
sont réduits à n'avoir de recours que contre les
légataires. En effet, l'héritier bénéficiaire ne peut
rien retenir sur les biens de la succession, tant
que les dettes et les charges ne sont pas entièrement acquittées; l'art. 802 ne laisse aucun doute
à cet égard.

L'héritier bénéficiaire ne peut pas même invoquer la prescription de trois ans, contre les
créanciers qui ne se présentent qu'après l'apurement du compte; ce n'est qu'à l'égard du re-

cours contre les légataires, que la prescription de trois ans a été admise par l'art. 809.

3. Il est important de remarquer que l'art. 809 ne statue qu'à l'égard des créanciers non opposans qui ne se présentent qu'*après* l'apurement du compte et le paiement du reliquat, et que ce n'est qu'à l'égard de ces créanciers seulement, qu'il dispose qu'ils n'auront de recours à exercer que contre les légataires.

Il résulte donc des termes de cet article, qu'il n'est pas applicable aux créanciers qui, malgré qu'ils ne soient pas opposans, se présentent *avant* l'apurement du compte et le paiement du reliquat, et qu'en conséquence ces créanciers ne se trouvent pas réduits, comme ceux qui ne se présentent qu'après l'apurement du compte et le paiement du reliquat, à n'avoir de recours que contre les légataires. *Inclusio unius est inclusio alterius.*

Il est vrai que l'art. 809, tel qu'il fut proposé par la section de législation, contenait une seconde disposition portant que les créanciers qui se présenteraient avant l'apurement, pourraient exercer un recours subsidiaire contre les créanciers payés à leur préjudice, et cette seconde disposition ne s'est plus retrouvée dans la rédaction définitive de l'article.

Mais le procès-verbal de la discussion au conseil d'état, ne dit pas que cette disposition fut combattue et rejetée, il annonce seulement que M. Tronchet observa qu'il fallait distinguer dans l'article, les créanciers opposans, de ceux qui ne l'étaient pas; et d'après cette observation, on inséra les mots *non opposans*, dans la première disposition de l'article.

Mais cette addition ne préjugeait rien contre la seconde disposition. Si donc cette seconde disposition n'a pas été reproduite dans la rédaction définitive de l'article, ce ne peut être que parce qu'on reconnut qu'elle était surabondante et inutile.

Et, en effet, puisque la première disposition, telle qu'elle était maintenue, avec l'amendement de M. Tronchet, ne parlait que des créanciers non opposans qui ne se présenteraient *qu'après* l'apurement du compte et le paiement du reliquat, elle ne pouvait nuire en aucune manière aux autres créanciers qui se présenteraient *avant* l'apurement du compte et le paiement du reliquat. Puisque ce n'était qu'à l'égard des premiers, qu'elle restreignait les droits à un simple recours contre les légataires, les seconds conservaient nécessairement leurs droits entiers; conséquemment il était absolument inutile d'ajouter que les seconds conserveraient un recours contre les créanciers payés à leur préjudice.

Et d'ailleurs, comment peut-on supposer que, s'il avait été dans l'intention du législateur, que les créanciers qui se présenteraient *avant* l'apu-

rement du compte et le paiement du reliquat
fussent réduits, comme les créanciers qui ne se
présenteraient qu'*après*, à n'avoir de recours que
contre les légataires, la loi n'eût pas prononcé la
réduction à l'égard des uns, comme à l'égard des
autres?

Comme les créanciers qui se présentent avant
l'apurement du compte et le paiement du réli-
quat, sont moins en retard et méritent conséquemment plus de faveur que ceux qui ne se
présentent qu'après, on conçoit, que, si la réduction avait été prononcée contre les premiers, elle
devrait *à fortiori* avoir lieu contre les seconds.

Mais de ce qu'elle a été prononcée contre les
seconds, on ne peut pas également conclure
qu'elle doive avoir lieu contre les premiers.

Et lorsqu'on voit qu'elle n'a été prononcée que
contre les seconds, qu'elle a été prononcée dans
des termes qui la restreignent nécessairement
aux seconds, peut-il être permis de l'étendre aux
premiers?

Encore une fois, remarquons bien les termes
de l'art. 809. « Les créanciers non opposans qui
ne se présentent qu'après l'apurement du compte
et le paiement du reliquat, n'ont de recours à
exercer que contre les légataires. »

1º C'est une peine que l'article prononce:
n'ont de recours que contre les légataires;

2º L'article dénomme précisément les personnes contre lesquelles il prononce la peine: *Les créanciers non opposans qui ne se présentent qu'après l'apurement du compte et le paiement du reliquat;*

3° L'article explique même, par des termes très-clairs, quels sont les motifs de la peine; car il ne se borne pas à dire: *Les créanciers qui se présenteront après;* il dit: *Les créanciers qui* NE SE PRÉSENTERONT QU'APRÈS; c'est donc comme s'il avait dit: Pour punir les créanciers non opposans, de ce qu'ils ne se sont présentés qu'après l'apurement du compte et le paiement du reliquat, la loi ne leur accorde de recours que contre les légataires.

Mais, les créanciers qui se présentent avant l'apurement du compte et le paiement du reliquat, ne sont pas les personnes contre lesquelles l'art. 809 prononce la peine; à ces créanciers ne peuvent d'ailleurs s'appliquer les motifs qui ont fait prononcer la peine; donc la peine ne peut pas leur être appliquée.

Et, par une conséquence ultérieure, puisqu'ils ne sont pas réduits à n'avoir de recours que contre les légataires, donc ils doivent avoir recours contre les autres créanciers qui ont été payés à leur préjudice.

Ajoutons à toutes ces raisons ce qui a été déjà dit au n° 5 des observations sur l'article 808, que, si les créanciers qui se présentent avant l'apurement du compte et le paiement du reliquat, n'avaient pas de recours contre les autres créanciers qui se sont fait payer précédemment, quoique la loi n'ait pas fixé de délai dans lequel les créanciers devraient se présenter pour entrer en contribution les uns avec les autres, il en résulterait que dès le moment même où l'héritier bénéficiaire prendrait l'administration des biens, les créanciers, qui seraient les plus prompts à se présenter, pourraient tout absorber, au préjudice d'autres créanciers, même privilégiés, qui n'auraient pu se présenter aussi vite: ce serait vraiment le prix de la course.

Il en résulterait, d'ailleurs, que ce serait réellement l'héritier bénéficiaire qui serait l'arbitre des droits des créanciers, puisqu'il pourrait s'entendre avec ceux qu'il lui plairait de choisir, les payer aussitôt qu'il aurait pris l'administration des biens, ou même se faire donner des quittances antidatées; ce serait un vaste champ ouvert à la fraude.

L'art. 809 me semble avoir voulu précisément prévenir les abus sur cette matière, en distinguant les époques auxquelles se présentent les créanciers.

Si les créanciers ne se présentent qu'après que le compte a été apuré, qu'après que le reliquat a été payé; qu'après que la succession se trouve entièrement liquidée, la loi les punit de leur négligence, elle ne veut pas qu'ils puissent revenir contre les opérations qui sont définitivement terminées; elle ne leur accorde que ce qu'elle ne peut leur refuser, un recours contre les légataires.

Mais, aussi long-temps qu'à défaut d'apurement de compte l'état de la succession ne se trouve pas encore fixé, tant que dure la liquidation, la loi ne veut pas que les créanciers puissent se faire payer, les uns au préjudice des autres ; c'est un délai commun qu'elle leur accorde à tous également, pour rechercher leurs titres, pour se présenter et faire valoir leurs droits, et ce n'est qu'après l'expiration de ce délai, qu'elle veut que ceux des créanciers, qui ne se sont pas encore présentés, n'aient plus de recours contre ceux qui ont été payés.

Il me semble que c'est là le véritable objet de la distinction qu'a faite l'article 809, et qu'elle ne peut pas en avoir d'autre.

Enfin je crois qu'on peut aller jusqu'à dire que c'est *par une simple omission*, que la seconde disposition qui avait été proposée pour l'art. 809, ne s'est pas trouvée dans la rédaction définitive.

Ce qui m'autorise à le croire, c'est que. 1° il n'est pas dit dans le procès-verbal qu'elle devait être retranchée, 2° que la dernière partie de l'article, tel qu'il existe, commence pas ces mots, *dans l'un et l'autre cas;* que cependant il n'y a

4.

qu'un seul cas prévu dans ce qui précède; que
l'autre cas se trouvait énoncé dans la seconde
disposition proposée, et qu'en conséquence, si
on avait eu réellement l'intention de retrancher
cette disposition, on n'aurait pas manqué de retrancher aussi ces mots , *dans l'un et l'autre cas.*

Ce qui est certain, c'est qu'il y a eu omission,
dans la rédaction définitive de l'article, ou de
retrancher les mots, *dans l'un ou l'autre cas,*
ou d'insérer la seconde disposition proposée;
et ce qui prouve que c'est réellement à l'égard
de la seconde disposition, que l'omission a eu
lieu, c'est que, si on avait voulu réellement la retrancher, si on avait voulu réellement que les
créanciers qui se présenteraient avant l'apurement du compte, fussent privés, comme ceux
qui ne se présenteraient qu'après, du droit de recours contre les créanciers payés, et fussent réduits à un simple recours contre les légataires,
on aurait définitivement rédigé l'article de manière à ce qu'il exprimât clairement ce qu'on
voulait dire, et non pas d'une manière qui exprime formellement le contraire. Pour cela il
suffisait de ne pas établir de distinction entre les
créanciers qui se présenteraient avant et ceux
qui se présenteraient après. Et puisqu'au contraire on a fait la distinction, on n'a donc pas
voulu que la disposition s'appliquât également à
tous ces créanciers indistinctement.

En deux mots, ou la seconde disposition qui
avait été proposée, a été omise dans la rédaction
définitive, ce qui paraît assez justifié par ces mots
de l'article; *dans l'un et l'autre cas ;* ou bien elle
a été jugée inutile à l'égard des créanciers qui
se présenteraient avant l'apurement du compte,
puisque la seule disposition qu'on laissait subsister, ne parlait que des créanciers qui ne se présenteraient qu'après l'apurement du compte.

Et si enfin, sans s'occuper de la seconde disposition qui ne se retrouve plus, on s'en tient au
texte de la seule disposition qui existe, de la seule
disposition qui fait la loi, il est impossible de l'appliquer aux créanciers qui se présentent avant
l'apurement du compte et le paiement du reliquat; d'où la conséquence nécessaire que ces
créanciers ne se trouvent pas frappés de la peine
d'être réduits à un simple recours contre les légataires.

ARTICLE 810.

Les frais de scellés, s'il en a été apposé, d'inventaire et de compte, sont
à la charge de la succession.

1. Ces formalités n'ayant d'autre objet que de
conserver et de liquider la succession, les frais
qu'elles occasionnent, doivent être pris sur la
chose. Il ne serait pas juste de les faire supporter

par l'héritier bénéficiaire, lorsque tous les biens
sont absorbés par les dettes.

2. Lors même qu'il y aurait des héritiers purs
et simples, les frais de l'inventaire seraient encore
entièrement à la charge de la succession et ne
devraient pas être supportés par l'héritier bénéficiaire, parce que la faculté de faire inventaire
est une faveur accordée par la loi.

SECTION IV.

Des successions vacantes.

ARTICLE 811.

Lorsqu'après l'expiration des délais
pour faire inventaire et pour délibérer,
il ne se présente personne qui réclame
une succession, qu'il n'y a pas d'héritier connu, ou que les héritiers connus
y ont renoncé, cette succession est réputée vacante.

1. Je crois avoir prouvé, au nº 3 des observations sur l'art. 773, qu'il ne suffit pas, pour qu'une
succession soit réputée vacante, qu'il n'y ait pas
d'héritiers légitimes connus, ou que les héritiers
connus aient renoncé ; mais qu'il faut encore que
la succession ne soit réclamée, ni par des héri-

tiers institués ou légataires universels, ni par aucun des successeurs *irréguliers* qui peuvent être appelés par la loi à cette succession.

2. Lorsque les héritiers connus ont renoncé, et s'il n'y a, d'ailleurs, ni héritiers institués, ni successeurs irréguliers, la succession est réputée vacante, quoiqu'il existe des parens légitimes appelés à succéder, en second ordre, à la place de ceux qui y ont renoncé. Les parties intéressées peuvent provoquer la nomination d'un curateur sans être tenues d'agir contre les héritiers en second ordre.

Ainsi l'avaient jugé trois arrêts du parlement de Paris, dont le dernier, sous la date du 24 avril 1755, fut rendu sur la plaidoirie de Cochin.

Ainsi l'a jugé, depuis le Code civil, la cour royale d'Aix, par arrêt du 17 décembre 1808.

En effet, d'après le texte de l'art. 811, la succession est réputée vacante, soit lorsqu'il n'y a pas d'héritiers connus, soit lorsque les héritiers connus ont renoncé.

C'es taux héritiers en second ordre à se présenter, s'ils le veulent, pour réclamer la succession. On n'en finirait pas, s'il fallait attendre que tous les parens qui peuvent être appelés à succéder en différens ordres, les uns après les autres se fussent expliqués, ou s'il fallait agir contre les

uns et les autres successivement pour les forcer
à s'expliquer.

ARTICLE 812.

Le tribunal de première instance
dans l'arrondissement duquel elle est
ouverte, nomme un curateur sur la demande des personnes intéressées, ou
sur la réquisition du procureur du roi.

1. La nomination d'un curateur peut étre provoquée par toute personne qui est intéressée à
ce qu'il y en ait un.

Les créanciers de la succession et les légataires ont intérêt à ce qu'il y ait un curateur
contre qui ils puissent diriger leurs actions et
exercer leurs droits.

Ceux qui étaient en société avec le défunt, ou
qui sont propriétaires de biens indivis entr'eux
et lui, ont également intérêt à la nomination d'un
curateur.

2. Lorsqu'aucune partie intéressée ne demande
cette nomination, le procureur du roi doit la requérir, parce qu'il est de l'intérêt public que les
biens de l'hérédité ne restent pas abandonnés,
sans culture et sans produit.

3. L'art. 999 du Code de procédure civile,
statue que, dans le cas où il y aurait deux ou

plusieurs curateurs nommés, sur la demande de différentes personnes , le premier nommé sera préféré, sans qu'il soit besoin de jugement.

Mais il faut, pour que la nomination soit valable, qu'elle ait été faite par le tribunal de première instance dans l'arrondissement duquel la succession est ouverte. Si elle avait été faite par un autre tribunal, qui serait incompétent, elle serait nulle.

ARTICLE 813.

Le curateur à une succession vacante est tenu , avant tout, d'en faire constater l'état par un inventaire: il en exerce et poursuit les droits; il répond aux demandes formées contre elle; il administre, sous la charge de faire verser le numéraire qui se trouve dans la succession , ainsi que les deniers provenant du prix des meubles ou immeubles vendus, dans la caisse du receveur de la régie royale , pour la conservation des droits, et à la charge de rendre compte à qui il appartiendra.

1. Le curateur représente la succession. Il en exerce les droits; il en poursuit les actions. C'est

contre lui que doivent être dirigées toutes les demandes, toutes les poursuites, de la part des créanciers, des légataires et autres ayant droit ; c'est lui qui répond à ces demandes et défend contre les poursuites.

2. Il administre aussi les biens de l'hérédité, mais avec cette restriction qu'il ne peut prendre ni recevoir les sommes qui appartiennent à la succession. Suivant l'art. 813 du Code, il devait les faire verser dans la caisse du receveur de la régie royale ; mais un avis du conseil d'état, approuvé par le chef du gouvernement, le 13 octobre 1809, a décidé qu'elles seraient consignées à la caisse d'amortissement, qui, par une loi du 28 nivôse an 13, postérieure à la loi *sur les Successions*, a été chargée de faire le service de toutes les consignations.

3. Le curateur n'ayant pas de deniers à recevoir, ne peut être tenu de faire les dépenses, ni d'acquitter les dettes ; elles doivent être payées, en vertu de jugemens ou d'ordonnances des tribunaux, par la caisse des consignations, sur les deniers provenant de la succession.

4. Suivant une circulaire du ministre de la justice, du 12 messidor an 13, le prix des ventes judiciaires ne doit être versé dans la caisse des consignations, qu'après en avoir distrait préalablement ce qui est dû aux créanciers hypothécaires.

5. Avant de commencer l'administration, le curateur est tenu de faire procéder à un inventaire; cependant, s'il en avait été déjà fait, soit à la poursuite d'un héritier qui aurait ensuite renoncé, soit à la poursuite de toute autre personne ayant droit de le provoquer, et que d'ailleurs il fût régulier, le curateur ne pourrait en faire faire un nouveau; ce serait donner lieu à des frais inutiles. Il aurait seulement le droit de faire procéder à un procès-verbal de récollement, dans lequel il ferait comprendre ce qui aurait pu être omis dans l'inventaire, ou constater ce qui se trouverait marquer; c'est ce qui résulte de l'article 1000 du Code de procédure civile, qui porte que le curateur est tenu, avant tout, de faire constater l'état de la succession par un inventaire, *si fait n'a été.*

ARTICLE 814.

Les dispositions de la section III du présent chapitre, sur les formes de l'inventaire, sur le mode d'administration et sur les comptes à rendre de la part de l'héritier bénéficiaire, sont au surplus communes aux curateurs aux successions vacantes.

Le curateur administre de même que l'héritier bénéficiaire, sauf néanmoins les modifications ou restrictions, qui ont été expliquées sur l'article précédent.

On peut y ajouter encore que l'art. 814 ne parlant que *du mode* d'administration, il ne résulte pas de ses termes, que le curateur ne doive être tenu, ainsi que l'héritier bénéficiaire, que des fautes graves. La différence qui existe à cet égard entre l'un et l'autre, c'est que l'héritier bénéficiaire administre sa propre chose, en même temps qu'il conserve les droits des créanciers et des légataires, au lieu que le curateur administre la chose d'autrui, que c'est un véritable commis, employé presque toujours salarié, et qu'en conséquence il doit être tenu de fautes légères.

Au surplus, l'art. 1000 du Code de procédure civile, dispose formellement que le curateur est tenu de faire vendre les meubles, suivant les formalités prescrites aux titres *de l'Inventaire et de la Vente du mobilier*, et l'art. 1001 ajoute qu'il ne pourra être procédé à la vente des immeubles et rentes, que suivant les formes qui ont été prescrites au titre *du Bénéfice d'inventaire*.

CHAPITRE VI.

Du partage et des rapports.

SECTION PREMIÈRE.

De l'action en partage, et de sa forme.

ARTICLE 815.

Nul ne peut être contraint à demeurer dans l'indivision, et le partage peut être toujours provoqué, nonobstant prohibitions et conventions contraires.

On peut cependant convenir de suspendre le partage pendant un temps limité : cette convention ne peut être obligatoire au-delà de cinq ans; mais elle peut être renouvelée.

1. Lorsque le défunt a laissé plusieurs héritiers, chacun d'eux est saisi de la portion de biens, qui lui est déférée par la loi ; mais cette portion se trouvant confondue avec celles des autres héritiers, tant qu'il y a indivision de la masse de l'hérédité, il est juste qu'il ait le droit de la faire sortir de la masse commune, parce qu'il peut lui

être plus utile de jouir divisément de sa part et d'en disposer à son gré.

L'indivision ne convient ni à nos habitudes, ni à notre régime; elle met des entraves à l'exercice du droit de propriété, et n'est d'ailleurs que trop souvent un sujet de discorde entre les copropriétaires.

De là naît l'action en partage, qui appartient à chaque héritier. Aucun d'eux ne peut être contraint à rester dans l'indivision.

2. Dans l'ancienne jurisprudence, on voulut soumettre ce principe à quelques exceptions.

Des auteurs soutenaient que, si le défunt avait défendu à ses héritiers de partager ses biens, ou que, s'il ne les avait institués ses héritiers qu'à la charge de jouir indivisément, la prohibition du partage et la condition de l'institution étaient valables, et que, dans l'un et l'autre cas, le partage ne pouvait être réclamé; ils se fondaient notamment sur la loi *Lucius titius* 78, *in principio*, *ff. ad trebell.*

Cette opinion n'avait pas un grand nombre de partisans. On était assez généralement d'accord que la prohibition illimitée du partage n'était pas valable, parce qu'elle était contraire aux lois sur les successions, et que d'ailleurs, suivant la loi dernière du Code, *communi dividendo*, personne n'était obligé de vivre toujours en communauté.

Mais aussi on admettait que, si la prohibition du partage était limitée à un certain temps, elle devait être exécutée.

Le Code civil n'a point adopté cette distinction. Il dit, d'une manière générale et formelle, dans l'art. 815, que le partage peut être provoqué, *nonobstant prohibitions contraires*. L'article ne distingue pas entre les prohibitions qui sont à temps et celles qui sont illimitées ; il ne distingue pas entre celles qui sont prononcées pour les successions *ab intestat*, et celles qui sont prononcées pour les successions *testamentaires*, et d'ailleurs ces expressions, *le partage peut TOUJOURS être provoqué*, repoussent également les unes et les autres.

3. Quelques auteurs soutenaient encore que le partage ne pouvait être réclamé, s'il y avait eu convention, entre tous les héritiers, de posséder perpétuellement par indivis.

Mais cette convention ne pouvait être valable, puisqu'elle était également contraire à la nature de la communauté dont la durée ne peut pas être perpétuelle. *Nulla societatis in æternum coitio est,* disait la loi 70, *ff. pro socio.*

Aussi l'art. 815 du Code dispose formellement que le partage peut être toujours provoqué, *nonobstant conventions contraires*.

4. Il suit de cette disposition, que le partage pourrait être toujours demandé, quoiqu'il fût in-

tervenu entre tous les héritiers une convention, et même une transaction, sur le mode de jouissance des biens indivis, et que ce mode convenu eût été exécuté pendant plus de trente ans. D'ailleurs, ce ne serait toujours là qu'un partage provisoire, un partage de jouissances, et non pas un partage de propriété. Ainsi l'a jugé un arrêt de la section civile de la cour de cassation, du 15 février 1813.

5. Il suit encore de la disposition de l'art. 815 que le partage pourrait être demandé, même pendant le temps que devrait durer la jouissance de tout ou de partie des biens indivis, laquelle aurait été concédée, soit par le défunt, soit par les héritiers, ou à l'un d'eux, ou à la veuve du défunt, ou à toute autre personne. Dans ce cas, chaque héritier peut avoir intérêt encore à faire déterminer par un partage ceux des biens dont il doit être définitivement propriétaire, parce qu'il lui est libre dès-lors de les hypothéquer, même d'en disposer, à la charge de l'usufruit dont ils se trouvent grevés au profit d'un tiers.

6. Cependant il peut être souvent de l'intérêt commun des héritiers, que le partage soit différé et se fasse dans un temps plutôt que dans un autre, et quoique la communauté ne puisse être stipulée à perpétuité, rien ne s'oppose à ce qu'on en prolonge la durée; il est donc permis aux héritiers

de convenir que le partage sera suspendu pendant un temps limité.

Mais le législateur a pensé que cette obligation ne devait être obligatoire que pendant cinq ans. Il ne faut gêner que le moins possible le droit de partage. Pendant l'intervalle de cinq ans, il peut survenir beaucoup de circonstances nouvelles qui changent la volonté de quelques-uns des héritiers et leur rendent très-utile le partage que, dans d'autres circonstances, ils avaient consenti à différer.

Au reste, la convention peut être renouvelée, et le nombre des renouvellemens n'est pas limité; mais, à chaque fois, elle ne peut être renouvelée pour un temps plus long que cinq années, ou du moins, après ce terme, elle cesse d'être obligatoire.

7. La convention doit être faite par écrit. Si elle était simplement verbale, la preuve par témoins n'en serait pas admissible.

8. Elle doit être faite entre tous les héritiers. Autrement, si l'héritier qui ne l'aurait pas souscrite, faisait procéder au partage, la convention se trouverait rompue à l'égard de tous les autres, puisque l'état des choses existant au moment de la convention, serait changé par la distraction qui serait faite sur la masse des biens, de la part de l'un des héritiers.

On pourrait, il est vrai, ne distraire que le lot

III.

échu à l'héritier qui aurait réclamé le partage et laisser les autres dans l'indivision ; mais faudrait-il donc procéder encore à un nouveau partage, pour faire cesser cette indivision, et serait-il juste que ceux qui voudraient profiter du premier partage, fussent contraints à supporter encore les frais qu'un second partage occasionnerait ? Tout au plus, les jouissances devraient rester en commun, jusqu'à l'expiration du terme fixé pour le partage.

9. La convention faite entre les héritiers légitimes, de suspendre le partage, ne peut nuire, dans aucun cas, ni aux créanciers, ni aux héritiers institués ou légataires à titre universel, ni aux autres successeurs.

Les créanciers d'un héritier peuvent exiger, nonobstant cette convention, qu'il soit procédé au partage, pour que la portion de leur débiteur soit déterminée et qu'ils puissent exercer leurs droits sur cette portion. Cela résulte évidemment de la disposition de l'art. 2205 du Code civil.

Les héritiers institués ou légataires à titre universel, peuvent aussi réclamer le partage, pour avoir la quotité de biens qui leur a été donnée ou léguée ; ils ne peuvent être tenus de jouir indivisément avec les héritiers légitimes. Nul ne peut être contraint à demeurer dans l'indivision.

Le même droit appartient également aux enfans naturels reconnus, qui, en vertu de l'art. 757

du Code civil, peuvent demander aux héritiers une quote part des biens.

10. La disposition de l'art. 815, s'applique aux licitations, comme aux partages.

Quoique les immeubles de la succession ne puissent pas se partager commodément, et qu'il soit nécessaire de les vendre par licitation, pour attribuer à chacun des héritiers les prix de la portion qu'il aurait eue en nature, il ne s'ensuit pas qu'il doivent rester indivis.

D'ailleurs, la licitation n'est qu'une manière de partager; elle ne diffère du partage proprement dit, qu'en ce que, au lieu de diviser entre les héritiers les immeubles en nature, elle en divise le prix.

La licitation peut donc être toujours provoquée, nonobstant prohibitions et conventions contraires, lorsque le partage ne peut se faire en nature; mais il peut être aussi convenu de la suspendre pendant cinq ans.

ARTICLE 816.

Le partage peut être demandé, même quand l'un des héritiers aurait joui séparément de partie des biens de la succession, s'il n'y a eu un acte de partage, ou possession suffisante pour acquérir la prescription.

5.

1. Le partage doit être fait par écrit. S'il n'en existe pas d'acte, il peut être toujours demandé, soit que tous les héritiers aient joui en commun des biens de la succession, soit que l'un ou plusieurs d'entr'eux aient joui séparément de partie de ces biens. Ils sont tous présumés posséder les uns pour les autres, en attendant le partage, et à la charge de se rendre compte respectivement.

Telle est la règle générale.

Mais, si l'un ou plusieurs d'entr'eux avaient joui séparément d'une partie des biens, pendant un temps suffisant pour acquérir la prescription, ils pourraient se maintenir dans les biens dont ils auraient joui et s'opposer à l'action en partage.

Une possession séparée, lorsqu'elle a été continuée, sans interruption, pendant un laps de temps considérable, fait présumer qu'il y a eu un partage qui l'a autorisée, au lieu que l'indivision entre tous les cohéritiers doit faire présumer, au contraire, qu'il n'a pas existé de partage, si l'on n'en rapporte pas l'acte.

De là il résulte que l'action en partage est imprescriptible entre cohéritiers qui ont joui en commun, et qu'elle ne peut être prescrite qu'en faveur de ceux qui ont joui séparément de certaines portions de biens, pendant un laps de temps suffisant pour acquérir la prescription.

2. Le temps nécessaire pour cette prescription, est de trente ans, suivant l'art. 2262 du

Code, sans qu'il y ait eu de cause qui ait interrompu ou suspendu le cours de la prescription.

L'héritier qui aurait joui séparément, ne pourrait invoquer la prescription de dix ou vingt ans,
établie par l'art. 2265; car on suppose qu'il n'a
pas joui séparément en vertu d'un titre; ce titre
ne pourrait être qu'un acte de partage.

Mais, s'il avait vendu à un tiers la portion de
biens, dont il jouissait séparément, ce tiers pourrait opposer aux autres héritiers la prescription
utile de dix ou de vingt ans; ce serait la propriété
même des biens qu'il aurait prescrite par ce
laps de temps, et non l'action en partage.

Il n'en serait plus de même, si l'héritier ne lui
avait vendu que *ses droits successifs*, parce qu'en
ce cas l'acquéreur étant mis à la place de l'héritier et le représentant en cette qualité, ne pourrait, ainsi que l'aurait pu l'héritier lui-même,
prescrire l'action en partage, que par une possession continuée pendant trente ans.

3. L'héritier qui a joui séparément et qui oppose la prescription pour empêcher le partage,
ne pourrait demander une plus forte portion que
celle dont il a joui. S'il faisait cette demande, par
là même il conviendrait qu'il n'y a pas eu de partage. Ce ne serait que par un partage, que pourrait être fixée la part qu'il réclamerait dans la
succession, et il est hors de doute qu'il serait tenu
de rapporter à ce partage tous les biens dont il

aurait joui séparément, même pendant plus de trente ans.

4. Lorsqu'après un acte de partage, tous les héritiers continuent à jouir indivisément de tous les biens de la succession, un nouveau partage ne peut être demandé, à moins que le premier ne soit nul, ou qu'il ait été formellement révoqué par un autre acte, ou qu'il ne se trouve éteint par la prescription.

ARTICLE 817.

L'action en partage, à l'égard des cohéritiers mineurs ou interdits, peut être exercée par leurs tuteurs, spécialement autorisés par un conseil de famille.

A l'égard des cohéritiers absens, l'action appartient aux parens envoyés en possession.

1. Il était admis, presque généralement, dans l'ancienne jurisprudence, que ni les mineurs, ni les interdits, ni leurs tuteurs ou curateurs, ne pouvaient demander le partage définitif d'une succession dans laquelle il y avait des immeubles, et que seulement ils pouvaient demander un partage provisionnel.

Le partage définitif pouvant néanmoins être provoqué contre eux, de la part des cohéritiers majeurs.

On donnait pour motifs de cette distinction, que le partage était une aliénation volontaire de la part de celui qui le demandait; mais qu'il devenait une aliénation nécessaire, lorsqu'il était provoqué de la part d'un autre héritier, qui ne pouvait être contraint de rester dans l'indivision.

Cependant l'intérêt des mineurs et des interdits peut exiger très-souvent qu'il soit procédé au partage définitif, quoique les autres héritiers ne le demandent pas; il était donc juste qu'ils pussent aussi le provoquer, et le droit leur en est accordé par l'art. 817.

2. Mais l'action en partage ne peut être exercée pour eux, que par leurs tuteurs, et encore faut-il que les tuteurs y soient spécialement autorisés par un conseil de famille.

L'autorisation du conseil de famille est nécessaire, soit pour provoquer le partage du mobilier seulement, soit pour provoquer le partage des immeubles, soit pour provoquer le partage de toute la succession mobilière et immobilière; l'art. 817 ne fait à cet égard aucune distinction, et l'art. 465, qui exige aussi l'autorisation du conseil de famille pour l'action en partage, s'exprime également d'une manière générale.

Il est vrai que l'art. 464 n'avait exigé l'autori-

sation du conseil de famille, que dans le cas où le
tuteur voudrait introduire en justice une action
relative aux droits *immobiliers* du mineur, d'où
l'on pourrait conclure, en se renfermant dans les
termes de l'article, que l'autorisation n'est pas nécessaire pour une action en partage du mobilier
d'une succession, puisque cette action n'est pas
relative à des droits immobiliers du mineur.

Mais ce qui prouve que le législateur n'a pas
assimilé les actions en partage aux autres actions,
c'est que, dans l'art. 465 où il est particulièrement
question de l'action en partage, il n'a pas inséré
la restriction qui se trouve dans l'art. précédent.
Il a dit, au contraire, d'une manière générale et
sans distinction, que l'autorisation serait néces-
cessaire au tuteur, *pour provoquer un partage.*

L'article même aurait été absolument inutile,
dans le sens de la distinction qu'on voudrait y
introduire; car l'art. 464 aurait eu déjà suffisamment réglé que l'autorisation serait nécessaire
pour l'action en partage des immeubles, et qu'elle
ne le serait pas pour l'action en partage des meubles. C'est donc précisément parce que le législateur
n'a pas voulu admettre cette distinction
quant au partage, qu'il a fait l'art. 465, qui, par
ses termes, exclut la distinction.

Et aussi voit-on encore dans l'art. 817, que
l'autorisation du conseil de famille a été de nouveau prescrite au tuteur, pour l'action en par-

tage, sans aucune distinction entre le partage du mobilier et le partage des immeubles.

3. Mais le mineur *émancipé* est-il également tenu de se faire autoriser par un conseil de famille, pour provoquer le partage, soit des meubles, soit des immeubles? Ne suffit-il pas qu'il exerce l'action, avec l'assistance de son curateur?

Pour établir que l'autorisation du conseil de famille n'est pas nécessaire, on dit,

1º Que l'art. 817 ne peut s'appliquer, d'après son texte, aux mineurs émancipés, puisqu'il ne parle que des mineurs qui ont des tuteurs;

2º Qu'il résulte de la disposition de l'art 482, que le mineur émancipé peut, avec la seule assistance de son curateur et sans avoir besoin d'autorisation du conseil de famille, intenter touté action immobilière, et qu'il peut même, sans l'assistance de son curateur, intenter les actions mobilières; et qu'il n'a été dérogé à cette disposition générale, par aucun autre article du Code, à l'égard du mineur émancipé, pour les actions en partage;

3º Que l'art. 484 ne parle que des *actes* que le mineur émancipé ne peut faire, sans observer les formes prescrites au mineur non émancipé; mais qu'il ne parle pas des *actions*, parce qu'en effet il avait déjà été statué par l'art. 782, sur la manière dont le mineur émancipé pourrait intenter les actions, soit mobilières, soit immobilières; et qu'ainsi l'art. 483 ne peut être invoqué, pour faire appliquer au mineur émancipé la forme prescrite, par l'art. 465, au mineur non émancipé, pour les *actions en partage ;*

4° Qu'enfin il ne peut plus rester de difficulté à cet égard, d'après la disposition de l'art. 840, qui porte que les partages faits conformément aux règles ci-dessus prescrites, soit par les tuteurs, avec l'autorisation d'un conseil de famille, *soit par les mineurs émancipés, assistés de leurs curateurs,* sont définitifs; qu'en effet cet article dit, de la manière la plus formelle, que l'autorisation du conseil de famille n'est nécessaire, en matière de partage, qu'à l'égard des tuteurs, c'est-à-dire, en ce qui concerne les mineurs non émancipés, mais qu'elle n'est pas nécessaire à l'égard des mineurs émancipés, puisqu'il n'exige, dans les intérêts de ceux-ci, que l'assistance de leurs curateurs; et qu'il est bien évident que, s'il avait voulu exiger également, à l'égard des uns et des autres, l'autorisation d'un conseil de famille pour l'action en partage, il aurait dit, à l'égard des uns comme à l'égard des autres, que les partages ne seraient définitifs que lorsqu'ils auraient été faits avec l'autorisation d'un conseil de famille; mais qu'il ne l'a dit qu'à l'égard seulement des partages faits par des tuteurs, c'est-à-dire, pour des mineurs non émancipés, et qu'il a dit, au contraire, que les partages faits par les mineurs émancipés, assistés de leurs curateurs, seraient définitifs. *Qui de uno dicit, de altero negat.*

Il me semble que toutes ces raisons sont décisives.

4. La seconde disposition de l'art. 817, qui porte qu'à l'égard des cohéritiers absens, l'action appartient aux parens envoyés en possession, n'est pas assez développée ; elle est incomplète, et peut-être même n'est-elle pas exacte dans tous les cas.

Pour en faire une juste application, il faut distinguer entre le cas où une succession ne s'est ouverte qu'après la disparition d'un absent et après ses dernières nouvelles, et celui où la succession s'est ouverte, soit avant la disparition de l'absent, soit avant les dernières nouvelles qu'on a eues de lui.

Ces deux cas vont être examinés séparément.

5. Lorsqu'une succession à laquelle serait appelé un individu qui est absent, ne s'est ouverte qu'après que cet individu s'est absenté, et sans qu'on ait eu de ses nouvelles depuis sa disparition, ou bien, si l'on a eu de ses nouvelles depuis qu'il s'est absenté, mais que la succession ne se soit ouverte qu'après l'époque où son existence était certaine d'après les dernières nouvelles qu'on avait eues de lui, dans l'un et l'autre cas, l'existence

de l'absent, *au moment de l'ouverture de la succession*, n'étant pas constante et reconnue, la succession n'est pas déférée à l'absent, quoiqu'il y eût été appelé, en premier ordre, ou par la loi, ou par une disposition à cause de mort, si son existence avait été certaine et connue.

C'est ce que décide formellement l'art. 136 du Code civil. « S'il s'ouvre, dit cet article, une succession à laquelle soit appelé un individu dont l'existence n'est pas reconnue, elle sera dévolue exclusivement à ceux avec lesquels il aurait eu le droit de concourir, ou à ceux qui l'auraient recueillie à sa place. »

Ainsi, dans les deux cas précédemment énoncés, les héritiers présomptifs de l'absent, qui ont obtenu l'envoi en possession provisoire des biens qu'il avait au moment de sa disparition ou de ses dernières nouvelles, ne peuvent réclamer, de son chef, la succession qui ne s'est ouverte que postérieurement; on ne peut donc appliquer à ces deux cas la seconde disposition de l'art. 817.

6. Cependant, si après que la succession aurait été dévolue aux héritiers indiqués par l'art. 136, l'absent reparaissait, il aurait, aux termes de l'art. 137, le droit de revendiquer la succession, pourvu que l'action en pétition d'hérédité ne fût pas prescrite, et le même droit appartiendrait à ses héritiers, lors même qu'il ne reparaîtrait

pas, s'ils fournissaient la preuve qu'il n'est décédé qu'après l'ouverture de la succession à laquelle il était appelé.

Mais il est à remarquer, pour ce dernier cas, que les héritiers de l'absent pourraient n'être pas les mêmes que ceux qui auraient été envoyés en possession provisoire de ses biens, parce qu'aux termes de l'art. 120 l'envoi en possession provisoire est accordé à ceux qui se trouvent héritiers présomptifs au moment de la disparition de l'absent, ou au moment de ses dernières nouvelles, et que les héritiers définitifs sont ceux qui se trouvent les plus proches au moment du décès.

7. Lorsqu'une succession était échue à un absent, soit avant son départ, soit avant les dernières nouvelles qu'on a eues de lui, et qu'elle est restée indivise avec les autres cohéritiers, pendant tout le temps qu'a duré la présomption d'absence, l'action en partage appartient aux héritiers présomptifs qui, après la déclaration d'absence, ont été envoyés en possession des biens de l'absent. Aux termes des art. 120 et 125, ils ont l'administration et la possession provisoire de tous les biens, et conséquemment eux seuls peuvent avoir qualité pour exercer toutes les actions relatives à ces biens.

C'est à ce cas seul que peut s'appliquer la seconde disposition de l'art. 817.

8. L'article a gardé le silence sur deux autres cas qui peuvent se présenter.

Le premier est celui où l'absence n'a pas été déclarée et où conséquemment aucun parent ne peut encore avoir obtenu l'envoi en possession ;

Le second cas est celui où, l'absence ayant été déclarée, l'époux de l'absent, commun en biens avec lui, optant pour la continuation de la communauté, a empêché, conformément à l'art. 124, l'envoi en possession provisoire au profit des héritiers, et a pris ou conservé l'administration des biens de l'absent.

A qui, dans ces deux cas, doit appartenir l'action en partage d'une succession qui était échue à l'absent, avant son départ, ou avant les dernières nouvelles qu'on a eues de lui ?

1º Dans le cas où il n'y a pas encore eu de jugement qui ait déclaré l'absence dans les formes prescrites, si l'absent avait laissé un procureur fondé, ce procureur aurait le droit de former, au nom de l'absent, l'action en partage de la succession, et il devrait défendre à celle qui serait formée par les cohéritiers, au dernier domicile de l'absent.

Mais, s'il n'y avait pas de procureur fondé, comment les cohéritiers pourraient-ils se pourvoir en partage ? Ils ne peuvent être contraints, par le fait d'autrui, à demeurer dans l'indivision.

Et s'il était urgent, pour les intérêts de l'absent,

qu'il fût procédé au partage, comment et par qui l'action pourrait-elle être exercée ?

Autrefois, on nommait un curateur qui représentait l'absent, exerçait ses droits et défendait à toutes les actions.

Le Code civil, au titre *des absens*, n'a pas expressément autorisé cette nomination d'un curateur; il a même ordonné, par l'art. 113, qu'il serait commis un notaire pour représenter les présumés absens, dans les inventaires, comptes, *partages* et liquidations dans lesquels ils seraient intéressés.

Mais ce notaire n'est autorisé qu'à représenter *dans les partages*; il n'est autorisé ni à les provoquer lui-même; ni à défendre sur ceux qui sont provoqués par les cohéritiers; et en effet, il n'a pas l'administration des biens de l'absent; il n'est établi son représentant, que pour les cas spéciaux déterminés par l'art. 113.

D'autre part, l'art. 112 dispose que, s'il y a nécessité de pourvoir à l'administration de tout ou de partie des biens laissés par une personne présumée absente, et qui n'a point de procureur fondé, il y sera statué par le tribunal de première instance, sur la demande des parties intéressées.

On voit que cet article laisse toute latitude aux juges, sur le mode d'administration qu'ils croient le plus convenable; ils peuvent donc nommer un curateur, et M. le conseiller d'état

Bigot de Préameneu l'a déclaré positivement, dans son exposé des motifs de la loi *sur les absens*.

Il paraît donc que, lorsqu'il s'agit de provoquer le partage d'une succession ou d'autres biens indivis avec un présumé absent, il faut nommer un curateur, et que c'est à lui seul que peut appartenir le droit de provoquer le partage, ou de défendre sur le partage qui est demandé par les cohéritiers.

2° Dans le cas où, l'absence ayant été déclarée, l'époux de l'absent a, conformément à l'art. 124, pris ou conservé l'administration de ses biens, je pense qu'il a le droit d'exercer l'action en partage d'une succession échue à l'absent, ou de procéder sur les demandes formées à cet égard par les cohéritiers, et qu'il n'est pas besoin qu'il appelle les héritiers présomptifs de l'absent. L'administration des biens de l'absent n'appartient qu'à l'époux présent qui s'est conformé à la première disposition de l'art. 124, et les héritiers présomptifs de l'absent n'ont aucunement le droit de s'immiscer dans cette administration, puisque l'art. 124 dit précisément que l'époux présent empêche, dans le cas supposé, l'envoi en possession provisoire au profit des héritiers présomptifs.

Mais aussi je crois que ces héritiers devraient être admis à intervenir dans l'instance et dans le partage, pour veiller à la conservation de leurs droits éventuels.

ARTICLE 818.

Le mari peut, sans le concours de sa femme, provoquer le partage des objets meubles ou immeubles à elle échus, qui tombent dans la communauté; à l'égard des objets qui ne tombent pas en communauté, le mari ne peut en provoquer le partage sans le concours de sa femme; il peut seulement, s'il a le droit de jouir de ses biens, demander un partage provisionnel.

Les cohéritiers de la femme ne peuvent provoquer le partage définitif qu'en mettant en cause le mari et la femme.

1. Pour embrasser tous les cas où il peut agir du partage de biens échus à une femme mariée, et pour savoir par qui peut être provoqué ce partage, dans chaque cas particulier, il faut distinguer;

1º Si la femme est commune en biens avec son

III.   6

mari, et, dans ce cas, si les biens à partager tombent, ou non, dans la communauté;

2º Si la femme est séparée de biens;

3º Si la femme est mariée sous le régime dotal, et s'il s'agit du partage à faire de biens dotaux, ou de biens paraphernaux;

4º Si, dans ces cas divers, les biens sont meubles ou immeubles;

5º Enfin si le partage est provoqué du chef de la femme, ou s'il est provoqué contre elle.

2. Lorsque des objets, meubles ou immeubles, échus à une femme commune en biens avec son mari, tombent dans la communauté, et sont indivis avec d'autres objets appartenant à d'autres héritiers ou copropriétaires, le mari peut, sans le concours de la femme, ou provoquer le partage en justice, ou procéder à un partage conventionnel. Il est, en effet, seul maître, pendant que la communauté existe, de tous les biens dont elle se compose; il peut les vendre, les aliéner, les hypothéquer, sans avoir besoin du consentement et du concours de sa femme, et, à plus forte raison, il a le droit d'en faire le partage.

Il en a le droit, lors même qu'il aurait été stipulé, dans le contrat de mariage, que la femme pourrait, en renonçant à la communauté, reprendre tous ceux de ses biens personnels, qui y seraient tombés, ou en vertu de la loi, ou en vertu d'une convention particulière. Cette clause n'empêche pas que le mari ne soit toujours le maître, pendant que la communauté existe, de tous les biens qui y sont entrés; elle ne produit d'effet qu'au moment de la renonciation, et elle ne donne lieu qu'à une simple indemnité contre le mari ou ses héritiers, si les biens que la femme renonçante a le droit de reprendre, ont été aliénés pendant la durée de la communauté.

Il est à remarquer que les immeubles qui appartenaient à la femme avant la célébration du mariage, ou qui lui échoient pendant le mariage, ne tombent pas dans la communauté *légale* (art. 1404), et que seulement ils peuvent tomber dans la communauté *conventionnelle*, en vertu d'une clause d'ameublissement (art. 1505).

3. Lorsque les objets qui sont échus à la femme, ne tombent pas en communauté, le mari ne peut en provoquer le partage, sans le concours de sa femme.

Il n'y a pas à distinguer entre les meubles et les immeubles; l'art. 818 n'a pas admis cette distinction. Après avoir dit que le mari peut, sans le concours de sa femme, provoquer le partage des objets, *meubles ou immeubles*, à elle échus, qui tombent dans la communauté, il ajoute qu'à *l'égard des objets qui ne tombent pas en communauté*, le mari ne peut en provoquer le partage, sans le concours de sa femme; ces mots *à l'égard des objets*, dont il est parlé dans la seconde partie

6.

de l'article, se rapportent donc nécessairement à tous les objets, *meubles et immeubles*, dont il est parlé dans la première partie. Si le législateur eût voulu restreindre aux objets immeubles la seconde partie de l'article, il s'en serait formellément expliqué, et n'aurait pas employé l'expression générale qu'il venait d'appliquer aux meubles et aux immeubles.

Il est vrai que l'art. 1428 du Code, porte que le mari peut exercer seul toutes les actions mobilières qui appartiennent à la femme commune avec lui; mais, comme l'a très bien fait remarquer M. Toullier, dans une note qui est au bas de la page 391 du quatrième volume de son *Droit civil français*, l'art. 1428 est dans le cas de la communauté *légale*, suivant laquelle tous les *meubles*, échus à la femme, tombent en communauté; il ne faut donc pas étendre sa disposition aux actions relatives à des meubles qui, d'après une clause particulière autorisée par l'art. 1500 du Code, n'entrent pas dans la communauté *conventionnelle*. Le mari n'est pas le maître, n'est pas le propriétaire de ces meubles, et conséquemment il n'a pas le droit d'en provoquer le partage.

. 4. C'est sans aucune exception, que l'art. 818 prononce qu'à l'égard des objets *qui ne tombent pas dans la communauté*, le mari ne peut en provoquer le partage, sans le concours de sa femme; cette disposition de l'article doit donc être appliquée, soit au cas où les époux, sans se soumettre au régime dotal, ont déclaré, dans leur contrat de mariage, qu'ils se mariaient sans communauté, soit au cas où la femme est séparée de biens, soit au cas où les époux se sont mariés sous le régime dotal.

Dans aucun de ces cas, le mari n'est le maître des biens, meubles ou immeubles, qui appartiennent à sa femme.

A la vérité, le mari a l'administration des biens de sa femme non commune et l'administration des biens dotaux, de même qu'il a l'administration de ceux des biens de la femme commune, qui ne tombent pas dans la communauté ; mais il résulte des termes de l'art. 818 et de la distinction qu'il a établie, que le législateur n'a pas considéré le partage comme un acte de pure administration, mais qu'il l'a considéré comme un acte touchant à la propriété, puisqu'il n'a pas voulu qu'il pût être provoqué, sans le concours du propriétaire.

5. Cependant l'interdiction faite au mari de provoquer le partage, sans le concours de sa femme, dans les cas exprimés aux numéros 3 et 4, ne s'applique généralement qu'au partage définitif. L'art. 818 permet au mari de demander le partage *provisionnel* des biens échus à sa femme, dans tous les cas où il a le droit de jouir de ces biens.

Le partage provisionnel n'étant relatif qu'aux
jouissances, il faut bien que le mari puisse le provoquer ou le faire à l'amiable, lorsque ces jouissances lui appartiennent, puisqu'autrement il se
trouverait contraint, malgré la disposition générale de l'art. 815, à rester dans l'indivision pour
ces jouissances, et que d'ailleurs il peut avoir un
intérêt réel à jouir séparément de la portion qui
appartient à sa femme.

Ainsi, le mari peut, sans le concours de sa
femme, provoquer le partage provisionnel,

1° Des biens échus à sa femme commune,
quoiqu'ils ne tombent pas dans la communauté,
parce qu'aux termes des art. 1401 et 1428, le mari
a le droit de jouir de ces biens, comme chef de la
communauté, à moins que, par une clause spéciale
insérée dans le contrat de mariage, la jouissance
de ces biens n'ait été réservée à la femme (art.
1497);

2° Des biens échus à la femme non commune,
puisqu'aux termes de l'art. 1530 le mari a le
droit de jouir de ces biens;

3° Des biens dotaux échus à la femme mariée
sous le régime dotal, puisque la jouissance en
appartient au mari, aux termes de l'art. 1549.

Mais il ne peut demander le partage provisionnel, ni des biens échus à la femme séparée
de biens, ni des biens paraphernaux, parce

qu'aux termes des art. 1536 et 1576, la jouissance de ces biens ne lui appartient pas.

6. Lorsque le partage provisionnel est provoqué par le mari, les cohéritiers ou copropriétaires contre lesquels il est provoqué, peuvent demander qu'il soit procédé de suite au partage définitif, pour n'avoir pas à supporter les frais de deux partages, et dans ce cas la femme doit être mise en cause.

7. Après avoir déterminé les cas où la demande en partage doit être formée par le mari et la femme conjointement, et ceux où elle peut l'être par le mari seul, l'art. 818 règle la manière dont la demande en partage doit être dirigée par les cohéritiers de la femme : il dispose que ces cohéritiers ne pourront provoquer le partage définitif qu'en mettant en cause la femme et le mari.

Cependant il me semble que cette disposition, quoiqu'elle soit exprimée d'une maniere générale, ne doit s'appliquer qu'aux cas où le mari ne pourrait seul, et sans le concours de sa femme, provoquer lui-même le partage définitif. N'impliquerait-il pas contradiction que l'action en partage ne pût être valablement dirigée contre celui qui aurait le droit de la former lui-même ?

Au surplus, s'il n'est pas nécessaire que, dans ces cas, les cohéritiers mettent la femme en cause, rien ne peut empêcher qu'ils ne l'appellent.

8. La femme peut-elle, sans le concours de son mari, provoquer en justice le partage des objets, meubles ou immeubles, qui lui sont échus?   *

La question se trouve décidée négativement par l'art. 215, qui porte que la femme ne peut *ester en jugement*, sans l'autorisation de son mari, quand même elle serait marchande publique, ou non commune; ou séparée de biens.

Elle ne le peut pas même pour ses biens para-phernaux, au termes de l'art. 1576.

Il résulte encore des art. 215 et 1576, que la femme ne pourrait, seule et sans l'autorisation de son mari, défendre à une demande en partage, formée par ses cohéritiers.

Mais si son mari refusait de l'autoriser, soit pour former la demande, soit pour y défendre, elle pourrait, suivant l'art. 218, se faire autoriser par la justice.

9. N'y a-t-il pas, au moins, des cas où la femme peut, seule et sans l'autorisation de son mari ou de la justice, procéder au partage conventionnel et à l'amiable, des biens meubles ou immeubles qui lui sont échus?

Quand on considérerait le partage comme n'étant qu'un simple acte d'administration, la femme n'aurait pas le droit d'y procéder seule, soit qu'elle fût commune en biens avec son mari, soit qu'il y eût entr'eux exclusion de communauté, puisqu'on a vu précédemment qu'elle n'a pas l'administration de ses biens personnels.

Par la même raison, la femme n'aurait pas le droit de procéder, sans autorisation, au partage de ses biens dotaux.

La femme a l'administration de ses biens paraphernaux, et cependant elle ne pourrait en faire le partage, sans l'autorisation de son mari ou de la justice.

On a déjà vu qu'il résulte nécessairement de la disposition de l'art. 818, qu'un partage définitif n'est pas un acte de pure administration, mais qu'il touche au droit de propriété: or, la femme ne peut, suivant les art. 217 et 1576, stipuler sur la propriété de ses biens paraphernaux, sans y être autorisée.

Quant à la femme séparée, il résulte de l'article 1449 qu'elle peut, sans l'autorisation de son mari ou de la justice, procéder à un partage conventionnel de son mobilier, mais qu'elle ne le peut pas à l'égard de ses immeubles.

On voit dans la disposition de cet article, que la femme séparée de biens n'est tenue de se faire autoriser par son mari ou par la justice, que pour aliéner ses immeubles, mais qu'elle n'y est pas également tenue pour disposer de son mobilier et pour l'aliéner, et que d'ailleurs elle a la libre administration de tous ses biens.

ARTICLE 819.

Si tous les héritiers sont présens et majeurs, l'apposition de scellés sur les effets de la succession n'est pas néces-saire, et le partage peut être fait dans la forme et par tel acte que les parties intéressées jugent convenables.

Si tous les héritiers ne sont pas présens, s'il y a parmi eux des mineurs ou des interdits, le scellé doit être apposé dans le plus bref délai, soit à la requête des héritiers, soit à la diligence du procureur du roi près le tribunal de première instance, soit d'office par le juge de paix dans l'arrondissement duquel la succession est ouverte.

1. L'apposition des scellés est une mesure très-importante pour empêcher la soustraction des effets mobiliers dépendant de la succession ; mais lorsque tous les héritiers appelés sont majeurs et présens, l'apposition des scellés n'est pas nécessaire, puisque les héritiers sont en état de veiller à la conservation des effets.

Cependant, quoiqu'elle ne soit point, en ce cas,

ordonnée par la loi, elle peut être requise par les héritiers, et même par l'un d'eux seulement, parce qu'il est possible qu'ils n'aient pas tous les moyens nécessaires pour empêcher les soustractions qui pourraient être faites jusqu'au partage. Aussi l'art. 909 du Code de procédure civile, dit généralement, et sans excepter les cas où tous les héritiers sont majeurs et présens, que l'apposition des scellés pourra être requise par tous ceux qui prétendront droit dans la succession.

2. Quels sont les héritiers qui, dans le sens de l'art. 819, doivent être considérés comme *présens?* Suffit-il, pour qu'on les considère comme présens, qu'ils ne soient, ni en absence présumée, ni en absence déclarée.

Cette question est également applicable à la disposition de l'art. 838, qui parle aussi d'héritiers qui ne sont pas présens.

Dans le langage des lois, le mot *absens*, s'applique à ceux qui ont disparu ou qui se sont éloignés des lieux de leur domicile et de leur résidence, dont on n'a pas de nouvelles depuis certain temps, et dont l'existence n'est pas connue.

Les mots *non-présens*, s'appliquent à ceux qui ne sont pas au lieu de leur domicile ou de leur résidence, ou qui ne se trouvent pas actuellement dans le lieu où leur présence est nécessaire, quoiqu'on sache d'ailleurs qu'ils existent.

C'est dans ce dernier sens, qu'il faut entendre

et appliquer les mots *non présens*, qui se trouvent dans l'art. 819 et dans l'art. 838.

Ainsi, en ce qui concerne l'art. 819, pour que tous les héritiers soient considérés comme *présens*, de manière à ce que l'apposition des scellés *ne soit* pas nécessaire, il ne suffit pas qu'aucun d'eux ne se trouve en état d'*absence*, c'est-à-dire, que l'existence d'aucun d'eux ne soit inconnue : il faut que tous les héritiers se trouvent dans le lieu même où la succession est ouverte.

Cependant la raison dit qu'on doit aussi considérer comme présens, pour dispenser de l'apposition des scellés ; ceux qui demeurent à une distance assez peu éloignée, pour qu'ils aient pu être promptement instruits du décès, ou qui ont sur le lieu un mandataire chargé de les représenter dans les affaires de la succession.

3. Lorsque tous les héritiers ne sont pas présens, dans le sens qui vient d'être expliqué, ou si, quoiqu'ils soient tous présens, il se trouve parmi eux des mineurs ou des interdits, l'art 819 exige, pour prévenir toutes soustractions, que les scellés soient apposés, et apposés dans le plus bref délai, à la requête des héritiers qui sont présens ; et comme la négligence des héritiers, à cet égard, pourrait nuire aux intérêts des mineurs et des interdits, l'article a soin d'ordonner, en outre, que les scellés soit apposés, à la diligence du procureur du roi près le tribunal de première ins-

tance, dans l'arrondissement duquel la succession est ouverte, et même d'office par le juge de paix du canton.

4. Lorsque l'inventaire de la succession a été clos sans apposition de scellés, il n'est plus nécessaire de les faire apposer pour procéder au partage; ils seraient alors évidemment inutiles, puisque l'inventaire a dû constater tous les effets de la succession; mais s'il y avait eu des soustractions, les parties intéressées pourraient se pourvoir conformément aux articles 792 et 801 , et même réclamer des dommages et intérêts contre les héritiers et les tuteurs qui auraient négligé de requérir les scellés. (*Voyez*, au surplus, l'art. 923 du Code de procédure civile.)

5. Lorsque tous les héritiers sont présens, majeurs et non interdits, ils peuvent procéder entr'eux au partage de la succession , ainsi qu'il leur plaît, sans avoir besoin de l'intervention de la justice; ils peuvent le faire dans la forme et par tel acte qu'ils jugent convenables ; c'est-à-dire , ou par acte authentique, ou par acte sous seings privés, ou en forme de partage, ou par licitation volontaire, ou par vente, avec ou sans estimation par experts. C'est ce qu'on appelle un partage conventionnel.

Mais il est bien à remarquer que, si un seul des héritiers n'était pas présent, ou si parmi les héritiers présens, il s'en trouvait un seul qui ne voulût pas souscrire au partage conventionnel, ou si enfin il y avait un seul héritier, ou mineur, ou interdit, le partage devrait être nécessairement fait en justice, ainsi qu'on le verra sur les art. 823 et 840.

ARTICLE 820.

Les créanciers peuvent aussi requérir l'apposition des scellés, en vertu d'un titre exécutoire, ou d'une permission du juge.

1. Les créanciers du défunt ont grand intérêt à empêcher la soustraction des effets mobiliers de la succession, qui forment une partie de leur gage; il était donc juste de leur accorder le droit de requérir l'apposition des scellés sur ces effets; le droit leur en a été conféré par l'art. 820 du Code civil, et confirmé par l'art. 909 du Code de procédure civile.

Mais ils ne peuvent l'exercer qu'en vertu d'un titre exécutoire, ou, à défaut de titre de cette nature, en vertu d'une permission du juge, parce qu'il ne faut pas que, sous le prétexte d'une créance qui n'est aucunement établie, aucunement justifiée, on puisse, par une apposition des scellés, retarder, au préjudice des héritiers, les opérations relatives à la liquidation ou au partage de la succession.

2. On a fait observer, avec raison, que, pour autoriser la réquisition des scellés, la loi aurait pu se dispenser d'exiger que le titre de créancier fût revêtu de la forme exécutoire, et qu'un simple titre authentique aurait dû suffire, puisque l'apposition des scellés n'est pas une exécution, mais un simple acte conservatoire. C'était par le même motif, que déjà j'avais aussi fait remarquer que les créanciers peuvent requérir l'apposition des scellés, quoiqu'ils n'aient pas encore, conformément à l'art. 877, fait signifier aux héritiers leurs titres contre le défunt.

3. C'est en faveur des créanciers chirographaires et de tous ceux qui peuvent justifier, autrement que par un titre exécutoire, qu'ils sont réellement créanciers de la succession, qu'il a été dit, dans l'art. 820, que les scellés pourraient être requis en vertu d'une permission du juge.

Suivant l'art. 909 du Code de procédure civile, la permission doit être donnée par le président du tribunal de première instance, ou par le juge de paix du canton où le scellé doit être apposé.

Elle doit être refusée, si le réclamant n'établit d'aucune manière l'existence et la légitimité de la créance qu'il demande à conserver.

4. Si, comme le prétend M. Toullier, tome 4, page 394, les créanciers personnels de l'un des héritiers, ont le droit de requérir l'apposition des

scellés sur tous les meubles et effets de la succession; s'ils peuvent ainsi, au préjudice des autres
héritiers qui ne sont pas leurs débiteurs, retarder
la vente des effets mobiliers, empêcher la liquidation des dettes de l'hérédité et faire différer le
partage, quoiqu'évidemment l'art 820 n'ait été
fait que pour les créanciers de la succession, et
que les art. 882 et 1167 paraissent n'accorder aux
créanciers personnels de l'un des héritiers, que
le droit de s'opposer à ce que le partage soit fait
hors de leur présence et le droit d'y intervenir,
au moins faudrait-il décider, en ce cas, que les
frais de l'apposition et de la levée des scellés,
ainsi que de l'inventaire, devraient être entièrement à la charge de l'héritier débiteur et devraient
être pris, par privilége, sur sa part dans les effets
mobiliers.

5. Suivant l'art. 909 du Code de procédure
civile, l'apposition des scellés peut être requise
par tous ceux qui prétendront droit dans la succession, ou dans la communauté qui avait existé
entre le défunt et l'époux survivant.

Ainsi, tous les héritiers institués par le défunt,
ses légataires, ses enfans naturels reconnus, et le
conjoint survivant qui était en communauté avec
lui, peuvent requérir l'apposition des scellés.

Suivant le même article, elle peut encore être
requise, en cas de non-présence, soit du conjoint, soit des héritiers ou de l'un d'eux; par les

personnes qui demeuraient avec le défunt, et par ses serviteurs et domestiques.

6. Il faut encore consulter les art. 910, 911 et suivans du Code de procédure civile, pour bien savoir à la requête de quelles personnes, dans quelle forme et comment les scellés doivent être apposés.

ARTICLE 821.

Lorsque le scellé a été apposé, tous créanciers peuvent y former opposition, encore qu'ils n'aient ni titre exécutoire, ni permission du juge.

Les formalités pour la levée des scellés et la confection de l'inventaire, sont réglées par les lois sur la procédure.

1. Comme l'opposition à des scellés déjà apposés, ne peut pas nuire aux héritiers, autant que l'apposition même des scellés, elle n'a pas dû être soumise à des formalités aussi rigoureuses; elle a donc été permise aux créanciers, quoiqu'ils n'aient ni titre exécutoire, ni permission du juge; mais si, en définitif, ils ne se trouvent pas créanciers, ils sont condamnés à tous les frais que leurs oppositions ont occasionnés, et même, s'il y a lieu, à des dommages et intérêts.

La forme des oppositions est réglée par les art. 926 et 927 du Code de procédure civile.

III

7

2. Lors de la levée des scellés, il doit être fait un inventaire, en présence de toutes les parties intéressées, ou elles dûment appelées. Cependant toutes les parties intéressées présentes, majeures et jouissant de leurs droits, peuvent valablement consentir à ce que les scellés soient levés sans inventaire.

3. Les formalités pour la levée des scellés et pour la confection de l'inventaire, sont réglées par les titres 3 et 4 du livre 2 de la seconde partie du Code de procédure civile, depuis l'art. 928 jusqu'à l'art. 945.

ARTICLE 822.

L'action en partage et les contestations qui s'élèvent pendant le cours des opérations, sont soumises au tribunal du lieu de l'ouverture de la succession.

C'est devant ce tribunal qu'il est procédé aux licitations, et que doivent être portées les demandes relatives à la garantie des lots entre copartageans et celles en rescision du partage.

1. Il faut rapprocher de la disposition de cet article, celle de l'art. 59 du Code de procédure civile, qui porte qu'en matière de succession, le

défendeur sera assigné devant le tribunal du lieu où la succession est ouverte, 1° sur les demandes entre héritiers , jusqu'au partage inclusivement; 2° sur les demandes qui seraient intentées par des créanciers du défunt, avant le partage ; 3° sur les demandes relatives à l'exécution des dispositions à cause de mort, jusqu'au jugement définitif.

En réunissant les deux dispositions, on voit que, pour déterminer la compétence du tribunal, il faut distinguer les actions relatives à la succession, qui sont exercées avant le partage, et celles qui ne sont exercées qu'après;

Que toutes celles qui sont exercées avant le partage, soit entre héritiers ou successeurs, soit par des créanciers et tous autres ayant droit sur ou contre la succession, doivent être portées, sans exception, au tribunal du lieu où la succession est ouverte ;

Que celles qui ne sont exercées qu'après le partage, restent soumises aux règles générales sur la compétence des tribunaux, en matière personnelle, réelle, ou mixte; et que cependant à l'égard de ces dernières, il y a encore exception pour les demandes relatives à la garantie des lots entre copartageans , pour les demandes en rescision du partage, et pour les demandes relatives à l'exécution des dispositions à cause de mort, lesquelles doivent être portées, comme les premières, devant le tribunal du lieu où la succession est ouverte.

2. Ces distinctions sur la compétence des tribunaux en matière de succession, ne sont pas arbitraires; elles sont fondées sur des motifs très-légitimes.

En effet, pour que les héritiers, les successeurs, les légataires, les créanciers et tous autres ayant droit, ne fussent pas exposés à être traduits dans une foule de tribunaux différens, soit à raison du domicile de chacun d'eux, soit à raison de la situation des biens, soit à raison des demandes en garantie qu'ils auraient à former les uns contre les autres, il fallait qu'il n'y eût qu'un seul tribunal pour statuer sur toutes les contestations relatives à la succession encore indivise; et ce tribunal devait être naturellement celui du lieu où la succession est ouverte, les biens et les affaires du défunt y étant ordinairement plus connus qu'ailleurs.

Mais, lorsque le partage a rendu chacun des héritiers ou des successeurs, seul propriétaire des biens compris dans son lot, et qu'ainsi la succession, se trouvant divisée, ne forme plus un seul corps, le tribunal du lieu où elle s'était ouverte ne peut plus avoir de compétence exclusive pour statuer sur des actions qui ne frappent plus sur la succession en masse, et qui doivent être dirigées, ou contre chacun des héritiers, person-

nellement pour sa part et portion, ou hypothécairement contre celui d'entr'eux, qui se trouve
détenteur de l'immeuble hypothéqué.

Cependant, comme les demandes relatives à
la garantie des lots entre copartageans, et les demandes en rescision du partage, ne sont que des
conséquences du partage qui a été fait, que les
premières ont pour objet son exécution, et que
les secondes tendent à le faire anéantir, pour qu'il
soit procédé à un nouveau partage, il était convenable encore de faire porter ces demandes
devant le tribunal du lieu de l'ouverture de la
succession.

Et enfin., comme les demandes relatives à l'exécution des dispositions à cause de mort, lors
même qu'elles ne sont formées qu'après le partage, portent sur la succession toute entière,
mais non pas contre chaque héritier individuelle-
ment, et que d'ailleurs presque toujours, et
sur-tout s'il s'agit de dispositions de quotités, elles
doivent donner lieu à un nouveau partage, il
fallait encore qu'elles fussent portées devant le
tribunal du lieu où la succession est ouverte.

On va voir maintenant quelques exceptions, ou
modifications.

3. La demande en licitation, qui a lieu dans le
cas où les immeubles de la succession ne peuvent être partagés commodément, doit être aussi
portée devant le tribunal du lieu où la succession

est ouverte. On a déjà vu que la licitation n'est autre chose qu'un mode de partage.

Cependant, si les héritiers, en procédant au partage de la succession, laissaient en indivis quelques immeubles, l'action qui serait ensuite formée en licitation de ces immeubles, ne serait plus de la compétence du tribunal du lieu de l'ouverture de la succession, parce qu'il ne s'agirait plus du partage de l'hérédité, mais seulement de quelques immeubles restés indivis. L'action en licitation devrait donc être portée devant le tribunal de la situation des biens. Ainsi l'a décidé un arrêt de la cour de cassation, du 11 mai 1807.

Cette décision est également applicable au cas où, après un partage de la succession ; des héritiers demanderaient contre leurs cohéritiers le partage de ceux des immeubles qu'ils auraient laissés indivis.

4. L'article 822 du Code civil et l'art. 59 du Code de procédure civile, ne dérogent pas aux règles qui attribuent la poursuite des expropriations, aux tribunaux de la situation des biens. Aussi la cour de cassation a jugé, par arrêt du 29 octobre 1807, que, lors même que les héritiers ont provoqué la vente par licitation des immeubles, devant le tribunal du lieu où la succession est ouverte, les créanciers hypothécaires du défunt conservent le droit de poursuivre l'ex-

propriation de ces immeubles, devant le tribunal
de la situation des biens.

Elle a encore jugé, par un arrêt du 8 avril 1809,
que la demande à fin d'ordre et de distribution
du prix des ventes des biens de la succession, ne
doit pas être portée au tribunal du lieu où la
succession est ouverte, mais doit être portée,
comme action réelle, devant le tribunal du lieu
où les biens sont situés.

5. Lorsqu'un héritier a fait, avant partage, une
vente de ses droits successifs à un étranger, et
qu'ensuite il forme contre l'acquéreur demande
en rescision de la vente, pour cause de dol ou de
lésion, cette demande ne rentre aucunement
dans les contestations qui peuvent être relatives
au partage; elle ne forme pas une contestation
qui s'élève dans le cours des opérations du partage, et conséquemment elle doit être portée, non
devant le tribunal du lieu où la succession est ouverte, mais devant le tribunal du domicile de
l'acquéreur; ainsi l'a décidé la cour de cassation,
par un arrêt du 13 messidor an 13.

6. Enfin, l'art. 822 du Code civil et l'art. 59
du Code de procédure civile, ne peuvent s'appliquer au cas où il n'y a qu'un seul héritier,
puisque, dans ce cas, il ne peut y avoir lieu, ni
à partage, ni à licitation; cet héritier unique
peut donc être assigné par les héritiers de la suc-

cession, devant le tribunal de son domicile, ou devant le tribunal de la situation des biens. C'est encore ce qui a été décidé par un arrêt de la cour de cassation, du 18 juin 1807.

ARTICLE 823.

Si l'un des cohéritiers refuse de consentir au partage, ou s'il s'élève des contestations, soit sur le mode d'y procéder, soit sur la manière de le terminer, le tribunal prononce comme en matière sommaire, ou commet, s'il y a lieu, pour les opérations du partage, un des juges, sur le rapport duquel il décide les contestations.

1. Il ne résulte pas de la disposition de cet article, que toutes les contestations qui s'élèvent à l'occasion du partage, doivent être jugées comme des matières sommaires. Ses termes mêmes annoncent clairement qu'elle ne peut s'appliquer qu'aux contestations qui s'élèvent entre héritiers, et qui s'élèvent, soit sur le refus que fait l'un d'eux de consentir au partage, soit sur la manière dont ce partage doit être fait.

Ainsi, lorsqu'une personne prétend avoir le

droit de succéder et que ce droit lui est contesté par d'autres personnes qui se disent seules héritières, la contestation ne peut pas être jugée sommairement; et en effet elle n'est pas comprise dans la disposition de l'art. 823, puisqu'elle ne s'élève pas *entre des cohéritiers.* Cette dernière expression qu'emploie l'article, ne peut s'appliquer qu'à des héritiers qui sont reconnus, ou dont la qualité est fixée par un jugement.

D'ailleurs, la contestation ne porte pas sur un simple refus de consentir au partage; elle porte sur un refus de reconnaître la qualité d'héritier, à la personne qui prétend l'avoir.

De même, lorsqu'un des héritiers s'oppose à ce qu'on comprenne dans le partage un bien, meuble ou immeuble, parce qu'il prétend, ou qu'il en est personnellement propriétaire, ou qu'il a le droit d'en faire le prélegs, ou qu'il n'est pas tenu d'en faire le rapport à la succession, la disposition de l'art. 823 est encore sans application.

En un mot, cet article n'a eu d'autre objet que de faire décider promptement et sommairement toutes les contestations qui peuvent s'élever entre héritiers, sur la nécessité ou le mode du partage. Cette une disposition sage et bienfaisante, pour empêcher les héritiers de consommer en frais une partie des biens de l'hérédité; mais on ne peut raisonnablement vouloir l'appliquer à des questions de propriété qui exigent presque toujours une discussion sérieuse.

2. Il est dit dans l'art. 823, que le tribunal prononce sur les contestations, *ou* commet, s'il y a lieu, pour les opérations du partage, un des juges, sur le rapport duquel il décide les contestations.

Cette disposition n'est peut-être pas assez précise; mais elle a été expliquée par l'art. 969 du Code de procédure civile, qui porte que le même jugement qui prononcera sur la demande en partage, commettra, s'il y a lieu, un juge, conformément à l'art. 823 du Code civil.

Les deux articles combinés doivent donc être entendus en ce sens,

Que le tribunal doit juger d'abord si la demande en partage est fondée;

Que, s'il l'adopte et qu'il ne croie pas nécessaire de commettre un juge pour les opérations du partage, il statue immédiatement et comme en matière sommaire, sur toutes les contestations qui peuvent s'élever, soit sur le mode de procéder au partage, soit sur la manière de le terminer;

Mais que, si déjà il y a eu des contestations à cet égard, ou si le tribunal prévoit qu'il pourra s'en élever, il peut commettre un juge pour assister aux opérations du partage, et que c'est sur le rapport de ce juge, qu'il statue sur les contestations, et toujours comme en matière sommaire.

3. Au reste, la mission du juge commis se borne à diriger les opérations sur lesquelles les parties sont d'accord, à entendre les observations des parties sur les difficultés qui sont élevées, et à essayer de les concilier. S'il ne concilie pas, il n'a pas le droit de décider les contestations, et il est' tenu d'en faire son rapport au tribunal.

4. Il y a une observation importante à faire sur l'art. 823 du Code civil, ainsi que sur ceux qui vont suivre, à l'égard des héritiers qui sont majeurs, jouissant de leurs droits civils, et présens, ou dûment représentés; c'est que ces héritiers ne sont tenus de procéder au partage, conformément aux règles établies par les articles qui vont être expliqués, que lorsque l'un ou plusieurs d'entr'eux refusent de consentir au partage, ou qu'ils ne sont pas tous d'accord, soit sur le mode d'y procéder, soit sur la manière de le terminer; que, lorsqu'ils sont tous d'accord sur tous les points, ils peuvent, ainsi qu'on l'a vu dans l'article 819, faire le partage, dans la forme et par tel acte qu'ils jugent convenables; que, lors même que l'action en partage a été introduite et les opérations du partage commencées en justice, ces héritiers peuvent encore, comme il est dit formellement dans l'art. 985 du Code de procédure civile, abandonner les voies judiciaires, *en tout*

état de cause, et s'accorder pour procéder de telle manière qu'ils aviseront; qu'ainsi après avoir constesté, ils peuvent s'accorder sur les points litigieux; qu'après avoir fait juger un ou plusieurs incidens, ils peuvent en revenir au partage volontaire et conventionnel; qu'en un mot ils peuvent toujours procéder comme il leur convient; d'où il suit en définitif que les règles établies par les articles qui vont suivre, soit sur le partage, soit sur les opérations qui doivent le précéder, ne sont vraiment obligatoires et ne doivent être rigoureusement exécutées, que lorsque, parmi les copartageans, il se trouve, ou des interdits, ou des mineurs même émancipés, ou des absens, ou des non présens qui ne sont pas valablement représentés.

ARTICLE 824.

L'estimation des immeubles est faite par experts choisis par les parties intéressées, ou, à leur refus, nommés d'office.

Le procès-verbal des experts doit présenter les bases de l'estimation: il doit indiquer si l'objet estimé peut être commodément partagé, de quelle manière; fixer enfin, en cas de division, chacune des parts qu'on peut en former, et leur valeur.

1. Aux termes de l'art. 469 du Code de procédure civile, le même jugement qui prononce sur la demande en partage, doit ordonner que les immeubles, s'il y en a, seront estimés par experts, pour être ensuite procédé au partage de ces immeubles, s'il peut avoir lieu, ou à la vente par licitation.

Mais, par ce jugement, le tribunal ne peut ordonner encore qu'il sera procédé au partage des immeubles. Ce n'est qu'après que les experts ont fait leur procès-verbal conformément à l'article 824, que le tribunal peut ordonner, en connaissance de cause, ou qu'il sera procédé au partage des immeubles, c'est-à-dire, à leur division par lots, ou que, conformément à l'art. 827, il sera procédé à la vente par licitation, suivant que les experts auront constaté, dans leur procès-verbal, que les immeubles peuvent ou ne peuvent pas se partager commodément.

2. Les experts qui sont nommés en vertu de l'art. 824 du Code civil, ne sont pas appelés pour procéder au partage de la succession, ni même au partage des immeubles; ils ne sont appelés que pour vérifier d'abord si les immeubles peuvent être, ou non, partagés commodément, afin que le tribunal puisse décider ensuite si c'est le

partage par division, qui doit avoir lieu, ou s'il est nécessaire de faire procéder à la vente par licitation.

Cependant le rapport que doivent faire les experts, tend à préparer le partage, s'il peut être fait commodément, puisqu'en ce cas les experts doivent indiquer de quelle manière les immeubles peuvent être partagés, et fixer chacune des parts qu'on peut en former, ainsi que leur valeur.

Mais toujours est il certain qu'ils ne peuvent, ni indiquer le mode de partage de la succession entière, ni composer les lots de la masse générale, puisqu'ils n'ont à opérer que sur les immeubles.

Avant la composition des lots de la masse générale, avant le partage, il y a beaucoup d'autres opérations préliminaires qui sont prescrites par les art. 828, 829, 830, 831, 832, 833 et 834.

Ce n'est qu'après que les héritiers ont procédé, devant un notaire, aux comptes qu'ils peuvent se devoir et aux fournissemens à faire par chacun d'eux, après que chaque cohéritier a fait rapport, s'il y a lieu, des dons qui lui ont été faits et des sommes dont il est débiteur, après que chacun a exercé les prélegs qui lui sont dus, que la masse de la succession peut être formée, que les lots peuvent être composés, et cette composition des lots est faite, soit par l'un des cohéritiers, soit par un nouvel expert que désigne le juge commissaire.

Il avait bien été dit dans l'art. 466, qu'à l'égard du mineur le partage devrait être précédé d'une estimation par experts, et que ces experts procéderaient à la division des héritages, *et à la formation des lots qui seraient ensuite tirés'au sort.*

Mais cette dernière disposition a été changée par les art. 824 et suivans du Code civil, ainsi que par les art. 978 et 979 du Code de procédure civile, qui ont statué spécialement sur le mode de partage à l'égard des mineurs.

3. Cependant l'art. 975 du Code de procédure civile, dispose que, si la demande en partage n'a pour objet que la division d'un ou de plusieurs immeubles sur lesquels les droits des intéressés soient déjà liquidés, les experts, en procédant à l'estimation, composeront les lots, ainsi qu'il est prescrit par l'art. 466 du Code civil, et qu'après que leur rapport sera entériné, les lots seront tirés au sort, soit devant le juge-commissaire, soit devant un notaire commis à cet effet.

Mais on voit que, dans cet article 975, il ne s'agit pas du partage d'une succession; qu'il ne s'agit que de la division d'un ou de plusieurs immeubles *sur lesquels les droits des intéressés sont déjà liquidés;* qu'ainsi c'est à ce dernier cas que se trouve restreinte l'application de la seconde partie de l'art. 466 du Code civil, et que c'est dans ce dernier cas seulement que les experts péuvent de suite composer les lots, parce qu'en effet il n'y a que les immeubles à partager, au lieu que dans le partage d'une succession entière, la masse générale se composant, non-seulement des immeubles, mais encore des meubles ou de leur prix, et des fournissemens et rapports à faire par chacun des héritiers, ce n'est qu'après toutes les opérations relatives à la formation de la masse générale des biens, que les lots peuvent être composé s.

4. L'art. 824 du Code civil se borne à dire que les experts seront choisis par les parties intéressées, ou, à leur refus, nommés d'office. Il ne dit pas quel doit être le nombre des experts, s'ils doivent prêter serment, ni quelles sont les formalités pour leurs rapports.

Mais il y a été pourvu par l'art. 671 du Code de procédure civile, qui dispose qu'il sera procédé aux nominations, prestation de serment et rapports d'experts suivant les formalités prescrites au titre *des rapports d'experts*.

Or, dans ce titre, on voit (art. 303) que l'expertise ne pourra se faire que par trois experts, et néaumoins, suivant l'art. 971, lorsque toutes les parties seront majeures, il pourra n'être nommé qu'un expert, si elles y consentent. Il est bien entendu que cette dernière disposition ne peut s'appliquer qu'aux parties majeures, qui jouissent des droits civils et qui sont présentes, ou légalement représentées.

Les art. 304, 305 et 306 du même Code, règlent comment les experts sont nommés par les parties intéressées ou par le tribunal.

L'art. 307 et ceux qui suivent jusqu'au 324, règlent tout ce qui concerne les récusations des experts, les prestations de serment, les formalités des rapports et la manière dont il est statué sur ces rapports par le tribunal.

5. L'art. 824 du Code civil détermine d'une manière plus particulière encore, pour le cas dont il s'agit, ce que doit contenir le procès-verbal des experts.

Il veut d'abord que ce procès-verbal présente les bases de l'estimation, c'est-à-dire, que les experts ne doivent pas se borner à énoncer qu'ils estiment tel immeuble, telle part des biens, à une somme déterminée; mais qu'ils doivent faire connaître les bases d'après lesquelles ils ont fixé cette estimation; par exemple, s'ils ont eu égard au prix des baux existant, à l'état des biens, à leur nature, à leur situation, à l'espèce de leurs productions, et au prix courant dans le canton.

Par cette opération raisonnée, les héritiers et les juges eux-mêmes sont mieux éclairés sur l'exactitude de l'estimation; et s'il est prouvé que ses bases sont fausses, ou qu'elle n'offre pas des éclaircissemens suffisans, les juges peuvent,

III. .   8 d'après les réclamations des parties intéressées, et même d'office, ordonner une nouvelle expertise, par un ou plusieurs experts qu'ils nomment également d'office. (Art. 322 du Code de procédure civile.)

6. Le procès-verbal des experts ne doit pas contenir une estimation détaillée de chaque pièce de terre séparément. Un projet d'article, qui ordonnait cette estimation en détail, fut rejeté sur la proposition de M. Tronchet; mais M. Treilhard fit aussi remarquer que l'estimation ne devait pas être faite en masse, parce qu'elle serait nécessairement inexacte.

Il faut donc prendre un juste milieu, en estimant séparément chaque corps de domaine, chaque objet distinct et indépendant des autres; c'est ce qu'exprime l'art. 824, en disant que le procès-verbal doit indiquer si *l'objet estimé* peut être commodément partagé.

Le procès-verbal doit, en outre, indiquer, pour le cas où la division peut se faire commodément, chacune des parts qu'on peut former, et leur valeur.

7. Les objets doivent être estimés suivant leur valeur actuelle, et non pas suivant la valeur qu'ils pouvaient avoir à l'époque de l'ouverture de la succession. Depuis cette époque jusqu'au moment de l'estimation, quelques objets peuvent avoir été détériorés ou avoir perdu de leur va-

leur; d'autres peuvent avoir été améliorés ou
avoir acquis une augmentation de prix : et dans
ces cas assez fréquens, si les lots étaient composés d'après l'estimation de la valeur à l'époque
de l'ouverture de la succession, ils pourraient se
trouver très-inégaux.

ARTICLE 825.

L'estimation des immeubles, s'il n'y a
pas eu de prisée faite dans un inventaire régulier, doit être faite par gens
à ce connaissant, à juste prix et sans
crue.

1. Il faut encore, pour former la masse générale
de la succession et composer les lots, que les
meubles dépendant de la succession, et qui n'ont
pas été vendus, soient estimés. L'art. 825 règle le
mode de cette estimation.

2. Pour entendre ces mots de l'article, *à juste
prix et sans crue*, il faut savoir que, dans presque
toutes nos coutumes, celui qui ne représentait
pas des meubles qu'il était tenu de restituer en
nature, devait ajouter au montant de l'estimation
qui avait été faite de ces meubles, un supplément
de prix, qu'on appelait *crue ou parisis*, et qui
était presque généralement fixé au quart en sus
de l'estimation. Ce qui avait donné lieu à cet

8.

usage, c'est qu'il était reconnu que les meubles n'étaient presque jamais estimés à leur juste valeur.

L'art. 825 fait cesser cet usage, en ordonnant que l'estimation des meubles sera faite à juste prix et sans crue; l'art. 943 du Code de procédure civile, qui a prescrit que, dans tout inventaire, les meubles seraient estimés, a déterminé également que l'estimation serait faite à juste valeur et sans crue.

Lors donc qu'après l'ouverture d'une succession il a été fait un inventaire régulier, il n'y a plus à faire de nouvelle estimation des meubles, pour procéder au partage, et ce n'est qu'à défaut d'inventaire que l'art. 825 doit être exécuté.

3. Cet article dit bien que l'estimation sera faite par gens à ce connaissant; mais il ne dit pas comment et par qui ils doivent être nommés. Il paraît qu'ils doivent l'être comme les experts pour l'estimation des immeubles.

ARTICLE 826.

Chacun des cohéritiers peut demander sa part en nature des meubles et immeubles de la succession; néanmoins, s'il y a des créanciers saisissans ou opposans, ou si la majorité des cohéritiers juge la vente nécessaire pour l'acquit des dettes et charges de la succes-

sion, les immeubles sont vendus publiquement en la forme ordinaire.

1. Il n'y a plus, comme autrefois, d'héritiers
qui aient des droits particuliers à des biens d'une
certaine nature, ou d'une certaine origine ; tous
sont également appelés à succéder à toutes les
espèces de biens, qui se trouvent dans la succession. (Art. 732.)

Chaque héritier peut donc réclamer, et réclamer *en nature*, soit sur les meubles, soit sur les
immeubles, la portion pour laquelle il est appelé
à succéder, et ne peut être contraint à prendre
moins sur une espèce de biens et plus sur l'autre.
S'il est héritier pour un quart, il a droit au quart
des immeubles, comme au quart des meubles,
et il supporte une égale portion des dettes et des
charges.

Cependant il y a quelques exceptions ; mais
elles n'ont été introduites que dans l'intérêt des
héritiers eux-mêmes, ou dans l'intérêt des créanciers.

2. Ainsi d'abord, quant aux immeubles, on
verra sur l'art. 832, que, si, pour arriver au partage, on ne pouvait former des lots égaux, sans
morceler les héritages, ou sans diviser les exploitations, d'une manière qui serait préjudicia-
ble aux héritiers, il pourrait être mis dans un
ou plusieurs lots plus d'immeubles que dans les

autres; mais il faudrait à cet égard, que l'intérêt commun de tous les héritiers fût bien constaté. On ne pourrait, pour l'intérêt ou la convenance particuliere de quelques uns d'entr'eux contraindre les autres à renoncer au droit qu'ils ont de prendre en nature leurs portions entières, soit sur les meubles, soit sur les immeubles.

3. Quant aux meubles, il y a deux cas où l'héritier ne peut en réclamer sa part en nature.

Le premier cas est celui où il existe des créanciers saisissans ou opposans. Ces créanciers ont certainement le droit d'exiger que les meubles qui sont leur gage, soient vendus, et ont aussi le droit de les faire vendre eux-mêmes.

Le second cas est celui où la majorité des cohéritiers juge la vente nécessaire pour acquitter les dettes et les charges de la succession. Il est, en général, avantageux aux héritiers, que les dettes et les charges soient acquittées sur les meubles, plutôt que sur les immeubles; et d'ailleurs comme on peut plus aisément et plus promptement vendre les meubles, il est encore, sous ce rapport, dans l'intérêt des héritiers, de faire procéder à cette vente, pour avoir les moyens de se libérer plus tôt, et prévenir ainsi des frais.

Mais tous les héritiers pourraient n'être pas d'accord à cet égard; et comme il ne serait pas juste que la résistance de quelques-uns pût nuire aux autres, la loi a disposé que la vente aurait lieu, lorsqu'elle serait jugée nécessaire par la majorité des cohéritiers.

4. L'art. 826 dispose que, dans les deux cas énoncés au précédent numéro, les meubles seront vendus publiquement en la forme ordinaire. Cette forme a été réglée par les art. 945, 946, 947, 948, 949, 950, et 951 du Code de procédure civile.

Cependant l'art. 952 ajoute que si toutes les parties sont majeures, présentes et d'accord, et qu'il n'y ait aucun tiers intéressé, elles ne seront obligées à aucune des formalités prescrites par les articles précédens; c'est-à-dire, que les héritiers pourront vendre à l'amiable, dans la forme et par tel acte qu'ils jugeront convenables.

Mais il faut remarquer ces termes de l'article, *et qu'il n'y ait aucun tiers intéressé.* Il en résulte que, s'il y a des créanciers saisissans ou opposans, ils peuvent exiger que la vente soit faite avec toutes les formalités prescrites par les articles précédens, parce qu'en effet il est de leur intérêt que toutes ces formalités soient remplies, soit pour prévenir des fraudes, soit pour faire élever, par des enchères, le prix des meubles.

5. Les meubles ne doivent être vendus que jusqu'à concurrence des dettes et des charges, à moins que tous les héritiers ne consentent à la vente de la totalité.

Ce n'est pas de la décision de la majorité des héritiers, que l'art. 826 du Code civil fait dé-

pendre uniquement la vente des meubles; il la
fait dépendre encore de la nécessité de pourvoir
au paiement des dettes , puisqu'il n'autorise la
majorité des héritiers à faire procéder à la vente,
que pour l'acquit des dettes et des charges ; ce
n'est donc que jusqu'à concurrence du montant
des charges et des dettes, que la majorité des
héritiers peut exiger la vente des meubles. Lorsqu'elles sont ou peuvent être acquittées par le
prix de la vente d'une partie des meubles, le
motif du droit accordé à la majorité des héritiers n'existant plus, il est hors de doute que
les autres héritiers , quoique en minorité, peuvent s'opposer à ce que le reste des meubles
soit vendu, puisqu'il n'y a plus nécessité de le
vendre.

Ils peuvent aussi demander que les effets pé-
rissables et les moins précieux, soient vendus
par préférence.

ARTICLE 827.

Si les immeubles ne peuvent pas se
partager commodément, il doit être
procédé à la vente par licitation devant
le tribunal.

Cependant les parties, si elles sont
toutes majeures, peuvent consentir que
la licitation soit faite devant un no-

taire, sur le choix duquel elles s'accordent.

1. L'indivision des immeubles cesse de deux manières, ou par le partage entre les ayans-droit, ou par la vente, volontaire ou judiciaire. Lorsque la vente est faite aux enchères, au plus offrant ou dernier enchérisseur, soit devant un tribunal, soit devant un notaire, c'est ce qu'on appelle une vente, ou adjudication, *par licitation.*

2. Si les immeubles peuvent être divisés commodément entre les héritiers, c'est le partage qui doit être préféré, parce qu'il conserve à chaque héritier la portion que lui a donnée la loi. et que d'ailleurs nul ne peut être contraint à aliéner ce qui lui appartient dans une masse commune et qui peut en être séparé, sans aucun préjudice pour ses associés.

Mais, si les immeubles ne pouvaient être divisés commodément, c'est-à-dire, si la division devait opérer la dépréciation de chacune ou de plusieurs des parties divisées, ou en rendre la jouissance onéreuse ou difficile, ce serait la vente qui devrait avoir lieu.

Cependant une simple inégalité dans les lots, et même la nécessité d'établir une servitude sur l'un en faveur de l'autre, ne suffiraient pas pour faire ordonner la vente, si d'ailleurs le partage pouvait se faire commodément. L'art. 833 dit positivement que l'inégalité des lots en nature se compose par un retour, soit en rente, soit en argent, et si les servitudes ne sont pas insupportables, elles peuvent avoir lieu entre cohéritiers, comme elles ont lieu, tous les jours, entre étrangers. Autrement, une maison qui n'aurait qu'une entrée, ou qu'un escalier, ou qu'une cour, ne pourrait jamais être partagée, parce que l'un des lots serait nécessairement grevé d'une servitude envers l'autre, et qu'il est aussi très-rare qu'elle puisse être divisée en plusieurs parties exactement égales.

Mais si l'inégalité des lots était si considérable que l'un des héritiers dût avoir la presque totalité des immeubles, ou que les servitudes à établir fussent trop onéreuses, dans tous les cas enfin où il serait certain que le partage ne pourrait se faire *sine cujusquam injuriâ*; ainsi que le disait la loi, au Code, *communi dividendo*, la vente devrait être ordonnée.

3. Néanmoins, si tous les héritiers étaient majeurs, non interdits et présens, ils pourraient convenir de procéder au partage, quoiqu'il ne pût être fait commodément, et ils pourraient aussi convenir de vendre, quoique le partage n'entraînât aucun inconvénient; mais, dans l'un et l'autre cas, il faudrait qu'ils fussent tous d'accord. Un seul d'entr'eux pourrait exiger, ou le

partage , ou la vente, suivant la distinction qui vient d'être établie.

4. Lorsqu'il y a, parmi les héritiers , ou des mineurs même émancipés, ou des interdits , ou des absens , ou des non présens , il doit être toujours procédé au partage , s'il peut être fait commodément , et dans le cas contraire , il doit être toujours procédé à la vente. Autrement les intérêts des mineurs , des interdits , des absens ou des non présens , pourraient être souvent compromis.

Ainsi , à l'égard de ces héritiers , ce n'est qu'après un rapport d'experts et un jugement rendu par le tribunal compétent, qu'il doit être procédé , ou au partage , ou à la vente. Il ne peut y avoir , soit de la part des tuteurs, soit de la part de ceux qui représentent les absens , de convention valable pour le choix de l'une ou de l'autre manière de faire cesser l'indivision ; et lors même qu'une délibération du conseil de famille aurait autorisé à provoquer, soit le partage, soit la vente, le tribunal pourrait encore ordonner, après le rapport des experts , une autre manière de faire cesser l'indivision, que celle qui aurait été délibérée par le conseil de famille.

5. Ce n'est qu'après qu'il a été réglé quels sont les immeubles qui appartiennent à la succession et qui doivent être partagés ou vendus , que les experts sont en état de décider si ces immeubles

peuvent être , ou non, partagés commodément;
il faut donc, avant que les experts opèrent ,
qu'il ait été préalablement statué sur toutes les
demandes en *rapport à la succession* ou en *prélèvement* d'immeubles *en nature* , et sur la validité
des dons ou legs, en immeubles, qui peuvent
avoir été faits par le défunt.

Il est certain que le rapport ou la distraction
d'un immeuble, peut influer beaucoup sur la
commodité ou l'incommodité du partage des
autres.

Lorsqu'un immeuble doit être rapporté en
nature par l'héritier qui l'a reçu, il est réuni aux
autres immeubles qui se trouvent dans la succession, et en augmentant la quotité des objets à
partager, il peut rendre commode pour la totalité, la division qui, sans le rapport, aurait peut]
être été difficile.

Si le rapport n'est pas fait en nature, chacun
des autres héritiers a le droit, ainsi qu'on le verra
dans l'art. 830, de prélever, sur la masse de la
succession, un autre immeuble de même nature,
qualité et bonté que celui qui n'est pas rapporté,
et ce prélèvement peut nuire beaucoup à la commodité du partage des autres immeubles.

Cette dernière observation s'applique également
ment au cas où il faut distraire de la masse de la
succession des immeubles qui peuvent avoir été
donnés ou légués par le défunt, soit à des étran-

gers, soit, à titre de préciput, a des successibles.

Et enfin, lorsqu'à défaut de représentation en nature, des immeubles qui sont rapportables, les prélèvemens, pour les autres héritiers, ne peuvent pas être faits en objets de même nature, qualité et bonté, il faut que les experts indiquent d'autres objets *d'une valeur égale*, ou s'ils ne peuvent en distraire, sans nuire aux intérêts de tous les héritiers, qu'ils fixent la valeur qui doit être rapportée en remplacement de l'objet en nature.

Il est donc évident que les experts ne feraient qu'une opération toujours incomplète et très-souvent inexacte et vicieuse, s'ils opéraient avant qu'il eût été statué sur toutes les questions relatives, soit aux immeubles qui doivent être rapportés à la masse de la succession, soit à ceux qui en doivent être prélévés ou distraits.

6. Il est dit, dans l'art. 974 du Code de procédure civile, que, lorsque la situation des immeubles aura exigé plusieurs expertises distinctes, et que chaque immeuble aura été déclaré impartageable, il n'y aura cependant pas lieu à licitation, s'il résulte du rapprochement des rapports, que la *totalité* des immeubles peut se partager commodément.

7. Lorsqu'il a été décidé par le tribunal que les immeubles de la succession ne doivent pas être

partagés, mais vendus, comment doit être faite la vente?

Lorsque tous les héritiers sont majeurs, non interdits et présens, ils peuvent, à l'amiable, vendre les immeubles, soit à l'un ou plusieurs d'entr'eux, soit à des étrangers.

Ils peuvent aussi convenir, s'ils sont tous d'accord, que la vente sera faite par licitation, c'est-à-dire, aux enchères, et qu'elle sera faite ou devant un tribunal, ou devant un notaire.

Mais lorsque, parmi les héritiers, il y a, ou des mineurs même émancipés, ou des interdits, ou des absens, ou des non présens, la vente des immeubles doit toujours être faite par licitation. (Art. 839.)

Il résulterait même des termes de l'art. 837, qu'à l'égard de ces héritiers la vente par licitation doit être toujours faite devant le tribunal, puisqu'après l'avoir ainsi ordonné par sa première disposition, l'article n'accorde, par la seconde, qu'aux parties *majeures* le droit de faire procéder à la licitation devant un notaire. Mais il y a eu dérogation sur ce point, par l'art. 970 du Code de procédure civile, qui porte que le tribunal ordonnera le partage, s'il peut avoir lieu, ou la vente par licitation, qui sera faite, soit devant un membre du tribunal, *soit devant un notaire.*

Au reste, on verra sur l'art. 839, quelles sont

les formalités prescrites pour la vente par licitation.

ARTICLE 828.

Après que les meubles et immeubles ont été estimés et vendus, s'il y a lieu, le juge-commissaire renvoie les parties devant un notaire dont elles conviennent, ou nommé d'office, si les parties ne s'accordent pas sur le choix.

On procède, devant cet officier, aux comptes que les copartageans peuvent se devoir, à la formation de la masse générale, à la composition des lots, et aux fournissemens à faire à chacun des copartageans.

1. On va voir dans cet article et dans ceux qui suivent, comment il doit être procédé au partage *de la succession*, après que les meubles et les immeubles ont été estimés conformément aux art. 824 et 825, soit qu'ils n'aient pas été vendus et qu'il y ait lieu à les partager en nature ; soit qu'ils aient été vendus, en totalité ou en partie, conformément aux articles 826 et 827, et qu'il y ait lieu seulement à en partager le prix.

Dans l'un et l'autre cas, il reste encore, le plus

souvent, hors le cas déterminé par l'art. 975 du Code de procédure civile, beaucoup d'opérations à faire, avant qu'on puisse procéder au partage de toute la succession, dans laquelle se trouvent confondus soit les meubles et immeubles non aliénés, soit le prix de ceux qui ont été vendus.

2. Il faut d'abord que la masse de la succession soit formée, pour que le partage comprenne tous les objets héréditaires. On ne doit pas faire autant de partages qu'il y a de diverses espèces de biens. Outre la difficulté de les coordonner entr'eux, ce serait beaucoup trop multiplier les opérations et occasionner des frais considérables.

Mais la masse de la succession ne peut être formée et les lots ne peuvent être composés, qu'après qu'il a été statué sur les rapports que certains héritiers peuvent être tenus de faire en nature, sur les prélèvemens qui, au défaut de ces rapports, doivent être exercés par les autres héritiers; sur les dons ou legs faits à titre particulier, par le défunt, soit à des héritiers, soit à des étrangers, et enfin sur les comptes à régler, entre les héritiers, des sommes que chacun d'eux peut devoir, ou peut avoir le droit de répéter, à cause de la succession.

Il est évident que le partage ne peut être fait que sur des choses communes et déterminées, et qu'après que tout ce qui peut augmenter ou di-

minuer la masse partageable, se trouve définitivement réglé.

3. Sur tous ces objets, il peut s'élever de nombreuses difficultés, et c'est pour éviter les frais
et les embarras de la discussion devant le tribunal, qu'il a été statué par l'art. 828 du Code civil
et par l'art. 876 du Code de procédure, que cette
discussion aurait lieu d'abord devant un notaire,
d'après un renvoi qui serait prononcé par le juge-
commissaire.

Il est dit dans ces articles, que le notaire doit
être nommé d'office par le tribunal, si les héritiers ne s'accordent pas sur le choix.

4. Avant le Code de procédure civile, on dou-
tait si le renvoi devant un notaire était obligé,
ou simplement facultatif.

Plusieurs dispositions du Code civil autorisaient même à penser que tout ce qui concernait
les partages avec des mineurs, devait être fait par
les tribunaux. L'art. 466 dit même expressément
que, pour obtenir tout l'effet qu'ils auraient entre
majeurs, ces partages doivent être faits en justice,
et l'art. 838 répète la même injonction pour le cas
où il y a, parmi les héritiers, des mineurs, des
interdits ou des non présens.

De ces dispositions, beaucoup de juris'con-
sultes avaient induit que toutes les opérations de
ces partages, même la liquidation des droits des
intéressés, les formations des masses, les compo-

III.

sitions de lots, étaient du ressort des tribunaux, et devaient être faites, ou par eux, ou par des commissaires pris dans leur sein.

Cette opinion paraissait avoir dominé dans la première rédaction du Code de procédure civile; on y lisait un article portant que, *si le juge-commissaire ne jugeait pas à propos de faire lui-même le partage*, il renverrait les parties devant un notaire.

Les notaires, effrayés de cette disposition qui allait les priver de l'une de leurs attributions les plus lucratives, réclamèrent contre le projet, et ceux de Paris s'adressèrent au conseil d'état; les avoués de la même ville demandèrent au contraire que la disposition fût adoptée, et il y eut de grandes discussions de part et d'autre.

La question fut résolue en faveur des notaires. Le 22 février 1806, dans une séance présidée par le chef du gouvernement, le conseil d'état arrêta en principe, 1° que les opérations du partage ne seraient pas faites par le juge-commissaire, qui renverrait, à cet effet, les parties devant un notaire; 2° que le notaire ne déposerait pas au greffe *la minute* du procès-verbal de partage, mais qu'il en remettrait seulement *l'expédition* à la partie la plus diligente, pour en suivre l'homologation devant le tribunal.

Cette délibération produisit les articles 975, 979, 980 et 981 du Code de procédure civile,

avec lesquels il faut coordonner les articles pré-
cités du Code civil.

Ainsi, c'est devant les notaires que les opérations des partages doivent être faites : c'est devant eux qu'il doit être procédé aux comptes,
rapports, formations de masse, prélèvemens,
compositions de lots, et fournissemens. Ces opérations leur appartiennent, même quand il y a
lieu à licitation. L'adjudication se fait bien en
justice, ainsi que le prescrit l'art. 839 du Code
civil; mais le prix doit être compris dans la masse
générale de la succession, qui ne peut se former
que devant un notaire.

Il est donc aujourd'hui incontestable que les
tribunaux ne peuvent retenir le matériel des partages, et s'ils ne le peuvent pour le tout, ils ne le
peuvent pas plus pour quelques objets. La loi n'a
pas voulu qu'ils fissent les fonctions d'officiers
instrumentaires; elle leur en a donné de plus
relevées. Elle les a institués juges des différens,
s'il s'en élevait; surveillans des opérations, quand
leur autorité est invoquée, et censeurs de ces opérations, quand elles sont terminées, puisqu'elles
ne peuvent avoir d'effet que par l'homologation.

Par arrêt du 17 août 1810, la cour royale de
Paris a infirmé un jugement du tribunal civil de
Dreux, en ce que le jugement avait ordonné
qu'un partage serait fait devant le tribunal; éman-
dant quant à ce, elle a ordonné qu'après la con-

fection des opérations préliminaires d'expertise
des biens, et de vente par licitation, s'il y avait
lieu, les immeubles en nature, ou le prix provenant de la vente par licitation, dans les cas où
elle serait effectuée, seraient remis à la masse
mobilière, pour du tout être composée une seule
masse, et procédé à un seul partage, conformément aux dispositions de l'art. 828 du Code
civil et de l'art. 976 du Code de procédure civile.

5. On verra dans les articles suivans, tout ce
qui est relatif aux rapports, aux prélèvemens, à
la formation de la masse et à la composition des
lots.

En ce moment, il ne s'agit que d'expliquer
comment il doit être procédé aux comptes que
les copartageans peuvent se devoir, et aux fournissemens à faire à chacun d'eux.

Le compte et les fournissemens portent sur
trois objets principaux, 1° ce qui a été reçu pour
le compte de la succession; 2° ce qui a été dépensé pour elle; 3° les dommages causés aux
biens de l'hérédité. C'est là ce qu'on appelle *les
prestations personnelles*, dont les héritiers doivent
se faire respectivement raison.

6. En règle générale, chacun des héritiers doit
partager avec les autres tout ce qu'il a reçu et
même tout le bénéfice qu'il a fait à raison de la
succession. *Prospicere debet judex ut quod unus
ex hæredibus ex re hæreditariâ percepit, stipu-*

latusve est , non ad ejus solius lucrum perti-
neat. L. item ex diverso 19 *, ff. fam. ercisc. .*

Ainsi d'abord, chaque héritier doit tenir compte
à ses cohéritiers, de toutes les sommes ou effets
qu'il a reçus, soit des fermiers, locataires ou acquéreurs des biens de la succession, soit de tous
autres débiteurs quelconques, et s'il a joui des
immeubles d'une succession, il doit compte des
revenus.

Cependant, si les sommes ou les effets qu'il a
reçus, sur une créance de la succession, n'excèdent pas sa portion virile dans cette créance, il
n'est pas tenu d'en faire rapport à la masse commune, à moins qu'il n'ait donné quittance au
nom de la succession. Il a pu recevoir pour son
compte personnel, ce qui lui appartenait pour
sa portion virile, et il doit être présumé n'avoir
reçu que pour lui, s'il n'y a pas de preuve qu'il
ait eu la volonté de recevoir pour tous.

Les autres héritiers ont pu se faire payer comme
lui, et en conséquence, si le débiteur devient insolvable, ils supportent seuls la perte, sans pouvoir rien répéter contre le cohéritier qui a reçu.
C'est ce qui résulte de la loi 38 *, ff. fam. ercisc.*, et
l'on ne peut opposer dans l'espèce, la disposition de l'art. 1849 du Code civil, puisque les
héritiers ne sont pas des associés, et que les dettes
tant actives que passives de la succession se divisent entr'eux de plein droit.

7. Lorsqu'un héritier a formé une action , exercé un droit, ou fait un traité, sur une chose qui appartient à la succession , le bénéfice qui peut en résulter, doit, en règle générale, profiter à tous les héritiers. Si, par exemple, il avait obtenu d'un créancier de la succession, une cession pure et simple de la créance, avec une remise plus ou moins considérable , le bénéfice de la cession deviendrait commun à tous les héritiers. Il serait censé avoir agi pour la succession, et dans l'intérêt de tous.

Mais si dans la cession ou la quittance qui lui aurait été consentie, il n'avait obtenu la remise que de sa part ou portion virile dans la dette, ou d'une portion moindre, et qu'il eût été stipulé que la remise n'était accordé qu'à lui seul., ou bien si c'était en forme de donation que la cession lui eût été consentie, dans l'un et l'autre cas, le bénéfice ne serait que pour lui seul, et il en devrait être de même à l'égard de tous autres actes où il n'aurait agi qu'en son nom, que pour sa part et non pour la succession.

8. Chaque héritier qui a fait des dépenses pour la conservation , l'entretien ou l'amélioration des choses héréditaires , doit en être remboursé sur la succession, ou par ses cohéritiers, chacun pour sa part et portion.

Il ne peut néanmoins en demander le remboursement, si elles n'ont pas été utiles à la succession.

Mais, pour juger de leur utilité, il faut se reporter au moment où elles ont été faites. Lorsqu'à cette époque elles étaient nécessaires ou utiles, peu importe que, par un événement postérieur et imprévu, la succession n'en ait pas réellement profité. L'héritier ayant eu de justes motifs pour les faire, ne doit pas être responsable des événemens.

Il faut néanmoins distinguer entre les réparations, soit aux héritages, soit aux bâtimens, celles qui étaient nécessaires, celles qui étaient utiles, et celles qui n'étaient que de pur agrément.

Celles qui étaient nécessaires, doivent être entièrement remboursées.

Celles qui étaient seulement utiles, ne doivent être remboursées que jusqu'à concurrence de l'augmentation de valeur qu'elles ont donnée, au moment de leur confection.

A l'égard de celles qui ne sont que de pur agrément, et qui n'ont pas réellement augmenté la valeur du fonds, le remboursement ne peut en être exigé; mais l'héritier qui les a faites, peut enlever ce qui en a été l'objet, pourvu qu'il puisse enlever *sine rei detrimento*, et en rétablissant les choses telles qu'elles étaient avant.

Dans tous les cas, les dépenses faites par un héritier, ne doivent lui être remboursées que jusqu'à concurrence de ce qu'elles ont dû co ûter. Si, par sa faute, ou son inexpérience, il a dépensé plus qu'il n'en aurait coûté à un père de famille prudent et éclairé, il ne peut exiger qu'on lui rembourse l'excédant.

Quant aux contestations qu'il peut avoir élevées ou soutenues pour la succession, il ne peut en répéter les frais, si elles étaient évidemment mal fondées de sa part.

Enfin, s'il a payé, en totalité ou en partie, des dettes de la succession, pour prévenir ou arrêter des poursuites, il doit être remboursé sur la succession, de ce qu'il a payé pour elle.

Dans tous les cas, les intérêts lui sont dus à compter des paiemens constatés.

9. Lorsqu'un héritier a causé du dommage, ou aux affaires, ou aux biens de la succession, il doit indemnité à ses cohéritiers.

Ainsi, lorsqu'il a négligé d'entretenir ou de réparer un bien dont il a joui, et que cette négligence a causé des degradations, lorsqu'il a laissé perdre, à défaut de poursuites, une créance dont il s'était chargé de faire le recouvrement, dans tous les cas enfin où, soit par sa faute, soit par sa négligence, la chose commune a éprouvé du dommage, il ne peut se dispenser d'en indemniser la succession.

Cependant, comme il est regardé comme procureur en sa propre chose et que ses obligations ne doivent pas s'étendre plus loin que les soins ordinaires d'un bon père de famille, il n'est pas tenu des fautes très-légères. Loi 25 , §. 19, *ff. fam. ercisc.*

ARTICLE 829.

Chaque cohéritier fait rapport à la masse , suivant les règles qui seront ci-après établies , des dons qui lui ont été faits et des sommes dont il est débiteur.

1. On verra dans la section seconde, quels sont les dons qui sont sujets au rapport, dans quels cas les biens donnés doivent être rapportés en nature , dans quels cas le rapport peut être fait en moins prenant , comment et à qui le rapport doit en être fait.

2. L'art. 829 suppose que les biens donnés doivent être rapportés *en nature* , et il veut que le rapport en soit fait à la masse de la succession , pour qu'ils soient soumis au partage , comme tous les autres biens.

Il faut le dire encore une fois, le partage doit se faire sur tous les biens quelconques qui composent l'hérédité : il ne doit y avoir qu'un seul partage.

3. Chaque héritier doit également rapporter à la masse toutes les sommes qu'il devait personnellement au défunt, et toutes celles qu'il peut

devoir à la succession, en prestations personnelles, ainsi qu'il a été expliqué sur l'article précédent.

Néanmoins, lorsqu'il s'agit de sommes en argent, ou d'objets mobiliers, l'héritier qui en était
débiteur, a pu, avant le partage, en payer ou
remettre aux autres héritiers leurs parts et portions, et dans ce cas il n'y a plus de rapport
effectif à la masse ; mais il faut toujours en faire
mention et le porter, en mémoire, dans l'acte
qui termine le partage, pour constater par cet
acte la portion *entière* qu'a eue chaque héritier.

Cette formalité est sur-tout nécessaire à l'égard
des mineurs, des interdits et des absens ou non
présens, pour qu'on ne puisse leur soustraire
aucun effet de la succession. Si le paiement qui a
été fait de leurs parts et portions, ne se trouvait
pas mentionné dans l'acte de partage, il pourrait
n'être pas connu de ceux qui feraient rendre les
comptes, soit par les tuteurs des mineurs et des
interdits, soit par ceux qui ont représenté les
absens ou non présens.

La même précaution doit être prise à l'égard
de l'héritier bénéficiaire.

ARTICLE 830.

Si le rapport n'est pas fait en nature,
les cohéritiers à qui il est dû, prélèvent

une portion égale sur la masse de la succession.

Les prélèvemens se font, autant que possible, en objets de mêmes nature, qualité et bonté que les objets non rapportés en nature.

1. Lorsque les biens donnés par le défunt à l'un des héritiers et qui se trouvent soumis au rapport ne sont pas rapportés *en nature*, il faut, pour établir l'égalité à l'égard des autres héritiers, que chacun d'eux prélève sur la masse de la succession, une portion de biens égale à celle que le donataire ne rapporte pas, et pour que cette portion soit bien égale, il faut que le prélèvement s'en fasse en objets de mêmes nature, qualité et bonté que les objets non rapportés.

Les cohéritiers sont donc autorisés à prélever sur les immeubles, lorsque c'est un immeuble qui n'est pas rapporté; on ne peut les forcer, en ce cas, à prélever en meubles, ou en créances, ou en argent.

De même, ils sont autorisés à prélever sur les meubles, et ils ne peuvent être contraints à prélever en créances, ou en argent, lorsque ce sont des meubles qui ne sont pas rapportés.

Il ne suffirait pas même qu'on leur offrît des immeubles ou des meubles, dont la *valeur*,

d'après les estimations faites , se trouverait égale
à celle des objets non rapportés; ils ont encore
le droit d'exiger le prélèvement en objets de
mêmes *qualité et bonté*, que ceux qui ne sont pas
rapportés.

Cependant l'art. 830 ajoute ces expressions ,
autant que possible, et, en effet , s'il ne se trouve
pas dans la succession d'objets de mêmes nature,
qualité et bonté , que ceux qui ne sont pas rapportés, il faut bien que le prélèvement se fasse en
d'autres objets , soit mobiliers , soit immobiliers.
Si les héritiers ne s'accordent point à cet égard ,
c'est au tribunal à indiquer les objets qui doivent
être prélevés.

2. D'autre part, les cohéritiers du donataire qui
ne rapporte pas en nature, ne sont pas les maîtres
d'exercer leurs prélèvemens sur telle nature de
biens qu'il leur convient de choisir.

Lorsqu'il s'agit d'un don qui avait été fait en
argent , si le donataire ne rapporte pas , les prélèvemens doivent s'exercer d'abord sur le numéraire qui se trouve dans la succession ; puis , en
cas d'insuffisance du numéraire , sur le mobilier,
mais seulement pour ce qui reste à prélever, et ce
n'est que dans le cas où le mobilier est encore in-
suffisant , que les prélèvemens peuvent s'étendre
sur les immeubles. (Art. 869.)

Et de même , lorsqu'il s'agit d'un don de mobilier, c'est d'abord sur le mobilier qui se trouve

dans la succession, que les prélèvemens doivent être exercés ; ce n'est qu'en cas d'insuffisance du mobilier, qu'ils peuvent, pour ce qui reste, frapper sur les immeubles.

3. Dans tous les cas, les objets prélevés doivent être exactement de même valeur que ceux qui ne sont pas rapportés.

La valeur des immeubles non rapportés, doit être fixée conformément aux art. 860, 861, 862, 863 et 864.

La valeur du mobilier est fixée conformément à l'art. 868.

Quant à la valeur des objets à prélever, elle est fixée d'après l'estimation qui en a été faite conformément aux art. 825 et 827.

ARTICLE 831.

Après ces prélèvemens, il est procédé, sur ce qui reste dans la masse, à la composition d'autant de lots égaux qu'il y a d'héritiers copartageans, ou de souches copartageantes.

1. On a vu sur les articles précédens, que, pour arriver au partage, il faut d'abord former la masse générale de la succession, et que cette masse générale se compose,

1° De tous les biens meubles et immeubles en

nature, qui appartenaient au défunt lors de son décès, ou du prix de ceux qui ont été vendus, soit en vertu des art. 826 et 827, soit à la poursuite de créanciers saisissans ;

2° De tous les biens qui avaient été donnés par le défunt à l'un ou plusieurs de ses héritiers, et qui ont été rapportés en nature ; ou de leur prix, s'ils ont été vendus, ainsi qu'il vient d'être expliqué ;

3° De toutes les sommes que chacun des héritiers pouvait devoir au défunt ;

4° De tout ce que les héritiers peuvent devoir *respectivement* à la succession, d'après le compte fait entr'eux, conformément à l'art. 828.

On a vu que sur cette masse générale, il faut prélever,

1° Des biens de mêmes nature, qualité et bonté, ou de même valeur, que ceux qui ne sont pas rapportés en nature par des héritiers donataires (art. 830) ;

2° Les biens que le défunt avait donnés ou légués, *à titre particulier*, ou par une institution contractuelle, ou par un testament, soit à des étrangers, soit à l'un ou plusieurs des héritiers avec dispense de rapport, mais seulement jusqu'à concurrence de la portion disponible ;

3° Tout ce qui peut être dû à chaque héritier respectivement, à raison des dépenses par lui faites pour la succession , et d'après le compte réglé conformément à l'art. 828;

4° Les frais de scellés, les frais d'inventaire, et tous autres faits légitimement à l'occasion de la succession, et qui se trouvent liquidés avant la composition des lots.

Après ces prélèvemens , ce qui reste de la masse générale de la succession , forme la masse *partageable*, qui doit être divisée entre les héritiers.

2° On ne prélève pas sur la masse générale les dettes de la succession. Aux termes de l'art. 873, chaque héritier en reste tenu , pour sa part et portion virile ; chacun d'eux doit donc avoir sa part entière dans l'actif, sauf à payer sa part des dettes lorsqu'elles deviendront exigibles , ou à s'arranger avec les créanciers , pour les dettes échues.

Cependant on a vu, dans l'art. 726, que la majorité des cohéritiers peut exiger la vente des meubles, pour l'acquit des dettes et des charges de la succession.

Mais il n'y a pas de disposition semblable quant aux immeubles.

Toutefois, il est dit dans l'art. 872 que, lorsque des immeubles d'une succession sont grevés de rentes par hypothèque spéciale, chacun des cohéritiers peut exiger que les rentes soient remboursées et les immeubles rendus libres, avant qu'il soit procédé à la formation des lots. (*Voyez* les observations sur cet article.)

3. La masse partageable doit être divisée en autant de lots égaux qu'il y a d'héritiers, si tous les héritiers sont appelés *de leur chef* à la succession, et si chacun d'eux doit avoir une portion égale.

Mais s'il y a des héritiers qui soient appelés *par représentation*, et non de leur chef, comme le partage, en ce cas, ne doit pas s'opérer par tête, mais par souche, conformément à l'art. 843, il ne doit pas être fait autant de lots qu'il y a de personnes appelées à la succession; il ne doit en être fait qu'autant qu'il y a de souches copartageantes. Autrement, les biens seraient beaucoup trop divisés, et le plus souvent il y aurait impossibilité de procéder au partage.

TABLEAU.

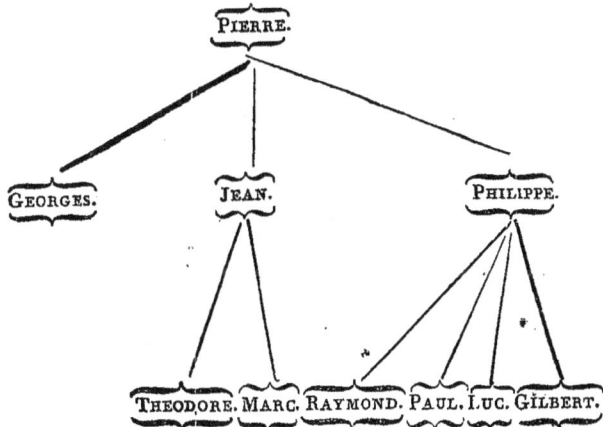

Sept personnes sont appelées à la succession de *Pierre* qu'on suppose décédé après *Jean* et *Philippe*, ses enfans ; mais toutes n'ont pas des droits égaux.

Un tiers appartient à *Georges* qui vient de son chef, un autre tiers aux deux enfans de *Jean*, et les quatre enfans de *Philippe* n'ont aussi qu'un tiers, puisqu'ils ne viennent que par représentation de leur père.

Si la succession de *Pierre* devait être divisée en autant de lots égaux qu'il y a d'héritiers, il faudrait la diviser en sept lots, puisqu'il y a sept héritiers ; mais cette division morcélerait beaucoup trop l'hérédité ; elle pourait rendre le partage incommode, difficile et peut-être même impossible.

Il n'y a plus le même inconvénient, si la succession n'est divisée qu'en trois lots, et voilà pourquoi il a été statué par les art. 743, 831 et 836, que le partage s'opérerait par souche, qu'il serait formé autant de lots qu'il y aurait de souches copartageantes, et qu'ensuite dans chaque souche il serait fait une subdivision entre les divers héritiers de cette souche.

Une succession qui peut être aisément divisée en trois portions, n'est pas toujours également susceptible d'être divisée en sept lots, ou un plus grand nombre ; il est même très-rare que les divisions multipliées ne nuisent pas à la chose commune. Pour l'héritier qui est seul dans sa souche, il n'est pas indifférent d'avoir un domaine entier dans son lot, ou d'avoir, dans deux ou trois lots séparés, des lambeaux de deux ou trois domaines différens ; et comme une souche ne peut être forcée de contribuer aux arrangemens qui sont particuliers à une autre, on ne peut la contraindre, pour faciliter ces arrangemens, à souffrir des divisions qui lui sont préjudiciables.

4. Lorsque tous les héritiers viennent de leur chef, mais qu'ils n'ont pas tous des portions *égales*, on ne peut, en règle générale, se borner à faire autant de lots qu'il y a d'héritiers, puisqu'en ce cas l'attribution des lots, *pour le tirage au sort*, deviendrait impossible, et que cependant le tirage des lots est une formalité nécessaire, puisqu'elle est formellement prescrite par l'art. 834.

Qu'on suppose, par exemple, que le défunt ait laissé, pour héritiers, son père et deux frères mineurs. Aux termes de l'art. 751, le père n'a droit qu'au quart de la succession, et les trois autres quarts appartiennent aux deux frères. Si la succession n'était divisée qu'en trois lots, parce qu'il n'y a que trois héritiers, l'attribution ne pourrait avoir lieu par le tirage au sort, le père n'ayant pas le droit de prendre un lot entier qui serait composé du tiers des biens de l'hérédité ; il faut donc, pour que le tirage au sort puisse s'opérer, qu'il soit formé quatre lots égaux en valeur. L'un écheoit au père, et les trois autres doivent être ensuite partagés par moitié entre les deux frères.

A la vérité, dans ce cas, deux partages deviennent nécessaires; mais on ne pourrait éviter le second, qu'en composant, par attribution, un lot particulier pour le père. Or, cette composition, cette attribution pourraient être souvent préjudiciables aux intérêts des deux autres héritiers qu'on a supposés être mineurs, et d'ailleurs les art. 466, 834 e 833 exigent expressément, pour la validité du partage à l'egard des mineurs, qu'il n'ait lieu que par la voie du tirage au sort.

Cependant on verra dans le n° 5 des observations sur l'art. 834, que, même dans un partage où des mineurs sont intéressés, il peut être valablement convenu, par voie de transaction, mais en remplissant toutes les formalités prescrites à cet égard, et notamment en obtenant l'homologation du tribunal, que certains lots seront formés par attribution, et délivrés à certains héritiers, sans tirage au sort.

5. Au reste, les règles établies pour la composition des lots et le tirage au sort, ne sont pas obligatoires, lorsque tous les héritiers copartageans sont majeurs, non interdits et présens, et qu'ils sont tous d'accord. On a déjà vu qu'ils

10.

peuvent procéder, ainsi qu'il leur convient. (Article 819.)

A R T I C L E 832.

Dans la formation et composition des lots, on doit éviter, autant que possible, de morceler les héritages et de diviser les exploitations; et il convient de faire entrer dans chaque lot, s'il se peut, la même quantité de meubles, d'immeubles, de droits ou de créances de mêmes nature et valeur.

1. Presque toujours, en divisant les exploitations et en morcelant les héritages, on rend leur jouissance plus difficile, et souvent même on en diminue considérablement les produits et la valeur; il est donc de l'intérêt commun des héritiers, qu'on évite ces divisions et ces morcellemens, dans la formation et la composition des lots.

2. D'autre part, cependant, il faudrait, pour établir une égalité entière dans les lots, faire entrer, dans chacun, la même quantité de chaque nature de biens. On tient plus généralement à la propriété des immeubles, qu'à celle des meubles ou des créances, parce qu'elle est sujette à moins de risques, et il est aussi des biens dont la jouis-

sance est plus agréable, d'autres qui offrent plus de sûreté, d'autres enfin dont les produits offrent des chances plus avantageuses. Il serait donc à désirer qu'on pût les distribuer également dans chaque lot, puisque chaque héritier a également son droit, non pas seulement sur la masse de la succession, mais sur chaque espèce de biens dont elle se compose.

Cette distribution est recommandée par l'article 832 ; mais il n'a pas dû en faire une règle impérative et absolue, parce qu'il n'est pas toujours possible de l'exécuter, et que souvent on est forcé, pour ne pas diviser les exploitations, pour ne pas morceler les héritages, de faire entrer une plus grande quantité d'une espèce de biens dans un lot, que dans un autre.

Toutes ces considérations doivent être mûrement examinées, soit par les experts qui, en vertu de l'art. 824, sont chargés de fixer chacune des parts qu'on peut faire des immeubles, soit par le cohéritier, ou l'expert, qui, en vertu de l'article 834, compose les lots.

ARTICLE 833.

L'inégalité des lots en nature se compense par un retour, soit en rente, soit en argent.

1. Comme on ne doit pas, pour rendre les lots

.égaux, morceler les héritages ou diviser les exploitations, et que d'ailleurs il y a des effets mobiliers qui ne sont pas susceptibles d'être divisés ou qui ne peuvent l'être en plusieurs parties, sans éprouver de la perte, il arrive souvent que la masse partageable ne peut pas être exactement divisée en autant de lots égaux qu'il y a d'héritiers ou de souches copartageantes.

Il faut cependant que tous les lots soient égaux, au moins *en valeur*, et en conséquence les lots qui ont plus de biens *en nature*, sont chargés envers ceux qui en ont moins, d'un retour, c'est-à-dire, du paiement de sommes qui, ajoutées aux lots moins considérables, leur donnent une valeur égale à celle des lots plus forts. Ce retour s'appelle *soulte de partage*.

Supposons, par exemple, que les biens qui forment la masse partageable, aient une valeur de 24,000 francs; qu'il y ait trois héritiers ayant des droits égaux; que, pour éviter des morcelemens ou des divisions préjudiciables, l'un des trois lots se trouve composé d'une quotité de biens, valant dix mille francs, et qu'ainsi dans chacun des deux autres lots, il n'y ait que 7,000 francs de biens en nature. Pour rétablir l'égalité de valeur entre les trois lots, il faut que celui qui est le plus considérable, soit chargé envers chacun des deux autres, d'un retour de 1000 francs; c'est-à-dire, que celui des héritiers, qui, par le tirage au sort, deviendra propriétaire du lot le plus considérable, devra être chargé de payer 1000 fr. à chacun des deux autres héritiers.

2. Le retour peut être convenu, soit en argent, soit en rente.

Il est en argent, lorsqu'il est d'une somme fixe, qui est stipulée payable lors de la consommation du partage, ou à d'autres époques déterminées.

Il est en rente, lorsque la somme fixée pour la soulte du partage, n'est pas déclarée exigible à une époque déterminée, mais se trouve constituée en rente perpétuelle, ou en rente foncière.

Les rentes constituées à perpétuité, étant des propriétés peu avantageuses, on ne doit en faire la matière du retour, que lorsqu'il y a des propriétés de même nature dans le lot qui est chargé de la soulte. Si tous les objets dont ce lot est composé, sont aliénables et disponibles, il ne serait pas juste que, pour compensation de la valeur d'une partie de ces objets, on donnât au lot le plus faible d'autres valeurs moins utiles et dont la disposition serait beaucoup plus difficile.

3. Les lots qui ont le plus de biens en nature, peuvent aussi être chargés, à titre de retour, de supporter une portion plus considérable des dettes de la succession.

ARTICLE 834.

Les lots sont faits par l'un des cohéritiers, s'ils peuvent convenir entr'eux sur le choix, et si celui qu'ils avaient choisi accepte la commission; dans le cas contraire, les lots sont faits par un expert que le juge-commissaire désigne.

Ils sont ensuite tirés au sort.

1. Ce n'est point par les experts qui ont été appelés en vertu de l'art. 824, que les lots doivent être faits. On a vu que la mission de ces experts se trouve restreinte aux immeubles de la succession, qu'elle se borne à estimer les immeubles et à fixer, en cas de division, chacune des parts qu'on peut en former et leur valeur.

Il ne faut donc pas confondre leur opération qui n'est que partielle, que préparatoire, avec l'opération de la formation des lots, qui porte sur toute la masse partageable, sur les effets mobiliers, comme sur les immeubles, et qui sert à consommer le partage.

2. La disposition de l'art. 834, qui porte que les lots peuvent être faits par l'un des cohéritiers, étant générale et sans exception, devait être exécutée dans le cas même où il y avait, parmi

les héritiers, des mineurs, des interdits, des absens, ou non présens; mais cette disposition a été modifiée et restreinte par l'art. 978 du Code de procédure civile, qui porte que les lots seront faits par l'un des cohéritiers, *s'ils sont tous majeurs*, s'ils s'accordent sur le choix, et si celui-qu'ils auront choisi, accepte la commission : mais que, dans le cas contraire, le notaire, sans qu'il soit besoin d'aucune autre procédure, renverra les parties devant le juge-commissaire, et que celui-ci nommera un expert.

Ainsi, lorsque tous les héritiers ne sont pas majeurs, l'un d'eux ne peut plus être chargé de faire des lots; ils doivent toujours être faits par un expert, et cela s'applique évidemment, par les mêmes motifs, au cas où parmi les héritiers, il y a des interdits, des absens, ou des non présens.

3. L'art. 979 du Code de procédure civile, statue que le cohéritier choisi par les parties, ou l'expert nommé pour la formation des lots. en établira la composition par un rapport qui sera reçu par le notaire, à la suite des opérations précédentes.

4. Les art. 466 et 834 du Code civil et l'art. 982 du Code de procédure civile, exigent formellement que les lots soient tirés au sort.

Et en effet si cette formalité n'était pas remplie, il pourrait arriver trop souvent que des lots plus considérables que les autres, seraient attri-

bués à certains héritiers, au préjudice de ceux
qui seraient mineurs, ou interdits, ou non présens. Le tirage des lots au sort est la plus sûre
garantie de l'égalité dans les partages; il fait que
tous les héritiers ont le même intérêt à veiller à
ce que tous les lots soient exactement égaux.

Sans doute, les héritiers, lorsqu'ils sont tous
majeurs, jouissant des droits civils et présens,
peuvent convenir qu'il n'y aura pas de tirage au
sort, parce qu'ils sont tous en état de surveiller
et de défendre eux-mêmes leurs droits respectifs;
mais lorsque, parmi les héritiers, il y a des mineurs, des interdits, ou des non présens, la formalité du tirage au sort, est vraiment nécessaire
pour les garantir contre le dol, la fraude ou les
erreurs.

5. Cependant, même à leur égard, il peut y
avoir quelques exceptions, mais seulement dans
le cas où, soit leur intérêt particulier, soit l'intérêt de tous les héritiers en masse, soit l'intérêt
légitime de quelques-uns d'entr'eux, exigent que
certains lots soient attribués particulièrement à
certains héritiers, sans être compris dans le tirage
au sort.

Ainsi, par exemple, si, tous les héritiers
n'ayant pas des droits égaux, il fallait faire deux
ou plusieurs partages successifs, ainsi que je l'ai
expliqué dans le n° 4 des observations sur l'article 831, et si ces diverses divisions pouvaient

nuire à la commodité des partages, ou diminuer la valeur des parts divisées, on pourrait convenir qu'il serait formé sur la masse un lot particulier, qui serait attribué, sans tirage au sort, à celui des héritiers, qui devrait avoir dans la masse, une part plus ou moins considérable que celle des autres.

· Mais cette convention ne pourrait avoir lieu que par une transaction qui devrait être faite conformément à l'art. 467 du Code civil ; et qui ne pourrait être exécutée qu'après avoir été homologuée par le tribunal.

Ainsi l'a decidé la section civile de la cour de cassation, par un arrêt du 30 août 1815, dans une espèce où un lot particulier avait été attribué, sans tirage au sort, au cohéritier d'un mineur. « Attendu, porte l'arrêt, qu'aux termes de l'art. 467 du Code civil, la dame de Tamnay, stipulant pour sa fille mineure, a pu consentir, par voie de transaction, et moyennant l'observation qui a eu lieu, dans l'espèce, des formalités prescrites par ce même article, au mode de partage proposé dans l'intérêt de ladite mineure, comme dans celui de toutes les autres parties, ce qui a fait cesser l'application des autres articles de ce Code, ainsi que du Code de procédure civile, qui règlent les formalités ordinaires des partages ou licitations à faire avec des mineurs. »

Un autre arrêt de la section civile de la cour
de cassation, du 11 août 1808, a décidé que le
cohéritier qui a bâti sur un terrain de la succession, peut obtenir que le lot dans lequel est compris le terrain, lui soit attribué par préférence
et sans tirage au sort. « Attendu, porte l'arrêt,
que la règle *ædificium solo cedit*, ne peut être
appliquée, dans sa rigueur, au copropriétaire
qui a bâti sur le sol commun; que l'exécution
de l'art. 854 du Code civil, est subordonnée à
l'existence d'une égalité parfaite dans les pro-
portions et dans les chances des copartageans;
et que dans l'espèce, la cour d'appel ayant pu
valablement décider que le sol sur lequel des
constructions avaient été faites, resterait dans
le lot du constructeur, le tirage au sort était
inconciliable avec cette décision.

De même, si l'un des héritiers avait vendu un
bien de la succession, avant partage, lui ou ses
acquéreurs, pourraient obtenir, si d'ailleurs il
n'y avait aucune présomption de fraude, que le lot
dans lequel serait compris ce bien, lui fût attribué.

6. On verra dans les observations sur l'article
suivant, ce qui doit être fait après la formation
des lots et avant le tirage au sort.

ARTICLE 835.

Avant de procéder au tirage des lots,

chaque copartageant est admis à proposer ses réclamations contre leur formation.

1. S'il a été commis des erreurs dans la formation des lots, s'ils ne comprennent pas tous les
biens à partager, s'ils ne sont pas tous égaux en
valeur, si on n'y a pas évité, autant que possible,
de morceler les héritages et de diviser les exploitations, si l'on n'a pas fait entrer dans chacun, autant que faire se pouvait, la même quantité de
meubles, d'immeubles, de droits et de créances
de mêmes nature et valeur, dans tous les cas
enfin où la formation des lots présente quelques
vices ou quelques inconvéniens qu'il était possible d'éviter, il est juste que chacun des copartageans ait le droit de réclamer, puisqu'il y est
intéressé.

Les réclamations sont toujours recevables,
tant qu'il n'a pas été procédé au tirage des lots.

Elles sont portées devant le juge-commissaire,
qui reçoit les observations des parties et en ré-
fère au tribunal, s'il ne peut concilier.

Le tribunal statue comme en matière sommaire
et s'il trouve les réclamations fondées, il ordonne
qu'il sera fait une autre formation de lots, par
un expert qu'il nomme d'office.

2. C'est la formation définitive des lots, qui

constitue le *partage*, puisqu'elle divise la masse de la succession en autant de parts qu'il y a d'héritiers, ou de souches copartageantes. Le tirage au sort n'a pour objet que de faire attribuer à chaque héritier, ou à chaque souche copartageante, l'une des parts divisées.

L'acte qui contient le partage, c'est-à-dire, la composition des lots, doit être toujours rédigé par le notaire commis, en vertu de l'art. 828; mais ce n'est pas toujours devant ce notaire, que les lots sont tirés au sort, et ce n'est pas d'ailleurs immédiatement après l'acte de partage, qu'il peut être prononcé au tirage des lots. A cet égard, il faut consulter les articles 980, 981 et 982 du Code de procédure civile.

Art. 980. « Lorsque les lots auront été fixés, et que les contestations sur leur formation, s'il y en a eu, auront été jugées, le poursuivant fera sommer les copartageans à l'effet de se trouver, à jour indiqué, en l'étude du notaire, pour assister à la clôture de son procès-verbal, en entendre lecture et le signer avec lui, s'ils le peuvent et le veulent. »

Art. 981. « Le notaire remettra l'expédition du procès-verbal de partage, à la partie la plus diligente, pour en poursuivre l'homologation par le tribunal : sur le rapport du juge-commissaire, le tribunal homologuera le partage, *s'il y a lieu*, les parties présentes, ou appelées si toutes n'ont pas comparu à la clôture du procès-verbal, et sur les conclusions du procureur du roi, dans le cas où la qualité des parties requerra son ministère. »

Art. 982. « Le jugement d'homologation ordonnera le tirage des lots, soit devant le juge-commissaire, soit devant le notaire, lequel en fera la délivrance après le tirage. »

ARTICLE 836.

Les règles établies pour la division des masses à partager, sont également observées dans la subdivision à faire entre les souches copartageantes.

1. On a vu dans les observations sur l'art. 831, que, d'après la disposition de l'art. 743, la division d'une succession à laquelle tous les héritiers ne sont pas appelés *de leur chef*, peut donner lieu à plusieurs partages distincts et séparés.

Le premier s'opère entre tous les héritiers du défunt, et fixe la portion qui appartient à chaque souche copartageante.

Le second a lieu entre les diverses branches de la même souche, et distribue entr'elles la portion de biens, que la souche a recueillie dans la masse entière de la succession.

La troisième distribue par tête entre les membres de chaque branche, ce qu'elle a eu dans la portion que la souche avait recueillie.

Et, enfin, ces subdivisions doivent se faire, pour chaque souche, et pour chaque branche, séparément.

Comment, en effet, la division pourrait-elle être faite entre les diverses branches de la même souche, si déjà la portion qui appartient à cette souche, n'avait été déterminée par un partage général de la masse de la succession, c'est-à-dire, par une division de cette masse en autant de lots qu'il y a de souches copartageantes?

Et de même, comment la division pourrait-elle être faite entre les membres de la même branche, si la portion de biens qui appartient à cette branche n'avait été préalablement déterminée, c'est-à-dire, si la portion échue à la souche, n'avait pas été déjà partagée en autant de lots qu'il y a de branches dans la souche?

Les trois divisions doivent donc être successives; la seconde ne peut s'opérer que sur ce qui est fixé par la première, la troisième que sur ce qui est fixé par la seconde.

On ne peut subdiviser qu'un objet certain e déterminé.

Pour qu'il n'y eût qu'un seul partage, il fau drait, *sans tirage au sort*, attribuer les lots d'abord à chaque souche, puis à chaque branche de chacune des souches; mais ces attributions sans tirage au sort, ont presque toujours de graves inconvéniens. Elles ne pourraient d'ailleurs être autorisées, qu'autant qu'elles seraient dans l'intérêt de tous les héritiers, qu'elles seraient librement consenties par tous, et qu'encore, à l'égard des mineurs et des interdits, elles seraient faites dans la forme prescrite par l'art. 467. Or, tout cela ne peut arriver que très-rarement.

2. Pour chacune des subdivisions entre les diverses branches de la même ligne, et puis entre les divers membres de chaque branche, il faut suivre les mêmes règles que pour la division première de la masse de la succession; ce sont autant de partages différens, qui doivent être soumis aux mêmes formalités que le partage principal, puisque ces formalités y sont également nécessaires pour assurer l'égalité des lots et de la distribution.

Ainsi, pour les comptes, les fournissemens, les rapports et les prélevemens, qui sont à faire particulièrement entre les diverses branches de chaque souche, ou entre les divers membres de chaque branche, pour la formation et la composition des lots, pour le tirage au sort, il faut se conformer, comme pour le partage principal, aux dispositions des art. 828, 829, 830, 831, 832, 833, 834 et 835 du Code civil, et aux dispositions correspondantes du Code de procédure civile, qui ont été précédemment citees.

III

3. Lorsque la portion de biens, qui est échue à une souche, ou à une branche, ne peut être subdivisée commodément, la licitation doit avoir lieu entre les membres de la souche ou de la branche, et pour cette licitation, comme pour le partage qui vient après, il faut toujours suivre les règles établies, soit par les articles précédens, soit par l'art. 839.

Mais l'impossibilité ou la difficulté de procéder aux partages secondaires, n'empêche pas qu'il ne soit procédé au partage principal, sans licitation, s'il peut être fait commodément. Ces divers partages sont indépendans les uns des autres. Peu importe à l'héritier qui se trouve seul dans une souche, que dans l'autre souche, la subdivision ne soit pas possible entre les diverses branches. On a déjà dit qu'il ne peut être privé de son droit au partage, pour faciliter, dans une autre souche, des arrangemens qui lui sont absolument étrangers.

ARTICLE 837.

Si, dans les opérations renvoyées devant un notaire, il s'élève des contestations, le notaire dressera procès-verbal des difficultés et des dires respectifs des parties, les renverra devant

le commissaire nommé pour le partage;
et , au surplus , il sera procédé suivant
les formes prescrites par les lois sur la
procédure.

1. Le notaire qui a été commis, en exécution
de l'art. 828, ne peut être juge des difficultés qui
s'élèvent devant lui. Lorsque toutes les parties
sont d'accord , il rédige leurs conventions. Lorsqu'elles contestent, soit sur le mode de procéder,
soit sur leurs droits respectifs, il doit dresser
procès-verbal des difficultés, ainsi que des observations de toutes les parties , et les renvoyer de
suite devant le juge-commissaire qui a été nommé
par le partage.

Ce commissaire lui-même n'a pas le droit de
décider; il est tenu de faire son rapport au tribunal , qui seul a le pouvoir de statuer sur les
contestations.

2. La manière dont il doit être procédé devant
le notaire et la manière dont les contestations
doivent être portées, soit devant le juge-commissaire, soit devant le tribunal, ont été réglées par
l'art. 977 du Code de procédure civile, dont voici
les termes :

« Le notaire commis procédera seul et sans
l'assistance d'un second notaire ou de témoins : si
les parties se font assister auprès de lui d'un

conseil, les honoraires de ce conseil n'entreront point dans les frais de partage, et seront à leur charge.

« Au cas de l'art. 837 du Code civil, le notaire rédigera *en un procès verbal séparé* les difficultés et dires des parties : ce procès-verbal sera par lui remis au greffe, et y sera retenu.

« Si le juge-commissaire renvoie les parties à l'audience, l'indication du jour où elles devront comparaître, leur tiendra lieu d'ajournement.

« Il ne sera fait aucune sommation pour comparaître, soit devant le juge, soit à l'audience. »

ARTICLE 838.

Si tous les cohéritiers ne sont pas présens, ou s'il y a parmi eux des interdits, ou des mineurs, même émancipés, le partage doit être fait en justice, conformément aux règles prescrites par les art. 819 et suivans, jusques et compris l'article précédent. S'il y a plusieurs mineurs qui aient des intérêts opposés, il doit leur être donné à chacun un tuteur spécial et particulier.

1. La loi veille, d'une manière spéciale aux intérêts des mineurs, des interdits et de tous

ceux qui ne sont pas présens : elle veut que le partage des successions auxquelles ils sont appelés, soit fait en justice, pour que leurs droits, discutés devant les tribunaux et défendus par le ministère public, soient pleinement garantis contre l'erreur et la fraude.

On ne peut donc faire un partage volontaire et à l'amiable, si parmi les héritiers il y a des mineurs, même émancipés, ou des interdits, ou des non présens.

Il ne suffirait pas même que le partage eût été fait en justice; il faut encore qu'il ait été fait conformément aux règles prescrites par les articles précédens, parce que toutes ces règles ont été spécialement établies pour protéger les intérêts des mineurs, des interdits, des non présens, et les mettre à l'abri de toute surprise et de toute lésion.

Cependant le partage qui n'aurait pas été fait en justice et avec toutes les formalités prescrites, ne serait pas, par cela seul, nul de plein droit; seulement, il ne serait réputé que provisionnel, ainsi qu'on le verra sur l'art. 840.

2. Ces mots de l'art. 838, *si tous les héritiers ne sont pas présens*, doivent être entendus, ainsi qu'il a été expliqué au n° 2 des observations sur l'art. 819. Ils ne s'appliquent pas seulement aux cohéritiers qui sont *absens* présumés ou déclarés; ils s'appliquent encore aux cohéritiers qui ne sont

pas *présens*, c'est-à-dire, qui ne se présentent pas pour procéder au partage.

Il suffit donc qu'un seul héritier, même majeur et non interdit, ne se présente pas sur la demande en partage de la succession, pour que le partage doive être fait de la manière prescrite par l'art. 838.

Et, de même, le partage doit être fait en justice, quoiqu'il y ait des héritiers présomptifs envoyés en possession provisoire des biens de l'absent déclaré, quoiqu'il y ait un notaire commis, aux termes de l'art. 113, pour représenter, dans le partage, le présumé absent.

3. On a vu encore dans le n° 5 des observations sur l'art. 819, et dans le n° 4 des observations sur l'art. 823, que le partage doit être également fait en justice et avec les formes prescrites par les art. 819 et suivans, quoique tous les héritiers soient majeurs, présens et non interdits, si un seul des cohéritiers refuse de consentir au partage, ou s'il s'élève des contestations sur le mode d'y procéder; mais qu'aussi les voies judiciaires peuvent être abandonnées en tout état de cause.

4. Les frais d'un partage en justice étant beaucoup plus considérable que les frais d'un partage à l'amiable, il paraîtrait juste qu'ils fussent supportés, au moins quant à l'excédant, par ceux des cohéritiers, dont la *qualité* a exigé que le partage fût fait judiciairement ; mais, d'autre

part, c'est la loi elle-même qui ordonne que le partage, pour être définitif, soit fait en justice, lorsque tous les cohéritiers ne sont pas présens, ou s'il y a parmi eux des mineurs ou des interdits. C'est donc bien volontairement que les cohéritiers, qui sont majeurs et non interdits, se soumettent aux frais d'un partage judiciaire, s'ils veulent qu'il y ait un partage définitif; ils pouvaient se borner à ne demander qu'un partage provisionnel.

Cependant la section de législation du conseil d'état avait proposé, à la suite de l'art. 466 du Code civil, un autre article portant que, dans le cas où le partage en justice serait provoqué au nom du mineur et dans son intérêt, les frais de justice seraient par lui supportés, et qu'au cas contraire ils seraient supportés par tous les copartageans.

Mais M. Tronchet demanda la suppression de cet article, en observant que, lorsque le partage est reconnu nécessaire et juste, c'est la chose qui doit en supporter les frais, et l'article fut supprimé.

5. La même décision me paraît devoir être appliquée, soit au cas où l'un des héritiers ne se présente pas pour procéder au partage, soit au cas où, entre les héritiers tous majeurs, présens et interdits, l'un d'eux refuse de procéder à un par-

tage à l'amiable , et demande que le partage soit fait en justice.

Un héritier peut craindre que ses intérêts ne soient lésés dans un partage qu'il ferait à l'amiable, soit parce qu'il n'a pas assez d'expérience dans les affaires, soit parce qu'il ne connaît pas la valeur des biens, soit parce qu'il redoute des fraudes; il doit donc avoir le droit de réclamer l'intervention de la justice, pour prévenir toutes surprises et toutes erreurs, et il faut répéter avec M. Tronchet, que, puisque le partage est reconnu nécessaire et juste, c'est la chose qui doit en supporter les frais.

Ce ne peut être que dans le cas où un héritier élève de mauvaises contestations, que les frais qu'il a occasionnés doivent être à sa charge.

6. La disposition de l'art. 838, qui exige que le partage soit fait en justice, s'applique aux successions dans lesquelles il n'y a que du mobilier comme à celles dans lesquelles il y a des immeubles. L'art. 838 et l'art. 840 ne font, à cet égard, aucune distinction.

7. Lorsque des mineurs ont entr'eux des intérêts opposés, il faut que chacun d'eux ait un tuteur spécial et particulier. Si le même tuteur était chargé de les défendre, il pourrait favoriser l'un ou plusieurs de ses pupilles, au préjudice des autres.

Cette disposition de l'art. 838 , doit également s'appliquer aux interdits.

L'art. 968 du Code de procédure civile, statue que le tuteur spécial et particulier qui doit être donné à chaque mineur ayant des intérêts opposés , sera nommé suivant les règles contenues au titre *des Avis de parens.*

ARTICLE 839.

S'il y a lieu à licitation , dans le cas du précédent article , elle ne peut être faite qu'en justice avec les formalités prescrites pour l'aliénation des biens des mineurs ; les étrangers y sont toujours admis.

1. Ces mots , *dans le cas du précédent article,* prouvent que la disposition de l'art. 839, n'est applicable qu'au cas où , parmi les héritiers , il y a des mineurs , même émancipés, ou des interdits, ou des non présens.

En effet , on a vu sur l'art. 827 , que si tous les héritiers sont majeurs, non interdits et présens, ils peuvent convenir que la licitation sera faite devant un notaire sur le choix duquel ils s'accordent, et qu'il n'est pas exigé que les étrangers y soient admis.

2. On a cru trouver une contradiction entre

les art. 459 et 460 du Code civil, qui veulent que, pour la vente par licitation à laquelle sont intéressés des mineurs, les enchères soient reçues *par un membre du tribunal*, ou *par un notaire à ce commis*, l'art. 827 qui veut qu'il soit procédé, *devant le tribunal*, à la vente par licitation, et l'art. 839 qui veut qu'il y soit procédé *en justice*. Lorsque les enchères, a-t-on dit, sont reçues par un seul juge ou par un notaire, la vente n'est pas faite devant le tribunal; lorsqu'elles sont reçues par un notaire, la vente n'est pas faite en justice.

Mais le juge, ou le notaire, n'agit pas, dans cette espèce, par la volonté des parties; il agit par la volonté de la loi; il agit en vertu de la mission que lui a donnée le tribunal. Il représente donc le tribunal qui l'a commis, et dans ce cas l'acte qui se fait devant lui, est censé fait devant le tribunal et en justice.

C'est ce qu'a exprimé très-clairement l'art. 970 du Code de procédure civile, lorsqu'il dit que le tribunal, en prononçant sur la demande en partage, *ordonnera*, par le même jugement, ou le partage, s'il peut avoir lieu, ou la vente par licitation, qui sera faite, soit devant un membre du tribunal, soit devant un notaire.

Et l'on a vu précédemment, au n° 4 des observations sur l'art. 828, que, dans les cas où le partage doit être fait en justice, c'est cependant par un notaire que l'acte de partage doit être fait, et qu'il ne peut pas même être fait, soit par le juge-commissaire, soit par le tribunal.

3. L'art. 839 dispose que la licitation ne peut être faite qu'avec les formalités prescrites pour l'aliénation des biens des mineurs, et il faut consulter à cet égard les art. 459 et 460.

Mais le Code de procédure civile, qui est intervenu depuis, a réglé d'une manière particulière, par les art. 972 et 973, et par plusieurs autres articles au titre *de la Vente des biens immeubles*, toutes les formalités nécessaires pour la vente, par licitation, des immeubles dépendant de successions auxquelles sont intéressés des mineurs, ou des interdits, ou des non présens.

Une formalité essentielle, prescrite d'ailleurs impérativement par les art. 460 et 839 du Code civil, c'est que les étrangers soient toujours admis à la licitation, afin que la concurrence des enchères fasse porter plus haut le prix des immeubles à vendre.

ARTICLE 840.

Les partages faits conformément aux règles ci-dessus prescrites, soit par les tuteurs, avec l'autorisation d'un conseil de famille, soit par les mineurs émancipés, assistés de leurs curateurs, soit au nom des absens ou non présens,

sont définitifs : ils ne sont que provisionnels, si les règles prescrites n'ont
pas été observées.

1. On distingue deux espèces de partage,
celui qui est *définitif*, et celui qui est *provisionnel.*

Le premier est celui qui divise définitivement,
entre tous les héritiers, la *propriété* des biens de
la succession, de manière que chaque héritier
devient seul propriétaire incommutable de la
portion de biens, qui se trouve comprise dans le
lot qui lui est échu, et est censé n'avoir jamais
eu la propriété des autres portions échues à ses
cohéritiers.

Le second n'est qu'une division provisoire des
biens de la succession, qui n'est pas irrévocable,
qui n'empêche pas que chacun des cohéritiers ne
puisse toujours demander le partage définitif, tant
que la prescription n'est pas acquise, qui en conséquence ne donne à chaque héritier que le droit
de *jouir* de la portion de biens comprise dans
son lot, et laisse ainsi la propriété toujours
indivise.

2. Lorsque tous les héritiers ne sont pas présens, ou qu'il y a, parmi eux, des interdits ou des
mineurs, même émancipés, il faut, pour que le
partage soit définitif, qu'il ait été fait en justice
et conformément aux règles prescrites par les

art. 819 et suivans, jusques et compris l'art. 837 : autrement, il n'est et ne peut être que provisionnel. On en a dit les motifs, au n° 1 des observations sur l'art. 828.

3. Il faut de plus, suivant l'art. 840, pour que le partage soit définitif à l'égard d'un mineur non émancipé, que le tuteur ait obtenu du conseil de famille l'autorisation de procéder à ce partage.

Cependant, pour faire une juste application de cette disposition de l'art. 840, il me semble qu'elle doit être combinée avec l'art. 465 du même Code, qui porte que l'autorisation du conseil de famille sera nécessaire au tuteur pour *provoquer* un partage, mais que le tuteur pourra, sans cette autorisation, *répondre* à une demande en partage, dirigée contre le mineur.

Il me paraît résulter de la distinction établie par cet article, que la disposition de l'art. 840 doit être restreinte au cas où c'est le tuteur qui a lui-même provoqué le partage, au nom du mineur. et qu'ainsi le partage doit être définitif, lorsqu'il a été provoqué contre le mineur, quoique le tuteur n'ait pas obtenu d'autorisation du conseil de famille pour y procéder, si d'ailleurs le partage a été fait en justice et conformément à toutes les règles prescrites par les articles précédens.

4. A l'égard du mineur émancipé, il faut aussi, pour que le partage soit définitif, que le mineur

ait été assisté de son curateur. Si le mineur avait
procédé seul, le partage ne serait que provisionnel, aux termes de l'art. 840, quoiqu'il eût été fait
en justice et avec toutes les formalités énoncées
dans les articles précédens.

Mais il n'est pas nécessaire que le mineur émancipé ait obtenu une autorisation du conseil de
famille, lors même que c'est par lui que le partage
a été provoqué. (*Voyez* le n° 3 des observations
sur l'art. 817.)

5. Dans quel délai après le partage provisionnel, doit être réclamé le partage définitif?

Un auteur a répondu que le partage provisionnel devient définitif à l'égard de toutes les
parties, s'il n'y a pas eu de réclamation dans le
délai fixé par l'art. 1304 du Code civil.

Je ne crois pas que cette opinion soit exacte.

L'art. 1304 porte que, dans tous les cas où
l'action en *nullité* ou en *rescision* d'une convention, n'est pas limitée à un moindre temps par
une loi particulière, cette action dure dix ans.

Mais comment cette disposition pourrait-elle
être applicable à l'espèce?

L'art. 840 ne dit pas que, lorsque tous les
cohéritiers ne sont pas présens, ou qu'il y a parmi
eux des mineurs ou des interdits, le partage est
nul, s'il n'a pas été fait en justice et conformément aux règles prescrites par les articles précé-

dens : il dit seulement que ce partage n'est pas définitif et n'est que provisionnel.

Il n'est donc pas besoin de se pourvoir *en nullité* de ce partage provisionnel, pour être recevable à réclamer le partage définitif.

La demande en partage définitif, a bien pour objet de faire cesser le partage provisionnel; mais elle n'a pas pour objet de le faire annuler; et, dans le fait, le partage provisionnel, quoiqu'il cesse au moment du partage définitif, n'en reste pas moins valable pour le passé; il n'en produit pas moins tous ses effets , jusqu'à ce qu'il soit remplacé par le partage définitif.

En règle générale, il n'est pas besoin, pour réclamer une mesure définitive, de faire annuler une convention ou un acte, qui n'est que purement provisoire : le provisoire est abrogé, de plein droit, par le définitif.

Et, de même, il ne peut être besoin, pour obtenir un partage définitif, de se pourvoir *en rescision* du partage provisionnel. Il n'y a rien à rescinder, puisqu'il est de l'essence d'un partage provisoire, qu'il ne peut plus subsister dès l'instant qu'il y a un partage définitif.

Je pense donc que l'action en partage définitif ne s'éteint pas, conformément à l'art. 1304, par le laps de dix ans, mais qu'elle ne s'éteint, conformément à l'art. 816, que par une possession suffisante pour acquérir la prescription , c'est-à-dire , par le laps de trente ans depuis le partage provisionnel , en y ajoutant encore tout le temps pendant lequel le cours de la prescription a été suspendu ou interrompu. (*Voyez* le n° 2 des observations sur l'art. 816.)

6. Il résulte de la disposition de l'art. 840, que, même dans les cas où il y a des héritiers non présens, ou mineurs, ou interdits, les partages provisionnels ne sont pas soumis aux règles établies par les articles précédens ; qu'en conséquence ils peuvent être faits ou consentis, soit par des tuteurs, sans autorisation du conseil de famille, soit par des mineurs émancipés, sans assistance de leurs curateurs, et par les uns ou les autres, sans estimation par experts, sans intervention de la justice, sans aucune des formalités prescrites pour les partages définitifs.

En effet, suivant les art. 450 et 509 du Code, le tuteur peut administrer, ainsi qu'il le juge convenable, et sans aucune autorisation, les revenus des biens du mineur ou de l'interdit; sauf à répondre de sa gestion, et le mineur émancipé peut aussi, suivant l'art. 481, faire, sans aucune autorisation, tous les actes qui ne sont que de pure administration. Or, les partages provisionnels ne sont que des actes d'administration, puisqu'ils ne portent que sur les jouissances, et non sur la propriété qui demeure toujours réellement indivise jusqu'aux partages définitifs.

7. Les héritiers qui étaient majeurs et présens, lors des partages pour lesquels n'ont pas été suivies les règles prescrites par les articles précédens, ne peuvent se prévaloir de la disposition qui déclare que ces partages ne sont que provisionnels. Ces règles n'ayant été prescrites qu'en faveur des mineurs, des interdits et des non présens, eux seuls sont recevables à se plaindre de leur inobservation. C'est ce qui résulte de l'article 1125 du Code.

Ainsi, lorsque tous les héritiers, qui étaient mineurs, ou interdits, ou non présens, lors des partages dont il s'agit, consentent à les exécuter comme partages définitifs, les autres héritiers n'ont pas le droit de demander de nouveaux partages.

ARTICLE 841.

Toute personne, même parente du défunt, qui n'est pas son successible, et à laquelle un cohéritier aurait cédé son droit à la succession, peut être écartée du partage, soit par tous les cohéritiers, soit par un seul, en lui remboursant le prix de la cession.

1. Il s'est élevé de nombreuses difficultés sur cet article, parce qu'en effet sa disposition, beau-

coup trop laconique, n'a pas prévu une foule de cas qui peuvent se présenter; mais ses motifs ne sont pas équivoques, et ils doivent servir à résoudre toutes les questions auxquelles peut donner lieu l'insuffisance du texte.

Lorsqu'un héritier a cédé à un étranger ses droits successifs, cet étranger cessionnaire aurait, comme l'héritier qu'il représente, le droit de s'immiscer dans toutes les affaires de la succession, de prendre connaissance de tous les titres et papiers, de pénétrer dans tous les secrets de la famille; il est donc bien important, pour les autres héritiers, de pouvoir écarter cet étranger, que la cupidité, ou l'envie de nuire, a pu seule déterminer à devenir cessionnaire, et qui apporterait, presque toujours, la dissention et le trouble dans les opérations.

Tel fut le motif pour lequel l'ancienne jurisprudence appliquait constamment aux cessions de droits successifs, les lois 21 et 22 *Cod. mandati*, connues sous le nom de lois *per diversas et ab anastasio*, qui permettaient d'écarter les cessionnaires de droits litigieux, en leur remboursant le prix des cessions.

La disposition de l'art. 841 du Code civil, ne fait que confirmer l'ancienne jurisprudence, et c'est aussi par le même motif qu'elle a été adoptée; tous les orateurs du gouvernement et du tribunat l'ont formellement déclaré, lors de la présentation et de la discussion de la loi *sur les Successions*.

On doit donc , dès à présent, regarder comme une vérité constante, que l'étranger, cessionnaire des droits d'un héritier , peut être écarté du partage par les autres héritiers , dans tous les cas où , pour faire valoir sa cession , il aurait le droit de s'immiscer dans les affaires de la succession , de prendre connaissance des titres et papiers , et de pénétrer dans les secrets de la famille.

2. L'action pour écarter cet étranger du partage , est une véritable action en subrogation , puisqu'elle tend à faire subroger les cohéritiers du cédant, aux droits acquis par le cessionnaire, en lui remboursant le prix de la cession.

Cependant on peut dire que c'est plutôt une exception, qu'une action ; car il s'agit moins de retirer les droits qui ont été vendus au cessionnaire, que d'empêcher qu'il ne vienne les retirer dans la succession. Aussi l'art. 841 dit que le cessionnaire *peut être écarté du partage*, ce qui signifie bien clairement que, lorsque le cessionnaire se présente au partage , ou le provoque lui-même, les héritiers ont la faculté de l'écarter, par voie d'exception , en lui remboursant le prix de la cession.

Quoi qu'il en soit, et comme d'ailleurs les héritiers pourraient aussi se pourvoir, par action

directe en subrogation, sans attendre que le cessionnaire se présentât, je désignerai désormais
sous le nom générique *d'action en subrogation*,
la manière dont les héritiers peuvent exercer le
droit qui leur est conféré par l'art. 841.

3. Toutes les cessions de droits successifs, ne
sont pas également soumises à l'action en subrogation ; les unes en sont exemptes, par leur nature ; les autres, par les qualités des cessionnaires.
Il faut donc savoir les distinguer.

Il faut savoir encore à quelles personnes appartient l'action en subrogation, comment et dans
quel délai cette action peut être exercée ; quels
sont les effets de la subrogation, et quelles en sont
les charges.

Je vais examiner successivement, et dans un
ordre méthodique, les principales questions qui
peuvent s'élever sur ces divers objets.

4. Et d'abord, il faut remarquer que l'art. 841,
qui permet d'écarter du partage l'étranger à qui
un cohéritier a cédé son droit à la succession, ne
distingue pas entre la succession qui est purement
mobilière et celle qui comprend des immeubles ;
il doit donc s'appliquer à l'une comme à l'autre.
Et, en effet, les motifs de l'article s'appliquent
évidemment à la succession mobilière ; car ce serait principalement pour la recherche du mobilier, que le cessionnaire étranger aurait le droit
de demander communication des papiers do-

mestiques et de pénétrer dans les secrets de la famille.

5. Sont soumis à l'action en subrogation, tous ceux qui, n'étant pas successibles, ou héritiers d'un individu qui était successible, ont acquis les droits d'un héritier.

Les parens même du défunt y sont soumis, s'ils ne sont pas successibles ou héritiers d'un successible, parce qu'en ce cas ils sont des étrangers relativement à la succession, et qu'ils n'ont pas le droit de s'immiscer dans ses affaires.

Par le même motif, le successible qui aurait renoncé à la succession, et qui ensuite aurait acquis les droits d'un héritier, pourrait être écarté du partage; car il est devenu, par sa renonciation, absolument étranger à l'hérédité, et il est même réputé, suivant l'article 785, n'avoir jamais été héritier.

6. Le mot *successible* ne s'applique pas seulement aux héritiers légitimes, qui sont appelés par la loi aux successions *ab intestat ;* il s'applique également à tous ceux qui, soit en vertu de donations faites par contrats de mariage, soit en vertu de legs, soit en vertu d'institutions d'héritiers, soit en vertu de dispositions particulières de la loi, sont appelés à recueillir *une quote part* des biens de la succession.

En effet, la loi déclare *successeurs*, tous ceux qui sont appelés, *à titre universel*, dans une suc-

cession (art. 871, 875, 876). Les donataires, les
légataires, ou héritiers institués, *à titre universel*, ne peuvent donc pas être écartés du partage,
comme non successibles. Et d'ailleurs, comme ils
ont le droit, en leur qualité, de venir au partage de la succession, même de le provoquer,
et que, pour faire régler leur quote part, ils ont
aussi le droit de prendre communication de tous
les papiers, d'examiner toutes les affaires, d'assister à toutes les opérations, il est bien clair
que ni les termes ni les motifs de l'art. 841 ne
peuvent leur être applicables. La loi n'a voulu
écarter du partage, que les cessionnaires étrangers, qui, en vertu d'une autre qualité, n'auraient
pas le droit d'y assister.

On verra même bientôt qu'il a été formellement jugé par un arrêt de la cour de cassation,
que, loin de pouvoir être exclus du partage, les
donataires, légataires, ou héritiers institués à titre
universel, ont, comme tout héritier légitime, le
droit d'en exclure les cessionnaires étrangers.

Cette décision est également applicable aux
enfans naturels reconnus, parce qu'ils ont droit
à une quote part des biens, et qu'en conséquence
ils sont successeurs, quoiqu'ils n'aient pas le titre
et la qualité d'héritiers.

7 Mais le donataire, le légataire, ou l'héritier
institué, *à titre particulier seulement*, pourrait

être écarté du partage, s'il voulait y venir, comme cessionnaire d'un héritier. En sa qualité de donataire, de légataire, ou d'héritier institué à titre particulier, il n'est pas successeur, et n'a pas le droit d'assister au partage; il ne peut que demander aux héritiers la délivrance de l'objet particulier qui lui a été donné.

Il n'est qu'un copropriétaire à titre singulier, et l'action en subrogation n'est pas admise entre copropriétaires; elle a été restreinte par l'art. 841 en faveur des successibles, et aux cessions de droits successifs.

Ainsi, l'on devrait décider que l'héritier qui aurait renoncé à la succession, pour s'en tenir à un don, ou un legs qui lui aurait été fait *à titre particulier*, pourrait être écarté du partage, s'il s'y présentait comme cessionnaire des droits d'un cohéritier.

8. La principale difficulté qui s'élève sur l'article 841, consiste à savoir si l'action en subrogation ne doit être admise que dans le cas seulement où l'un des héritiers a vendu *la totalité* de ses droits successifs, ou si elle doit être également admise lorsque l'héritier n'a vendu, ou qu'une *quote* de sa part dans toute la succession, comme la moitié, le tiers ou le quart de ses droits successifs, ou qu'une quote dans une espèce de biens, comme la moitié, le tiers, ou le quart de

sa portion dans le mobilier seulement, ou de sa portion dans les immeubles.

On a dit, sur cette question, que l'art. 841 ne parle que du cas où un cohéritier a cédé son droit à la succession; que ces expressions générales, *son droit à la succession*, ne peuvent s'appliquer qu'à la totalité des droits successifs; qu'on ne vend pas son droit à la succession, lorsqu'on n'en cède qu'une partie, et qu'en conséquence l'action en subrogation ne doit être admise, que lorsqu'il y a cession de la totalité des droits successifs.

Mais, de cette manière d'interpréter les termes de l'article, ne résulterait-il pas une contradiction manifeste entre le texte et l'esprit de la loi?

Si, en effet, l'on considère les motifs sur lesquels est fondée la disposition de l'art. 841, on ne peut s'empêcher de convenir qu'elle doit s'appliquer à toutes les cessions qui peuvent autoriser l'acquéreur étranger à s'immiscer dans les affaires de la succession, à prendre communication des papiers domestiques, et à pénétrer dans les secrets de la famille.

Or, si le cessionnaire de la moitié ou du quart de la portion d'un héritier, ne pouvait être écarté du partage, il aurait droit, de même que s'il était acquéreur de la portion entière, de scruter toutes les affaires de l'hérédité, d'examiner tous les papiers, d'assister à toutes les opérations, pour

faire déterminer sur la masse de la succession,
la quotité des biens dont doit se composer la
part qui lui a été cédée. Peu importe que cette
part soit fixée à un quart ou à la moitié de toute
la succession, ou de la portion seulement de l'héritier. Comme elle doit être plus ou moins considérable en biens, suivant que la masse de l'hérédité sera plus ou mois forte, le cessionnaire
aurait incontestablement le droit d'examiner et
de vérifier tout ce qui serait relatif à la succession.

Comment donc peut-on supposer que, si le
cessionnaire était acquéreur de la portion entière
d'un héritier, il pourrait être écarté du partage,
par le motif qu'il ne devrait pas être admis à
s'immiscer dans les affaires de la succession, dans
les secrets de la famille, et que cependant il ne
puisse pas être écarté *par le même motif*, lorsqu'il n'est acquéreur que d'une quote part d'une
portion d'héritier? Dans l'un et l'autre cas, l'abus
que la loi a voulu prévenir, ne serait-il pas le
même, ses motifs ne s'appliquent-ils pas également-
ment à l'un ou à l'autre cas, et ne serait-il pas en
conséquence contradictoire que sa disposition
n'y fût point également applicable?

S'il y avait cinq ou six étrangers, à chacun
desquels un héritier aurait cédé séparément une
quote part de ses droits successifs, ne serait-il pas
vraiment absurde qu'il fallût les admettre tous à
scruter les affaires de la succession, qu'il fallût

leur dévoiler à tous les secrets de la famille, lorsqu'on pourrait se dispenser de les communiquer à une seule personne qui aurait acquis la totalité des droits de ce même héritier ?

Il me paraît donc certain que l'art. 841 s'étant borné à parler du droit à la succession, sans désigner expressément le droit *entier*, sa disposition très-clairement expliquée par les motifs et l'intention qui lui servent de base, s'applique à la cession d'une quote part du droit, comme à la cession du droit entier, dans tous les cas où l'abus qu'elle a voulu prévenir, pourrait avoir lieu.

Telle est aussi l'opinion de M. Merlin. Dans un plaidoyer sur lequel est intervenu un arrêt de la cour de cassation, du 9 novembre 1806, et qui est inséré dans le quatrième volume du *Répertoire*, page 446, on trouve que M. Merlin s'expliquait en ces termes :

« Le demandeur en cassation critiquait avec avantage le motif du jugement du tribunal de Louviers, adopté par la cour d'appel, duquel il résulterait que l'art. 841 du Code civil ne serait applicable qu'à l'étranger cessionnaire de *l'universalité* des droits d'un cohéritier dans une succession. Il est certain, en effet, que, sous les mots, *son droit à la succession*, l'art. 841 comprend aussi bien une *quotité*, que l'intégrité de ce droit : *Ubi eadem ratio, ibi idem jus.* Mais ce n'était pas une quotité des droits des cédans à *succession* du sieur Paysan-Lafosse, qu'avait *acquis* le sieur Glaizot; il n'avait acquis qu'une *quotité* du droit de ses cédans dans *des objets*, *qui*, bien qu'encore indivis, étaient *déterminés.* »

Et c'est aussi par ce dernier motif, que la cour de cassation a rejeté le pourvoi contre l'arrêt qui lui avait été dénoncé.

9. Lorsque la cession ne comprend que la part indivise qui appartient à l'héritier, dans des objets *certains et déterminés*, l'article 841 ne peut pas être appliqué, puisqu'en ce cas le cessionnaire n'a pas le droit de s'immiscer dans le partage de toute la succession, mais qu'il suffit de l'appeler au partage des objets certains et déterminés dont il a acquis une portion.

Cependant, si pour fixer la quotité et la valeur de cette portion, soit à raison des prélèvemens qui pourraient être dus à d'autres héritiers, ou à des donataires, ou à des légataires, soit à raison du réglement des dettes, il devenait nécessaire de donner connaissance au cessionnaire, de toutes les affaires de la succession, et s'il exigeait lui-même cette communication, je pense qu'il pourrait encore être écarté du partage, puisqu'il faut toujours en venir au but et à l'intention de la loi et appliquer sa disposition dans tous les cas auxquels ses motifs sont applicables.

Au moins faudrait-il décider, comme l'a fait la cour de Dijon, par un arrêt du 20 thermidor an 12 , que la liquidation de la succession devrait être faite d'abord avec l'héritier cédant, et que le cessionnaire ne devrait être appelé qu'après cette première opération., pour procéder au partage des objets certains et déterminés auxquels seuls il a droit.

10. Lorsqu'un héritier a fait donation à un étranger, de l'universalité ou d'une partie de ses droits successifs, le donataire ne peut être écarté du partage.

L'art. 841 ne parle que du cas où il y a *cession*, et le mot *cession* ne comprend pas les donations.

D'ailleurs, l'article ordonne de rembourser le prix de la cession , et une donation n'a pas de prix.

Les lois *per diversas et ab anastasio* déclaraient formellement, par des dispositions particulières, que les donations de droits litigieux , n'étaient pas soumises à l'action en subrogation , et la jurisprudence avait également appliqué ces dispositions aux donations de droits successifs.

On ne peut pas supposer dans les donataires la même cupidité que dans les acquéreurs à prix d'argent.

Mais , si le donataire cédait ses droits à un étranger, celui-ci ne devant plus jouir de la même faveur, puisqu'il n'aurait plus le même titre , se trouverait compris dans la disposition générale de l'art. 841.

11. Lorsqu'un successible, qui a renoncé à la succession, pour s'en tenir à un don particulier qui lui avait été fait par le défunt, cède à un étranger les choses qui lui avaient été données, le cessionnaire n'est pas soumis à l'action en subrogation ; car, dans l'espèce, il n'y a pas de cession de droits successifs, puisque le cédant avait renoncé à la succession : ce n'est pas comme héritier qu'il a cédé, mais comme donataire à titre particulier, et l'art. 841 n'admet à la subrogation que pour les cessions de droits successifs.

Par le même motif, si un héritier, qui était en même temps donataire *à titre de préciput*, avait cédé conjointement à un étranger et ses droits successifs et le don qui lui avait été fait, ses cohéritiers ne pourraient exercer l'action en subrogation contre le cessionnaire, que pour les droits successifs seulement, et s'il n'y avait eu qu'un seul prix stipulé pour le tout, il faudrait faire procéder à une ventilation, pour déterminer le prix de la cession des droits successifs.

12. L'action en subrogation ne peut être admise à l'égard de cessions qui n'ont été faites qu'après le partage de la succession ; car elle n'a pour objet, aux termes de l'art. 841, que de faire écarter de ce partage les cessionnaires étrangers.

Ainsi elle ne peut avoir lieu contre celui qui, après le partage de la succession, a acquis la

portion d'un héritier dans des immeubles restés
indivis.

Quand le partage de la succession est terminé,
toutes les affaires de la succession sont réglées; il
n'y a même plus de succession ; ce n'est plus entre
héritiers proprement dits, mais entre copropriétaires, que restent indivis les biens qui n'ont
pas été partagés, et l'on a déjà vu qu'entre copropriétaires il n'y a pas lieu à l'application de l'article 841.

Cependant, s'il avait été formé une demande
en rescision ou en nullité du partage de la succession, l'étranger qui aurait acquis, *postérieu-*
rement à cette demande, la part d'un des héritiers, pourrait être écarté du nouveau partage
qui serait ordonné, puisque, si on était forcé de
l'y admettre, il aurait le droit de s'immiscer dans
toutes les affaires de la succession et de la famille.

Au surplus, ce serait un véritable acquéreur
de droits litigieux, puisqu'il n'aurait acheté que
dans un temps où le partage était déjà attaqué,
et on pourrait encore lui appliquer la disposition
de l'art. 1699 du Code civil.

Mais, s'il avait acquis avant la demande en
rescision ou en nullité du partage, comme il aurait acquis, non des droits successifs, mais les
objets certains et déterminés composant le lot
échu au cédant, et que ces objets n'étaient pas

alors en litige, ni l'art. 841, ni l'art. 169 ne pourraient lui être appliqués, et il aurait le droit, comme représentant l'héritier dont il serait cessionnaire, d'assister au nouveau partage qui serait ordonné.

13. L'action en subrogation appartient à tous les héritiers; l'art. 841 ne fait entre eux aucune distinction.

Elle appartient donc, même à l'héritier bénéficiaire, parce qu'en effet l'héritier bénéficiaire jouit des mêmes prérogatives et des mêmes droits que l'héritier pur et simple, que toutes les actions de l'hérédité lui appartiennent également, et qu'il n'existe entre l'héritier bénéficiaire et l'héritier pur et simple d'autre différence qu'en ce que la loi accorde au premier le droit de ne pas confondre ses biens personnels avec les biens et les charges de l'hérédité. Ainsi l'ont jugé un arrêt de la cour d'Amiens, du 13 mars 1806, et un arrêt de la cour de cassation, du 1er décembre suivant.

14. L'action en subrogation appartient même à tous les successeurs, c'est-à-dire, à tous ceux qui, soit par une donation, soit par un testament, soit par une disposition particulière de la loi, sont appelés à recueillir une *quote part* de la succession.

En effet, les successeurs sont, quant à leurs droits, assimilés aux héritiers. La loi 128, D. *de*

regulis juris, réputait héritiers tous ceux qui suc-
cédaient dans l'universalité des droits d'un défunt. *Hi qui in universum jus succedunt, hæredis
loco habentur.*

Comme les héritiers, ils sont tenus des dettes
et des charges, en proportion de leur émolument, et même *ultrà vires*, s'ils n'ont pas fait
inventaire; comme les héritiers, ils ont, à compter du décès, la propriété de leurs parts et portions dans les biens; comme les héritiers, ils ont
droit au partage, et tous les articles de la section
intitulée, *de l'action en partage et de sa forme*,
leur sont également applicables.

La cour de cassation l'a formellement décidé
à l'égard du donataire universel, par son arrêt
du 1er décembre 1806.

15. Suivant l'art. 841, l'action en subrogation
peut être exercée, soit par tous les héritiers, soit
par un seul.

Lorsqu'elle est exercée par tous, chacun d'eux
doit en profiter en proportion de son droit dans
les biens qui font l'objet du partage dont est
exclu le cessionnaire étranger.

Lorsqu'elle n'est exercée que par quelques-uns
des héritiers, eux seuls en profitent, et la part
des autres leur accroît, en sorte qu'ils prennent
seuls la portion qui appartenait à l'héritier
cédant.

16. Lorsque les héritiers ont formé séparé-

ment leurs demandes en subrogation, la préférence n'appartient pas à celui qui a formé la première demande. Tant que la subrogation n'est
pas consommée par le remboursement du prix
de la cession, le droit qui appartient à tous les
héritiers, subsiste toujours.

Mais, après que le remboursement aurait été
fait par un ou plusieurs des héritiers, les autres
ne seraient pas recevables à demander leur participation au bénéfice de la subrogation.

Vainement ils voudraient invoquer le principe,
que l'héritier qui traite sur une chose de la succession, est censé avoir fait une affaire commune à tous les héritiers, suivant la loi 19, *ff.*
fam. ercisc.

Ceux qui auraient fait le remboursement, seraient bien fondés à répondre qu'en écartant
l'étranger, ils sont devenus eux-mêmes cessionnaires des droits du cohéritier qui avait vendu,
et qu'en leur qualité de successibles, ils peuvent
être cessionnaires, sans qu'on puisse leur appliquer l'art. 841, qui n'a été fait que contre des
cessionnaires étrangers.

17. Lorsqu'une succession est divisible entre
la ligne paternelle et la ligne maternelle du défunt, les héritiers, dans l'une des deux lignes,
ont-ils le droit d'exercer l'action en subrogation
à l'égard d'une cession faite par l'un des héritiers
dans l'autre ligne, ou bien l'action n'appartient-

III.   13

elle qu'aux héritiers qui sont de la même ligne que le cédant?

Pour résoudre cette question, il faut rappeler la disposition de l'article 733 du Code civil, qui porte que toute succession échue à des ascendans ou à des collatéraux, se divise en deux parts égales, l'une pour les parens de la ligne paternelle, l'autre pour les parens de la ligne maternelle, et qu'il ne se fait aucune dévolution d'une ligne à une autre, que lorsqu'il ne se trouve aucun ascendant ni collatéral de l'une des deux lignes.

Il faut rappeler encore que, d'après la disposition de l'art. 786, si l'un des héritiers renonce, ou est déclaré indigne, sa part n'accroît qu'à ses cohéritiers dans la même ligne.

On voit donc que les héritiers de l'une des deux lignes, n'ont aucun droit à réclamer; n'ont rien à prendre dans la moitié des biens qui est déférée à l'autre ligne, et de là résulte la conséquence nécessaire qu'ils ne peuvent être admis à demander la subrogation à une cession consentie par un héritier de l'autre ligne, puisque, s'ils y étaient admis, ils viendraient, à la place de cet héritier, prendre part dans la moitié des biens affectée à l'autre ligne à laquelle ils sont étrangers.

Ce n'est donc, en premier ordre, qu'aux cohéritiers dans cette ligne, que peut appartenir l'action en subrogation, s'ils veulent en faire usage.

L'art. 841 n'a pas eu pour objet de déroger à la règle établie pour la division des biens entre les deux lignes, et il ne contient aucune expression dont on puisse induire cette dérogation. Son unique objet a été de faire écarter des partages les cessionnaires étrangers, et cet objet se trouve rempli, sans qu'il en résulte aucune violation de la règle, par l'action en subrogation qu'ont le droit d'excercer les cohéritiers de la même ligne que le cédant.

Mais si le cédant était seul héritier dans sa ligne, ou si tous les cohéritiers dans la même ligne ne voulaient pas exercer l'action en subrogation, dans l'un et l'autre cas, elle pourrait être exercée par les héritiers de l'autre ligne, parce que ces héritiers ont intérêt à écarter du partage un cessionnaire étranger qui pourrait y porter du trouble, qui voudrait scruter tous les secrets de la famille, et qu'ils ne peuvent être tenus de le souffrir, parce qu'il ne plaît pas aux autres héritiers de l'écarter.

Ainsi, en donnant aux héritiers de la même ligne que le cédant, la préférence pour l'action en subrogation, mais en l'accordant, à leur défaut, aux héritiers de l'autre ligne, d'une part on concilie parfaitement les art. 733 et 841, et

13.

d'autre part on ne laisse pas l'art. 841 sans exécution, au préjudice de certains héritiers.

18. Cependant il ne faut pas conclure de ce
qui a été dit dans le numéro précédent, que,
si l'héritier dans une ligne avait acquis, avant
partage, les droits d'un autre héritier dans une
autre ligne, les cohéritiers de la même ligne que
le cédant, pourraient contraindre le cessionnaire
à leur consentir une subrogation. On ne pourrait
appliquer à ce cohéritier cessionnaire, ni les
termes, ni les motifs de l'art. 841 ; on ne pourrait
lui en appliquer les termes, puisqu'il est *successible ;* on ne pourrait lui en appliquer les motifs,
puisqu'indépendamment de la cession, il aurait
le droit d'assister au partage, d'examiner tous les
papiers, de prendre part à toutes les affaires et
de connaître tous les secrets de la famille. Ainsi
l'a décidé un arrêt de la cour d'appel de Rouen,
du 21 juillet 1807.

19. C'est avant le partage, que l'action en
subrogation doit être formée, puisqu'elle n'a
d'autre but, d'après les termes de l'art. 841 ,
que de faire écarter du partage le cessionnaire
étranger.

Les héritiers ne pourraient donc demander,
après le partage, que le cessionnaire leur rétro-
cédât les biens qui lui auraient été attribués par
le partage.

Ils seraient même, dans tous les cas, non recevables à former l'action en subrogation, s'ils avaient approuvé ou exécuté, d'une manière expresse ou tacite, la cession, soit en traitant avec le cessionnaire, soit en partageant avec lui les revenus des biens indivis, soit en faisant avec lui, dans sa qualité de cessionnaire, quelque acte relatif à la succession, soit enfin en l'admettant aux opérations préliminaires du partage.

20. Il n'y a pas de délai fatal dans lequel doive être formée l'action en subrogation. Tant que les choses sont entières, les héritiers peuvent, lorsque le cessionnaire se présente, user de la faculté qui leur est accordée, de l'écarter du partage; c'est à lui d'agir, s'il veut faire valoir la cession, et lorsqu'il agit, c'est par voie d'exception que les héritiers peuvent l'écarter, en lui remboursant le prix de la cession; l'exception dure donc tout autant que l'action que peut former le cessionnaire.

21. On doit rembourser au cessionnaire qu'on veut écarter du partage, le prix entier de la cession.

Ce prix se compose, non - seulement de la somme principale pour laquelle a été convenue la cession, mais encore des frais et loyaux coûts de l'acte.

Je pense même qu'on doit y ajouter les intérêts de la somme principale, à compter des jours des paiemens, quoiqu'on pût dire rigoureusement que, dans ce cas, les intérêts ne courent pas de plein droit. Il faut que le cessionnaire soit indemne, et il ne le serait pas, s'il ne recevait pas les intérêts des sommes qu'il aurait déboursées. La loi *per diversas* en ordonnait formellement le paiement. *Usque ad ipsam tantummodò solutarum pecuniarum quantitatem et usurarum ejus actiones exercere permittatur.*

22. Le prix de la cession peut avoir été exagéré, dans l'intention d'empêcher les héritiers de demander la subrogation, et si la preuve n'était pas admissible à cet égard contre et outre le contenu dans l'acte, l'art. 841 ne contiendrait qu'une disposition illusoire.

Mais, comme il s'agit d'une fraude à la loi, la preuve doit être admise, s'il s'élève des présomptions graves de la simulation du prix et des charges.

Au reste, il est sans difficulté que les héritiers ont droit de déférer au cessionnaire le serment sur la sincérité du prix énoncé dans l'acte. Ainsi l'ont jugé deux arrêts, l'un de la cour d'appel de Grenoble, du 11 juillet 1806, l'autre de la cour d'appel d'Aix, du 5 décembre 1809. Mais le premier de ces arrêts a aussi jugé que les héritiers ne peuvent exiger du cédant, qu'il prête également serment sur la sincérité du prix, attendu qu'ils n'ont aucune action contre lui.

23. Il n'est pas nécessaire que les héritiers

fassent au cessionnaire des offres réelles du prix
de la cession, en même temps qu'ils forment
contre lui l'action en subrogation. L'art. 841 ne
l'exige pas plus que ne l'exigeait la loi *per diver-*
sas. Aussi, par arrêt du 8 frimaire an 12, la cour
de cassation a décidé qu'aucune loi n'imposait
aux héritiers la nécessité de faire des offres réelles,
au moment de la demande.

24. Les héritiers qui se font subroger au cessionnaire, profitent de tous les avantages éventuels qui se sont réalisés dans l'intervalle de la
cession à la subrogation; ils prennent tous les
droits du cessionnaire; ils sont même censés
avoir traité directement avec le cédant, et en
conséquence, si la cession a été consentie moyennant un capital qui a été converti en une rente
viagère, les héritiers qui se font subroger, ne
sont pas tenus de payer au cessionnaire le capital
de la rente; ils ne sont tenus que de lui rembourser les arrérages qu'il a payés, et de continuer le service de la rente au créancier; et même
si le créancier était décédé, soit avant soit après
l'action en subrogation, ils profiteraient de l'extinction de la rente, et ne seraient obligés qu'au
remboursement des arrérages échus jusqu'au décès du créancier.

C'était ainsi qu'on le jugeait autrefois à l'égard
des retrayans lignagers ou seigneuriaux, qui
étaient également obligés au remboursement du

prix des cessions, et le motif de la jurisprudence à cet égard, comme le dit Rousseaud de Lacombe, d'après Tiraqueau et Dumoulin, (art. *Retrait-retrayant*, n° 3) c'est que « le retrayant entre *in omne jus et in commodum emptoris, vice fungitur emptoris, in cum transfunditur et transfertur contractus;* la personne de l'acquéreur n'est plus considérée; le retrayant, suivant un arrêt du 29 novembre 1605, rapporté par le prêtre, *post retractum, quoad modos, conditiones et onera contenta in contractu, et ipsum concernentia, censetur emptor et subrogatur in locum emptoris;* ET IN OMNIBUS ET PER OMNIA IDEM HABETUR AC SI EMISSET A VENDITORE. »

« Ainsi, ajoute du Rousseaud de Lacombe, si le vendeur, qui a vendu à pension viagère, meurt avant ou depuis le retrait intenté, le retrayant n'est obligé de rembourser à l'acquéreur que les quartiers ou arrérages de la rente ou pension viagère, échus au décès du vendeur. »

Or, comme le faisait très-bien remarquer M. Merlin, dans son plaidoyer sur l'affaire Warghemont, il y a, quant au remboursement du *prix de la cession*, une parfaite analogie entre l'action que l'art. 841 du Code civil accorde aux cohéritiers contre l'étranger acquéreur d'une quotité de droits successifs, et l'action en retrait que nos coutumes accordaient, soit aux parens

de la ligne des propres, soit aux seigneurs immé-
diats des fiefs et des censives vendus. Nos coutumes imposaient, tant au retrayant par droit de
ligne, qu'au retrayant par droit féodal, l'obligation de rembourser à l'acquéreur le prix de son
acquisition, et s'il existe, à cet égard, quelque
différence entre l'art. 841 du Code civil et les
coutumes, c'est que celles-ci entouraient cette
obligation de formalités extrêmement minutieu-
ses, et dont la moindre emportait déchéance, en
cas d'omission; au lieu que l'art. 841 du Code
civil ne prescrit rien de semblable.

Dans cette affaire Warghemont, une somme
capitale de 72,480 francs, stipulée pour le prix
de la cession, avait été, par le même acte, con-
vertie en une rente de 8000 francs au profit de
l'héritier vendeur, et cet héritier était mort avant
l'action en subrogation, formée par un autre
héritier.

Le cessionnaire prétendait qu'on devait lui
rembourser la somme principale de 72,000 fr.,
par la raison qu'elle était le prix de la cession,
et que d'ailleurs l'extinction de la rente devait
lui profiter, puisqu'elle avait eu lieu avant l'action
en subrogation.

La cour d'appel d'Amiens n'avait condamné
l'héritier qui avait demandé et obtenu la subrogation, qu'à rembourser les arrérages de la rente,
qui avaient été payés par le cessionnaire : elle

s'était fondée sur ces motifs, « que l'effet de l'action en subrogation est de mettre le subrogé dans tous les droits de l'acquéreur qu'il remplace, de lui faire supporter les pertes et de le faire jouir des profits dont cet acquéreur aurait été tenu ou aurait profité ; que le temps où l'action a été intentée, est indifférent pour déterminer les droits du subrogé, et qu'il a droit, à compter du contrat auquel il est subrogé , à tous les événemens auxquels ce contrat a pu ou pourrait donner lieu. »

Le cessionnaire s'étant pourvu contre cet arrêt, le pourvoi a été rejeté, après une discussion très-ample, par la section civile de la cour de cassation, le 1er décembre 1806.

« Attendu, porte l'arrêt de cette cour, que le cohéritier qui exerce l'espèce de retrait autorisé par l'art. 841 du Code-civil, *est censé avoir traité directement avec le vendeur*, et doit être par conséquent mis à son égard dans l'état où avait été l'acquéreur, au moment de son acquisition, et que la cour d'appel d'Amiens a pu, sans violer aucune loi, ne faire aucune distinction entre une vente faite à rente viagère et une vente faite moyennant une somme déterminée laissée entre les mains de l'acquéreur à rente viagère. »

ARTICLE 842.

Après le partage, remise doit être

faite à chacun des copartageans, des titres particuliers aux objets qui lui seront échus.

Les titres d'une propriété divisée restent à celui qui a la plus grande part, à la charge d'en aider ceux de ses copartageans qui y auront intérêt, quand il en sera requis.

Les titres communs à toute l'hérédité sont remis à celui que tous les héritiers ont choisi pour en être le dépositaire, à la charge d'en aider les copartageans, à toute réquisition. S'il y a difficulté sur ce choix, il est réglé par le juge.

1. Il fallait régler à qui seraient remis les divers titres et papiers de la succession. L'art. 842 en détermine la distribution, d'une manière équitable.

Chaque héritier doit avoir les titres qui sont particuliers aux objets qui lui sont échus.

Il est juste aussi que les titres d'une propriété qui est divisée, soient remis à celui des héritiers qui a la plus grande part de cette propriété.

Quant aux titres qui sont communs à l'hérédité entière, par exemple, les papiers domestiques, les titres relatifs à *l'état* de la famille, les titres des créances et des droits qui restent indivis, ils ne doivent plus être remis, comme autrefois, à l'aîné des mâles. Tous les héritiers choisissent entr'eux, celui qui doit en être le dépositaire.

2. Il faut remarquer que, dans ce dernier cas, l'article 842 exige formellement que le dépositaire soit choisi *par tous les héritiers;* il ne suffirait donc pas que l'un d'eux fût choisi par la majorité : il faut qu'ils soient tous d'accord sur le choix. Autrement le dépositaire doit être nommé par le juge.

Ces mots *le juge*, ne peuvent s'appliquer qu'au tribunal entier, et non pas au juge-commissaire, puisqu'on a déjà vu que ce juge-commissaire n'est appelé que pour concilier, que pour faire son rapport au tribunal sur les difficultés qui peuvent survenir : or, il y a difficulté, d'après les termes mêmes de l'art. 842 , lorsque tous les héritiers ne sont pas d'accord sur le choix.

3. Les héritiers auxquels ne sont pas remis certains titres et papiers, peuvent en avoir besoin dans beaucoup de circonstances, et il est juste qu'en cas de besoin ils puissent en exiger la représentation.

Il est donc nécessaire qu'à la suite de l'acte de partage, il y ait un bref inventaire de tous les titres et papiers qui sont remis à chaque héritier.

Si le dépositaire refuse de les représenter à celui des héritiers, qui justifie qu'il en a besoin, il peut être condamné par les tribunaux à cette représentation.

Lorsqu'il n'obéit pas aux jugemens, les titres dont il y a minute, doivent être expédiés à ses frais, et dans tous les cas il doit indemniser l'héritier qui a réclamé des titres ou papiers de l'hérédité, de toute la perte que le refus de représentation peut lui avoir fait éprouver.

SECTION II.

Des Rapports.

ARTICLE 843.

Tout héritier, même bénéficiaire, venant à succession, doit rapporter à ses cohéritiers tout ce qu'il a reçu du défunt, par donation entre-vifs, directement ou indirectement: il ne peut retenir les dons ni réclamer les legs à lui faits par le défunt, à moins que les dons et legs ne lui aient été faits expressément par préciput et hors part, ou avec dispense de rapport.

1. Le rapport est la réunion à la masse de la succession, des choses que le défunt avait don-

nées à une personne qui devient son héritière et qui accepte la succession.

Cette réunion, ou remise, a lieu, pour que les choses qui avaient été données, soient partagées, comme tous les autres biens de la succession, entre tous les héritiers.

L'obligation du rapport est fondée sur la présomption, ou que le défunt n'avait fait d'avance un don au successible, que pour lui tenir lieu d'une partie de ce qu'il aurait à recueillir dans l'hérédité, ou que le défunt n'aurait pas fait le don, s'il avait prévu que le donataire deviendrait son héritier.

L'obligation du rapport rétablit, d'ailleurs, entre tous ceux qui viennent à la succession, l'égalité qui est dans le vœu de la loi, et par ce motif elle fut toujours considérée comme très-équitable. *Hic titulus manifestam habet œquitatem*, disait la loi première, *ff. de coll. bon.*

2. La matière des rapports est très-étendue, et il ne me sera pas possible d'en suivre tous les détails dans cet ouvrage ; mais je n'omettrai aucun des objets principaux.

J'expliquerai successivement, et dans l'ordre des articles du Code, par qui est dû le rapport, de quelles choses il est dû, à qui il est dû, quand et comment il se fait, et quels en sont les effets.

3. Le droit romain ne soumettrait à l'obligation du rapport, que les héritiers en ligne directe

descendante; il en exemptait les ascendans et les collatéraux.

Plusieurs de nos coutumes avaient une semblable disposition, et c'était même le droit commun dans celles qui n'avaient pas de disposition contraire.

Mais le Code civil oblige au rapport les héritiers, dans toutes les lignes, parce qu'il a paru juste, et conforme d'ailleurs aux intentions du défunt, qu'entre tous les héritiers qui viennent, au même titre, à la même succession, il y eût égalité de droits, lorsque le défunt n'aurait pas manifesté une volonté contraire.

« Tout héritier venant à une succession, est-il dit dans l'art. 843, doit rapporter à ses cohéritiers tout ce qu'il a reçu du défunt.

Ces mots *tout héritier*, ne souffrent aucune exception, aucune distinction entre les lignes.

4. L'héritier, même bénéficiaire, est tenu de rapporter ce qu'il a reçu du défunt. Puisqu'il a les mêmes droits que l'héritier pur et simple, il doit être soumis aux mêmes charges. La loi le dispense bien de l'obligation de payer les dettes, *ultrà vires ;* mais elle ne dispense pas de l'obligation du rapport.

5. Il est essentiel de remarquer que le Code civil n'impose l'obligation du rapport qu'à *l'héritier venant à succession*, c'est-à-dire, qu'il ne l'impose qu'au donataire, qui se trouvant en

même temps successible, accepte la qualité d'héritier du donateur et vient au partage de la succession.

C'est donc l'incompatibilité des qualités de donataire et d'héritier, qu'établit le Code civil.

Mais il ne l'établit pas, d'une manière absolue et illimitée.

Il dispense du rapport les héritiers, dans certains cas, et pour diverses espèces de dons ; c'est ce qu'on verra dans les articles 845, 847, 848, 849, 852, 853, 854, 855, et 856.

6. Le donateur peut aussi dispenser du rapport, un ou plusieurs de ses héritiers, jusqu'à concurrence de la portion de biens dont il a le droit de disposer, aux termes des art. 913, 914, 915, et 916.

Il n'aurait pas, en effet, la disposition réelle et entière de cette portion, si, en la donnant, il ne pouvait pas dispenser de la rapporter à sa succession.

Dans l'ancien droit romain, le rapport était toujours censé défendu, quand il n'était pas ordonné par le testament. *L. emancipato, C. de collation.*

Dans le droit écrit, au contraire, il fallait, pour que le rapport n'eût pas lieu, que la prohibition fût expresse : *Nisi expressim designaverit se velle non fieri collationem. Novell, 18, cap.* 6.

Parmi nos coutumes, il y en avait dans les·

quelles le donateur ne pouvait dispenser du rapport, notamment celles de Paris et de Calais. Dans le plus grand nombre , la dispense était permise; mais, pour qu'elle eût lieu, il fallait que le rapport fût expressément défendu, ou que la donation fût qualifiée de préciput.

L'art. 843 du Code civil prononce que le don doit être rapporté, à moins qu'il n'ait été fait expressément par préciput et hors part, ou avec dispense de rapport.

7. Cependant ces mots, *par préciput et hors part, ou avec dispense de rapport*, ne sont pas sacramentels, et peuvent être remplacés par d'autres termes équivalens.

Mais toujours, pour que la dispense ait lieu, il faut que les termes dont on s'est servi pour l'exprimer, manifestent, d'une manière non equivoque, l'intention réelle qu'a eue le donateur, de dispenser du rapport.

Ainsi, par exemple, si, après un don fait à un successible, le donateur déclarait, dans le même acte, qu'à l'égard de ses *autres* biens, il veut que le partage en soit fait par égalité entre le donataire et ses autres héritiers, il manifesterait, très-clairement, par cette déclaration, que son intention est que le donataire prélève par préciput; avant partage, les choses qu'il lui a données, et soit en conséquence dispensé du rapport.

Mais dans toute autre espèce où il pourrait res-

III.   14

ter quelque doute sur la volonté du donateur,
le rapport devrait être ordonné. Il faut que la
dispense soit expresse; la simple présomption de
l'intention du donateur ne suffirait pas.

8. Il n'est pas nécessaire que la dispense du
rapport soit prononcée dans l'acte même qui
contient la donation; elle peut l'être dans un acte
subséquent; mais l'article 919 exige que cet
acte soit fait dans la forme des dispositions entre-
vifs ou testamentaires. La raison est que la dispense du rapport est un véritable don, puisqu'elle fait que la chose qui n'avait été donnée
qu'à temps et qui était rapportable à la succession du donateur, appartient définitivement au
donataire.

Cependant la dispense du rapport, lorsqu'elle
a été prononcée dans un acte postérieur à la
donation ne peut avoir d'effet rétroactif, au
préjudice de droits antérieurement acquis à des
tiers.

9. Il est cependant un cas où la dispense du rapport est *légalement* présumée avoir été dans l'intention du donateur, quoiqu'il ne l'ait pas expressément prononcée. Ce cas est celui où un ascendant
qui a fait entre ses enfans ou descendans, la
distribution et le partage de ses biens, conformément à l'art. 1075, attribue à l'un ou plusieurs
d'entr'eux de plus fortes parts qu'aux autres.

Aux termes de l'art. 1079, l'action en resci-

sion n'est admise contre ce partage, que lorsqu'il y a lésion de plus du quart, ou qu'il résulte du partage et des dispositions faites par
préciput, que l'un des copartagés aurait un
avantage plus grand que la loi ne le permet.

Le copartagé qui a reçu un avantage à raison
duquel l'action en rescision ne peut être admise,
est donc dispensé de rapporter cet avantage,
puisque le rapport ne pourrait être ordonné
qu'en rescindant le partage, et que d'ailleurs
il est bien évident que l'ascendant a manifesté
la volonté d'assurer irrévocablement ce qu'il a
donné de plus à l'un de ses héritiers *dans le
partage anticipé de sa succession.*

Mais lors même que la portion de biens,
dont il aurait le droit de disposer, s'élèverait
au tiers de biens, il ne pourrait, en réglant
le partage entre ses enfans ou ses descendans, attribuer aux uns, plus qu'aux autres, une portion
qui excédât le quart de ses biens ; et, de plus,
s'il avait déjà fait des dispositions par préciput,
il ne pourrait gratifier par le partage, un de
ses enfans ou descendans, que de la portion
qui compléterait la portion disponible : ce qu'il
aurait donné de plus dans l'un et l'autre cas,
serait nécessairement sujet au rapport.

Ainsi, par exemple, si un père, avec deux
enfans légitimes et une fortune de 24,000 francs,
avait déjà disposé, par préciput, en faveur d'un

14.

de ses enfans, ou de toute autre personne, d'une somme de 4000 fr., il ne pourrait, en faisant le partage de ses biens, attribuer à l'un de ses enfans une part qui excédât de plus de 4000 fr., la part attribuée à l'autre, puisqu'en toute sa portion disponible n'est que de 8000 fr., aux termes de l'art. 913 ; et lors même qu'avant le partage il n'aurait fait aucune disposition, il ne pourrait dans le partage, avantager l'un de ses enfans de la totalité de sa portion disponible puisqu'aux termes de l'art. 1079, l'action en rescision est admise, lorsqu'il y a lésion *de plus du quart;* il ne pourrait donc fixer une partie qui excédât quinze mille francs.

10. Les dons entre-vifs sont les seuls qui soïen sujets au *rapport*, si l'on prend ce mot dans son acception rigoureuse, et l'on ne pourrait l'appliquer aux legs.

Rapporter, c'est remettre dans la masse des biens du disposant, ce qu'il en avait fait sortir par une donation. Or, les objets légués n'ont pas cessé d'être dans les mains du testateur ; ils sont restés dans ses biens, tant qu'il a vécu ; ils se trouvent dans sa succession, au moment où elle s'ouvre, le légataire ne les a pas reçus, il n'y a donc pas lieu à les rapporter.

Cette différence entre le don entre-vifs et le legs, se trouve très-bien marquée par la rédaction de l'art. 843 : tout héritier, dit cet article, doit *rapporter* tout ce qu'il a reçu du défunt *par donation entre-vifs....* il ne peut *retenir* les dons, ni *réclamer les legs.*

S'agit-il de rapporter? la loi ne nomme que les donations entre-vifs. Lorsqu'elle parle des legs, elle s'exprime autrement, et dit qu'ils ne pourront être réclamés.

Cependant le résultat est le même. Que le donataire soit tenu de rapporter, ou que le légataire ne puisse réclamer, il en résulte toujours que le légataire ne profite pas plus que le donataire, des choses qui lui ont été données par le défunt, et à cet égard les legs et les dons entre-vifs sont soumis aux mêmes règles.

En règle générale, la qualité de légataire est comme celle de donataire, incompatible avec la qualité d'héritier. Pour faire cesser cette incompatibilité, à l'égard du légataire, comme à l'égard du donataire, il faut une dispense prononcée ou par la loi, ou par le disposant. Dans les mêmes cas où le donataire est tenu de rapporter, le légataire ne peut réclamer, et enfin comme le donataire est tenu, dans tous les cas, de rapporter l'excédent de la portion disponible, de même le légataire ne peut jamais réclamer que jusqu'à concurrence de cette portion.

C'est à raison de toutes ces ressemblances, que souvent, pour éviter une circonlocution, on applique aux legs, comme aux dons, le mot *rapport.* Ainsi les articles 847 , et 849 disent que dans les cas qu'ils énoncent , les dons et legs sont réputés faits avec dispense de rapport , ou qu'ils doivent être rapportés.

11. Suivant l'ancien droit romain , il n'y avait que les héritiers légitimes qui fussent soumis , de plein droit , à l'obligation du rapport ; les héritiers institués n'y étaient soumis que lorsque les testateurs l'avaient formellement ordonné. *L.* 55 , *ff. fam. ereisc.; l.* 4 *et* 7 , *C. de collatione.*

Mais la Novelle 18 , chap. 4 , soumit expressément au rapport les héritiers institués , comme les héritiers légitimes.

Sous l'empire du Code civil , l'institution d'héritier , faite par testament ou même par contrat de mariage , est également soumise à l'obligation du rapport , lorsqu'il n'y a pas de dispense formelle , et que l'institué , se trouvant aussi héritier légitime , veut venir à la succession *ab intestat.*

On ne peut , en effet , aux termes de l'art. 893 , du Code , disposer de ses biens , à titre gratuit , que par donation entre-vifs , ou par testamment. La donation faite sous la dénomination d'institution d'héritier , ou, en vertu de l'art. 1082 du Code , ne peut donc valoir que comme donation entre-vifs , ou comme legs , et conséquemment elle se trouve soumise à l'obligation du rapport.

Ainsi , lorsqu'un père a institué ses enfans ,

héritiers pour des portions inégales, même par leurs contrats de mariage, s'il n'a pas formellement institué par préciput et hors part, sa succession doit être partagée par égalité entre tous ceux de ses enfans, qui se portent ses héritiers *ab intestat;* ceux qui renoncent, ne peuvent faire valoir leurs institutions, que jusqu'à concurrence de la portion disponible.

12. Le rapport de la dot n'avait pas lieu dans l'ancien droit romain : il ne fut ordonné que par un rescrit de l'empereur Antonin, dont il est fait mention dans la loi 1. *d. de collatione dotis.*

Dans le droit écrit, conformément à la Novelle 97, §. *illud quoque,* chap. 6, et l'authentique *quod locum, C. de collat.,* la fille n'était tenue de rapporter à la succession de son père, la dot qu'il lui avait fournie, et qui s'était perdue par l'insolvabilité du mari, que dans les cas où elle avait eu le droit d'agir, pour veiller à cette dot, et pour en empêcher la perte : dans tous les autres cas, elle n'était tenue de rapporter que l'action en restitution contre les héritiers de son mari.

Le Code civil n'exempte la dot de l'obligation du rapport, que dans un seul cas; mais il contient aussi des dispositions conservatrices à l'égard de la dot qui a été constituée *selon le régime dotal.*

Suivant l'art. 1560, si la femme ou le mari,

ou tous les deux conjointement, aliénent le fonds dotal constitué à la femme, celle-ci ou ses héritiers peuvent faire révoquer l'aliénation, après la dissolution du mariage, sans qu'on puisse leur opposer aucune prescription pendant sa durée, et la femme a le même droit après la séparation de biens.

Suivant l'art. 1561, les immeubles dotaux non déclarés aliénables par le contrat de mariage, sont imprescriptibles pendant le mariage, à moins que la prescription n'ait commencé auparavant : ils deviennent néanmoins prescriptibles par la séparation de biens, quelle que soit l'époque à laquelle la prescription a commencé.

Il est encore répété dans l'art. 2255, que la prescription ne court point, pendant le mariage à l'égard de l'aliénation d'un fonds constitué selon le régime dotal, conformément à l'art. 1561.

Ainsi la femme ne court aucun risque pour les immeubles qui lui ont été constitués selon le régime dotal ; elle ne peut les perdre, ni par prescription, ni par aliénation, tant que le mariage dure, et lorsqu'il est dissous, elle en est absolument maîtresse.

. Elle doit donc les rapporter, dans tous les cas, à la succession de celui de ses père et mère, qui les a constitués en dot, si elle prend la qualité d'héritière, et si, d'ailleurs, la constitution n'a pas été faite à titre de préciput.

A l'égard de la dot, ou de la portion de dot, constituée en meubles ou en argent, toujours selon le régime dotal, l'art. 1573 du Code détermine les cas où le rapport doit en être fait.

Si le mari était insolvable, et n'avait ni art, ni profession, lorsque le père a constitué une dot à sa fille, celle-ci ne sera tenue de rapporter à la succession du père, que l'action qu'elle a contre celle de son mari, pour s'en faire rembourser. C'est la faute du père, d'avoir confié à un tel gendre la dot de sa fille.

Si le mari n'est devenu insolvable que depuis le mariage, ou s'il avait un métier, ou une profession qui lui tenait lieu de bien, la femme devant supporter seule la perte de la dot, puisqu'elle a eu, d'après les dispositions du Code, le pouvoir d'agir pour la conserver, elle est tenue d'en faire le rapport à la succession de son père.

Mais quand la dot, soit mobilière, soit immobilière, n'est pas constituée selon le régime dotal, elle n'est pas régie par les mêmes principes, et toujours elle est soumise à l'obligation du rapport. On a vu que les art. 1560, 1561, 1573 et 2255 ne parlent que de la dot constituée selon le régime dotal.

Si la dot n'a pas été constituée dans ce régime, elle est sous le Code civil, comme elle l'était sous l'empire des coutumes, aliénable, prescriptible et rapportable, qu'il y ait, ou non, com-

munauté entre la fille dotée et son mari, et lors
même qu'ils seraient séparés de biens. Le Code
ne déroge, pour aucun de ces cas, au droit commun qu'il a établi pour tous les biens, et pour les
dons en général.

· Il est même nécessaire de faire remarquer que,
suivant l'art. 1392, la simple stipulation que la
femme se constitue ou qu'il lui est constitué des
biens en dot, ne suffit pas pour soumettre ces
biens au régime dotal, s'il n'y a dans le contrat
de mariage une stipulation expresse à cet égard.

La soumission au régime dotal, ajoute l'article, ne résulte pas non plus de la simple déclaration faite par les époux qu'ils se marient sans
communauté, ou qu'ils seront séparés de biens.

Ainsi, quand la dot n'a pas été expressément
soumise au régime dotal par le contrat de mariage, la femme ne peut garantir ses immeubles
personnels contre l'insolvabilité de son mari,
qu'en refusant de concourir à leur aliénation,
ou en faisant faire de suite le remploi de ceux
qu'elle aliène, sur d'autres immeubles de même
valeur, qui sont acquis à cet effet.

Elle a, au surplus, une hypothèque légale sur
tous les biens de son époux, à compter de son
contrat de mariage, pour la restitution de sa dot
mobilière et immobilière.

Mais quelque perte qu'elle éprouve, elle n'en
est pas moins tenue de rapporter sa dot entière

à la succession du père ou de la mère qui l'a fournie; elle n'est pas admise à rapporter seulement l'action en indemnité qu'elle peut avoir contre son mari ou ses héritiers, dans le cas même où, au moment de son mariage, son mari aurait été insolvable et n'aurait eu ni art ni profession. Cette exception n'a été prononcée par l'art. 1573, qu'en faveur de la femme mariée sous le régime dotal.

13. Les dons ou legs *rémunératoires*, c'est-à-dire, ceux qui ont été faits en récompense de services rendus, sont-ils sujets au rapport, lorsqu'ils n'en ont pas été dispensés?

La même question se présente à l'égard des dons ou legs qui n'ont été faits que sous des conditions onéreuses.

Les anciens auteurs n'étaient pas d'accord à cet égard.

Les uns, et notamment Vinnius et Lebrun, disaient que les dons ou legs qui étaient faits pour récompense de services rendus, ou à des conditions onéreuses, n'étaient pas de véritables libéralités, si la valeur des services appréciables à prix d'argent, ou le montant des charges, était égal à la valeur du don; en conséquence ils ne considéraient comme don, que l'excédant de la valeur de la chose donnée; mais ils exigeaient, pour que le don fût censé rémunératoire, que les services fussent constans et ne fussent pas d'ailleurs au nombre de ceux qui sont prescrits par la nature ou par le devoir.

Les autres, et notamment Charondas, Duplessis et Auzanet, ne s'arrêtaient pas à la circonstance que le don ou le legs aurait été fait pour récompense de services. Ils disaient que l'expression d'un motif aussi vague, était insignifiante et pouvait d'ailleurs donner lieu à beaucoup de fraudes. Ils ajoutaient, tant à l'égard des dons rémunératoires, qu'à l'égard de ceux faits sous des conditions onéreuses, que, pour éviter les discussions tendantes à savoir si le don excédait, ou non, les services ou les charges, il fallait ordonner le rapport, sauf à payer aux donataires ou légataires ce qui pouvait leur être légitimement dû, soit pour les services réels qu'ils auraient rendus, soit pour les charges qu'ils auraient acquittées.

Cette dernière opinion avait été adoptée par l'ancienne jurisprudence, et je pense qu'elle doit être encore suivie sous l'empire du Code civil.

Les rédacteurs du Code n'ignoraient pas les deux opinions qui s'étaient élevées sur la question, et s'ils avaient voulu adopter la première, ils n'auraient pas manqué de l'exprimer; mais, au contraire, ils ont dit, en termes généraux et absolus, que tous les dons et legs seraient rapportables, lorsqu'il n'y aurait pas une dispense formelle, et puisqu'ils n'ont pas prononcé d'exception en faveur des dons ou legs, consentis en

récompense de services, ou sous des conditions
onéreuses, évidemment ils ont voulu les comprendre dans la règle générale.

La loi n'interdit pas à l'homme le pouvoir d'accorder de justes récompenses et de témoigner sa
gratitude par des bienfaits; mais elle lui en prescrit le mode, et comme il ne peut méconnaître sa
disposition, il est censé vouloir le rapport que
la loi ordonne pour tous les dons et legs en général, s'il n'use pas du droit qu'elle lui accorde
d'en prononcer lui-même la dispense.

On a très-bien fait, d'ailleurs, de prévenir
toutes les contestations qui auraient pu s'élever,
soit sur la réalité des services rendus, soit sur leur
caractère et leur prix, soit sur la valeur des choses
données, pour savoir jusqu'à quelle quotité le
don aurait dû être maintenu, et il fallait aussi
prévenir le danger que, par des dons qualifiés
rémunératoires, on excédât la portion disponible.

Les mêmes inconvéniens existeraient à l'égard
des dons ou legs à titre onéreux; il y aurait aussi
matière à de longues contestations pour constater l'existence des charges, et pour en vérifier la
valeur, ainsi que celle des choses données.

14. Aux termes de l'art. 843, l'héritier, venant
à succession, est tenu de rapporter tout ce qu'il
a reçu du défunt, soit directement, soit *indirectement*.

Cette dernière expression a eu pour objet d'atteindre toutes les donations que l'on aurait voulu soustraire au rapport, soit en les déguisant sous la forme de contrats à titre onéreux, par exemple, sous la forme de ventes ou d'obligation, soit en les consentant au profit de tiers qui seraient chargés, par des contre-lettres ou autrement, de remettre à des successibles les choses données.

Mais à cet égard comment peut être constatée la fraude, et doit-elle, dans tous les cas, donner lieu au rapport, lorsqu'elle est établie?

Il est indispensable de résoudre ces deux questions générales, avant de se livrer à l'examen des diverses espèces d'actes qui peuvent contenir des donations déguisées.

15. On ne doit pas généralement suspecter de fraude tous les actes qui se font entre des parens, dont les uns sont ou peuvent devenir successibles des autres. Ces parens peuvent faire entr'eux des traités, de bonne foi; la loi ne leur a pas défendu de contracter les uns avec les autres; elle ne l'aurait pu, sans une extrême injustice.

Si donc la loi n'a défendu ni pu défendre au fils de faire un prêt à son père, pour l'aider dans ses entreprises ou dans ses besoins, elle doit permettre au père de reconnaître la dette, par un acte authentique ou privé, pour en assurer la restitution.

Pourrait-elle encore défendre au père, de

.vendre à son fils comme à un étranger, le bien qu'il ne veut ou ne peut plus garder ? Pourquoi le priverait-elle de la consolation de faire passer à son enfant l'héritage de ses ancêtres, dont il est forcé de se dépouiller ? Elle doit donc lui permettre de donner à son fils les quittances du prix de la vente.

Ainsi, la qualité de parens et la qualité de successible, ne peuvent pas suffire pour faire considérer comme donations déguisées, des actes à titre onéreux.

Mais aussi ces qualités peuvent souvent donner de justes soupçons de fraude et de simulation : *Fraus inter proximos facilè præsumitur*, surtout lorsqu'il s'agit d'actes qui diminuent considérablement les droits d'ascendans ou de descendans, ou qui même entameraient la réserve légale, s'ils étaient des avantages indirects.

Mais comment, dans ces cas, la fraude et la simulation peuvent-elles être établies? C'est par les circonstances qui ont précédé, accompagné, ou suivi les actes. On le jugeait ainsi constamment dans le droit écrit et dans toutes les coutumes qui avaient prohibé les avantages indirects, et en effet, comme on a le plus grand soin de déguiser la fraude dans les actes où elle se pratique, il serait presque toujours impossible de la constater, s'il n'était pas permis de l'établir par les circonstances qui sont propres à dévoiler la véritable intention des parties.

Par exemple, s'il était notoire que le père n'avait pas besoin de vendre ou d'emprunter; s'il avait vendu, ou s'était obligé, pendant sa dernière maladie; si le fils était mineur, ou n'avait aucun moyen personnel, soit pour payer le prix de la vente, soit pour prêter; ces circonstances et plusieurs autres semblables pourraient suffire pour décider que la vente, ou l'obligation consentie par le père au profit du fils, n'est réellement qu'une donation déguisée.

Les circonstances pouvant varier à l'infini, et la loi ne pouvant prévoir tous les cas particuliers, il a fallu confier aux juges un pouvoir discrétionnaire dans toutes les affaires de cette nature, et s'en remettre à leur prudence, à leurs lumières et à leur conscience.

Les mêmes observations s'appliquent aux cas où l'on peut soupçonner qu'il y eu donations déguisées par interposition de personnes.

Quoique l'enfant ait racheté d'un tiers-acquéreur, le bien que son père avait vendu, on ne serait pas toujours autorisé à conclure que le tiers-acquéreur était une personne interposée dans la première vente, pour couvrir une donation réelle faite à l'enfant. Il est possible que l'enfant ait voulu recouvrer un bien de famille, que son père aurait vendu de bonne foi à un étranger.

Mais si le père n'avait pas besoin de vendre et n'avait vendu que peu de temps avant sa mort; si le tiers-acquéreur était parent de l'enfant, ou de son épouse; s'il n'était pas en état de payer la somme dont l'acte de vente porte quittance; s'il avait remis les biens à l'enfant, peu de temps après la vente; si ce n'était pas lui, mais l'enfant, qui eût joui des biens, ou fait acte de propriétaire, dans l'intervalle entre les deux ventes; s'il était convenu, en présence de témoins, qu'il n'avait pas acheté pour lui, mais pour l'enfant; toutes ces circonstances, et même quelques-unes seulement, pourraient faire juger qu'il y a eu donation déguisée.

La preuve de la simulation et de la fraude, est également admissible contre tous actes qui, sous la forme de contrats onéreux, auraient pour objet des donations, même en faveur d'étrangers, ou de non successibles.

16. Cependant, lorsqu'un acte fait à titre onéreux, n'excède pas, dans son objet, la portion de biens dont pouvait disposer, à titre gratuit, la personne qui a consenti cet acte, peut on le quereller comme contenant une donation déguisée, soit qu'il ait été fait en faveur d'un parent ou d'un successible, soit qu'il ait été fait en faveur d'un étranger?

Il n'est guère vraisemblable que l'auteur de cet acte ait eu l'intention de faire un avantage indirect et de déguiser une donation, puisqu'il pouvait, sans prendre de voie occulte et détournée, donner directement et ouvertement, à titre de préciput, tout ce qu'on suppose qu'il aurait voulu donner d'une manière indirecte.

On ne cherche point à agir en fraude de la loi, lorsqu'elle permet ce qu'on veut faire, et qu'on ne fait réellement que ce qu'elle permet. On ne dissimule, que pour commettre une fraude.

Il n'y a donc, en général, d'avantages indirects que sur ce qui excède la portion disponible.

Cependant il peut aussi résulter d'une foule de circonstances, que l'acte n'est réellement qu'une donation que, par des motifs particuliers, on a cherché à déguiser, quoiqu'elle ne porte que sur la portion disponible, et dans ce cas il se présente deux questions à examiner.

1º L'acte, qui contient donation, est-il valable dans sa forme et dans sa substance, quoiqu'il n'ait pas été revêtu des formalités prescrites par la loi, pour la validité des donations entrevifs?

2º La chose ainsi donnée, n'est-elle pas soumise à l'obligation du rapport, lorsque le donataire vient à la succession du donateur?

La première question a été si profondément discutée par les jurisconsultes, si souvent débattue devant les tribunaux, et si formellement jugée, pour la validité de l'acte, par une foule d'arrêts, soit des cours royales, soit de la cour de cassation, qu'il me paraît aujourd'hui fort inutile de la discuter encore; je me bornerai à citer, dans un moment, un des derniers arrêts de la cour de cassation, qui développe les principaux motifs de la décision, et pour connaître les arrêts précédens, on peut consulter mes *Questions transitoires*, au mot *Donations déguisées*, tome 1, page 201.

Sur la seconde question, les opinions sont également divisées.

Pour soustraire à l'obligation du rapport, les choses qui ont été données par acte à titre onéreux, on dit que la volonté du donateur est toujours la règle qu'on doit suivre, lorsqu'elle n'est pas contraire à la disposition de la loi, et qu'il est évident que le donateur a voulu dispenser du rapport la chose donnée, lorsqu'il a choisi, pour donner, la forme d'un contrat qui n'y est pas soumis;

Que le Code a consacré cette conséquence, en l'appliquant, dans un texte positif, à celui de tous les contrats qu'on emploie le plus ordinairement pour déguiser les donations, le contrat à charge de rente viagère ou à fonds perdu; qu'il répute bien ce contrat, fait en faveur d'un successible, donation déguisée; mais que, par l'article 918, il le dispense expressément du rapport, en ce qui n'excède pas la portion indisponible, et qu'ainsi les art. 843 et 853, qui soumettent au rapport les donations indirectes, ne doivent s'entendre que des donations indirectes prohibées ;

Qu'à la vérité ces expressions de l'art. 853, *aucun avantage indirect*, comprennent, dans leur généralité, les avantages indirects permis, aussi bien que les prohibés; mais qu'il paraît que ces expressions doivent être restreintes aux derniers; que cette interprétation restrictive est fondée sur l'esprit général du Code; qu'elle est même nécessaire pour accorder l'art. 853 avec l'art. 918, et qu'elle est encore fondée sur la comparaison des art. 853 et 854, dont le premier dispense du rapport les conventions passées avec le défunt, si ces conventions ne présentaient *aucun avantage indirect*, lorsqu'elles ont été faites; et le second exempte pareillement du rapport les associations faites *sans fraude*, entre le défunt et ses héritiers; qu'en effet on voit que ce qui est appelé par le premier article un avantage indirect, est appelé fraude par le second, et qu'il en résulte bien clairement que c'est l'avantage indirect frauduleux, que la loi soumet au rapport ;

Qu'enfin l'art. 843 oblige bien l'héritier à rapporter tout ce qu'il a reçu *par donation entre-vifs*, directement ou *indirectement*; mais qu'il ne dit pas que l'héritier sera également tenu de rapporter ce qu'il a reçu par le moyen *d'un contrat de vente;* que la raison de différence est sensible; que le contrat de donation est, par sa nature, soumis au rapport, si la dispense n'y est pas exprimée, au lieu que le contrat de vente est, par sa nature, dispensé du rapport; qu'en choisissant ce contrat, le donateur manifeste donc évidemment la volonté de dispenser du rapport le don qui peut s'y trouver renfermé, et que cela suffit pour que la dispense doive avoir lieu, puisqu'il n'est pas nécessaire qu'elle soit prononcée dans les termes mêmes dont s'est servie la loi, et qu'elle peut l'être dans des termes équivalens.

Il me semble que, pour répondre à tous ces raisonnemens, il suffit de leur opposer le texte même des art. 843 et 853.

L'art. 843 dit, d'une manière générale et sans exception, que l'héritier, venant à succession, est tenu de rapporter tout ce qu'il a reçu du défunt, par donation entre-vifs, directement, ou indirectement.

Or, quand il résulte des circonstances, quand il est jugé qu'une vente faite à un successible, contient une donation réelle qui a été déguisée, il est certain, *en fait,* que le successible a reçu indirectement du défunt, par une donation qui ne peut qu'être entre-vifs, puisqu'elle n'est pas faite par testament, tout ce que le défunt lui a livré sous la forme d'une vente; il doit donc le rapporter, aux termes de l'art. 843.

Peu importe que la vente, dans sa forme et dans sa substance, soit déclarée valable : cela n'est relatif qu'à la forme, qu'à la manière de disposer; mais, au fond, et dans la réalité, la vente n'en est pas moins une véritable donation.

Le but du législateur et l'objet de l'art. 843 ont été de rétablir l'égalité entre les cohéritiers, en obligeant celui d'entr'eux, qui a reçu du défunt, *à titre gratuit*, soit par une voie directe, soit par voie indirecte, à rapporter tout ce qu'il a reçu. Or, le successible à qui il a été fait une vente qui est jugé n'être qu'une disposition à titre gratuit, a reçu, par un don indirect et caché, et, pour se servir des termes de la loi, a reçu indirectement, par donation, ce qui en apparence lui a été vendu; il doit donc, pour rétablir l'égalité, rapporter ce qu'il a reçu dans cette forme, de même que s'il l'avait reçu par une donation directe.

« On sent, dit M. Grenier dans son traité *des Donations*, tom. 2, pag. 187, que tout don, fait directement, devant être rapporté, lorsqu'il n'y en a pas de dispense, la circonstance que le don aurait été fait indirectement, ne saurait être un motif de l'affranchissement du rapport. »

Tous les mêmes argumens s'appliquent à la disposition de l'art. 853, qui est également générale et sans exception.

Aux termes de cet article, les profits que l'héritier a pu retirer de conventions passées avec le défunt, sont sujets à rapport, si ces conventions présentaient un avantage indirect, lorsqu'elles ont été faites : or, la vente à un successible, si elle contient une donation déguisée, est bien certainement une convention qui présentait un avantage indirect, lorsqu'elle a été faite, donc les profits que l'héritier en a retirés, sont sujets au rapport.

On oppose la disposition de l'art. 918. Mais il résulte seulement de ses termes, que, pour un cas particulier, elle est une exception à la règle générale établie par les art. 843 et 853. Une exception ne détruit pas une règle générale qui a été précédemment consacrée ; elle la confirme, au contraire : *exceptio firmat regulam.*

Peu importe que la disposition de l'art. 918 n'ait pas été rédigée en forme d'exception. Il n'en est pas moins certain qu'elle est une exception réelle, puisqu'elle déroge, pour son cas, à une règle deux fois établie, d'une manière générale et absolue, pour les donations indirectes, comme pour les donations directes, et pour toute espèce de conventions présentant des avantages indirects, lorsqu'elles ont été faites.

Les mots *sans fraude*, qui se trouvent dans

l'art. 854, sont évidemment, dans le sens de la disposition, synonymes de ces autres mots qui se trouvent dans l'art. 853, *sans avantage indirect.* On regarde comme faites en fraude de la masse des héritiers, les associations qui contiennent des avantages indirects au profit de l'un d'eux.

Enfin, pour que la dispense du rapport ait lieu, il ne suffit pas qu'on puisse *présumer* que le donateur a eu réellement l'*intention* de dispenser du rapport : il faut qu'il ait manifesté expressément sa volonté à cet égard, et quoiqu'on n'exige pas rigoureusement qu'il prononce la dispense, dans les mêmes termes dont s'est servie la loi pour l'énoncer, au moins est-il nécessaire qu'il la prononce dans des termes équivalens, c'est-à-dire, qu'il la prononce expressément. Or, dans une vente qui cache une donation, on ne peut que présumer l'intention de la dispense : mais la volonté n'est pas manifestée d'une manière expresse, comme l'exige l'art. 843.

« Il est certain, dit l'auteur du *Répertoire*, tom. 10, pag. 659, qu'on doit soumettre au rapport tous les actes qui, étant passés entre le père et l'un de ses enfans, *sous un autre nom que celui de donation*, renferment néanmoins un avantage pour celui-ci.

« Par exemple, un père vend à son fils un bien dont il lui promet de ne pas exiger le prix ; cette vente sera incontestablement sujette à rapport,

parce qu'elle a tous les caractères intrinsèques
d'une donation. *Cùm in venditione quis pretium
rei ponit, donationis causâ non exacturus, non
videtur vendere*, dit la loi 36, D. *de contrahendâ
emptione.* »

C'est aussi dans ce sens, que la question a été
décidée par un arrêt de la section civile de la cour
de cassation, du 13 août 1817, et comme cet
arrêt, en même temps, juge la question relative
à la validité des donations déguisées sous la forme
de contrats à titre onéreux, je vais en transcrire
tous les motifs.

« Vu les lois 55 et 151 *de regulis juris*, ainsi
conçues : « *Nullus videtur dolo facere, qui suo
jure utitur. Nemo damnum facit, nisi qui id facit
quod facere jus non habet.* »

« Vu la loi 38, *ff. de contrahendâ emptione*,
ainsi conçue : « *Si quis donationis causâ minoris
vendat, venditio valet : quoties viliore pretio
res, donationis causâ distrahitur, dubium non
est venditionem valere, hoc inter cæteros ; inter
virum et uxorem, donationis causâ venditio facta
pretio viliore, nullius momenti est.* »

« Et la loi 163, *ff. de reg. juris*, portant : « *Cujus
est donandi, eidem et vendendi et concedendi jus
est.* »

« Vu l'art. 3 de l'ordonnance de 1731, les
art. 843, 853, 893, 911, 918, 920, 1969 et 1973
du Code civil, relatifs à la forme des donations à

titre purement gratuit; et à la validité des avantages indirects, c'est-à-dire, des dispositions ayant
le caractère de libéralités contenues dans un acte
à titre onéreux;

« Attendu que l'acte du 12 fructidor an 8,
considéré par la cour royale de Caen, comme un
acte de donation simulée, est valable dans sa
forme et dans sa substance;

« Qu'il est valable dans sa forme, parce que,
quels qu'en soient les effets, c'est un contrat à
titre onéreux, un acte équipollent à vente, qui
réunit les trois conditions requises pour sa validité, *res, pretium et consensus;*

« Qu'il est également valable dans sa substance;
1° parce que la loi permet la vente par le père à
son fils, et par conséquent autorise tous les effets
que cette vente peut produire en faveur du successible; 2° parce que l'infériorité du prix stipulé
dans le contrat, comparé avec la valeur réelle de
l'immeuble, ne constituerait, si on croyait devoir
la prendre en considération, qu'un avantage indirect, et que les avantages indirects sont licites,
toutes les fois qu'on ne les a pas déguisés sous la
forme d'un contrat à tire onéreux, pour échapper à la disposition prohibitive de quelque loi
existante au jour du contrat et pour se soustraire à l'exercice de quelques droits acquis à des
tiers à la même époque, toutes les fois, en un
mot, qu'ils sont faits entre personnes capables et

sans fraude; qu'ils étaient expressément autorisés dans le droit romain par les lois ci-dessus trans · crites ; qu'il le sont de même par une foule de dispositions du Code civil, et notamment par l'art. 911 , qui, comme la loi romaine, ne déclare nulle la donation déguisée sous la forme d'un contrat à titre onéreux, ou faite sous le nom de personnes interposées, que lorsqu'elle est faite au profit d'un incapable ; par les art. 843 , 853 , 918, 920, et 1970, qui, ne faisant aucune distinction entre les libéralités directes à titre purement gratuit et les libéralités, ou avantages indiscrets, faites dans un contrat à titre onéreux, *ordonnent que le rapport sera fait des unes et des autres à la masse de la succession*, et supposent par conséquent la validité des unes et des autres; enfin, plus spécialement encore, par l'art. 918, qui non-seulement ordonne l'exécution du contrat de vente dont le prix aléatoire, qui y est stipulé, contient un avantage indirect pour le successible , mais dispose, de plus, que cet avantage indirect est censé fait par préciput et hors part, et qu'il n'y a lieu à rapport que de ce qui excéderait la portion disponible..... La cour casse et annule. »

Il faut remarquer ces termes de l'arrêt, « que les art. 843, 853, 920, et 1970, ne faisant aucune distinction entre les libéralités directes, à titre purement gratuit, et les libéralités , ou avantages indirects, *faites dans un contrat à titre onéreux*, ordonnent que le rapport des unes et des autres sera fait à la masse de la succession. « Ces termes décident bien précisément que les donations, déguisées sous la forme de contrats à titre onéreux, sont soumises à l'obligation du rapport.

Maintenant voudra-t-on dire que, dans cette opinion, il serait inutile d'examiner si les donations déguisées sous la forme de contrats onéreux, sont valables, puisqu'en définitif les biens devraient être rapportés ? il serait facile de répondre que les donations, quoiqu'elles soient sujettes à rapport, présentent cependant toujours deux avantages réels ; le premier que le donataire peut conserver le don, en renonçant à la succession du donateur ; le second que, dans le cas où le donataire vient à la succession et rapporte, il conserve, aux termes de l'art. 856, tous les fruits et les intérêts des choses qui lui avaient été données ; qu'ainsi pour que le donataire, par acte à titre onéreux, puisse participer à ces deux avantages, il est absolument nécessaire de décider d'abord que la donation, déguisée sous la forme d'un contrat à titre onéreux, est valable.

17. Après avoir établi les principes généraux de la matière et résolu les principales difficultés, je vais maintenant examiner diverses espèces d'actes qui contiennent des avantages indirects et qui doivent être soumis à la loi du rapport.

Et d'abord, il est hors de doute que, si dans une transaction sur un compte de tutèle, le père s'est constitué débiteur envers l'un de ses enfans, et s'il est prouvé qu'il ne devait pas réellement, ou qu'il devait une somme moins considérable, c'est là une donation déguisée, qui se trouve comprise dans la disposition de l'art. 843 et qui donne lieu au rapport.

Il en est de même, si le père a donné à l'un de ses enfans une décharge pure et simple du compte que cet enfant lui devait pour avoir géré ses affaires, sans que le compte ait été rendu et appuyé de pièces justificatives. Ferrière cite un arrêt du 22 janvier 1569, qui l'a ainsi jugé.

Mais si le compte a été rendu et appuyé de pièces justificatives, la décharge et la quittance données par le père sont valables, à moins qu'il ne soit prouvé que le compte n'a pas été fidèle, ou qu'il ne soit établi que le reliquat n'a pas été payé.

18. Lorsqu'un père a acheté les droits qui revenaient à l'un de ses enfans dans la succession de sa mère, et qu'il a donné plus que la juste valeur, l'excédent est sujet à rapport. Un arrêt conforme est rapporté par Charondas, en ses réponses, liv. 7, chap. 29.

19. Si un père, qui a été marié deux fois, et qui fait le partage de sa communauté avec ses enfans du premier lit, sacrifie des reprises qu'il

avait droit d'exercer contre eux, on souffre qu'il
en exercent contre lui d'illégitimes, ou porte à un
prix trop haut les récompenses qu'il leur doit,
ou estime trop bas les réparations et améliorations
utiles qu'il a faites à leurs biens personnels, il est
évident qu'il y a, en faveur de ces enfans du premier lit, un avantage réel dont le rapport peut être
exigé par les enfans du second mariage, à l'époque
du partage de la succession du père.

20. Si le père a disposé en faveur des enfans
de son premier lit, ou de l'un, ou de plusieurs
d'entr'eux, des libéralités qui lui avaient été faites
par leur mère, les enfans du second lit ont encore
le droit d'exiger le rapport.

Il n'en était pas ainsi avant le Code civil. Les
lois romaines et l'édit des secondes noces, attri-
buaient exclusivement aux enfans du premier
lit les libéralités que leur mère avait faites à son
époux; et, à raison même de cette attribution,
si la distribution n'était pas faite par le père d'une
manière égale entre tous ses enfans du premier
lit, ceux qui avaient moins, pouvaient faire rapporter par les autres; mais ce rapport n'avait lieu
qu'entr'eux, et ne profitait pas aux enfans des
autres lits, qui n'avaient rien à prétendre sur ces
libéralités.

Le Code civil n'ayant pas maintenu à cet égard
les dispositions des lois romaines et de l'édit des
secondes noces, les biens donnés au père par sa

femme du premier lit, appartiennent également
à tous ses enfans, de quelques lits qu'ils soient,
et conséquemment le rapport doit avoir lieu au
profit de tous, s'il en a été disposé au profit de
l'un ou de plusieurs d'entr'eux, même de ceux
du premier lit.

21. Lorsqu'un père a vendu à l'un de ses enfans un immeuble, pour un prix qui est au-dessous de la juste valeur, on peut aisément présumer qu'il a voulu faire un avantage indirect.

Cependant, comme le dit avec raison Lebrun,
dans son *Traité des successions*, liv. 3, chap. 6,
sect. 3, il y a lieu de douter que le moindre profit
que le fils puisse faire sur la vente qui lui a été
consentie, soit sujet à rapport, puisque, si le fils
avait perdu, la chose ayant été pour lui sans retour, il aurait supporté cette perte, sans en pouvoir demander de récompense ni d'indemnité
contre la succession.

Mais Lebrun ajoute une observation qui ne
peut être adoptée dans toute son étendue.

« Si les lois, dit-il, permettent aux étrangers
d'acheter à vil prix et de tromper leurs vendeurs,
pourvu que la lésion ne soit pas énorme et d'outre
moitié de juste prix, pourquoi un père, qui aura
besoin d'argent, ne pourra-t-il pas faire profiter
son fils, dans une vente, du bon marché qu'il
serait obligé de faire à un étranger ? »

Il résulterait de cette proposition prise dans un

sens absolu, que la vente consentie par le père à l'un de ses enfans, ne pourrait être considérée comme donation déguisée et donner lieu au rapport, que dans le cas où la lésion serait énorme et d'outre moitié de juste prix, en sorte qu'un père qui aurait un immeuble valant 50,000 fr., pourrait le vendre à l'un de ses fils, pour 25,000 fr., et disposer ainsi de la moitié de sa fortune, au préjudice de ses autres enfans, qui n'auraient pas plus le droit de réclamer, que si la vente eût été consentie à un étranger.

Ce n'est pas là cependant ce qu'a voulu dire Lebrun, puisqu'après cette observation il se borne à conclure qu'un fils qui achète de son père un héritage, *avec quelque bon marché*, n'est pas pour cela réputé donataire de son père, et qu'il est seulement vrai de dire qu'il a eu un bon marché.

Cette conclusion doit même être restreinte au cas où le bon marché n'est pas considérable.

Les immeubles n'ayant pas de prix fixe, et la proportion entre la valeur et le prix ne pouvant pas être établie géométriquement, une légère différence ne prouve pas qu'il y ait eu intention de frauder, et d'ailleurs il n'est pas vraisemblable que le père se soit déterminé à vendre son bien, pour ne donner qu'un modique avantage.

Il ne faut pas aussi, par trop de sévérité, rendre impossibles les transactions entre le père et les enfans. La loi ne les prohibe pas, lorsqu'elles sont faites sans fraude, et tous les jours il arrive que, dans les ventes faites de bonne foi entre étrangers, l'acquéreur a du profit.

Mais lorsque, dans une vente consentie par le père au profit de l'un de ses enfans, il existe une différence considérable entre le prix et la valeur de l'objet vendu, il ne peut plus y avoir de doute : c'est un avantage indirect, c'est une donation déguisée, que le père a voulu faire, et l'enfant doit rapporter.

La seule difficulté qui puisse exister sur ce point, est de savoir si l'enfant doit rapporter l'immeuble vendu, ou seulement l'excédant de la juste valeur.

Lebrun et Pothier n'étaient pas d'accord sur cette question.

Pothier rapporte que, dans une espèce absolument semblable, lorsqu'un mari à qui les lois romaines défendaient de donner à sa femme, lui avait vendu un héritage au-dessous de sa valeur, les jurisconsultes romains étaient de trois avis différens.

Julien, qui était de l'école des Sabiniens, soutenait que cette vente était absolument nulle, qu'elle devait être considérée comme une donation déguisée, et qu'en conséquence le mari avait le droit de répéter l'héritage, en rendant le prix qu'il avait reçu.

Neratius qui était proculeien, et qui, suivant les principes de cette école, recherchait plus particulièrement qu'elle avait été l'intention des parties contractantes, admettait l'opinion de Julien dans le cas où le mari, n'ayant pas d'ailleurs l'intention de vendre, n'avait consenti la vente que pour déguiser la donation qu'il voulait faire; mais si le mari avait eu le projet de vendre, et s'il avait manifesté ce projet, soit en proposant la vente à d'autres personnes, soit en la faisant annoncer par des affiches, Neratius prétendait que la donation ne tombait que sur l'excédant de la valeur, et que le mari ne pouvait répéter que cet excédant.

Ces deux opinions sont rapportées dans la loi 5, §. 5 ff. de donatio. inter vir. et uxor.

Pomponius voulait que la vente fût annullée; non pour le total, mais seulement jusqu'à concurrence de ce qui manquait du juste prix, en sorte que si la chose avait été vendu pour la moitié de sa valeur, la femme devait en rendre la moitié. L. 31, §. 3, ff. d. tit.

Pothier convient que le sentiment de Neratius est le plus exact dans la théorie; mais il pense que dans la pratique, on doit suivre celui de Julien et qu'on doit assujettir indistinctement l'enfant au rapport de l'héritage que le père lui a vendu au-dessous de sa juste valeur, par la raison que la vente doit être toujours considérée dans ce cas, comme une donation déguisée. « Ce serait, ajoute-il, donner matière à trop de discussions et de procès, que de rechercher si le père avait eu effectivement intention de vendre cet héritage : il ne serait pas facile de la découvrir, et il pourrait arriver très-souvent que le père eût fait afficher l'héritage à vendre, sans en avoir aucune intention pour cela, mais pour mieux couvrir l'avantage qu'il voulait faire à son fils ».

Lebrun s'attache, au contraire à l'opinion de Nératius. « Pour connaître, dit-il, si la vente est faite principalement à l'effet de donner, et s'il y a de la feinte dans le contrat, pour faire passer comme vente ce qui est donation, la vilité du prix est une circonstance importante : le reste est à l'arbitre du juge.

Le Code civil n'a pas levé les difficultés d'une manière précise ; il se borne à ordonner le rapport de ce qui a été donné par le défunt, et ne décide pas si, dans le cas particulier dont il s'agit, c'est l'héritage entier qu'on doit présumer avoir été donné par le défunt, ou seulement l'excédant de la juste valeur.

Il me semble que pour prévenir, à cet égard toutes discussions et tout arbitraire sur l'intention que peut avoir eue le père, en vendant à son fils pour une somme moindre que la juste valeur du bien, il faudrait admettre en règle générale, que, si la juste valeur excédait, de plus de moi-

16.

tié, le prix stipulé dans l'acte, la donation devrait être présumée plutôt que la vente, et qu'en conséquence le bien devrait être déclaré rapportable en nature; que, si au contraire le prix stipulé n'était pas inférieur à la moitié de la juste valeur, on devrait présumer qu'il y a eu vente plutôt que donation, et que, dans ce cas, le fils ne devrait être tenu que de rapporter la différence qui existerait entre le prix stipulé et la juste valeur.

D'après cette règle, si le fils avait revendu le bien qu'il avait acquis de son père, et dans le cas où ce serait la donation qui devrait être présumée, ses cohéritiers auraient le droit, aux termes de l'art. 830, de prélever sur la masse de la succession, une portion de biens égale à celle que le fils ne rapporterait pas, en lui tenant compte du prix qu'il justifierait avoir payé.

22. Y a-t-il avantages indirects sujets à rapport dans les cas qui suivent?

1º Lorsqu'un père renonce, soit à un legs, soit à une succession, auxquels il était appelé conjointement avec son fils, et fait ainsi passer à son fils, au préjudice de ses autres enfans, la totalité du legs ou de la succession;

2º Lorsqu'une femme qui a convolé, renonce à la communauté qu'elle avait contractée avec son second mari, quoique la communauté soit évidemment avantageuse, et fait ainsi profiter ses, enfans du second lit, de la totalité des biens de cette communauté, dont une portion aurait appartenu à ses enfans du premier mariage, si elle avait accepté;

3° Lorsque cette femme, toujours dans l'intention de favoriser ses enfans du second lit, accepte la communauté qui se trouve en mauvais état, et prive ainsi ses enfans du premier mariage de la reprise de son apport dans cette communauté?

J'ai réuni ces trois cas, parce qu'il me semble qu'ils doivent être tous également décidés par les mêmes principes, et comme ils présentent des questions importantes, qui ont été et peuvent être encore controversées, j'en développerai la discussion.

Voyons d'abord comment ces questions ont été décidées par les anciens jurisconsultes.

Sur le premier cas, Pothier soutient qu'il n'y a pas d'avantage sujet à rapport, et voici comment il s'explique, à cet égard, dans son *Traité des successions*, chap. 4, §. 2.

« Tous les actes d'un père ou d'une mère, dont quelqu'un de leurs enfans ressent quelque avantage, ne sont pas des avantages indirects sujets à rapport : il n'y a que ceux par lesquels les père et mère font passer quelque chose de leurs biens à quelqu'un de leurs enfans, par une voie couverte et indirecte. C'est ce qui résulte

de l'idée même que renferme le terme de *rap-*
port ; car rapporter signifie remettre à la masse
des biens du donateur, quelque chose qui en
est sorti : on ne peut pas y remettre, y rapporter, ce qui n'en est point sorti, donc il ne peut
y avoir lieu au rapport, que lorsqu'un père ou
une mère ont fait sortir quelque chose de leurs
biens, qu'ils ont fait passer à quelqu'un de leurs
enfans. »

. On ajoute, dans le *Répertoire de Jurispru-*
dence, que la loi 5, §. 13, *d. de donationibus*
inter virum et uxorem, fournit un argument bien
propre à confirmer cette doctrine. Elle décide
que le mari qui renonce à une succession, pour
la faire passer sur la tête de sa femme, soit comme
substituée vulgairement, soit comme héritière
ab intestat, ne contrevient pas à la prohibition
des avantages entre conjoints, et cela, dit-on,
parce qu'il ne donne rien, et omet seulement
d'acquérir.

. En appliquant ce principe au cas où le père
renonce, soit au legs, soit à une succession, auxquels il était appelé conjointement avec son fils,
on dit, avec Pothier, que le fils ne doit pas rapporter la part de l'héritage qui lui accroît par
la répudiation du père, parce qu'il ne la tient
pas de son père, mais directement du testateur,
ou du défunt, et que le père n'ayant jamais eu
de part dans l'héritage, puisqu'il a répudié, on

ne peut pas dire, qu'il ait fait passer à son fils quelque chose de ses biens.

Sur le second cas, Bourjon et Lebrun sont d'avis que la renonciation faite par une veuve à la communauté qui existait entre elle et son second mari, n'autorise pas les enfans du premier lit à demander le rapport de la portion de communauté, dont la mère les a frustrés, pour en faire profiter les enfans du second lit : ils se fondent sur ce que la veuve n'a fait qu'user de son droit, en renonçant à la communauté, et qu'on doit présumer qu'elle n'a renoncé que pour se débarrasser des affaires, non pour avantager ses enfans du second lit.

Cependant Lebrun avait déjà émis une opinion contraire dans une espèce absolument semblable. Il avait décidé qu'une mère ayant renoncé à une succession opulente de son frère unique, et faisant ainsi passer tous les fiefs de cette succession à ses enfans mâles qui devenaient héritiers de leur chef, au préjudice de ses filles qui ne pouvaient succéder aux fiefs, la renonciation devait être regardée comme un avantage indirect que la mère avait voulu faire à ses fils, des fiefs compris dans la succession de son frère.

Il est évident que, dans cette dernière espèce, comme dans la précédente, on pouvait dire que la mère n'avait fait qu'user de son droit ; qu'elle

n'avait renoncé que pour se débarrasser des affaires de la succession, non pour avantager ses
fils, et qu'elle n'avait rien donné de ses biens.

Pothier avait d'abord adopté l'opinion de
Lebrun, relativement à la renonciation faite par
la veuve à la communauté qui avait existé entre
elle et son second mari.

« Les enfans du second lit, disait-il dans son
Commentaire de la coutume d'Orléans, tom. 3,
sect. 6, art. 3. §. 1, sont censés tenir de leur
père le total des biens de cette communauté :
leur mère, qui y a renoncé, est censée n'y avoir
jamais eu aucune part. D'ailleurs, la femme, en
ce cas, use du droit qu'elle a de choisir le parti
de l'acceptation ou de la renonciation à la communauté. On doit présumer que le parti qu'elle
prend, est celui qu'elle juge lui convenir le
mieux, plutôt que de supposer en elle la volonté d'avantager ses enfans du second lit ; et ce
serait donner lieu à des procès, si les enfans du
premier lit étaient admis à discuter les forces de
la deuxième communauté, et l'intention qu'a pu
avoir leur mère, en y renonçant. »

Dans son *Traité des Successions*, chap. 4, art. 2,
§. 2, Pothier tient un langage bien différent, et
revenant à l'avis contraire, il combat lui-même
les raisons qui avaient déterminé sa première
opinion,

« On peut dire (ce sont ses termes) que la

femme avait un droit dans la communauté, qui,
par sa renonciation, a passé d'elle à ses enfans ;
que le mari, en contractant communauté avec
sa femme, a contracté l'obligation de lui accorder part dans tous les biens de la communauté,
lors de la dissolution ; que ses biens sont passés
à ses enfans *cum eâ causâ*, avec cette obligation ;
qu'il en résultait un droit au profit de la femme
contre les enfans ; que la femme, en renonçant à
la communauté, leur a fait passer ce droit par
la remise qu'elle leur en a faite, et que c'est par
conséquent un avantage sujet à rapport, comme
l'est celui qu'un père, créancier de son fils, ferait
à son fils, en lui remettant ce qu'il lui doit.

« La femme qui renonce à la communauté,
ajoute Pothier, ressemble, en quelque façon, à
un associé en commandite, qui abandonne sa part
dans la société, pour être quitte des dettes. Certainement, si un père associé en commandite
avec son fils, lui abandonnait sa part dans une
société manifestement opulente, on ne pourrait
pas disconvenir que ce fût un avantage sujet à
rapport : on doit dire de même que l'abandon
que fait la mère à ses enfans de sa part en une
communauté avantageuse, par la renonciation
qu'elle fait à la communauté, est un avantage
sujet à rapport. »

Ceux qui s'attachent à la première opinion de
Pothier, et qui prétendent qu'il a eu tort de la

rétracter, répondent que la femme n'est pas réellement associé tant que le mariage dure, puisque le mari est le seul seigneur et maître, et peut disposer à sa volonté; que la dissolution du mariage ne saisit pas la femme de la moitié des biens qui composent la communauté, mais qu'elle ne l'acquiert qu'en prenant la qualité de commune; que, si elle renonce, il se trouve n'y avoir jamais eu de communauté, et que le mari, ou ses héritiers, restent propriétaires des biens de la communauté au même titre, qu'ils l'étaient, et n'acquièrent rien;

Qu'à la vérité, le mari, en établissant une communauté avec sa femme, a contracté l'obligation de lui donner part dans les biens dont cette communauté se trouverait composée lors de la dissolution, et que les enfans du mari succèdent à cette obligation; mais que, si la femme renonce, il n'en est pas moins vrai que les enfans ne reçoivent pas d'elle la moitié des biens qu'elle aurait eue, si elle avait accepté; qu'ils trouvent cette propriété dans la succession du père, d'où elle n'est pas sortie; qu'elle ne leur transmet pas non plus le droit qu'elle a d'accepter la communauté, ou d'y renoncer, puisqu'elle a consommé ce droit, et que ses enfans ne peuvent plus en user, à sa place;

Qu'enfin la renonciation de la mère est bien l'occasion, la cause d'un gain, d'un profit, d'un

bénéfice que font les enfans, mais que la mère ne
leur donne rien *de suo*, qu'elle ne leur fait passer aucune partie de ses biens, qu'elle ne leur
transfère aucune propriété qu'elle ait eue.

Sur le troisième cas que j'ai proposé, Pothier
a émis encore deux opinions contraires; et voici
comment il s'explique, à l'endroit déjà cité.

« Est-ce un avantage sujet à rapport, lorsque
la mère, qui avait droit de demander à ses enfans
du premier lit la reprise de son apport en la
communauté de leur père, en renonçant à cette
communauté, accepte cette communauté, quoique mauvaise, pour les favoriser et les décharger
de la restitution de cet apport? J'avais pensé sur
cette question, comme sur la précédente, qu'il
n'y avait pas lieu au rapport, parce que la mère
ne pouvant avoir le droit de reprendre son apport qu'au cas de renonciation à la communauté,
n'y ayant pas renoncé, et l'ayant, au contraire,
acceptée, elle n'avait jamais eu ce droit; que,
ne l'ayant jamais eu, on ne pouvait pas dire
qu'elle en eût libéré ses enfans, qu'elle leur en
eût fait passer la libération, et que, par conséquent, ne leur ayant fait passer aucune chose, il
ne pouvait y avoir lieu à rapport. Je trouve beaucoup de difficultés dans ce sentiment que j'avais
embrassé. On peut dire, au contraire, que la
femme a véritablement eu cette créance de reprise de son apport, quoiqu'elle dépendit de la

condition de sa renonciation à la communauté, qui n'a pas existé ; car, cette condition étant une condition potestative, il ne tenait qu'à elle qu'elle existât, et par conséquent il ne tenait qu'à elle d'exercer cette reprise : elle en avait donc le droit, et c'est, en quelque façon, une remise qu'elle a faite de ce droit à ses enfans, en faisant volontairement manquer la condition par son acceptation d'une communauté évidemment mauvaise. Cette question et la précédente me paraissaient souffrir beaucoup de difficultés. »

L'auteur de l'article *Rapport à succession*, inséré dans le *Répertoire de Jurisprudence*, prétend que ces deux questions doivent se décider par les mêmes principes. D'autres, au contraire, soutiennent qu'il y a une grande différence entre l'une et l'autre, et que les raisons de décider ne peuvent pas être semblables : ils adoptent en conséquence la première opinion de Pothier sur la dernière question, et préfèrent la seconde sur le second cas.

Ainsi l'on voit que les auteurs ne sont pas d'accord sur l'application du principe établi par Pothier, et qu'ils diffèrent beaucoup dans les conséquences.

C'est qu'ils n'ont pu trouver une règle sûre dans ce prétendu principe, qui n'est réellement qu'une pure subtilité, et qui, dans mille circonstances, consacrerait, par une vaine distinc-

tion, une foule d'avantages indirects, au préjudice de l'égalité voulue par la loi.

On ne pourrait, d'ailleurs, l'invoquer sous le
Code civil, il est en opposition évidente avec le
texte, comme avec l'esprit de l'article 843.

Qu'un père fasse à son fils le don d'une somme
de 3000 francs qu'il tire de sa bourse, ou qu'il
lui abandonne une somme de 3000 francs qui
lui a été léguée et qu'il a le droit d'exiger, n'est-
il pas évident que, dans l'un comme dans l'autre
cas, il fait une libéralité?

Qu'un père recueille avec son fils une succession à laquelle ils sont appelés conjointement, et
lui donne ensuite la moitié qu'il a recueillie, ou
qu'il lui abandonne la succession entière, en y
renonçant, le résultat n'est-il pas le même? Dans
l'un comme dans l'autre cas, le fils ne gagne-t-il
pas la moitié de la succession, et les autres enfans
n'en sont-ils pas privés?

N'est-ce pas encore la même chose, soit que
la mère donne à ses enfans du second lit ce
qu'elle a recueilli dans la communauté de son second mari, ou qu'elle y renonce, pour la leur
laisser tout entière? Les enfans du premier lit
éprouvent-ils moins de préjudice, dans un cas
que dans l'autre?

Enfin, que la mère reprenne son apport dans
la communauté, et en fasse don à ses enfans du
second mariage, ou que, pour les en faire pro-

fiter, elle accepte la communauté qui est en mauvais état, n'y a-t-il pas même profit pour eux, même perte pour les enfans du premier lit ?

Il n'y a donc de différence, dans tous ces cas, que dans la manière de donner ; il n'y en a pas dans le don.

N'est-ce pas, d'ailleurs, donner quelque chose *de suo*, que de remettre le droit qu'on a de recueillir tels ou tels biens? La fortune ne se compose-t-elle pas des droits acquis, comme des biens corporels, et les droits ne sont ils pas aussi des biens ?

La distinction qu'on a voulu faire à cet égard, pour défendre la donation des uns et permettre la donation des autres, me semble donc tout à fait puérile : elle me semble en contradiction manifeste avec les principes de la matière, avec l'intention du législateur, et violer ouvertement la règle de l'égalité, à côté de laquelle on veut cependant la placer.

En un mot, ne serait-il pas bien singulier qu'un père ne pût donner à son enfant un bien valant 30,000 francs, dont il serait actuellement propriétaire, et qu'il eût cependant la faculté de lui faire passer, de quelque manière que ce fût, le droit qu'il aurait de recueillir un bien valant 50,000 francs? Il n'est personne, sans doute, qui ne trouvât la seconde opération plus avantageuse que la première, et qui ne s'empressât de la préférer pour son compte; elle est donc encore plus que la première, une libéralité, et l'argument *à fortiori* est ici un argument invincible.

Au reste, la disposition de l'article 843 ne permet plus maintenant aucun doute à cet égard. Son texte et son esprit repoussent également toute espèce de distinction.

L'article ne se borne pas à dire que l'héritier doit rapporter tout ce que le défunt lui avait donné de ses biens : il dit généralement que l'héritier doit rapporter *tout ce qu'il a reçu* du défunt, et n'est-il pas évident qu'on a reçu du défunt, soit qu'on ait pris dans ses biens, soit qu'on ait pris dans ceux sur lesquels il avait droit et auxquels il n'a renoncé que pour laisser prendre? Dans le second cas, on a *reçu* le droit de prendre; on doit donc rapporter ce qu'on a reçu par la cession ou l'abandon de ce droit.

Il semble même que le législateur ait précisément voulu prévenir cette équivoque, en ajoutant au mot *reçu*, ces autres expressions, *directement* ou *indirectement*.

Quand on cède gratuitement son droit sur des biens, n'est-ce pas les donner indirectement? Ne donne-t-on pas également la chose, soit qu'on la prenne pour la donner, soit qu'on donne le droit de la prendre, à sa place?

Si l'on pouvait gratifier, en se dispensant de prendre soi-même, ce serait bien inutilement que l'art. 843 aurait expressément prohibé les avantages indirects: rien ne serait plus facile que d'éluder sa disposition, et le principe de l'égalité, ne serait qu'une veine théorie, dont les père et mère pourraient se jouer impunément.

Mais on ne peut, dit-on, forcer le père à accepter un legs ou une succession dans lesquels il craint de trouver plus d'embarras que de profit : on ne peut forcer une mère, ni à accepter une communauté qu'elle croit désavantageuse, ni à renoncer à celle qu'elle croit bonne. Il faut s'en rapporter au jugement du père et de la mère; il faut croire que c'est dans l'intention de se débarrasser, que c'est dans leurs propres intérêts, et non pour avantager tels ou tels enfans, qu'ils ont fait leur option.

Je réponds d'abord à cette objection, que, dès le commencement, elle change la question, qui est à décider.

Il ne s'agit pas de savoir si on peut forcer le père ou la mère à prendre un parti plutôt que l'autre; je conviens qu'on ne peut les y contraindre, et c'est là qu'il faut appliquer un arrêt du 27 janvier 1618, qui est rapporté par Brodeau sur Louet, lettre C, S. 30, et qui a décidé qu'une mère ne pouvait pas être contrainte par ses enfans du premier lit, à accepter la communauté

contractée avec son second époux, quoique cette
communauté fût opulente, et qu'ils offrissent
de lui donner bonne caution pour la garantir
contre tous les événemens.

Mais il s'agit uniquement de savoir si, après
l'option faite par le père ou la mère, et après
que leur succession est ouverte, les enfans, qui
éprouvent un préjudice grave par cette option,
peuvent être admis à prouver qu'elle a été faite
animo donandi, et qu'elle contient réellement,
au profit des autres enfans, un avantage indirect
sujet à rapport.

Ainsi, l'on ne peut pas empêcher un père de
vendre à vil prix un héritage à l'un de ses enfans,
ou de consentir la vente à une personne interposée, ou d'attribuer à son fils, par un compte
de tutèle, ou par un réglement de la succession
maternelle, plus qu'il n'est dû réellement, ou de
lui abandonner sa part dans une société où il
était avec lui en commandite; mais quoiqu'on ne
puisse empêcher tous ces actes, quoiqu'ils ne
puissent être attaqués qu'après la mort du père,
on n'en admet pas moins l'action en rapport,
lorsqu'il est prouvé qu'il y a eu avantage indirect. On ne s'en rapporte pas au jugement du
père : on ne croit pas, sans examen, qu'il n'a
voulu stipuler que ses propres intérêts et se débarrasser de l'administration de ses biens, ou
des affaires de la société; mais on examine les

III.

opérations qui ont été faites entre le père et le fils : on recherche qu'elle a été leur intention ; et s'il est reconnu qu'il y a eu donation déguisée, le rapport est ordonné au profit des enfans qu'on a voulu frustrer.

Il doit en être de même pour les trois cas sur lesquels j'ai établi la discussion : il y a mêmes motifs pour rechercher quel a été le véritable objet de l'acte, s'il a été fait de bonne foi, ou seulement *animo donandi*.

Lorsqu'il paraît qu'à raison des charges, des embarras ou des incertitudes, le père a eu de justes motifs pour renoncer au legs ou à la succession auxquels il était appelé conjointement avec son fils, ou que la veuve a eu de semblables motifs pour renoncer à la communauté qui avait existé entre elle et son second mari, ou qu'elle a pu croire que la communauté qu'elle a acceptée, était bonne et devait lui procurer plus de profit que la reprise de son apport, alors, sans doute, on doit présumer que le père et la mère n'ont agi que pour leurs propres intérêts, non pour avantager quelques-uns de leurs enfans, et je conviens même encore qu'il faut leur laisser une certaine latitude à cet égard.

Mais lorsqu'il résulte évidemment de l'examen des affaires, que le legs, ou la succession, ou la communauté, auxquels il a été renoncé, ne présentaient que des avantages assurés, ou que

la communauté qui a été acceptée, était manifestement mauvaise, l'intention des parties ne peut
plus être équivoque : il est constant qu'il y a eu
avantage indirect; et pourquoi donc, dans cette
espèce, comme dans toutes les autres, le rapport
ne pourrait il pas être demandé ? L'art. 843 n'en
excepte aucune, et déclare généralement sujets à
rapport tous les avantages directs ou indirects.

Ce serait là, dit-on, une source féconde de
discussions et de procès dans les familles. Comment, d'ailleurs pourrait-on, avec certitude,
faire des recherches et des vérifications sur des
actes passés depuis long-temps, et qui peuvent
avoir été suivis de beaucoup d'autres ? La preuve
de l'avantage indirect serait nécessairement difficile, presque toujours incertaine, et donnerait
lieu à des débats infinis.

Mais cette objection pourrait également s'appliquer à tous les autres cas où l'action en rapport est admise contre les donations déguisées :
il se présente les mêmes inconvéniens pour vérifier s'il y a eu avantage indirect dans un compte
de tutèle rendu, depuis long-temps, par le père
au fils, ou dans un compte de gestion rendu par
le fils au père, ou dans un réglement fait entre
eux pour la fixation des droits du fils dans la
succession de sa mère, ou dans l'abandon que le
père a fait au fils de sa part dans une société où
il était avec lui en commandite; et cependant la

17.

recherche et la preuve sont admises dans ces
derniers cas, malgré tous les dangers et l'incertitude dont on nous parle. Pourquoi donc ne
seraient-elles pas également admises dans les autres cas, où il ne peut y avoir, ni plus de dangers,
ni plus de discussions?

Sans doute, les procès dans les familles sont
un grand mal; mais ce serait un bien plus grand
mal encore, que de tolérer les avantages indirects, par la crainte d'occasioner des procès:
alors il n'y aurait plus de légitime sacré pour les
enfans, et les père et mère n'auraient, pour la
disposition de leurs biens, d'autre règle que leur
volonté.

Aussi, dans le droit écrit, comme dans les
coutumes, la recherche des avantages indirects
fut constamment autorisée par tous les cas où
il n'était pas permis de disposer, et le Code civil
en ordonnant le rapport de tous les avantages
indirects, sans aucune exception, a nécessairement conféré le droit de les rechercher tous; de
quelque manière qu'ils aient été combinés, et
quelle que soit la nature de la contestation qui
puisse en résulter.

23. L'héritier n'est pas seulement tenu de rapporter à la masse de la succession, tout ce qu'il
avait reçu du défunt, à titre de don; il doit rapporter encore tout ce qu'il en avait reçu, *à titre
de prêt.* (Art. 829 et 851 du Code.)

Le rapport des sommes dues au défunt par l'héritier, avait également lieu dans nos coutumes, et la raison qu'en donnent Bourjon, Ricard, Duplessis, Lebrun et Pothier, c'est que le prêt qui avait été fait par le défunt à son héritier, devient un avancement d'hoirie, lorsqu'il ne se trouve pas acquitté, au moment de l'ouverture de la succession.

Par ce motif, ils décidaient, 1° que le rapport devait avoir lieu avant le partage de la succession, quoique la somme qui avait été prêtée, ne fût pas encore exigible; 2° que, dans le cas même où le capital avait été aliéné en rente perpétuelle où viagère, il était rapportable, sans que le débiteur put offrir de continuer le paiement de la rente.

« En effet, disait Pothier, ce serait un avantage indirect, si un père faisait, par ce moyen, passer son argent comptant à l'un de ses fils, pendant que les autres n'auraient à la place, qu'une simple créance ou une simple rente contre leur frère. »

Cette opinion est devenue incontestable depuis le Code civil. Puisqu'il est dit dans l'art 829, que chaque héritier fait rapport à la masse de la succession, des sommes dont il est débiteur, et qu'aux termes de l'art. 858, le rapport se fait en nature ou en moins prenant, chaque héritier se trouve ainsi tenu, ou de rapporter en nature à la masse de la succession, avant le partage, ou de précompter sur sa part héréditaire, lors du partage, tout ce qu'il avait reçu du défunt, à titre de prêt.

24. L'ancien droit romain assimilait l'acquisition faite par le père, au nom de son fils, à une espèce de disposition par préciput, et comme il permettait de déroger tacitement à la loi qui obligeait au rapport les enfans donataires, on en concluait que le rapport ne devait pas avoir lieu en ce cas. La loi 18. *C. familiæ erciscundæ*, le déclarait expressément.

Mais, comme le Code civil ne reconnaît pas de dérogation tacite à la loi qui oblige au rapport, et qu'au contraire, suivant l'art. 843, la dispense du rapport doit être toujours formellement prononcée par le donateur, on ne peut plus aujourd'hui considérer comme une donation non rapportable, l'acquisition faite par le père au nom de son fils.

Si le père a payé de ses propres deniers, c'est un prêt qu'il a fait, et le fils en doit le rapport à ses cohéritiers.

On avait même assez généralement admis sous l'empire des anciennes lois, que ce n'était pas le prix de l'acquisition, mais l'héritage même, qui devait être rapporté, et l'on s'était fondé à cet égard, sur la loi 30, §. 2, *C. de inofficioso testamento*, qui décide que le légitimaire, au nom duquel le défunt a acheté un office, ne doit pas imputer précisément la somme payée pour l'acquisition, mais la valeur de l'office même au temps de l'ouverture de la succession.

Dans plusieurs coutumes, les biens acquis par le père au nom de son enfant, formaient des propres dans la personne de cet enfant; le père en était donc réputé acquéreur, et l'on regardait la déclaration faite en faveur de l'enfant, comme une donation indirecte.

Suivant l'art. 482 de la coutume de Normandie, et l'art. 101 des placités de 1666, l'héritage retiré ou acquis par père, mère ou autre ascendant, au nom de l'un de ses enfans, devait être remis en partage, si l'enfant n'avait d'ailleurs, lors de l'acquisition, des biens suffisans pour en acquitter le prix.

Il faudrait également décider, sous l'empire du Code civil, que, si un père achète un héritage, au nom de l'un de ses enfans, et qu'au moment de l'acquisition cet enfant n'ait ni biens acquis, ni état ou profession, et qu'il soit d'ailleurs notoirement hors d'état d'acquitter le prix, c'est une donation indirecte que le père a voulu lui faire, il y a donc lieu, dans ce cas, au rapport de l'héritage, et non pas seulement du prix de l'acquisition.

Si le père avait acheté au nom de l'un de ses enfans, sans avoir de lui un pouvoir exprès et valable, comme les cohéritiers de cet enfant ne

pourraient l'obliger à prendre pour son compte
l'acquisition, de même il ne pourrait contraindre
ses cohéritiers à lui délaisser l'héritage.

Mais si l'enfant avait ratifié l'acquisition faite
en son nom par son père, il devait être considéré comme le véritable acquéreur, puisqu'aucune loi ne s'oppose à ce qu'un père soit le mandataire deson enfant. Tel est l'avis de Pothier,
traité *des Propres*, séct. 1, art 3.

. Et cependant, même encore dans ce cas, si au
moment de l'acquisition l'enfant n'avait ni biens
personnels, ni moyens pour acheter, et si d'ailleurs
l'acquisition faite par le père était avantageuse,
on pourrait aisément présumer que c'est un avantage indirect que le père a voulu faire à l'enfant,
et notamment si le père avait payé des sommes
dont ensuite il aurait donné quittance à cet
enfant.

Il est très-rare que les acquisitions faites par les
pères au profit de leurs enfans, ne contiennent pas
quelques avantages indirects; il faut donc toujours
les examiner avec soin.

25. Il y a, sur les dons et sur les prêts, des
règles différentes, soit à l'égard du suscessible
qui renonce à la succession du donateur ou du
prêteur, soit à l'égard du successible qui accepte
la succession.

1º Le donataire qui est habile à succéder au
donateur, n'est pas tenu de rapporter le don, s'il

renonce à l'hérédité; mais l'emprunteur qui est en même temps successible, ne peut, soit qu'il accepte la succession, soit qu'il y renonce, se dis- penser de restituer les sommes qu'il devait au défunt. L'art. 843 du Code n'autorise le succes- sible qui renonce à la succession, qu'à retenir les dons, mais non pas les sommes empruntées du défunt.

Il est évident, en effet, que celui qui n'a fait que prêter, a voulu que la chose fût rendue, et qu'au contraire celui qui a donné, a voulu gratifier.

Si la loi oblige le donataire à rapporter le don, lorsqu'il accepte la succession, c'est pour rétablir l'égalité entre les héritiers; mais le donataire n'est plus tenu de contribuer à cette égalité, lorsqu'il renonce à la succession, il devient donataire étranger, et peut conséquemment garder ce qu'il tient de la libéralité du défunt; au lieu que l'em- prunteur qui renonce à l'hérédité, ne peut jamais prétendre à garder comme libéralité, ce qu'il n'a reçu qu'à titre de prêt.

Dans ce dernier cas, ce n'est point un rapport qu'il fait, puisqu'on ne rapporte à une succession que lorsqu'on est héritier; mais il restitue, comme devrait le faire toute autre personne; il acquitte une dette dont il ne peut être dispensé par aucun motif.

2° On verra, sur l'art. 857, que le rapport des dons n'est dû que par le cohéritier à son cohéritier, qu'il n'est dû, ni aux légataires, ni aux créanciers de la succession ; mais le rapport des sommes prêtées par le défunt, est dû aux légataires et aux créanciers, comme aux cohéritiers.

ARTICLE 844.

Dans le cas même où les dons et legs auraient été faits par préciput ou avec dispense du rapport, l'héritier venant à partage, ne peut les retenir que jusqu'à concurrence de la quotité disponible : l'excédant est sujet à rapport.

1. Il y eut dans toutes les législations, une certaine portion de biens, dont il n'était pas permis de disposer *à titre gratuit*, au préjudice de ses descendans. Cette portion réservée s'appelait *légitime*.

Suivant le droit du Digeste et du Code, la légitime des enfans ne s'elevait qu'au quart des biens.

Elle fut portée par la dix-huitième Novelle, au tiers des biens, s'il y avait quatre enfans ou moins, et à la moitié, s'il y avait cinq enfans, ou plus.

En France, dans les pays de droit écrit, on se conformait, pour la légitime, à la fixation faite par la Novelle.

Plusieurs coutumes en avaient diversement réglé la quotité : celle de Paris l'avait fixée à la moitié de la portion que l'enfant aurait eue, s'il n'avait pas été fait de disposition ; et dans les coutumes qui ne l'avaient pas expressément réglée, l'usage et la jurisprudence y avaient admis les règles du droit romain, ou celles de la coutume de Paris.

Les Romains avaient aussi accordé une légitime aux ascendans ; mais cette légitime n'était due qu'aux ascendans les plus proches du défunt.

Elle fut portée au tiers des biens, par la Novelle 18, chap. 1, et par la Novelle 89, chap. 12, §. 3.

Un très-petit nombre de nos coutumes avaient accordé cet avantage aux ascendans. Dans les autres, ils en étaient exclus par la jurisprudence.

Suivant les lois romaines, les parens collatéraux du défunt n'avaient aucun droit de légitime : seulement les f ères et sœurs, germains ou consanguins, avaient la plainte d'inofficiosité contre le testament, si l'institué était une personne infâme.

Il en était de même dans un grand nombre de coutumes.

2. Le Code civil accorde une légitime aux descendans et aux ascendans, et la refuse à tous les parens en ligne collatérale, même aux frères et sœurs.

Il appelle *portion non disponible*, ou *réserve*, la portion de biens dont il ne permet pas de disposer à titre gratuit, au préjudice des descendans, ou des ascendans.

Il appelle *portion*, ou *quotité disponible*, celle dont il permet la libre disposition en faveur de toutes personnes.

Pour régler la portion disponible, il distingue trois cas : 1.º celui où le défunt a laissé des descendans légitimes; 2º celui où il n'a pas laissé de descendans, mais seulement des ascendans; 3º celui où il n'a laissé ni descendans, ni ascendans, mais seulement des parens collatéraux.

Au premier cas, la portion disponible est de la moitié des biens, si le défunt ne laisse qu'un seul enfant légitime; du tiers, s'il laisse deux enfans; et du quart, s'il en laisse trois, ou un plus grand nombre (Art. 913). Les descendans, en quelque degré qu'ils se trouvent, sont comptés pour l'enfant qu'ils représentent dans la succession du disposant (Art. 914).

Au second cas, la portion disponible est de la moitié des biens, si le défunt laisse des ascendans dans les deux lignes; et des trois quarts, s'il ne laisse d'ascendans que dans une ligne (Art. 915).

Au troisième cas, la portion disponible embrasse indistinctement la totalité des biens, quelles qu'en soient la nature et l'origine (Art. 916).

3. La portion disponible se détermine, en réunissant fictivement dans une masse tous les biens
que le défunt a laissés sans disposition, et tous
ceux dont il a disposé gratuitement.

Mais il est sensible que cette détermination ne
peut se faire pendant la vie du disposant. Ce n'est
qu'à l'époque de son décès, que peuvent être
connus et fixés, d'une manière positive, le nombre et la qualité de ses héritiers, et la vraie con-
sistance de sa fortune, qui forme les élémens
du calcul pour la fixation de sa portion disponible.

Cependant cette incertitude ne devait pas le
priver du droit de disposer, et il peut même
étendre ses dispositions aussi loin qu'il lui plaît,
puisqu'il est possible qu'il ne laisse, en mourant,
aucun héritier ayant droit à la réserve; s'il en
laisse, on rectifie, à l'époque de sa mort, l'excès
qui peut se trouver dans les dispositions qu'il a
faites en les restreignant dans les limites de son
pouvoir, en les réduisant conformément à la
loi.

Ainsi, lorsqu'il a disposé, même à titre de préciput, d'une quotité plus forte que celle qui se
trouve, au moment de son décès, former sa portion disponible, la disposition ne vaut que jusqu'à
concurrence de cette portion; et, dans tous les
cas, l'excédant est sujet à rapport, ou ne peut
être réclamé.

Article 845.

L'héritier qui renonce à la succession, peut cependant retenir le don entre-vifs, ou réclamer le legs à lui fait, jusqu'à concurrence de la portion disponible.

1. On a vu que la même personne ne peut se présenter dans une succession, et comme héritière et comme donataire ou légataire, à moins que le don ou le legs ne lui ait été fait à titre de préciput. Si donc, hors de ce cas, elle se porte héritière, elle est obligée de rapporter le don, elle ne peut réclamer le legs.

Mais, si elle renonce à la qualité et aux droits d'héritier, l'art. 845 l'autorise à réclamer le legs ou à retenir le don entre-vifs, jusqu'à concurrence de la portion disponible.

Celui qui est donataire ou légataire, mais non à titre de préciput, et qui se trouve en même temps habile à succéder au donateur ou testateur, doit donc, avant d'accepter la succession, examiner avec soin s'il ne lui serait pas plus avantageux de retenir le don, ou de réclamer le legs, sauf réduction à la portion disponible, que de recueillir la portion de biens qu'il aurait à titre d'héritier.

Le droit romain permettait également à l'héritier présomptif qui avait reçu du défunt une libéralité, de se soustraire au rapport, en renonçant à la succession : loi 10, *C. de Collationibus*, loi 25, *C. de Familiæ erciscundæ*, et loi 4, *D. de Collatione dotis.*

Presque toutes nos coutumes avaient adopté la même règle; il y en avait cependant quelques-unes dans lesquelles la renonciation à l'hérédité ne dispensait pas du rapport, et qu'on appelait, pour cette raison, coutumes d'égalité parfaite.

Le successible qui renonce à la qualité d'héritier, devient étranger à la succession; il doit donc avoir le droit, comme l'aurait tout autre étranger, de conserver la libéralité qui lui a été faite par le défunt.

Le rapport ayant pour principal motif de maintenir l'égalité entre les héritiers qui viennent à la même succession, ce motif ne peut plus exister, quand le donataire ou légataire ne se porte pas héritier. Aussi l'art. 857 du Code dit expressément que le rapport n'est dû que par le cohéritier à son cohéritier.

2. La disposition de l'art. 845 s'applique, comme celle de l'art. 843, aux héritiers de toutes les lignes, puisqu'elle parle généralement, et sans exception, *de l'héritier qui renonce;* les ascendans et les collatéraux sont donc autorisés, comme les descendans, à retenir le don entre-vifs, ou à

réclamer le legs, jusqu'à concurrence de la portion disponible, lorsqu'ils se trouvent successibles du donateur ou testateur, et qu'ils renoncent à sa succession.

3. Le don que retient, ou le legs que réclame
le successible qui renonce à la succession, ne
doit pas être imputé particulièrement sur la part
héréditaire qu'aurait eue ce successible, s'il avait
accepté.

Il est vrai cependant que sa renonciation ne
profitant qu'aux héritiers de sa ligne, qui re-
cueillent, à sa place, la portion héréditaire qu'il
aurait eue, s'il avait accepté, il paraîtrait juste
que ce qu'il prélève fut d'abord imputé sur cette
portion qu'il abandonne, et ne fût pas pris sur
la masse commune, au préjudice des héritiers
de l'autre ligne, qui, n'ayant pas le bénéfice de
sa renonciation, ne devraient pas en souffrir.

Mais toute succession doit se partager en l'état
où elle se trouve au moment de son ouverture,
et les héritiers n'ont droit qu'aux biens qui existaient dans les mains du défunt, au moment de
son décès, sauf néanmoins l'excédant de la portion disponible, qui peut être revendiqué par les
héritiers qui ont le privilége de la réserve.

Or, les biens que le défunt avait donnés *entre-
vifs*, n'existaient plus dans ses mains, au moment
où sa succession s'est ouverte : il s'en était dessaisi
au profit du donataire ; ses héritiers ne peuvent

donc y avoir aucun droit, dans les cas où le don
n'est pas sujet à rapport.

Il en doit être de même à l'égard des legs qui
doivent être prélevés sur la masse de la succession, avant tout partage entre héritiers, et qui
ne sont pas une charge imposée à quelques héritiers, seulement, mais à tous.

L'art. 845 s'exprime d'ailleurs d'une manière
qui repousse évidemment la restriction. En se
bornant à dire que l'héritier qui renonce à la succession, peut retenir le don entre-vifs, ou réclamer le legs à lui fait, c'est avoir dit très-clairement que la retenue ou la réclamation se ferait
sur la masse entière de la succession. Il est certain que, si le législateur avait voulu que l'imputation fût faite sur la part héréditaire à laquelle
renonçait le donataire ou légataire, il en aurait
fait une disposition expresse : il n'est pas permis,
sans doute, de la suppléer.

Enfin, le successible qui renonce à la qualité
d'héritier, devenant absolument étranger à la succession, et le don ou legs qui lui a été fait, devant être entièrement assimilé à celui qui aurait
été fait à tout autre étranger, il en résulte que
l'imputation doit être faite, dans le premier cas,
comme elle le serait dans le second. Les héritiers,
de quelque ligne qu'ils se trouvent, ne sont pas
plus lésés dans un cas que dans l'autre ; et en
un mot, la loi ne leur attribue jamais que ce qui

se trouve dans la succession, déduction faite des legs et des charges, sous la seule réserve de la portion non disponible.

Il faut donc décider contre l'avis de Lebrun et de Pothier, que dans le cas où un aïeul a eu deux enfans (*Pierre* et *Paul*), qui sont décédés avant lui, s'il laisse trois petits-fils issus de *Pierre* et deux issus de *Paul*, et que l'un des enfans de *Pierre*, auquel il avait fait un avantage, renonce à sa succession, les deux autres enfans de *Pierre* ne seront pas tenus de rapporter aux enfans de *Paul* ce que leur frère avait reçu.

Lebrun et Pothier fondaient leur opinion sur la maxime que le don fait au petit-fils, est censé fait au fils, et qu'ainsi le fils, s'il eut succédé, ayant été tenu de rapporter ce qui avait été donné à l'un de ses enfans, les autres enfans qui succèdent à l'aïeul, ne venant à la succession que comme représentant leur père, doivent rapporter, comme lui, ce qui a été donné à leur frère.

Mais le Code civil a adopté un principe absolument opposé. Il est dit textuellement, dans l'art. 847, que les dons faits au fils du successible, sont réputés faits avec dispense du rapport, et que le père n'est pas tenu de les rapporter à la succession du donateur; il en résulte donc, par la raison contraire à celle invoquée par Lebrun et Pothier, que le père n'étant pas tenu de rapporter le don fait à son fils, ses enfans sont également dispensés de rapporter le don fait à leur frère.

Ainsi, le don n'est pas imputable particulièrement sur la moitié des biens qu'ils ont à prendre dans la succession de l'aïeul : il est imputable sur la succession entière.

4. Quoique le don entre-vifs ou le legs n'ait été fait *qu'à titre d'avancement d'hoirie*, à un héritier présomptif, le donataire peut cependant retenir, et le légataire a droit de réclamer, s'il renonce à la succession.

Dumoulin avait émis une opinion différente : il soutenait qu'on ne pouvait prendre qu'à titre successif, ce qu'on n'avait reçu qu'en avancement de succession.

Lebrun disait, au contraire, que la qualité d'héritier ne dépendant pas du choix de la personne, mais de la disposition de la loi, le donataire pouvait, en vertu de la loi, refuser la qualité d'héritier que le donateur lui avait donnée, et cependant conserver le don qu'il avait reçu.

Ferrière, sur l'art. 307 de la coutume de Paris, atteste que l'opinion de Dumoulin n'était pas suivie, et cite un arrêt du 29 août 1671, qui avait jugé d'une manière opposée.

Il ne peut plus y avoir aujourd'hui de difficulté sur cette question.

L'art. 845 ayant accordé indéfiniment au dona-

taire ou légataire ; qui renonce à la succession,
le droit de retenir le don entre-vifs, ou de réclamer le legs, sans distinguer à quel titre le don
ou le legs peut avoir été fait, on ne peut admettre aucune distinction à cet égard.

5. Aux termes de l'art. 845, l'héritier qui renonce à la succession , peut retenir le don entre-
vifs, mais jusqu'à concurrence de la portion disponible; il est donc tenu, lorsqu'il a reçu plus
que la portion disponible , de remettre l'excédant à la succession du donateur.

Mais si , avant l'ouverture de la succession , il
avait aliéné tout ce qui lui avait été donné, et s'il
était devenu insolvable , les héritiers n'auraient-
ils pas une action en revendication contre les acquéreurs? Cette action leur est formellement
accordée par l'art. 930. (*Voyez*, au surplus, le
n° 5 des observations sur l'art. 860.)

6. On a vu, dans l'art. 843 , que l'héritier conserve jusqu'à concurrence de la portion disponible, le don entre vifs qui lui a été fait à titre de
préciput.

On a vu, dans l'art. 845, que si le don entre-
vifs n'a pas été fait à titre de préciput, le donataire peut encore le retenir jusqu'à concurrence
de la portion disponible, en renonçant à la succession du donateur.

On peut donc établir en règle générale, que
la portion non disponible reste seule irrévoca-

blement grevée de l'obligation du rapport, et que la portion disponible n'y est pas nécessairement soumise.

La portion disponible est affranchie du rapport, par la volonté du donateur, lorsqu'il dispose à titre de préciput; elle en est affranchie par la seule volonté du donataire, qui, en renonçant à la succession, a le droit de conserver ce qu'il a reçu, à quelque titre que le don ait été fait.

Ainsi, dans aucun cas, il n'existe, pour le donataire, d'obligation impérative de rapporter, et dès lors le donateur ne peut se dissimuler qu'en faisant une donation quelconque, il entame ou épuise sa portion disponible, puisqu'il ne peut ignorer que le donataire a le droit de retenir le don, en renonçant à l'hérédité.

Pour l'intelligence et l'application de la règle que je viens d'annoncer, il convient d'entrer dans quelques développemens qui éclairciront la matière des rapports.

Mais il faut distinguer le cas où les héritiers n'ont, par leurs qualités, aucun droit à une réserve, et celui où le droit de réclamer une réserve, leur est accordé par la loi.

7. Au premier cas, comme la portion disponible embrasse la totalité des biens, le don fait, *à titre de préciput*, à l'un des successibles, lui

restera tout entier, puisqu'il n'y a pas d'héritiers ayant droit à une réserve.

S'il existe, dans la succession du donateur, d'autres biens que ceux qui ont été donnés, le donataire prendra la qualité d'héritier; il conservera le préciput, sans être obligé à aucun rapport, et viendra partager, en outre, le résidu avec les autres héritiers.

S'il ne reste pas de biens, ou si les biens restans sont absorbés par les dettes postérieures à la donation, il renoncera à la succession, et ne sera encore tenu d'aucun rapport.

Mais la donation faite au successible, *en simple avancement d'hoirie*, ou sans expression de préciput, aura des effets différens qui se modifieront suivant les circonstances.

Les biens restans dans la succession, seront-ils d'une telle valeur que la portion héréditaire soit supérieure à l'objet du don? Le donataire rapportera le don à la masse, et prendra ensuite sa part héréditaire.

La part héréditaire n'offrira-t-elle qu'une valeur inférieure à celle du don? Le donataire renoncera à la succession, et, convertissant ainsi le don en une espèce de préciput, il sera dispensé du rapport.

8. Le second cas, qui est celui où les héritiers ont droit à une réserve, présente des difficultés sérieuses.

Je supposerai d'abord, comme dans le premier cas, que la donation entre-vifs a été faite,
à titre de préciput, à l'un des successibles ayant
droit à la réserve. L'intention du donateur est
bien clairement que le donataire conserve, hors
part, l'objet du don, sans préjudice de la portion
qu'il est appelé à recueillir dans le surplus des
biens; cependant comme la portion disponible
a une borne, le donataire ne conservera le don
tout entier, qu'autant que ce don sera inférieur,
ou tout au plus égal à la portion disponible : l'excédant, s'il y en a, sera toujours sujet à rapport
envers les autres héritiers.

Cette excédant pourra se combiner de plusieurs manières, avec les biens restans dans la
succession du donateur.

Ou il sera inférieur à la portion héréditaire
qui reviendrait au donateur sur la masse composée de l'excédant et des biens restans, ou il
sera égal à cette portion, ou il sera supérieur,
ou enfin il ne restera aucun bien liquide dans la
succession.

Lorsque l'excédant sera moindre que la portion héréditaire, il sera évidemment avantageux
pour le donataire d'en faire le rapport, puisqu'il
aura plus, en prenant sa part comme héritier, en
sus du don qui lui a été fait à titre de préciput.

Lorsque l'excédant sera égal, le rapport n'en
sera ni utile, ni nuisible au donataire; mais les

autres héritiers ayant le privilége de la réserve, auront toujours le droit d'exiger ce rapport.

Lorsque l'excédant sera supérieur à la part héréditaire, le rapport deviendra nécessaire pour compléter la réserve que les autres héritiers doivent avoir, et il sera d'autant plus inévitable, que le droit de réduction, accordé par la loi à ces héritiers, amènerait les mêmes résultats.

Enfin, si les biens qui restent dans la succession, sont plus qu'absorbés par les dettes que le défunt avait contractées depuis la donation, ni le donataire, ni les autres successibles, ne voudront prendre la qualité d'héritiers purs et simples, puisque cette qualité les constituerait évidemment en perte à l'égard des créanciers, sans aucune espèce de bénéfice.

Mais, dans ce cas, si les successibles renoncent à la succession, pourront-ils réclamer une réserve, soit comme descendans, soit comme ascendans, sur l'excédant de la portion disponible, que devrait rapporter le donataire?

Et, d'autre part, si c'est le donataire lui-même qui renonce à la succession, et que d'autres successibles acceptent, même sous bénéfice d'inventaire, le donataire pourra-t-il retenir sur les biens qui lui ont été donnés, non-seulement la portion disponible, mais encore une réserve?

Ces questions se présentent aussi pour le cas où la donation entre-vifs a été faite à l'un des successibles, *sans expression de préciput, ni dispense de rapport.*

Si l'objet donné est inférieur à la part héréditaire que le donataire pourra recueillir dans la succession, le donataire en fera le rapport, pour réclamer sa part héréditaire.

Mais si la portion disponible que le donataire peut conserver dans les biens qui lui ont été donnés, se trouve supérieure à la part héréditaire qu'il pourrait avoir, il aura intérêt à renoncer à la succession, pour conserver, aux termes de l'art. 845, la portion disponible.

Et, dans ce dernier cas, ne pourra-t-il pas encore retenir sa réserve, comme descendant, ou comme ascendant, sur l'*excédant* de la portion disponible, qu'il devra remettre à la succession ?

Ces questions sont importantes, et méritent une discussion approfondie.

9. Pour avoir droit à la réserve établie par les art. 913 et 915 du Code civil, faut-il nécessairement se porter héritier de la personne sur la succession de laquelle on veut obtenir la réserve?

Telle est la question principale ; toutes les autres ne sont que secondaires; elle ne portent que sur des cas particuliers, et leur solution dépend nécessairement de la solution de la question principale.

Sur cette question , qui est très-controversée, il s'est élevé trois opinions différentes.

Suivant la première , le droit à la réserve est tout à fait indépendant de la qualité d'héritier; il est attaché, par la nature et par la loi, à la seule qualité de descendant ou d'ascendant.

Suivant la deuxième , le descendant, ou l'ascendant, qui a renoncé à la succession, ne peut, par voie d'action, réclamer sa part dans la réserve; mais il peut la retenir, par voie d'exception, et en conséquence, s'il a renoncé à la succession, pour s'en tenir à un don entre-vifs qui lui a été fait, il peut retenir cumulativement, sur les biens qui lui ont été donnés, et la portion disponible et sa part dans la réserve.

Suivant la troisième, le droit à la réserve est attaché , dans tous les cas , à la qualité d'héritier, et en conséquence le descendant, ou l'ascendant, qui a renoncé à la succession, ne peut, ni retenir par voie d'exception, ni réclamer, par voie d'action, une part quelconque dans la réserve.

Je vais exposer séparément les motifs de chacune de ces trois opinions; et je terminerai en rapportant une décision émanée de la cour de cassation.

Première opinion. Le droit à la réserve est, dans tous les cas, indépendant de la qualité d'héritier.

La réserve établie par le Code civil, n'est réellement, sous une autre dénomination, que la *légitime* qui avait été établie par droit romain ; elle est de même nature et produit tous les mêmes effets, ainsi qu'on l'établira bientôt.

Voyez donc d'abord quelle était la nature de la légitime et si elle était confondu avec l'hérédité.

Cette question, dit M. Merlin, dans son *Répertoire*, tom. 7, pag. 6, en renferme plusieurs. La première, et celle dont la décision entraînera la solution de toutes les autres, est de savoir si la légitime forme une portion de l'hérédité, ou une portion des biens du défunt.

On sent la différence qu'il y a entre ces deux hypothèses. L'hérédité comprend tout l'actif et le passif d'une personne décédée : *Hœreditatis nihil aliud est quàm successio in universum jus quod defunctus habuerit* (loi 62, *ff. de regulis juris*). Les biens, au contraire, ne s'entendent que de ce qui reste après les dettes acquitées : *Bona intelliguntur cujusque, quœ, deducto œre alieno, supersunt* (loi 30, §. 1, *ff. de verborum significatione.*)

Que la légitime soit une quote des biens, et non de l'hérédité, c'est ce qu'a jugé une décision de la rote romaine, rapportée par Fachinée, liv. 12, chap. 4, et c'est ce que soutiennent Mantica, Grassus, Jason, Alexandre, Gayl, les président Favre, Voët, Furgole et plusieurs autres auteurs.

Leur opinion paraît très-bien fortifiée par la loi 6, *C. de inofficioso testamento*, qui appelle la legit me, *bonorum partem*.

La loi 5, *C. de inofficiosis donationibus*, la qualifie même de secours dû aux enfans sur les biens de leur père*, *debitum bonorum subsidium*.

Le chapitre 1er de la Novelle 18, n'est pas moins formel sur ce point: il fixe la légitime à une certaine quote, non de l'hérédité, mais de la propre substance du défunt, *propriæ substantiæ*.

Ces textes sont trop clairs, pour que les subtilités des auteurs puissent les obscurcir.

Une seule objection peut être spécieuse; mais elle n'est pas plus solide que les autres. Elle est tirée du §. 3, *inst. de inofficioso testamento*, qui semble désigner la légitime, par les mots *pars hæreditatis;* mais ce texte ne prouve rien contre nous. Que porte-t-il en effet? « *Sed hæc ita accipienda sunt, si nihil eis penitùs a testatoribus testamento relictum est; quod nostra constitutio ad verecundiam naturæ introduxit. Sin verò quantacumque pars hæreditatis vel res eis fuerit relicta, de inofficioso querelâ quiescente; id quòd eis deest usque ad quartam legitimæ partis repleatur.*

On voit que, dans ce texte, la légitime n'est

appelée une portion de l'hérédité, que parce
qu'on la suppose laissée par le testateur, à titre
d'institution; ce qui est si vrai, qu'après les mots
pars hœreditatis, se trouvent ceux-ci, *vel res eis
fuerit relicta*, termes dont l'opposition aux premiers prouve très-clairement que la légitime n'est
point une quote de l'hérédité, *pars hœreditatis*,
quand elle est laissée par le testateur, à titre de
fidéicommis ou de legs.

Il y a plus. Quoiqu'elle soit *nominalement* une
quote de l'hérédité, lorsqu'elle est déférée à titre
d'institution, elle ne l'est cependant pas *réellement* et quant aux effets ; autrement il arriverait
que de deux enfans légitimaires dont la condition
serait égale par le droit, l'un se trouverait néanmoins plus favorisé que l'autre, en ce que l'appelé à titre d'institution serait sujet aux charges
héréditaires au delà de son émolument, tandis
que l'appelé à titre de legs en serait affranchi; ce
qui formerait un contraste aussi absurde qu'injuste.

Cette observation, continue toujours M. Merlin, répond d'avance au texte sur lequel nos ad-
versaires fondent leur seconde objection. C'est
le chapitre 3 de la Novelle 115, suivant lequel la
légitime doit toujours être laissée à titre d'institution : on infère de là que les légitimaires sont vraiment héritiers; mais c'est sans aucun fondement.

Il est certain qu'avant cette loi la légitime

n'était point une quote de l'hérédité, puisqu'elle pouvait être déférée à titre de legs, et que, comme on vient de le voir, elle ne prenait pas même cette qualité, lorsque le testateur l'avait revêtue du titre d'institution. Or, non-seulement la Novelle de Justinien ne change rien, sur cette matière, à l'ancienne jurisprudence; mais encore elle annonce assez clairement que son intention est de la laisser subsister.

En effet, elle déclare, chap. V, que c'est pour l'avantage des légitimaires qu'elle introduit la nécessité de les appeler par institution.

Or, s'il résultait de ce titre qu'ils fussent réellement héritiers, loin d'en tirer quelque utilité, ils en ressentiraient, au contraire, un véritable préjudice, et par là on contreviendrait manifestement à cette maxime si naturelle et si universellement admise, qu'il ne faut jamais tourner contre quelqu'un ce qui n'a été introduit qu'en sa faveur.

Une autre preuve que la Novelle 115 n'a point donné au titre d'institution dont elle a introduit la nécessité par rapport aux légitimaires, la vertu de faire considérer la légitime comme une quote de l'hérédité, et celui qui la recueille comme un héritier, c'est qu'elle n'exige pas que l'institution soit universelle; c'est-à-dire, par quotité, et qu'au contraire elle permet expressément de la borner à une chose particulière. Or, il est constant que l'institué dans un effet certain, *in re certâ*, n'est point héritier, mais légataire.

Aussi, les auteurs les plus graves., ceux qui ont le mieux entendu et expliqué les lois romaines, se sont réunis pour professer qu'il. n'était pas nécessaire de prendre la qualité d'héritier, pour demander une légitime. Telle est notamment l'opinion de Dumoulin., *conseil* 35; de Voët, *sur le Digeste;* de Berroyer, *Notes sur les arrêts de Bardet;* de Furgole, *Traité des testamens.*

Coquille, Ricard., Lebrun et quelques autres ont critiqué cette opinion; mais sans entrer dans le détail d'une foule de raisons qui pourraient la justifier, ne suffit pas de dire qu'elle est formellement consacrée par la Novelle 92 de l'empereur Justinien?.

Cette loi que Ricard convenait être en usage en France, porte que, lorsqu'un père a fait à l'un de ses enfans une donation inofficieuse, le donataire est, à la vérité, tenu de souffrir un retranchement proportionné à ce qui manque dans la succession pour remplir la légitime de ses frères, mais qu'il n'est pas pour cela obligé de se porter héritier, et qu'il peut, sans prendre cette qualité, retenir sa portion légitimaire sur les biens qui lui ont été donnés.

Pour échapper à l'application de cette loi, Ricard a imaginé la distinction que l'on reproduit aujourd'hui quant à la réserve; c'est que la No-

velle 92 ne doit s'appliquer qu'au donataire, et
non pas aux autres successibles; qu'en conséquence le donataire peut, quoiqu'il ne se porte
pas héritier, retenir, par voie d'exception, sa
légitime sur les biens qui lui ont été donnés; mais
que, si les autres successibles ne se portent pas
héritiers, ils n'ont pas également le droit de réclamer leur légitime sur les dons inofficieux faits
à leur cosuccessible. « Comme le donataire, dit
Ricard, est en possession, en vertu d'un juste
titre, de la part qu'il a droit de prétendre en la
légitime, il la peut retenir par exception, sans
qu'il soit tenu de changer de qualité pour cet
effet; de sorte qu'il retiendra sa part en la légitime, en qualité d'enfant, et après que la légitime aura été levée par tous les enfans en général, le surplus lui demeurera comme étranger,
en vertu de sa donation. »

Mais cette distinction n'est que subtile, et
Berroyer l'a réfutée victorieusement. «L'action,
dit-il, que les enfans peuvent avoir pour leur
légitime contre le frère donataire du père commun, n'est point différente de celle qu'ils ont
contre un donataire étranger; et l'on ne voit pas
de raison, si la qualité d'héritier était nécessaire
pour demander la légitime, qui pût exempter le
fils donataire de l'être. Voici un dilemme sans
réplique : ou il voudrait se considérer lui-même
comme un donataire étranger, et en ce cas il ne

ferait point de part pour fixer la légitime ; sa portion accroîtrait aux autres et affaiblirait davantage
sa donation : ou bien il se dirait enfant et légitimaire comme les autres, et pour lors il faudrait
mettre les choses, à lui données, dans la masse des
biens héréditaires, afin de régler la portion de
chacun, et il n'en pourrait retirer la sienne, sans
prendre la même qualité d'héritier, si elle était
nécessaire aux autres. »

A ces raisons bien décisives sans doute, se
réunit encore une considération qui suffirait seule
pour faire rejeter le système de Ricard, de Coquille et de Lebrun.

Qu'un père ait fait des donations inofficieuses
et laissé des dettes considérables, il est clair que,
si les enfans prennent la qualité d'héritiers, pour
obtenir le retranchement des donations, jusqu'à
concurrence de leur légitime, ils s'exposeront
infailliblement aux poursuites de tous les créanciers. « Un inconvénient si notable, disait Ricard
lui-même, mérite bien qu'on cherche un remède
à ce mal, pour tirer de pauvres enfans de deux
extrémités qui les empêchent de recouvrer cette
dernière table du naufrage, ne pouvant pas, d'un
côté, demander leur légitime sans prendre la
qualité d'héritiers, et ne pouvant pas, d'un autre,
se dire héritiers, qu'ils ne se rendent incontinent
sujets aux dettes ; en quoi il se découvre une injustice que tous ceux qui aiment l'équité, vou-

draient bien surmonter, puisque les créanciers
qui veulent charger les enfans de leurs dettes,
s'ils se disent héritiers, les empêchent, par cette
rigueur de jouir d'un bien dont la privation, dans
la personne des enfans, n'apporte aucun profit aux
créanciers, et ainsi ils font un grand dommage
dont ils ne ressentent aucun bien; de sorte qu'il
n'y a qu'un tiers, savoir le donataire, qui, regar-
dant cette contestation, sans y être engagé, en
retient seul l'utilité, au préjudice des enfans. »

Tel est, de l'aveu même de Ricard, le résultat
injuste de son opinion.

En vain cherche-t-il à l'écarter, en proposant
le bénéfice d'inventaire, comme un privilége
propre à réunir dans les enfans la qualité d'héritier et le droit de retenir francs et quittes de toutes
dettes, les biens qu'ils feront retrancher sur les
donations entre-vifs. Pour que le bénéfice d'inventaire leur procurât ce double avantage, il
faudrait, comme le reconnaît Ricard lui-même,
qu'après avoir exercé le retranchement légal sur
les donations entre-vifs, ils pussent abdiquer leur
qualité d'héritiers bénéficiaires et renoncer à la
succession.

Mais 1° il était d'une jurisprudence constante
dans la plus grande partie de la France, que la
qualité d'héritier bénéficiaire était aussi indélébile
que celle d'héritier pur et simple. (Aujourd'hui
il ne peut plus y avoir le moindre doute à cet

égard, d'après la disposition de l'art 802· du Code civil. *Voyez* le n° 8 des observations sur cet article.)

2° Si l'on pouvait admettre le fils à renoncer, après avoir exercé le retranchement, il faudrait qu'il abandonnât aux créanciers les biens qui lui en sont revenus : « Car, dit Berroyer, le principe supposé que l'enfant ne peut faire ordonner le retranchement des donations entre-vifs, sans être héritier pur et simple ou bénéficiaire, ce retranchement ne pourrait être considéré comme une créance, un avantage ou un droit acquis contre la succession du père, dont on veut que le bénéfice d'inventaire emporte la confusion. Mais sur ce retranchement procuré par la qualité d'héritier bénéficiaire, ou même par celle de légitimaire seule, soit que la première vînt à cesser ou non, les créanciers seraient toujours préférés à la légitime, qui ne peut être jamais prise qu'après les dettes payées, dont le légitimaire est tenu jusqu'à concurrence, comme l'héritier bénéficiaire. »

Il est donc évident que le parti proposé par Ricard, pour faire cesser l'inconvénient de son système, ne pouvait être d'aucune ressource, et ce fut sans doute parce qu'il le sentit lui-même, que cet auteur, allant plus loin, disait « que l'héritier par bénéfice d'inventaire peut, en ce cas, retenir sa qualité, sans engager dans les dettes

du défunt la portion qu'il a retranchée des donations entre-vifs, qui n'y étaient pas sujettes ; car
la raison pourquoi un enfant donataire ou douairier de son père, confond dans la succession, avec
sa qualité d'héritier, sa donation et son douaire,
et qu'il n'en peut tirer avantage tant qu'il retient
ce titre, résulte de ce que la qualité de donataire
et de douairier est absolument incompatible avec
celle d'héritier; de sorte qu'il faut que l'enfant
quitte l'une pour prendre l'autre..... mais ici il
n'en va pas de même, parce que tant s'en faut
que la qualité de légitimaire soit incompatible
avec celle d'héritier, que l'une dépend de l'autre.»

On voit que Ricard donne ici pour raison de
décider, ce qui est en question, savoir, que la
qualité de légitimaire dépend de celle d'héritier.
Mais, quand on supposerait cette dépendance
aussi réelle qu'elle a été démontrée chimérique,
le raisonnement de Ricard n'en serait pas plus
exact. La partie dépend certainement du tout ;
cependant il n'est pas possible de se figurer un
tout et une partie existant séparément l'un de
l'autre: pour concevoir un tout, il faut se représenter la partie confondue avec lui. Ainsi, quand
la légitime serait à l'hérédité ce qu'est le tout à la
partie, il répugnerait toujours que les titres de
légitimaire et d'héritier reposassent ensemble, et
séparément l'un de l'autre, sur la même tête. C'est
précisément ce qui a été jugé par un arrêt du par-

lement de Paris, de 1666, rapporté au *Journal des audiences*, et par un autre du parlement de Flandre, du 7 avril 1690, rapporté par M. Dubois d'Hermanville. « La cour, dit ce dernier, a débouté le défendeur d'une demande reconventionnelle pour prendre, à titre de légitime, les meubles de la maison mortuaire échue à Tournay, parce que la qualité d'héritier universel et principal, prise par le sieur comte de Rumbecque, répugne à celle de légitimaire, ces deux qualités ne pouvant compatir dans la même personne. »

Les raisons et les autorités se réunissent donc pour établir qu'il ne fallait pas être héritier, pour demander une légitime.

Maintenant il s'agit d'examiner si les mêmes principes ne sont pas applicables, quant à la réserve établie par le Code civil.

Mais cette réserve n'est-elle pas réellement ce qu'était la légitime? N'est-elle pas de de la même nature? N'est-elle pas également un privilége, un secours, un remède extraordinaire, accordé aux descendans et aux ascendans? Ne produit-elle pas les mêmes effets? N'est-elle pas, en un mot, toujours la même chose que la légitime, quoique le législateur ait changé la dénomination de la chose, quoiqu'il ait appelé *réserve*, ce qu'on appelait légitime?

La réserve ne peut donc pas plus que la légitime, s'exercer sur les biens qui se trouvent dans la succession *ab intestat*.

Aussi, à l'exemple du droit romain, ce n'est que contre les donataires et les légataires du défunt, que la réserve a été accordée et sa quotité fixée ; ce n'est que contre eux que le retranchement peut être exercé ; ce n'est que par rapport à eux qu'elle existe : tout cela est écrit dans les art. 913 et 919 du Code civil.

Or, le droit de demander ce retranchement contre un titre juste et valable en soi, est évidemment hors de l'hérédité, qui ne se compose que des biens laissés par le défunt et qui est chargée d'exécuter ses engagemens. Les collatéraux qui n'ont pas le privilége de la réserve, n'ont pas non plus le droit de demander le retranchement.

Donc, ce droit s'exerce avec une qualité différente de celle d'*héritier*, puisqu'il ne s'exerce pas sur l'hérédité, puisqu'il ne fait pas partie de l'hérédité ; donc il peut être exercé, quoique la qualité d'héritier soit répudiée.

Mais qu'est-il besoin de se livrer à des raisonnemens, lorsqu'il existe dans le Code une disposition formelle et précise ?

Cette disposition est celle de l'art. 921. Il suffit de savoir comment elle a été préparée, comment elle a été discutée, dans quel esprit elle a été rédigée, par quels motifs elle a été adoptée, com-

ment elle a été expliquée par ses propres rédacteurs, et il suffirait même de renfermer dans ses
termes, pour être pleinement convaincu qu'elle
a décidé formellement que les biens qui doivent
être retranchés des donations entre-vifs, pour
former la réserve, ne font pas partie de la succession *ab intestat*, et que ce n'est point en
qualité d'*héritiers*, que les descendans, ou ascendans, ont le droit de réclamer ces biens pour
leur réserve.

La section de législation du conseil d'état avait
présenté d'abord un article ainsi conçu : « Les
créanciers, les donataires et légataires du défunt,
ne pourront demander la réduction. »

Il y eut sur cet article une longue discussion
dans le conseil d'état, à la séance du 3 ventôse
an 11. Voici comment M. de Malleville, qui était
présent à cette discussion et qui y a pris part, l'a
résumée dans son *Analyse du Code civil*, tome 2,
page 393.

« On agita la question de savoir si les créanciers du défunt, postérieurs à la donation que le
légitimaire fait réduire, pouvaient exercer leur
reprise sur les biens une fois remis au légitimaire.

« Ceux qui opinaient pour l'affirmative, se
fondaient principalement sur ce que le légitimaire ne pouvait exercer l'action en réduction
qu'en *qualité d'héritier*; mais que cette qualité
l'assujétissait nécessairement au paiement des

dettes; que la légitime elle-même ne se prenait que *sur ce qui restait des biens, après les dettes payées ;* qu'il serait d'ailleurs odieux qu'un enfant jouît des biens de son père, sans acquitter ses obligations; que la constitution le privait même, en ce cas, des droits de citoyen.

« Ceux qui étaient pour la négative, disaient que ce n'était pas *comme héritier, mais comme enfant, et par un privilége attaché à sa qualité,* que le légitimaire exerçait l'action en réduction; que, comme héritier, il serait, au contraire, tenu de respecter la donation, ainsi que tout autre contrat souscrit par le défunt; que le créancier, postérieur à la donation, ne pouvait pas avoir plus de droit contre le légitimaire, après la réduction, qu'il n'en avait avant contre le donataire; que, s'il en était autrement, le bénéfice de la réduction deviendrait nul pour l'enfant; que ce n'était pas des biens *dépendans de la succession de son père,* que l'enfant jouissait après la réduction, puisque le père les avait donnés, et qu'ils ne lui appartenaient plus; que l'enfant n'était donc pas dans le cas de la constitution; qu'au surplus l'article était conforme à la jurisprudence générale. »

Ainsi, l'on voit que la question dont nous nous occupons aujourd'hui, est précisément celle que discutait alors le conseil d'état; il ne s'agit donc plus que de savoir comment elle a été résolue.

La majorité du conseil d'état se prononça contre l'article proposé. Elle décida que les créanciers, même postérieurs à la donation, pouvaient exercer leurs droits sur les biens qui étaient retranchés des donations entre-vifs, pour former la réserve des légitimaires, et conséquemment elle jugea que ces biens faisaient partie de la succession *ab intestat*, puisqu'ils étaient grevés des dettes postérieures à la donation. De là il résultait nécessairement que ce n'était qu'en qualité d'héritiers, que les légitimaires pouvaient exercer leur réserve sur ces biens.

On arrêta donc une nouvelle rédaction, qui fut communiquée au tribunat, et qui était conçue dans ces termes : « La réduction pourra être demandée par ceux au profit desquels la loi fait la réserve, par leurs héritiers ou ayans-cause ; elle ne pourra l'être par les donataires ou légataires, ni par les créanciers du défunt, *sauf à ces créanciers à exercer leurs droits sur les biens recouvrés par l'effet de cette réduction.*

Si cette nouvelle rédaction avait été *définitivement* adoptée, si elle se trouvait dans le Code, il n'y aurait plus de question, et personne n'aurait osé soutenir, malgré un texte si précis, ni que les biens retranchés pour former la réserve, ne tombaient pas dans la succession *ab intestat*, ni que les légitimaires pouvaient réclamer ces biens, sans accepter la succession dont ils auraient été dépendans.

Mais cette nouvelle rédaction n'a pas été adoptée en définitif; elle a été, au contraire, formellement rejetée; elle est remplacée par une autre disposition qui est dans un sens et dans des termes tout à fait contraires.

La section de législation du tribunat s'opposa fortement à son admission, et voici quels furent ses motifs :

« Dans la seconde partie de l'article, on dit que la réduction ne pourrait être demandée par les donataires ou légataires, ni par les créanciers du défunt, et la section est de cet avis.

« Mais il est ajouté : « sauf à ces créanciers à exercer leurs droits sur les biens recouvrés par l'effet de cette réduction. »

« Il résulte de là évidemment que l'enfant à qui la loi accorde de la réduction, ne pourrait l'exercer qu'en payant les dettes du défunt, postérieures à la donation.

« Or, c'est ce que la section ne croit pas qu'on doive adopter.

« L'action en réduction est un droit *purement personnel.* Il est réclamé par l'individu, *comme enfant, abstraction faite de la qualité d'héritier qu'il peut prendre ou non.* S'il en était autrement, il arriverait souvent que l'action en réduction serait illusoire. D'ailleurs, dans ce cas, il est indif-

férent pour les créanciers du défunt, postérieurs
à la donation, que l'enfant exerce son droit en
réduction, ou non, puisque, s'il ne l'exerce pas,
les créanciers n'en retirent aucun avantage. La
réduction ne doit donc pas exister pour eux,
mais uniquement pour l'enfant.

« Toutes ces idées sont rendues par la rédaction suivante qu'elle pense devoir être substituée
à l'article : « La réduction des donations entre-
vifs ne pourra être demandée que par ceux au
profit desquels la loi fait la réserve, par leurs
héritiers, cessionnaires ou créanciers. *Elle ne
pourra profiter aux créanciers du défunt.* »

Ces observations furent soumises au conseil
d'état, dans la séance du 24 germinal an 11 ; le
conseil d'état reconnut qu'elles étaient justes et
fondées ; il les adopta, et il en est résulté cette
rédaction définitive, qui forme actuellement l'article 921 du Code civil : « La réduction des dispositions entre-vifs ne pourra être demandée que
par ceux au profit desquels la loi fait la réserve,
par leurs héritiers ou ayans-cause ; les donataires,
les légataires, *ni les créanciers du défunt*, ne
pourront demander cette réduction, NI EN PRO-
FITER. »

N'est-il donc pas maintenant démontré jusqu'à
la dernière évidence, que le législateur a voulu
que les biens que le descendant, ou l'ascendant,
obtiendrait par la réduction des dispositions entre-

vifs, ne fissent pas partie de la succession *ab intestat*, et qu'en conséquence le descendant ou l'ascendant, pût réclamer ses biens, sans être obligé de se porter héritier ? ne l'a-t-il pas même déclaré de la manière la plus expresse et la plus formelle, en disposant, par l'art. 921, que les créanciers de la succession ne pourraient exercer leurs droits sur ces biens, puisqu'il est incontestable que, si ces biens avaient fait partie de la succession, ils auraient été soumis au paiement de toutes les dettes du défunt, puisqu'il est également incontestable que, si le descendant, ou l'ascendant, n'avait pu avoir ces biens qu'en qualité d'héritier, qu'en acceptant la succession, il aurait été tenu d'acquitter *sur ces biens*, toutes les dettes et charges, lors même qu'il n'aurait accepté que sous bénéfice d'inventaire ?

Mais veut-on encore la preuve que c'est ainsi que l'ont entendu tous ceux qui ont concouru à la rédaction de l'art. 921 ? cette preuve se trouve écrite dans les deux rapports qui ont été faits au tribunat et au corps législatif, sur la loi *des donations et des testamens*.

Voici comment s'est exprimé M. Jaubert, dans son rapport au tribunat :

« Si la réduction est exercée par ceux au profit désquels la loi fait la réserve, ces derniers seront-ils tenus de payer les dettes postérieures à la donation ? non. *Ils ne viennent pas comme héritiers;*

on les considère uniquement comme les codo-
nataires. C'est alors que, par une belle fiction, la
loi faisant ce que la nature seule aurait dû inspirer,
suppose que, par le même acte, l'auteur de la
disposition avait été juste envers tous ceux qui
avaient droit à sa tendresse.

« Les créanciers n'ont de droit *que sur la succession;* ils ne peuvent exercer que les actions de
la succession.

« L'action directe en réduction est refusée aux
créanciers ; mais elle ne leur est refusée que *parce
qu'elle n'est pas dans la succession;* car, si elle
était dans la succession, on ne pourrait la leur
dénier. ,

« Si les créanciers ne peuvent exercer de leur
chef l'action en réduction, ils ne peuvent donc
en profiter indirectement. *Le droit d'où la réduction dérive, ne les concerne d'aucune manière; il
tient à une qualité qui n'a rien de commun avec
eux;* enfin elle porte sur des biens qui n'ont jamais été leur gage ni leur espérance.

« C'est donc avec grande raison que le projet
exclut tous les créanciers de toute participation,
directe ou indirecte, au retranchement de la donation. »

M. Favart, dans son rapport au corps législatif,
a parlé dans le même sens.

« On a beaucoup agité, disait-il, la question
de savoir si du moins les créanciers du défunt

pourraient exercer leurs droits sur les biens recouvrés par cette réduction.

« Pour l'affirmative, on disait que les enfans ne pouvaient demander la réduction qu'à titre d'héritiers; que dès-lors ils se trouvaient chargés de payer les dettes postérieures à la donation; que d'ailleurs il était juste qu'un fils ne prît rien dans la succession de son père, avant d'avoir payé ses dettes.

« *Mais ce n'est pas comme héritiers*, *que les enfans demandent le retranchement;* cela est si vrai, que la portion donnée, qui entamait la réserve légale, était retranchée de la succession. Les enfans la conquièrent sur le donataire; ils la prennent aussi libre qu'elle l'était dans ses mains : or, elle était dans ses mains, franche des dettes que le donataire a contractées postérieurement à la donation. »

Peut-il y avoir rien de plus positif, rien de plus formel?

Il doit donc paraître bien étonnant que l'on mette encore en question si les descendans ou les ascendans ont le droit de réclamer, autrement qu'en qualité d'héritiers, leur réserve légale, par voie de réduction des dispositions entre-vifs.

Y a-t-il donc dans le Code une autre disposition qui soit absolument contraire à celle de l'art. 921 ? non, et cela ne peut pas même se supposer.

Sur quels moyens peut donc être fondée l'opinion qui détruirait entièrement cet article ?

Des moyens, il n'y en a pas. Mais on fait des
argumentations subtiles; on équivoque sur des
mots ; on tire péniblement quelques inductions
de certains articles que l'on considère isolément
et que surtout on se garde bien de combiner
avec le principe consigné dans l'art. 921 et c'est
ainsi qu'on cherche à établir un systême nouveau,
que cependant on veut faire prévaloir sur une disposition précise. La réfutation en sera très-facile.

1°. Dit-on, ceux qui ont droit à une réserve,
sont sans cesse qualifiés d'*héritiers*, par le Code
civil (art. 917, 930, 1004, 1006 et 1011); donc,
aux termes du Code, il faut avoir la qualité d'héritier, c'est-à-dire, avoir accepté la succession
pour être admis à exercer le droit à la réserve.

Cette objection pourrait être spécieuse, si le
Code n'avait toujours employé le mot *héritier*,
que pour désigner le successible qui a accepté
la succession ; mais on voit, au contraire, dans
une foule d'articles, qu'il a employé indifférem-
ment le mot *héritier*, soit pour désigner le successible *qui n'a encore ni accepté ni renoncé*, soit
pour désigner le successible *qui a accepté*, soit
même pour désigner le successible *qui a renoncé*
et qu'ainsi presque toujours, il a confondu le
mot héritier avec le mot successible.

Par exemple, il dit, dans l'art. 795, que l'*hé-*

ritier a trois mois pour faire inventaire, à compter de l'ouverture de la succession.

Il dit encore, dans l'art. 797, que, pendant les délais pour faire inventaire et pour délibérer, l'*héritier* ne peut être contraint à prendre qualité.

Or, il est bien évident que, dans ces deux articles, le Code n'entend pas désigner par le mot *héritier*, celui qui déjà a accepté la succession.

Dans l'art. 843 il est dit : *Tout héritier, même bénéficiaire, venant à succession.* Or, évidemment, ces derniers mots, *venant à succession*, eussent été inutiles, si, par le mot *héritier*, le Code n'avait entendu désigner que celui qui a accepté la succession.

L'art. 785, dit positivement que l'*héritier qui renonce*, est censé n'avoir jamais été héritier. Or, ces termes ne prouvent-ils pas jusqu'à l'évidence, que le Code ne restreint pas la signification du mot *héritier* au successible qui a accepté ?

La même observation s'applique à l'art. 845 lui-même, qui commence par ses mots, l'*héritier qui renonce à la succession.*

Dans tous ces articles, il eût fallu se servir du mot *successible*, au lieu du mot *héritier*, si l'on eût voulu restreindre ce dernier mot à sa signification rigoureuse.

Ainsi l'objection faite, que dans les art. 917, 930, 1004, 1006 et 1011, le Code a qualifié d'héritiers, ceux qui ont droit à la réserve légale, et qu'en conséquence il faut avoir accepté la succession, pour avoir droit à la réserve, n'est plus soutenable.

2° On oppose l'art. 924, qui porte que, si la donation entre-vifs réductible a été faite à l'un des successibles, il pourra retenir, sur les biens donnés, la valeur de la portion qui lui appartien drait, comme héritier, dans les biens non disponibles, s'ils sont de même nature. Il résulte, dit-on, de cet article, deux choses: la première, qu'il faut être héritier pour obtenir la réserve, par voie d'action, et la seconde, qu'on n'a pas besoin de l'être, pour la retenir par voie d'exception. En effet, l'article dit, *qui lui appartiendrait comme héritier,* c'est-à-dire, *s'il était héritier.* Donc il faudrait qu'il le fût, pour demander la réserve; mais il n'a pas besoin de l'être, pour la retenir par voie d'exception.

On peut d'abord répondre que, s'il résultait des termes de l'art. 924, que le successible, non donataire, ne peut obtenir sa réserve dans les biens non disponibles, que comme héritier, c'est-à-dire, que s'il se portait héritier, cela s'appliquerait également au successible donataire; qu'en effet l'art. 924 est spécialement fait pour le successible donataire, et que dans le sens qu'on donne à ces mots, *la portion qui lui appartiendrait comme héritier*, il dirait bien expressément que, si la donation entre-vifs réductible avait été

III.   20

faite à l'un des successibles, ce successible ne
pourrait, qu'en prenant la qualité d'héritier, retenir sur les biens donnés la réserve qui lui appartiendrait dans les biens non disponibles.

Mais il faut bien remarquer que l'art. 924 ne
s'exprime pas ainsi. Il ne dit pas que le success-
sible peut retenir, sur les biens donnés, la portion *qui lui appartient*, *comme héritier*, ce qui
signifierait bien réellement que le successible ne
peut avoir cette portion et qu'elle ne lui appartient, que s'il est héritier. Il dit que le successible
peut retenir, sur les biens donnés, la portion *qui
lui appartiendrait*, *comme héritier*, ce qui signifie que le successible, quoiqu'il ne se porte
pas héritier, peut retenir la portion, et qu'elle lui
appartient, comme il pourrait la retenir, comme
elle lui appartiendrait, s'il était héritier.

Et en effet, pour être bien convaincu que c'est
là le véritable sens de l'art. 924, il suffit de le
combiner avec les art. 843 et 844.

Il résulte évidemment de ces deux articles, et
tout le monde en convient, que, si un successible
est donataire à titre de préciput, il peut, d'abord,
en sa qualité de donataire, conserver, sur les
biens qui lui ont été donnés, la totalité de la portion disponible, et qu'ensuite sur l'excédant de
la disposition, ainsi que sur les autres biens non
disponibles restés dans la succession, il a le droit,
s'il se porte héritier, de réclamer sa portion hé-

réditaire. L'art. 844 dit expressément que le successible donataire doit rapporter *à la succession*
l'excédant de la portion disponible, et conséquemment ce successible a le droit, en se portant
héritier, de prendre sa part dans l'excédant qui,
par le rapport à la succession, se trouve faire partie de l'hérédité, à l'égard de tous les héritiers.

Les art. 843 et 844 ont donc suffisamment
pourvu au cas où le donataire se porte héritier;
c'est donc d'un autre cas, qui est celui où le
donataire renonce à la succession, que s'occupe
l'art. 924. et aussi l'on voit que cet article ne se
borne pas à dire que le donataire peut retenir
sur les biens qui lui ont été donnés, la portion
qui lui appartient, comme hé itier, dans les biens
non disponibles. mais la portion qui lui appartiendrait comme héritier.

On ne peut pas même raisonnablement soutenir que l'art. 924 puisse s'appliquer à un autre
donataire qu'à celui qui renonce à la succession,
puisqu'il forme une branche de la matière de la réduction, et que l'action en réduction ne peut avoir
lieu que contre un donataire étranger, ou contre
le successible qui ne vient pas à la succession.

Il eût été d'ailleurs bien inutile de faire une
disposition spéciale pour autoriser l'héritier qui
a accepté la succession, à retenir ou à réclamer
sa réserve.

On peut dire encore que l'art. 924 n'a eu qu'un

20.

seul objet, qui a été d'autoriser le donataire à *retenir* sa réserve sur les biens qui lui avaient été donnés, sans qu'il fût obligé de se dépouiller de ce qu'il aurait reçu de plus que la portion disponible, pour ensuite exercer sur la succession son droit de réserve. On a voulu que, sur ce qu'il a dans ses mains, il retînt et la portion disponible et sa réserve; c'est un privilége qui lui a été accordé, en faveur de sa possession; et ce qui prouve que tel a été l'objet de l'article, c'est qu'on a ajouté à la première rédaction qui en avait été proposée, ces mots, *s'il sont de la même nature*, afin, disait le tribunat, que le donataire ne pût pas retenir tous les immeubles, pendant que les autres n'auraient que des meubles ou le l'argent.

Mais peut-être, sans qu'il fût besoin de se livrer à toutes ces interprétations, il aurait sufi de dire que le mot *héritier*, qui se trouve dans l'article 924, ne doit pas plus être restreint qu'il ne l'a été dans tous les autres articles qui ont été précédemment cités; qu'il peut s'appliquer aux successibles qui ont renoncé, comme à ceux qui ont accepté; et qu'en effet, pour avoir droit à la réserve, il faut être successible.

3°. On cherche à contourner le sens de l'article 921, pour en éluder l'application. Le législateur a cru, dit-on, qu'il était nécessaire d'établir, par une disposition formelle, que les créanciers

du défunt ne pourraient profiter de la réduction
des donations entre-vifs. Il a donc pensé que,
sans cette disposition , ils en auraient profité : or,
à quel titre les créanciers de la succession auraient-ils pu poursuivre les biens provenant de
cette réduction , dans les mains du légitimaire ,
s'il n'était pas héritier. Mais , d'un autre côté,
l'article ne peut considérer le légitimaire , comme
héritier pur et simple : car alors rien n'empêche-
rait les créanciers du défunt , devenus, en ce cas,
créanciers personnels de l'héritier, de poursuivre
les biens provenant de la réduction, comme tous
les autres biens personnels de l'héritier. L'article
suppose donc deux choses , et que le légitimaire
est héritier , et qu'il est héritier bénéficiaire.

· Eh! oui sans doute , si la première rédaction
arrêtée par le conseil d'état , avait été définitivement adoptée , il est incontestable que le légitimaire n'aurait pu réclamer sa légitime, sans être
héritier ; mais c'est là précisément ce qu'on n'a pas
voulu admettre ; c'est précisément parce qu'on a
reconnu que ce n'était pas à la qualité d'héritier,
mais à la seule qualité d'enfant ou d'ascendant,
qu'il fallait attacher le droit de légitime , qu'on a
rejeté la première rédaction ; c'est précisément
parce qu'on a voulu que l'enfant ou descendant
ne fut pas tenu de se porter héritier, pour avoir
droit à la légitime , qu'on a fait la nouvelle rédaction , qui forme l'art. 921 du Code , toute la dis-

cussion le prouve évidemment; et comment donc serait-il possible de croire qu'au contraire cet article 921 suppose que le légitimaire est héritier?

Vainement on cherche encore à reproduire la distinction entre la qualité d'héritier pur et simple, et celle d'héritier bénéficiaire. Elle fut proposée lors de la discussion au conseil d'état et définitivement rejetée.

En un mot, le législateur s'est déterminé dans cette matière, par le motif, que la légitime appartient au descendant ou à l'ascendant, en cette seule qualité, *abstraction faite*, comme le disait le tribunat, *de la qualité d'héritier qu'il peut prendre ou non*, et ce motif suffit pour répondre à tout ce qu'on peut dire sur la nécessité de la qualité d'héritier.

4° On veut établir que de cette opinion résulteraient beaucoup d'inconvéniens, et l'on cite un exemple. Un enfant, dit-on, qui est fils unique renonce à la succession de son père; cependant il demande et il obtient sa légitime sur les biens donnés entre-vifs. Un collatéral plus hardi, ou mieux instruit de l'état des affaires du défunt, accepte la succession, et un navire que l'on croyait perdu, arrive avec une cargaison. Certainement les donataires prétendront avec raison, que leurs donations n'ont pu être attaquées qu'à défaut de biens existans, et qu'en conséquence, comme il y a dans la succession du père plus qu'il ne faut pour payer la légitime, ce qui leur a été retranché, doit leur être restitué. D'un autre côté, le fils ne pourra attaquer les biens existans, parce qu'au moyen de sa renonciation ils sont dévolus irrévocablement au collatéral qui a accepté; et s'il oppose cette raison aux donataires, ils lui répondront avec avantage, que c'est par son propre fait qu'il est privé de ces biens; que, s'il n'eût pas renoncé, il eût eu amplement de quoi compléter sa légitime, et qu'il est en conséquence non recevable à leur opposer un préjudice qu'il ne souffre que par l'effet de sa seule volonté. Certainement, ajoute-t-on, le raisonnement des donataires est sans réplique, et prouve, d'une manière invincible, qu'on ne peut former l'action en retranchement, sans se porter héritier.

La réponse à cette objection est facile.

Sans doute, l'enfant sera tenu, dans le cas supposé, de restituer ce qu'il avait fait retrancher de la donation entre-vifs, puisqu'il sera prouvé que, d'après l'état réel de la fortune du donateur, au moment de son décès, la donation entre-vif n'excédait pas la portion disponible; et, d'autre part, l'enfant ne pourra rien demander au collatéral qui s'est rendu héritier, puisqu'aux termes de l'art. 920 et suivans du Code civil, la réserve ne se prend pas sur les biens qui restent libres dans la succession, et ne s'exerce que par voie de réduction des dispositions, soit entre-vifs, soit à cause de mort, lorsque ces dispositions excèdent la portion disponible.

Mais de tout cela que résulte-t il ? rien autre chose, si ce n'est que, dans le cas supposé, l'enfant n'a pas de réserve à réclamer, puisqu'il n'y a pas de disposition qui excède la portion disponible, et que, d'autre part, il ne peut rien prendre dans la succession *ab intestat*, puisqu'il y a renoncé.

Mais tout cela est étranger à la question de savoir si dans le cas où il y aurait une disposition qui excédât réellement la portion disponible, l'enfant n'aurait pas le droit d'en demander la réduction et de réclamer sa réserve, sans être tenu de se porter héritier.

Le prétendu inconvénient qu'on oppose, pourrait également avoir lieu dans le cas où l'enfant aurait accepté la succession sous bénéfice d'inventaire; après l'arrivée du navire, il n'en serait pas moins tenu de restituer aux donataires ce qu'il aurait fait retrancher, pour sa réserve, sur les biens donnés, et si le produit du navire et de la cargaison était absorbé par les dettes de la succession, l'enfant n'aurait toujours rien.

5o Enfin, on a dit qu'il existe une différence essentielle entre l'ancienne légitime et la réserve établie par le Code civil; que l'ancienne légitime ne consistait que dans l'attribution faite à chaque enfant personnellement, de la portion déterminée qu'il aurait eue, s'il avait succédé *ab intestat*;

que la légitime, suivant les expressions de Lebrun, n'était pas due en gros à tous les enfans, mais en détail à chaque enfant en particulier ; qu'aussi l'on tenait généralement que, si un enfant renonçait, quoiqu'il fît nombre pour la détermination de la quotité des légitimes, à l'égard des autres enfans, néanmoins sa renonciation ne profitait pas aux légitimaires, et tournait entièrement au profit de l'institué qui, ayant une disposition universelle en sa faveur, devait fournir les légitimes ; mais qu'il en est autrement pour la réserve, d'après l'art. 913 du Code ; que, suivant cet article, le patrimoine du père est divisé en deux masses distinctes, l'une dont le père peut disposer, et qui s'appelle *portion disponible*, l'autre dont la disposition est interdite au père, et qui s'appelle en conséquence *portion indisponible*; que cette masse de la portion indisponible est la réserve assurée à tous les enfans ; qu'elle forme succession *ab intestat*, puisqu'elle n'a pu être distraite du patrimoine du défunt, et qu'il en résulte deux choses ; la première, que chaque enfant ne peut avoir sa part dans la réserve, qu'en venant à la succession; la seconde, que si l'un d'eux renonce, sa part accroît aux autres enfans.

A cette objection, il faut répondre, en premier lieu, qu'elle n'est pas exacte, en ce qui concerne l'ancienne légitimité.

Il est bien vrai que Ricard et Lebrun ont soutenu que les biens affectés aux légitimes des enfans ne formaient pas masse, et que chaque enfant n'avait qu'un droit personnel à une portion déterminée de ce qu'il aurait eu, s'il avait succédé *ab intestat.*

Mais Furgole a fait justice de cette opinion erronée. Dans son *Traité des testamens,* chap. 8, sect. 2, n° 144 et suivans, il a démontré que, suivant la Novelle 18 de l'empereur Justinien, et notamment d'après l'art. 61 de l'ordonnance de 1735, la légitime n'était pas affectée à chaque enfant particulièrement, comme une portion de la succession, mais que la quotité de biens, réservée pour former les légitimes des enfans, était assignée à tous les enfans, *pour en faire la division entre eux par égales parts et portions.*

« L'opinion de Furgole, dit M. Grenier, dans son traité *Des donations et des testamens,* tome 2, page 266, était suivie préférablement à celle de Ricard, au moins dans les pays de droit écrit.

« Mais, ajoute-il, les jurisconsultes les plus versés dans le droit, indépendamment des motifs donnés par Furgole, et de la grande faveur que les enfans légitimaires avaient dans ce cas, se décidaient encore par la raison qu'il se faisait accroissement en faveur des autres enfans, du droit de celui qui renonçait. Furgole à en effet enseigné dans quelques parties de son ouvrage que cet accroissement avait lieu entre les enfans, en cas de renonciation d'un ou de plusieurs à la légitime. »

La première partie de l'objetion à laquelle on répond en ce moment, porte donc sur une supposition fausse.

La seconde partie n'est pas plus exacte, puisqu'elle suppose encore que, d'après les dispositions du Code civil, toute la portion indisponible, forme succession *ab intestat*. La proposition contraire est formellement consacrée, ainsi, qu'on l'a vu précédemment, par la disposition de l'art. 921. La portion de biens, qui est retranchée des donations entre-vifs, pour la réserve des descendans ou des ascendans, n'entre pas dans la succession *ab intestat*, puisqu'elle n'est pas soumise au paiement des dettes, puisque les créanciers du défunt ne peuvent exercer de droits sur les biens que les descendans ou ascendans font retrancher des donations entre-vifs, pour avoir leur réserve.

Après avoir répondu aux objections principales, il faut terminer par des observations qui sont péremptoires et décisives.

Quels motifs pourrait avoir eu le législateur, pour faire dépendre de la qualité d'héritier le droit de demander la réserve ? Ces motifs, qu'on ne doit pas supposer purement arbitraires, ne pourraient résulter que de la nature des choses ou de l'intérêt des tiers.

Mais d'abord, la nature des choses n'exige pas
que le légitimaire prenne la qualité d'héritier.

Si la portion indisponible qui est retranchée des
donations entre-vifs, pour fournir la réserve,
tombait dans la succession *ab intestat*, sans doute
il serait dans la nature des choses qu'on fût obligé
de venir à la succession, c'est-à-dire, de se porter
héritier, pour réclamer la réserve, par voie de
réduction des donations entre-vifs ; mais si la
portion indisponible, qui est retranchée des
donations entre-vifs, pour fournir la réserve, est
hors la succession, si elle est dévolue, par un
privilége spécial, aux successibles qui ont droit
à la réserve, et si en conséquence elle n'est pas
soumise aux actions des créanciers de la succession, il serait ridicule que, pour avoir cette portion de biens, on fût tenu de venir à la succession, puisqu'il n'y aurait entre l'une et l'autre
aucune connexité.

Or, n'est-il pas maintenant démontré jusqu'à
la plus haute évidence, qu'il résulte nécessairement et de l'esprit et des termes de l'art. 921,
que les biens, retranchés pour la réserve, ne font
pas partie de la succession *ab intestat*.

Mais veut-on encore une nouvelle preuve à
cet égard ? elle se trouve écrite dans les art. 746,
750, 915 et 916 du Code civil.

Aux termes des deux derniers articles, si le
défunt qui a laissé un ascendant et un frère ger-

main, avait disposé, par des donations contrac-
tuelles, de la totalité de ses biens, l'ascendant
aurait le droit de faire retrancher de ces dona-
nations un quart de biens, qui lui appartiendrait
à titre de réserve; et ce droit ne pourrait lui
être contesté par le frère germain, puisque le
Code civil n'accorde point de réserve aux frères
et sœurs.

Mais comment l'ascendant pourrait-il exercer
son droit de réserve, s'il ne pouvait prendre la
réserve que dans la succession *ab intestat*, s'il ne
pouvait avoir la réserve qu'en venant à la succession en qualité d'héritier ? Aux termes des
articles 746 et 750, il est exclu de la succession
par les frères et sœurs du défunt, en sorte que,
ne pouvant être héritier, il ne pourrait avoir la
réserve, qui cependant lui est formellement accordée par l'art. 915, sans aucune exception pour
le cas où il y a des frères ou sœurs.

Et ce qu'il y a de remarquable encore, c'est
que les frères ou sœurs eux-mêmes n'auraient
aucun intérêt à ce que l'ascendant fût privé de la
réserve, puisque, dans le cas même où il en serait privé, ils n'auraient rien à réclamer dans
les biens du défunt que l'on suppose avoir été
entièrement donnés par des donations contrac-
tuelles.

Il y aurait donc une antinomie réelle, dans le
système qui est combattu, entre les dispositions

des-art. 946, 950, 915, et 916; mais comme cette antinomie ne peut se supposer, il résulte néces- sairement de la disposition de l'art. 915, qui est générale et sans aucune exception, qu'il n'a pas été dans l'intention du législateur que le droit de réclamer la réserve, par voie de réduction des donations-entre-vifs, fût dépendant de la qua- lité d'héritiers.

Maintenant il reste à examiner si, *dans l'intérêt de quelques personnes*, le législateur aurait pu vouloir cette dépendance.

Serait-ce dans l'intérêt des créanciers de la suc- cession ? Non, sans doute, et il est aisé de prou- ver que les créanciers ne peuvent y avoir intérêt.

On convient, en effet, que pour avoir le droit de réclamer sa réserve sur les biens dont il y aurait eu disposition, il suffirait de se porter héri- tier *sous bénéfice d'inventaire* On convient en- core que, dans ce cas, l'héritier bénéficiaire aurait seul, aux termes de l'art. 921, les biens qu'il aurait fait retrancher des donations entre- vifs, et que les créanciers de la succession ne pourraient exercer leurs droits sur ces biens; il résulte enfin de l'art. 802, que l'héritier béné- ficiaire ne serait pas tenu, *sur ses biens person- nels*, des dettes de la succession.

Les choses étant ainsi, quel intérêt pourraient donc avoir les créanciers de la succession, à ce que le successible ne pût réclamer, qu'en pre-

nant la qualité d'héritier bénéficiaire, la réduction des donations entre-vifs, pour avoir sa réserve? Quel avantage leur procurerait cette qualité d'héritier bénéficiaire, que le successible
serait tenu de prendre? évidemment aucun.

En dernier résultat, malgré cette qualité prise
par le descendant ou l'ascendant, qui voudrait
avoir sa réserve sur les biens donnés, les créanciers ne pourraient toujours exercer leurs droits
que sur les biens *restés libres* dans la succession
que sur les biens *dont il n'y aurait pas eu de
dispositions entre-vifs.*

Mais ils pourraient également exercer leurs
droits sur ces biens, lors même que le descendant, ou l'ascendant, obtiendrait sa réserve sans
se porter héritier bénéficiaire.

Il n'ont donc aucun avantage, aucun intérêt à
ce qu'il prenne cette qualité.

Or, peut-on admettre, que sans aucun intérêt
quelconque, ils aient le droit de contraindre le
descendant ou l'ascendant, à se charger d'une
administration bénéficiaire qui ne lui convient
pas?

Serait-ce dans l'intérêt du donataire du défunt
qu'on voudrait que le droit à la réserve dépendît
de la qualité d'héritier?

Mais si le donataire est un étranger, que lui
importent que les enfans du donateur viennent réclamer l'excédant de la portion disponible, soit

en leur qualité d'enfans, soit en qualité d'héritiers? Il n'a, et ne peut avoir personnellement
aucun intérêt à ce qu'ils prennent cette dernière
qualité; elle ne peut lui procurer aucune espèce
d'avantage.

Est-ce un des enfans du donateur qui se trouve
donataire, *à titre de préciput?* Il aura aussi le
droit de prendre ou de retenir sa réserve sur
l'excédant de la portion disponible, sans être
forcé de prendre la qualité d'héritier, qui pourrait lui être nuisible. Comment donc pourrait-il
être fondé à se plaindre de ce que les autres enfans auraient, quant à la réserve, le même droit
que lui, et pourraient, comme lui, se dispenser
de prendre la qualité d'héritier?

Si l'enfant est donataire, *sans dispense de rapport,* il ne pourra conserver la portion disponible, *qu'en renonçant à la succession;* il ne sera
donc pas héritier, et cependant on convient qu'il
aura encore le droit de prendre ou de retenir
sa réserve, sur l'excédant de la portion disponible; mais pourquoi donc ses frères et sœurs
n'auraient-ils pas le même droit que lui, quant
à leur réserve, en renonçant, comme lui, à la
succession? Le privilége exclusif qu'on voudrait
lui faire attribuer à cet égard, serait en raison
inverse de la justice.

Quoi! parce que l'un des enfans sera donataire, parce qu'il aura seul la totalité de la por-

tion disponible, il faudra lui donner encore le droit spécial, le droit exclusif, de prendre, sans être héritier, sa réserve, comme enfant, sur les biens non disponibles; et les autres enfans auxquels il n'a rien été donné, qui ne peuvent avoir qu'une faible réserve sur les biens non disponibles n'auraient pas également le droit de la réclamer, comme enfans, et en seraient privés, s'ils ne se portaient pas héritiers! En vérité, cela ne peut se concevoir, et l'on fait injure au législateur, en supposant qu'il ait voulu consacrer une semblable injustice.

Mais, d'ailleurs, cette distinction étrange n'est établie par aucun article du Code. L'art. 845, sur lequel on voudrait la fonder, n'a été fait que pour régler ce qui était ou non rapportable de la part du donataire; il ne s'occupe aucunement de la réserve dont il n'a été traité qu'au titre *des Donations et des Testamens*, et d'ailleurs ses termes n'autorisant le donataire à retenir que jusqu'à concurrence de la portion disponible, ne suffiraient pas pour lui assurer la réserve, puisqu'elle ne se prend pas sur la portion disponible.

Le droit que l'enfant donataire peut avoir à la réserve, indépendamment de la portion disponible, n'est donc pas réellement établi par l'article 845; il ne peut donc résulter que de la qualité d'enfant, que de la disposition de l'art. 921,

III   21.

et conséquemment il appartient également, sous l'un et l'autre rapport, à tous les autres enfans du donateur.

Enfin, il ne faut jamais oublier dans cette matière, que la réserve, ainsi que l'ancienne légitime, est accordée par *la nature elle-même*, comme par la loi, *quod nostra constitutio ad verecundiam naturæ introduxit*; qu'elle est un secours accordé aux ascendans et aux descendans, pour leur subsistance, *débitum bonorum subsidium*; qu'elle ne fait pas partie de la succession; puisque les créanciers de la succession n'y ont aucun droit, qu'elle n'est pas un simple droit de succession, puisque les collatéraux ne peuvent la réclamer, lors même qu'ils sont héritiers, qu'en un mot, suivant les propres expressions des rédacteurs du Code, elle est attachée par la loi, comme par la nature, à la seule qualité d'ascendant, à la seule qualité de descendant, qu'elle est attachée à *la personne même*, indépendamment de toute autre qualité, et qu'ainsi semblable sous tous les rapports, à l'ancienne légitime, la remplaçant entièrement dans notre législation et n'en différant que de nom, elle doit être et se trouve effectivement régie par les mêmes principes, et doit jouir des mêmes priviléges et de la même faveur.

Seconde opinion. Le descendant ou l'ascendant qui a renoncé à la succession, ne peut

réclamer sa part dans la réserve, par voie d'action,
c'est-à-dire, en demandant la réduction des dons
entre-vifs faits à d'autres personnes; mais il peut,
par voie d'exception, retenir sa réserve, sur les
biens qui lui ont été donnés; il peut la retenir, en
sus de la portion disponible qu'il conserve, comme
donataire.

On voit que cette opinion contient deux pro-
positions très-différentes; il faut donc exposer
séparément les motifs de chacune d'elles.

1° Quelques auteurs ont soutenu que, même
dans le droit romain, il fallait être héritier, pour
demander la légitime contre les donataires du
défunt.

En effet, disaient-ils, d'après la Novelle 115,
chap. 3, *in principio*, la légitime devait être
laissée expressément à titre d'institution : *Non
licere penitùs patri vel matri, filium aut filiam
prœterire, aut exheredes facere, nec si per quam-
libet donationem, vel legatum, vel fideicommis-
sum, vel alium quemcumque modum, eis dederit
legibus debitam portionem.* La qualité de légitimaire et celle d'héritier étaient donc inséparables.
On sait d'ailleurs que l'enfant émancipé qui voulait attaquer le testament de son père, comme
inofficieux, devait commencer par demander la
possession des biens, qui était l'hérédité préto-
rienne.

Cependant il faut convenir que, dans les pays

21.

de droit écrit, on pensait généralement que la légitime n'était pas due à l'enfant, en qualité d'héritier, mais en qualité d'enfant, et qu'ainsi l'enfant qui renonçait à la succession, pouvait néanmoins demander sa légitime.

Mais, dans les pays de coutume, c'était un principe constant qu'on ne pouvait réclamer la légitime, sans être héritier. *Non habet legitimam nisi qui hæres est*, disait Dumoulin, sur l'art. 125 de l'ancienne coutume de Paris. La renonciation à la succession emportait donc l'exclusion de la légitime.

Ainsi, pour réclamer la légitime, il fallait, au moins, se porter héritier sous bénéfice d'inventaire. On peut consulter sur ce point Ricard, dans son *Traité des Donations*, part. 3, n° 978; Lebrun, dans son *Traité des Successions*, liv. 2, chap. 3, sect. 1, n° 9 et suivans; Pothier, dans son *Traité des Donations entre-vifs*, p. 192, sect. 5, art. 5, §. 1, et Auroux des Pommiers, dans son *Commentaire de la coutume du Bourbonnais*.

La différence qui existait sur la manière de considérer la réserve, dans les pays de droit écrit et dans les pays de coutume, tenait à la différence des principes sur le fondement des successions.

Dans le droit romain, la volonté de l'homme faisait les héritiers. Le père pouvait exclure ses enfans de la succession, en choisissant un héritier. La légitime accordée aux enfans, fut donc considérée comme une grâce, plutôt que comme un droit; ce fut un secours accordé aux enfans, une dette établie en leur faveur sur la succession.

Dans les coutumes, au contraire, c'était la loi qui faisait les héritiers, et non la volonté de l'homme. Les institutions d'héritier n'étaient considérées que comme des legs, valables seulement jusqu'à concurrence de la portion disponible. L'héritier du sang était saisi par la loi; les légataires institués sous le nom d'héritiers, étaient obligés de lui demander la délivrance de leurs legs. La réserve était donc réellement une portion de l'hérédité, à laquelle on ne pouvait avoir droit qu'en qualité d'héritier.

Ce sont ces derniers principes qu'a suivis le Code civil, dans les art. 1003 et 1004; c'est donc aujourd'hui une maxime certaine, comme sous l'empire des coutumes, que la réserve est une portion de l'hérédité, et que le droit à la réserve est un droit héréditaire, un droit attaché à la qualité d'héritier.

La question fut vivement débattue au conseil d'état, et la discussion donna lieu à l'art. 921 : or, il résulte bien, sans doute, de cet article, que le bénéfice de la réduction des donations entre-vifs, bénéfice que l'enfant ne peut réclamer qu'à titre de réserve, ne profite qu'à lui seul, et que l'enfant en profite, comme enfant, et non comme héritier, puisqu'il peut le retenir, sans être obligé de payer les dettes de la succession ; mais il ne résulte pas de l'art. 921, que l'enfant peut demander la réduction des donations entre-vifs, afin d'avoir la réserve, lorsqu'il renonce à la succession.

Il faut tenir toujours à ce principe, enseigné par tous les auteurs, résultant de toutes les lois, parfaitement développé dans l'art. 34 de l'ordonnance de 1731, que la légitime, ainsi que le disait Furgole sur cet article, est considérée comme une charge de l'hérédité, et non pas de chaque effet en particulier. Voilà pourquoi il n'a jamais été permis au légitimaire de s'adresser, indistinctement et à son gré, à tout possesseur quelconque de biens qui aient appartenu au défunt. D'abord, les biens laissés par le défunt ; ensuite, en cas d'insuffisance pour la légitime, les biens donnés, en remontant des dernières donations aux premières, par ordre de date ; telle est la gradation qui a toujours été suivie, et qui se trouve aujourd'hui formellement maintenue par les art. 922, 923 et 930 du Code civil.

On ne peut pas soutenir que la réserve doive toujours être mesurée sur ce que le défunt a donné ; il n'y aurait pas alors de donation qui ne fût illusoire, et ce principe serait évidemment dangereux. La réserve se mesure, et sur les biens donnés, et

sur ceux que le disposant laissera à son décès.
C'est seulement lorsqu'il n'en laisse pas, que la
réserve se mesure sur les biens donnés.

Cela étant ainsi, comment l'héritier auquel la
loi accorde une réserve, pourra-t-il attaquer d'a-
bord un donataire en réduction, sans prouver
qu'il ne se trouve point dans la succession de
quoi faire face à sa réserve ? Le donataire ne peut
pas rechercher les effets de la succession ; il n'a
point de qualité pour cela, et s'il s'en trouvait
dans la suite, aurait-il le droit de les réclamer,
puisqu'il ne pourrait agir que comme étant aux
droits de celui qui l'aurait attaqué, qui n'en aurait
pas non plus, lorsqu'il aurait renoncé à la succession ?

Il est donc démontré que celui qui a droit de
réserve, ne peut attaquer le donataire en retranchement ou réduction, sans s'être rendu préalablement héritier, au moins sous bénéfice d'inventaire. Héritier pur et simple, il devrait payer
les dettes du défunt, cela est évident ; héritier sous
bénéfice d'inventaire, il conserve le droit de réclamer la réserve, comme enfant ou héritier pri-
vilégié pour cette réserve, sans payer les dettes,
si ce n'est jusqu'à concurrence de ce qui se trouve
dans la succession. L'héritier bénéficiaire ne doit
point personnellement les dettes de la succession ;
elles sont dues uniquement par les biens de cette
succession. Le législateur a voulu, dans l'art. 921,

que la réduction tournât au profit seulement de
ceux qui ont droit de réserve ; mais il n'est point
allé au delà.

« Supposons, disait Espiard-Desaux, dans une
note sur Lebrun, supposons qu'un enfant légitimaire, sans être héritier, ait obtenu sa légitime,
à défauts de biens extans de la succession, sur
les biens donnés antérieurement par les père ou
mère de la succession dont il s'agit. S'il vient
dans la suite à paraître un effet de la succession,
comme si, avant la mort du défunt, un particulier, son parent, était décédé, sans que l'on n'en
eût rien appris, et que sa succession fût échue
à celui sur les donations duquel les enfans légitimaires veulent prendre leurs légitimes, que
deviendront alors les effets de la succession nouvellement découverte ? Car ils ne peuvent appartenir, ni aux enfans donataires qui ont renoncé,
ni à l'enfant légitimaire qu'on suppose n'être pas
héritier, et il est certain que, quand il y a des biens
extans dans une succession, il faut premièrement
se pourvoir sur iceux pour la légitime, avant que
de venir à la donation, et les enfans donataires
seraient en droit d'obliger l'enfant légitimaire à
se pourvoir pour sa légitime, sur les biens de la
succession nouvellement découverte, et lui soutenir qu'ils sont en droit de ne lui rien rapporter
sur leur donation pour la légitime, qu'il n'ait premièrement épuisés les biens extans. Or, comment

l'enfant légitimaire pourrait-il se pourvoir sur les biens extans d'une succession qu'il n'a pas acceptée? Tout cela prouve combien il est dangereux de s'écarter des règles, et que Lebrun a eu très-grande raison de soutenir que les enfans ne peuvent se pourvoir, pour leur légitime, sur les biens donnés, sans prendre préalablement la qualité d'héritiers bénéficiaires du défunt. »

Cet argument est sans réplique et dispense même de rappeler tous ceux auxquels on a vainement essayé de répondre dans la précédente opinion.

2° Mais les mêmes inconvéniens et les mêmes motifs n'existent pas à l'égard de l'enfant donataire, pour l'empêcher, dans le cas où il renonce à la succession, de retenir sa réserve, par voie d'exception, sur les biens qui lui ont été donnés, lorsque les autres enfans viennent réclamer contre lui l'excédant de la portion disponible.

Aussi c'était un principe consigné dans toutes les législations, constamment suivi dans les pays de coutume, comme dans les pays de droit écrit, et professé par tous les auteurs, que l'enfant, qui renonçait à la succession, pouvoit retenir sur les biens qui lui avaient été donnés, et la portion de biens qui était disponible en sa faveur et sa légitime tout entière.

La Novelle 92 de Justinien disait expressément:

licet autem ei qui largitatem meruit, abstinere ab
hæreditate, dummodò suppleat ex donatione,
si opus sit, cœterorum portionem.

Tel était encore le résultat de l'art. 307 de la
coutume de Paris, qui faisait le droit commun
de la France. « Néanmoins, disait cet article, où
celui auquel on aurait donné, se voudrait tenir à
son don, faire le peu, en s'abstenant de l'hérédité, la légitime réservée aux autres enfans. »

La disposition de l'art. 34 de l'ordonnance
de 1731, étant encore plus positive. « Et en cas,
disait cet article, qu'un ou plusieurs des donataires soit du nombre des enfans du donateur,
qui auraient eu droit de demander leur légitime
sans la donation qui leur a été faite, ils retien-
dront les biens à eux donnés, jusqu'à concurrence
de la valeur de leur légitime, et ils ne seront tenus
de la légitime des autres, que pour l'excédant. »

Or, de ce que les frères et sœurs du donataire
n'avaient que le droit de réclamer leur légitime,
qui était pour chacun d'eux une portion déterminée, il résultait bien clairement que, dans tous
les cas, le donataire avait le droit de retenir la
sienne, et l'on voit que les lois citées ne l'obli-
geaient pas à prendre la qualité d'héritier.

Aussi tous les auteurs professaient unanimement
qu'il n'était pas nécessaire d'être héritier, pour
retenir la réserve, par voie d'exception, sur les
biens donnés; et cette doctrine était professée

par ceux mêmes qui étaient d'avis qu'il fallait être héritier, pour demander la réserve, par voie d'action, sur les biens donnés à d'autres enfans.

Il suffira de citer l'opinion de Ricard. Ce savant auteur, après avoir dit, dans son *Traité des donations*, 3ᵉ partie, nº 979, que la renonciation à la succession emporte indirectement la renonciation à la légitime, ajoute : « Cette résolution doit être limitée, lorsque les enfans demandent leur légitime contre leur frère donataire entre-vifs ou testamentaire, de leur père commun ; car, comme il est en possession, en vertu d'un titre juste, de la part qu'il a droit de prétendre en la légitime, il la peut retenir par exception, sans qu'il soit tenu de changer de qualité pour cet effet ; de sorte qu'il retiendra sa part ou la légitime, en qualité d'enfant. Après que la légitime aura été levée pour tous les enfans en général, le surplus lui demeurera comme étranger, en vertu de sa donation ; *et nous usons de ce droit, sans contredit.* »

Or, ce droit a-t-il été changé par le Code civil ? non, sans doute, et on le trouve, au contraire, clairement établi par la combinaison de plusieurs articles du Code.

Il faut remarquer, d'abord, que, suivant les art. 913 et 915, l'homme ne peut disposer librement que d'une certaine portion de ses biens; que l'autre portion est réservée par la loi à ses descendans ou à ses ascendans ; qu'en conséquence

ce n'est que sur la portion disponible qu'il peut
faire des libéralitées qui s'exécutent pleinement, et
qu'il ne peut en faire sur la portion indisponible,
qui produisent leur effet, au préjudice de ses descendans ou de ses ascendans.

Mais cette règle générale doit être entendu et
restreinte dans son véritable objet; et de ce qu'un
père ne peut, au préjudice de ses enfans, faire
une libéralité sur la portion indisponible, c'est-à-
dire, sur la portion de bien qui forme la réserve
légale de ses enfans, il ne s'ensuit certainement
pas qu'il ne puisse pas assurer d'avance à l'un de
ses enfans la part que cet enfant doit avoir, en
vertu de la loi, dans la portion indisponible.

Dans ce cas, en effet, ce n'est pas une libéralité
qu'il fait à son enfant, puisqu'il ne fait que lui assurer à l'avance ce que la loi elle-même lui assure;
ce n'est donc réellement que le paiement anticipé
d'une dette, qui, à la vérité, n'était exigible qu'au
décès, mais qui n'en existait pas moins, lorsqu'elle
a été acquittée.

D'ailleurs, on ne peut pas dire que, dans ce
cas, le père dipose, au préjudice de ses enfans,
sur la portion indisponible, puisqu'en assurant
d'avance à l'un de ses enfans ce qui doit lui revenir dans cette portion, il ne touche point aux
parts des autres enfans et ne leur fait conséquemment aucun préjudice.

De là il résulte nécessairement qu'un père peut

donner à l'un de ses enfans une quotité de biens,
qui comprenne 1º sa portion disponible, qu'il
pourrait donner même à un étranger ; 2º la part
que cet enfant doit avoir dans la portion indisponible, puisque, dans cette donation, il n'y a de
don réel et de libéralité véritable, que de la portion disponible.

L'enfant donataire est donc autorisé, dans l'esprit et même dans les termes des art. 913 et 915, à
retenir sur les biens qui lui ont été donnés, 1º sa
part dans la réserve, 2º la portion disponible.

Pour éluder cette juste interprétation des
art. 913 et 915, qui se trouve d'ailleurs conforme
à l'ancien droit, on cherche à abuser des termes
de l'art. 845. Cet article, dit-on, n'autorise l'héritier qui renonce à la succession, à retenir les
biens qui lui ont été donnés, que jusqu'à concurrence seulement de la portion disponible; il résulte
donc des termes précis de cet article, que l'héritier qui renonce à la succession, ne peut retenir
que la portion disponible, et qu'en conséquence
il ne peut encore retenir la réserve, qui se prend
sur la portion indisponible.

Cette objection n'est vraiment qu'une subtilité.

Et d'abord l'article ne s'explique pas, comme
on l'annonce, en termes formellement restrictifs :
il dit seulement que l'héritier qui renonce à la
succession, peut retenir jusqu'à concurrence de
la portion disponible.

Et pourquoi ne parle-t-il que de la portion disponible? C'est qu'étant inséré au titre *des Rapports*, il n'avait qu'à s'occuper que de ce qui était ou non rapportable; c'est qu'il n'avait pas à s'occuper de la réserve, qui devait être réglée par des dispositions différentes, et dans un autre titre du Code; c'est qu'il avait pour unique objet de régler que l'enfant renonçant pourrait profiter des libéralités qui lui auraient été faites par le défunt, quand même elles excéderaient sa portion héréditaire, et qu'il aurait le droit d'en retenir la portion disponible, ce qui était prohibé par plusieurs coutumes, notamment par celles de Touraine et d'Anjou.

On trouve dans l'art. 844, comme dans l'art 845 ces mots, *jusqu'à concurrence de la portion disponible*, et il n'y est pas plus parlé de la réserve, que dans l'art. 845 : or, sans doute, l'on n'ira pas jusqu'à soutenir que cette omission prive le donataire, dans le cas prévu par l'art. 844, du droit de retenir sa réserve, outre la portion disponible? pourquoi donc cette omission produirait-elle un effet différent dans les cas prévus par l'art. 845?

Encore une fois, il n'a été question dans ces deux articles, que de la portion disponible; ils n'ont eu d'autre objet que de régler ce qui concerne cette portion, et, pour ce qui concerne la réserve, c'est uniquement les art. 913 et 915 qu'il faut consulter.

Il était indispensable que le législateur prévît le cas où la quotité disponible serait supérieure à la portion héréditaire, puisque cela peut arriver très-souvent ; or, dans l'art. 845, le législateur a seulement été affecté de cette idée, que, lorsque le don n'excéderait pas la portion disponible, et qu'il excéderait néanmoins la portion héréditaire, celui des héritiers auxquels il aurait été fait, pourrait, en renonçant à la succession, jouir de l'avantage, en se mettant à la place d'un étranger c'est-à-dire en prenant tout ce qu'un étranger, pourrait prendre. La position de l'enfant qui prend ainsi la place d'un étranger, s'améliore, et les autres enfans y gagnent aussi, respectivement à la supposition que le don aurait été fait véritablement à un étrrnger.

En effet, à 24, 000 francs de fortune et à six enfans, un don de 6000 francs étant fait à un étranger chacun des six enfans serait réduit à un sixième des trois quarts, c'est-à-dire, à 3600 fr. ; mais le don étant fait à un enfant qui renonce à la succession, cet enfant ne peut que retenir les 6000 francs qui lui ont été donnés, puisqu'il n'a pas *d'action* pour réclamer un excédant, et les cinq autres enfans qui se portent héritiers, profitent de sa renonciation, puisqu'au lieu de 3000 fr., ils ont chacun 3600 fr.

On sent encore que, pour que l'enfant ait intérêt à renoncer à la succession et à se tenir au don,

il n'est pas nécessaire que le don s'étende exactement jusqu'à la quotité disponible. Il aura cet
intérêt, toutes les fois que le don, quoique inférieur à la quotité disponible; sera inférieur à la
part héréditaire; ainsi, dans l'hypothèse qui
vient d'être présentée, l'enfant aurait cet intérêt,
et il pourrait profiter de la disposition de l'article 845, justement appliquée, quand même son
don aurait été seulement de 5000 fr.s puisque
sa part héréditaire eût été seulement de 4000 fr.

Le législateur a craint que, dans le cas où le
don aurait été fait sans préciput, on n'induisît de
l'art. 843; que le donataire, ne pourrait pas renoncer à sa portion de ce qui se trouverait dans
la succession, pour se tenir au don ou au legs
qui n'excéderait pas la portion disponible, et
c'est cette faculté qu'il a voulu donner par l'article 845.

Ce qui prouve que c'est dans cette seule idée,
que l'art. 845 a été écrit, c'est qu'il se rapporte
au cas où il n'y a point d'héritier à réserve,
comme à celui où il y en a. Il existe seulement
cette différence, que, dans le premier cas, l'héritier donataire peut, en renonçant à la succession, retenir indéfinitivement son don ou son legs
puisqu'alors tout est disponible.

Supposons maintenant que la disposition sur-
passe; soit la portion disponible, soit la portion
héréditaire; que, par exemple, y ayant trois en-

fans, il ait été fait un don de 18,000 francs à l'un
des enfans, qui renonce à la succession, et qu'il
ne reste dans la succession que 6,000 francs, déduction faite de toutes les dettes, ce qui formerait une masse de 24,000 francs, dans laquelle
la part de chaque enfant, s'il n'y avait pas eu de
disposition, aurait été de 8,000 francs.

Dans ce cas, et toujours d'après les mêmes
principes, l'enfant avantagé, renonçant à la succession, même quoique le don lui ait été fait sans
dispense de rapport, pourra rétenir son don,
non-seulement jusqu'à concurrence de la portion disponible, qui est de 6,000 francs, mais
encore jusqu'à concurrence de sa part dans la
réserve, qui est également de 6,000 francs, en
sorte que sur les objets qui lui ont été donnés,
il retiendra 12,000 francs, et que sur ces objets
il ne sera retranché que 6,000 francs qui, avec
les autres 6,000 francs se trouvant dans la succession, formeront les réserves des deux autres
enfans.

Cette opinion est encore fondée sur la combinaison des art. 850 et 857 avec l'art. 845.

L'enfant donataire dira à ses frères et sœurs :
il y a deux choses distinctes à considérer ; savoir, les objets disposés et la succession. Je renonce à la succession, qui est seulement composée de 6,000 francs, et la portion que j'y
aurais eue, vous accroît par ma renonciation ;

III

22

mais quant à la disposition qui m'a été faite, comment l'attaquez-vous? ce ne peut être que par la voie de la réduction, pour vous laisser votre réserve intacte, mais non par la voie du rapport qui n'a lieu qu'entre cohéritiers.

Je suis, à la vérité, avantagé, sans dispense de rapport; mais aussi je ne dois pas le rapport dans tous les cas; je ne le dois qu'à la *succession* du donateur, suivant l'art. 850, et de plus, suivant l'art. 857 le rapport n'est dû que par le cohéritier à son cohéritier : or, je ne viens point à la succession, puisque j'y ai renoncé, et, par la même raison, je n'ai pas de cohéritier; donc, je n'ai pas de rapport à faire, et je dois conserver tout ce qui m'a été donné, sauf la réduction pour vos réserves personnelles.

Ce n'est plus là le cas de l'art. 845. Le but de cet article se borne à empêcher que l'héritier avantagé sans dispense de rapport, prenne, tout à la fois, et son avantage et sa part dans la succession. Cet article suppose donc que le don n'excède pas la quotité disponible, et que cette quotité est supérieure à la part héréditaire.

Mais dans la dernière hypothèse; il n'y a, pour l'enfant avantagé, ni succession ni héritiers. Cet enfant n'a qu'une seule qualité, qui est celle, ou de donataire ou de légataire. Or, l'enfant, donataire ou légataire, n'a jamais dû de rapport à

une succession à laquelle il ne participe pas, à
des personnes dont il n'est pas le cohéritier.

On doit encore remarquer, à ce sujet, les dispositions de l'art. 919 du Code : « La quotité disponible pourra être donnée, en tout ou en partie,
soit par acte entre-vifs, soit par testament, aux
enfans ou autres successibles du donateur, *sans
être sujette au rapport* par le légataire ou le donataire *venant à succession*, pourvu que la disposition ait été faite expressément à titre de préciput, ou hors part.

Il faut se fixer sur deux points importans.

1° Le rapport n'a lieu, même quand il n'y a
pas de dispense de rapport, que quand le légataire ou donataire vient à la succession. Donc, s'il
ne vient pas à la succession, il n'est plus question
de la loi du rapport.

2° Lorsqu'il y a un don ou un legs, et qu'il
s'agit d'y distinguer la portion disponible, qu'elle
est la partie de ce qui serait revenu à l'enfant
avantagé dans la portion indisponible, qui est
sujette à rapport ? C'est la quotité disponible. On
ne peut donner d'autre sens à ces mots de l'article 919, *sans être sujette à rapport*, qui se
réfèrent à ceux-ci, *la quotité disponible.*

Il est bien dit dans l'art. 844, que « dans le
cas même où les dons et legs auraient été faits par
préciput, ou avec dispense du rapport, l'héritier
venant à partage ne peut les retenir que jusqu'à

22.

concurrence de la quotité disponible : l'excédant est sujet à rapport. »

Mais de ces termes il ne résulte rien de contraire à ce qui vient d'être dit. L'art. 844 est conçu dans l'hypothèse où il y aurait une dispense de rapport, et où l'avantage viendrait et comme donataire ou légataire, et comme héritier. Cet article a seulement voulu limiter le don à la portion disponible, outre la part héréditaire de l'avantagé, pour que la part héréditaire des autres enfans fût toujours égale à la réserve dont ils ne pouvaient être privés.

La conséquence nécessaire de toute cette discussion, c'est que, d'après le texte et le véritable esprit de la loi, lorsqu'un don embrasse la portion disponible et la réserve qui reviendrait à l'enfant donataire dans la portion indisponible, et que le donataire ou légataire ne vient pas à la succession, le don ou le legs s'impute d'abord sur la réserve personnelle dont il est saisi par la loi elle-même, et qu'à l'égard de la portion disponible, il n'en doit pas le rapport, puisqu'il n'y a pour lui ni succession, ni cohéritiers.

Pour établir de plus en plus la vérité de cette imputation, supposons qu'un père donne, même avec dispense de rapport, à son enfant unique, un objet valant 12,000 fr.; qu'ensuite il donne à un étranger un autre objet de même valeur, et

qu'à son décès il ne se trouve rien dans sa succession.

Cet enfant donataire, qui se rendrait héritier
sous bénéfice d'inventaire, pourrait-il attaquer le
second donataire, pour avoir sa réserve, attaque
dont l'objet serait d'avoir la totalité des biens
donnés, puisque, dans ce cas, la réserve est égale
à la quotité disponible? Cette prétention serait
sans fondement. Le second donataire lui répon-
drait : vous avez votre réserve dans les 12,000 fr.
que vous conservez, et vous ne pouvez plus rien
demander, puisque la dispense du rapport vous
donnait seulement le droit de venir, comme héritier dans la succession, et que ce droit s'évanouit,
dès qu'il n'y a pas de succession.

Mais ce n'est pas tout, et l'on trouve dans le
Code une autre disposition précise de laquelle il
résulte encore très-clairement que l'enfant donataire peut retenir, tout à la fois, sur les biens qui
lui ont été donnés, et la portion disponible et sa
réserve. Cette disposition est celle de l'art. 1079,
qui porte que le partage fait par un ascendant,
ne pourra être attaqué que pour lésion du plus du
quart.

Pour en faire l'application à l'espèce, on suppose qu'un père, qui a trois enfans, partage ses
biens entr'eux, par un acte entre-vifs, qui est
soumis à toutes les formalités, conditions et règles
prescrites pour les donations entre-vifs; que

par cet acte, il donne à l'aîné de ses enfans la
moitié de tous ses biens, et qu'il partage l'autre
moitié entre les deux autres enfans. Après cette
donation, il contracte des dettes, et il meurt insolvable. Ses créanciers voulant exercer leurs
droits contre les enfans, l'aîné renonce à la succession, pour se soustraire au paiement des dettes
contractées postérieurement à la donation.

En cet état, les deux autres enfans, qui se
portent héritiers, voudront-ils prétendre que
l'aîné, donnataire de la moitié des biens, ne peut,
en vertu de l'art. 845, retenir que la seule portion disponible, et qu'en conséquence il doit être
réduit au quart des biens ?

Mais l'aîné sera bien fondé à répondre qu'il a
le droit de conserver le tout, c'est-à-dire, et la
portion disponible et la réserve, parce qu'il tient
l'une et l'autre en vertu d'un acte de partage qui
ne peut être rescindable que pour une lésion de
plus du quart, et que, dans l'hypothèse, la portion disponible étant du quart, et la réserve étant
d'un autre quart, le partage ne contient aucune
lésion.

Or, on le demande, quelle différence peut-il y
avoir entre une donation de la moitié des biens,
faite à l'aîné dans un acte de partage dans lequel
on aura donné l'autre moitié aux autres enfans,
et une donation de la moitié des biens, faite à
l'aîné en conservant l'autre moitié pour la réserve

des puinés ? Dans l'un comme dans l'autre cas,
les droits de l'aîné et ses rapports avec les puinés
sont absolument les mêmes; il n'a pas plus reçu
dans un cas que dans l'autre. Dans le premier cas,
il est devenu propriétaire, non en vertu du partage qui par lui-même n'est pas un titre translatif
de propriété, mais en vertu de la donation qui l'a
saisi, qui a dépouillé actuellement le donateur.
Les deux cas sont donc absolument identiques et
ne peuvent conséquemment avoir des résultats
différens.

Enfin, pour ne rien laisser à désirer sur la
question en général, pour démontrer que l'opinion qui vient d'être développée, est la seule conforme à l'équité et à l'intérêt des familles, comme
est la seule conforme au texte et à l'esprit de la
loi, on va prouver encore que le système contraire donnerait lieu à des injustices choquantes,
qu'il contrarierait presque toujours le vœu réel
des donateurs, et qu'il paralyserait, dans une
foule de circonstances, l'exercice de la faculté
de disposer. Quelques exemples suffiront.

Supposons d'abord qu'il existe deux enfans à
l'un desquels le défunt aurait fait donation d'un
immeuble valant 24,000 francs, et qu'il n'y ait
rien dans la succession. L'enfant non avantagé,
qui se rendrait héritier sous bénéfice d'inventaire,
attaquerait l'enfant avantagé, et lui dirait, dans
le système que nous combattons : vous avez re-

noncé à la succession, et conséquemment à la qualité d'héritier; vous ne devez donc prendre que la portion disponible, qui, dans le cas de deux enfans; est d'un tiers; je dois avoir les deux autres tiers, comme héritier. Ainsi vous ne garderez que 8,000 fr.; et vous me rendrez 16,000 fr., que je garderai seul.

Mais cela ne serait-il pas évidemment injuste, puisqu'en ce cas un seul enfant prendrait les réserves de deux, et aurait plus, quoique non avantagé par le père, que l'autre enfant que le père aurait voulu avantager?

Dirait-on pour parer à cet inconvénient, que, dans l'hypothèse, l'enfant avantagé ne doit pas faire nombre contre lui-même; qu'il ne faut voir en lui qu'un étranger; qu'il ne doit pas figurer, comme enfant, pour la fixation de la portion disponible, et qu'en conséquence il gardera la moitié des biens, ce qui fait disparaître l'injustice?

Mais ce serait là dénaturer entièrement, dans l'art. 845, le sens de ces mots, *portion disponible*, qui signifient seulement la portion ou quotité disponible, telle que la prendrait un étranger, et il est d'ailleurs de principe constant que la quotité de la portion disponible est toujours irrévocablement déterminée par le nombre des enfans existans au décès, soit qu'ils viennent à la succession, soit qu'ils y renoncent.

Ainsi, l'objection où l'on reconnaît l'injustice

du résultat, et où l'on cherche un remède qui
serait la violation d'un principe constant, ne sert
qu'à prouver que, lorsqu'on abandonne les règles,
on tombe dans le vague et dans un arbitraire dangereux.

Il faut encore remarquer que, dans ce système,
on proposerait de partager des biens donnés, qui
sont hors la succession, comme la succession
même ; qu'on voudrait admettre, dans une masse
qui n'est susceptible que de réduction, le principe du rapport, comme dans une succession qui
se distribue par portions afférentes. Mais tout cela
est hors des principes de la législation actuelle,
comme de la législation ancienne.

Il n'est pas moins évident que ce système serait,
en opposition directe avec le vœu du donateur
et paralyserait presqu'entièrement la faculté de
disposer.

- Un père, qui a trois enfans et une fortune
de 200,000 francs, marie l'un de ses fils. Il con-
sent, pour lui procurer un établissement avantageux, à lui faire un don *en avancement d'hoi-*
rie ; mais il veut conserver, en totalité ou en
partie, sa portion disponible, pour en gratifier
ceux de ses enfans, qui se rendront les plus dignes
de ses bienfaits, ou pour exercer un acte de gratitude ou de bienfaisance envers des personnes
qui lui auront rendu des services importans ou
qui auront mérité son affection.

Dans notre opinion, cette double intention du père peut aisément s'exécuter. Il donne à son fils, en avancement d'hoirie, une somme de 60,000 fr.; et le don étant d'abord imputable sur les 50,000 fr. qui forment la part appartenante au donataire dans la réserve, il n'y a de pris sur la portion disponible qu'une somme de 10,000 fr.; le père conserve donc le droit de disposer encore, en faveur de qui bon lui semble, d'une somme de 40,000 fr.

Il en résulte que, le père étant décédé, si l'enfant donataire renonce à la succession, pour s'en tenir aux 60,000 francs qu'il a reçus, la disposition que le père avait faite de 40,000 francs au profit d'une autre personne, n'est pas sujette à réduction, puisque les deux enfans qui se portent héritiers, trouvent encore dans la succession *ab intestat* la valeur de 100,000 francs, et que cette valeur leur donne leurs réserves entières.

Mais, dans le système contraire, ces arrangemens dictés par la prudence et par l'affection, restent sans exécution. Si le don fait à titre d'avancement d'hoirie n'est pas imputable d'abord sur la réserve, s'il doit être imputé tout entier sur la portion disponible, il en résulte que, dans l'hypothèse, ce don aura entièrement épuisé la portion disponible.

Ainsi, le père aura-t-il cru pouvoir disposer encore de 40,000 francs? Après sa mort, l'enfant qui avait reçu 60,000 francs en avancement d'hoi-

rie, renoncera à la succession, et en imputant sur
la portion disponible la totalité de ce qu'il a reçu,
il fera tomber la disposition des 40,000 francs,
sauf à en partager secrètement et frauduleusement l'objet avec ses frères et sœurs.

S'il n'était pas d'accord avec ses frères et
sœurs, il ne pourrait pas même garder la totalité
des 60,000 francs : car la portion disponible n'é-
tant que de 50,000 francs, il serait tenu de restituer 10,000 francs, dans le système qu'il ne
pourrait rien retenir pour sa réserve, outre la
portion disponible, et il en résulterait que les deux
autres enfans profiteraient seuls des 50,000 fr.,
qui forment la portion disponible.

Dira-t-on qu'en ce cas l'enfant donataire ne re-
noncerait pas à la succession ? Mais, en venant au
partage, il serait tenu de rapporter les 60,000 fr.,
et, dans ce cas, la portion disponible ne se trouvant plus entamée par le don qu'il aurait reçu et
qu'il rapporterait, la disposition de 40,000 francs
que le père aurait faite en faveur d'une autre personne, s'exécuterait en entier; l'enfant donataire
u'aurait donc qu'un très petit intérêt à accepter
la succession, et il en aurait un bien plus grand
à se concerter avec ses frères et sœurs, pour faire
tomber, par sa renonciation, toutes dispositions
faites au profit de tiers.

Au moins, est-il incontestable que le père qui
aurait fait à l'un de ses enfans un simple don, en

avancement d'hoirie, dont la valeur égalerait la portion disponible, ne pourrait plus disposer de rien à titre gratuit, si le don devait être entièrement imputé sur la portion disponible.

Et quelle en serait la conséquence? C'est que le père qui ne voudrait pas se dépouiller de son droit de disposer, qui croirait nécessaire de se le conserver, pour maintenir ses enfans dans la ligne du devoir, ou qui aurait enfin de justes motifs pour exercer des libéralités, ne consentirait plus à faire des dons en avancement d'hoirie, ou ne constituerait que des dots très-modiques, pour se réserver une portion disponible.

Peut-on croire que le Code civil ait adopté des résultats aussi contraires, et aux intérêts des enfans, et aux droits des pères et mères.

Ce fut pour les empêcher, que, dans tous les temps, le don en avancement d'hoirie fut déclaré imputable sur la légitime : on a vu que le droit romain, que les coutumes, que l'ordonnance de 1731 contenaient à cet égard des dispositions précises. Il faudrait donc trouver dans le Code une disposition qui statuerait formellement en sens opposé, pour supposer qu'il ait réellement voulu faire une innovation aussi funeste; mais il a été bien démontré qu'au contraire l'ancien principe se trouve très-clairement confirmé, soit par le texte, soit par l'esprit d'une foule d'articles.

Troisième opinion. Dans tous les cas, il faut

être héritier, soit pour réclamer la réserve par voie d'action, soit pour la retenir par voie d'exception.

Cette opinion se trouve développée dans les motifs de deux arrêts, l'un de la cour royale de Bordeaux, l'autre de la section civile de la cour de cassation, que je vais rapporter.

Voici, d'abord, l'espèce sur laquelle ils sont intervenus.

La mère du sieur Laroque de Mons lui avait fait donation, par son contrat de mariage du 28 messidor an 3, de plusieurs immeubles et autres objets désignés.

Elle est morte sous l'empire du Code civil, et son fils a renoncé à sa succession, pour s'en tenir à la donation qui lui avait été faite.

Mais cette donation excédait la portion disponible, et en conséquence les frères et sœurs du sieur Laroque de Mons se sont pourvus contre lui en retranchement de la portion indisponible.

En défenses à cette demande, le sieur Laroque de Mons a prétendu qu'il avait le droit de retenir sur les biens qui lui avaient été donnés, non-seulement la quotité de biens dont la mère avait pu disposer, *mais encore sa portion afférente dans la réserve légale*.

Ses frères et sœurs ont soutenu, au contraire,

qu'attendu qu'il avait renoncé à la succession, il ne pouvait avoir aucun droit sur la réserve légale, et que c'était à eux seuls, qui s'étaient portés héritiers, que devait appartenir la réserve tout entière.

Par arrêt, du 30 janvier 1816, la cour royale de bordeaux a rejeté la prétention du sieur Larôque de Mons, quant à la réserve. L'arrêt est ainsi motivé :

« Attendu que l'art. 913 du Code ne permet à l'ascendant qui laisse trois enfans, ou un plus grand nombre, de disposer, à titre gratuit, que du quart de ses biens.

« Que les trois autres quarts réservés par la loi, appartiennent aux enfans qui se portent héritiers et qui ne peuvent y prendre part qu'en cette qualité ; qu'elle leur est attribuée par les art. 917, 1004, 1006, 1009, et 1011 du Code ;

« Que, suivant l'art. 785, l'héritier qui renonce, est censé n'avoir jamais été héritier ;

« Que l'art. 786 fait accroître sa portion à ses héritiers au même degré, et, s'il est seul, au degré subséquent ;

« Qu'après avoir déterminé, par les art. 843 et 844, les obligations et les droits de l'héritier donataire, simple ou par préciput, qui vient à la succession du donateur, le législateur décide, par l'art. 845, que l'héritier qui renonce à la succession, peut cependant retenir le don entre-

vifs ,* jusqu'à concurrence de la quotité disponible ;

« Que l'art. 924, en statuant que, si la donation entre-vifs réductible a été faite à l'un des
successibles, il pourra retenir sur les biens donnés
la valeur de la portion qui lui appartiendrait,
comme héritier, dans les biens non disponibles,
s'ils sont de même nature, prouve évidemment
que cette retenue ne peut pas être faite par le
successible, qui, ayant répudié la succession
du donateur, est censé n'avoir jamais été héritier ;

« Que s'il en était autrement, il conserverait,
malgré sa répudiation, les droits d'héritier à sa
part héréditaire, qui cependant doit accroître à
ses héritiers ;

« Qu'un semblable résultat blesserait la nature
des choses et les dispositions textuelles du Code ;

« Que le sieur Laroque aîné ayant répudié
la succession de sa mère, ne peut donc retenir
sur ses biens que le quart dont elle pouvait disposer, et qu'il ne peut rien prendre sur les trois
quarts indisponibles qui forment la succession,
à laquelle il a renoncé. »

Sur le pourvoi contre cet arrêt, M. le conseiller
Porriquet a fait un rapport très-lumineux que je
regrette de ne pouvoir insérer ici en entier, mais
dont on trouvera la substance dans les motifs de
l'arrêt qui a été rendu par la section civile de la

cour de cassation, le 18 février 1818. Voici ces
motifs :

« Considérant qu'il résulte de la combinaison
et du rapprochement des divers articles du Code
civil relatifs à la légitime des enfans, et notamment des art. 785, 786, 843, 844; 845, 858,
859, 913, 917, 920, 921, 924, 1004, 1006,
1009, etc, etc.;

Que la loi divise en deux portions distinctes
les biens des pères et mères; qu'elle laisse l'une à
leur disposition, et réserve l'autre aux enfans pour
leur légitime ;

Que la quotité de la première est fixée invaria-
blement par le nombre des enfans existans au moment du décès du disposant ;

Qu'elle est toujours la même, soit qu'il ait
disposé à titre universel ou particulier, en faveur
d'étrangers ou de ses enfans, et en faveur de ceux-
ci, avec préciput et hors part, ou sans dispense
de rapport;

Qu'elle est la seule chose dont il puisse avantager
l'un de ses enfans en la lui donnant expressément
par préciput et hors part ;

Qu'enfin, lorsque ses libéralités excèdent cette
quotité disponible, elles sont, sur la demande de
ceux qui ont droit à la réserve, sujettes à réduction ou rapport, et que cet excédant fait nécessairement partie de sa succession réservée aux
enfans pour leur légitime ;

Que cette seconde portion des biens des pères et mères, est assurée à tous les enfans collectivement., et leur est donnée en qualité d'héritiers, pour être partagée entr'eux également, ainsi que la portion disponible le serait, si les pères et mères n'en avaient pas disposé, ou n'en avaient disposé qu'au profit d'un ou de plusieurs de leurs enfans, sans les dispenser du rapport;

Qu'à ce titre d'héritiers, ils sont saisis collectivement de tous les biens et actions du défunt, et investis du droit de former contre tous les donataires, sans distinction, la demande en réduction des donations qui excèdent la portion disponible ;

Que ceux d'entr'eux, qui renoncent, sont censés n'avoir jamais été héritiers, et que la part qu'ils auraient eue en cette qualité accroît à leurs cohéritiers pour le tout, sans y distinguer la partie des biens existans en nature au jour du décès, de celle comprise dans des donations faites à des étrangers ou aux enfans renonçans, et sujettes à retranchement pour ce qui excède la quotité disponible ;

En telle sorte, que, si l'un des enfans restait seul héritier, il aurait aussi seul droit à la totalité de la légitime ou réserve légale ;

Que, si l'enfant donataire veut renoncer à la succession pour s'en tenir à son don, il le peut, soit que le don lui ait été fait par préciput ou sans dispense de rapport à titre universel, ou autrement, mais qu'alors, et comme donataire, il ne peut jamais profiter que de la quotité disponible ;

Que toutes ces dispositions du Code, relatives à la faculté donnée aux pères et mères de disposer d'une portion de leurs biens : et à la nécessité pour les enfans d'être héritiers pour conserver leur part dans la réserve légale, qui, par l'effet de leur renonciation, accroîtrait pour le tout à leurs cohéritiers, sont claires, concordantes entr'elles et conçues en termes généraux qui n'admettent ni distinction, ni exception ;

Qu'en vain pour en éviter l'application, on voudrait, en torturant les expressions de quelques-uns des articles du Code, prétendre que le législateur a permis aux enfans de prendre, ou au moins de retenir, une partie des biens de leurs pères et mères, autrement qu'à l'un des deux titres de donataire, ou d'héritier ;

Que cette faculté est contraire au système général de la législation nouvelle, et n'est écrite nulle part ;

Qu'elle ne résulte, quoiqu'on l'ait supposé ni de l'art. 921 qui interdit, à la vérité, aux donateurs, légataires ou créanciers du défunt, le droit de demander la réduction des donations entre-vifs mais qui ne dit pas que les enfans pourront partager la portion excédant la quotité disponible, sans être héritiers ;

Ni de l'art 924, qui, conformément au droit établi pour les rapports à faire entre cohéritiers, par les art. 858 et 859, autorise le donataire successible à retenir sur les biens donnés, sa part dans les biens indisponibles ; mais qui, loin de l'y autoriser, lorsqu'il cesse d'être héritier, ne lui donne cette faculté, que s'il y a dans la succession des biens de même nature, ce qui signifie bien clairement, s'il vient à partager avec ses cohéritiers ;

Qu'en vain encore on voudrait argumenter de ce qui aurait eu lieu, si la succession de la dame de Mons avait été régie par les principes de la législation antérieure à la publication du Code civil ;

Qu'il est vrai qu'alors, dans les pays même où il fallait être héritier pour demander la légitime, on décidait que l'enfant donataire pouvait, en renonçant à la succession pour s'en tenir à son don, retenir sa légitime sur les biens dont il avait été saisi par la donation, et conserver, en outre, tout ce qui excédait la légitime due à ses frères et sœurs ;

Qu'il devait en effet en être ainsi, lorsque d'un côté la légitime étant considérée, comme une dette, une pension alimentaire due par les pères

23.

et mères à leurs enfans, on pouvait supposer qu'en leur faisant une donation, ils avaient eu pour but principal de se libérer de cette dette, de même que les enfans, en l'acceptant, avaient voulu, sans doute, l'imputer sur ce qui leur était dû.

Lorsque, d'un autre côté, la quotité dont il est permis aux pères et mères de disposer, soit au profit d'étrangers, soit en faveur de leurs enfans n'étant pas limitée, la donation, à quelque somme qu'elle montât, n'était sujette à retranchement que jusqu'à concurrence de ce qui était nécessaire pour fournir à chacun des enfans sa légitime personnelle ;

Lorsqu'enfin la légitime de l'enfant qui renonçait, profitait au donataire universel, et n'était pas dévolue, par droit d'accroissement, aux cohéritiers du renonçant ;

Mais que les principes de cette ancienne législation sont évidemment inconciliables avec ceux du Code civil, qui, au lieu de ne donner à chacun des enfans, pour sa légitime, qu'une créance personnelle affectée sur les biens, leur donne à tous collectivement la succession toute entière, veut qu'ils n'y aient part qu'en qualité d'héritiers que, s'ils renoncent à la succession pour s'en tenir à leur don, ce don reste fixe, pour eux, comme pour les étrangers, à la quotité déclarée disponible ; et qui, par l'art. 845, bornant à cette quotité

ce que l'enfant qui renonce à la succession, a le
droit de retenir, annonce bien clairement qu'il
ne peut en même temps retenir aucune partie de
la réserve légale;

Que de tout ce qui précède, il faut conclure
en dernière analyse, qu'en jugeant; 1° que la
dame de Mons, qui, à son decès, a laissé six enfans,
n'avait pu disposer au profit du demandeur, son
fils aîné, que du quart de ses biens; 2° que la
donation qu'elle lui a faite, l'eût-elle été par préciput, ou à titre universel, devait être, sur la
demande des héritiers ayant droit à la réserve,
réduite à la quotité disponible; 3° enfin, que le
demandeur ayant volontairement renoncé à la
qualité d'héritier, pour s'en tenir à la donation,
ne pouvait prétendre qu'à la portion disponible,
et avait perdu sa part dans la réserve ou légitime
que la loi ne donne qu'aux héritiers;

La cour royale de Bordeaux s'est conformée
au texte et à l'esprit du Code civil.

Par ces motifs, la cour rejette, etc.

ARTICLE 846.

Le donataire qui n'était pas héritier
présomptif lors de la donation, mais
qui se trouve successible au jour de
l'ouverture de la succession, doit éga-

*lement le rapport , à moins que le do-
nateur ne l'en ait dispensé.

1. L'art. 844 qui oblige au rapport l'héritier
du donateur, aurait pu suffire pour décider que
le donataire qui n'était pas susceptible au moment de la donation, mais qui s'est trouvé successible au moment de la succession, et qui a
pris la qualité d'héritier, est tenu du rapport, s'il
n'en a pas été dispensé. L'art. 844 ne fait pas de
distinction, et d'ailleurs on ne connaît pas d'autre
héritier, que celui qui est successible au moment
du décès, et qui accepte la succession.

Cependant, comme on aurait pu dire que
celui qui a donnée à une personne qui n'était pas
alors son héritière présomptive, avait l'intention
de la dispenser du rapport, et qu'il n'avait pas
besoin d'exprimer formellement cette dispense,
puisqu'elle se trouvait, au moment de la donation, prononcée par la loi elle-même, le législateur a cru devoir faire une disposition précise
pour obliger au rapport, dans ce cas.

La disposition de l'art. 846 est fondée sur ce
que le donateur n'aurait peut-être pas fait la libéralité, s'il avait eu la certitude que le donataire profiterait, à un autre titre, d'une partie de
ses biens; que pouvant prévoir ce cas, il aurait
expressément prononcé la dispense du rapport,

s'il avait été réellement dans son intention que le
donataire, devenant héritier, retînt le don par
préciput, et qu'enfin le principal but du rapport.
étant de rétablir l'égalité entre les héritiers, ce
motif s'applique également à tous les donataires
qui acceptent la succession, lorsqu'ils y sont appelés.

2. Ainsi, le petit-fils qui, du vivant de son
père, a reçu un don de son aïeul, doit en faire
le rapport, si par le prédécès ou l'incapacité de
son père, il se trouve héritier de son aïeul, à
moins que le don n'ait été fait expressément avec
dispense du rapport.

De même, si un homme qui a des descendans,
a fait un don à son père, sans dispense de rapport, et que tous ses descendans meurent avant
lui, le père, qui devient son héritier, avec d'autres ascendans, ou des collateraux de la ligne maternelle, doit rapporter le don à la succession
de son fils.

3. Ce n'est donc pas le moment de la donation, mais celui de l'ouverture de la succession,
qu'il faut considérer, pour savoir s'il y a lieu au
rapport.

Il ne peut y avoir sur ce point ni erreur, ni
surprise. Celui qui fait un don à une personne
qui peut devenir son héritière, est bien averti
par la disposition de l'art. 846, que, s'il ne pro-

nonce pas expressément la dispense du rapport, le donataire, devenant son héritier, sera tenu de rapporter; et comme il a le droit de la prononcer, il est évident que, s'il ne le fait pas, c'est qu'il veut, comme la loi elle-même, que le donataire ne retienne pas le don par préciput, dans le cas où il viendrait à sa succession, comme héritier.

4. D'après la règle générale établie dans l'article 843, la disposition de l'art. 846 s'applique également au légataire, c'est-à-dire, que le légataire ne peut réclamer le legs qui ne lui a pas été fait par préciput ou hors part, s'il se trouve, au moment du décès, successible du testateur, et qu'il accepte sa succession.

ARTICLE 847.

Les dons et legs faits au fils de celui qui se trouve successible à l'époque de l'ouverture de la succession, sont toujours réputés faits avec dispense du rapport.

Le père venant à la succession du donateur, n'est pas tenu de les rapporter.

Dans les pays de droit écrit, le fils du do-

naleur, venant à sa succession, n'était pas tenu
de rapporter le don fait à son enfant, à moins
que l'aïeul n'eût déclaré qu'il donnait au nom de
son fils, ou qu'il ne s'agit de la donation d'une
dot à laquelle le fils lui-même était obligé. *L. 6*,
de Collatione.

Les coutumes de Paris, d'Orléans, et plusieurs
autres, avaient, au contraire, expressément ordonné le rapport; elles se fondaient sur ce que
le don fait au fils, devait être réputé fait au père
lui-même.

Parmi les coutumes qui n'avaient pas de dispositions précises à cet égard, on distinguait
celles où les cas non prévus étaient régis par les
dispositions du droit écrit, et celles où ils étaient
régis par les dispositions de la coutume de Paris.
Le rapport n'avait pas lieu dans les premières;
il avait lieu dans les secondes.

On distinguait encore les coutumes qui autorisaient le père et la mère à avantager l'un ou
plusieurs de leurs enfans, au préjudice des autres:
le rapport ne devait pas y être admis, puisque
l'avantage qui pouvait être fait à l'enfant, pouvait
l'être également à ses descendans.

Dans les coutumes mêmes qui défendaient expressément d'avantager aucun des enfans, comme
le rapport du don fait au petit-fils, n'était ordonné
qu'à cause de la présomption que c'était un avan-

tage indirect en faveur du fils, on exceptait souvent du rapport le don que l'aïeul avait fait particulièrement *en considération du petit-fils*, et
cette distinction, qui prêtait beaucoup à l'arbitraire, était une source féconde de procès.

La règle adoptée par le Code civil, est bien
plus simple et plus facile. Elle ne soumet à l'obligation du rapport, que le donataire même, ou
son représentant, qui est en même temps héritier
du donateur; et il en résulte 1° que le petit-fils
n'est pas tenu de rapporter le don ou legs, qu'il
a reçu de son aïeul, s'il n'est pas son héritier;
2° que le fils du donateur ou testateur, venant à
sa succession, n'est pas tenu de rapporter le don
ou le legs, fait à son enfant, puisqu'il n'est lui-
même ni donataire, ni légataire, ni représentant
de l'un ou de l'autre.

2. On ne peut pas dire cependant que ce soit
là un moyen pour les père et mère, de faire des
avantages indirects à quelques-uns de leurs enfans, puisque le petit-fils ne peut toujours recevoir de son aïeul que la portion disponible; que
les père et mère peuvent donner cette portion à
leur fils, comme à leur petit-fils, et qu'en conséquence, si leur intention est de donner à leur
fils, ils n'ont pas besoin de consentir la donation
à une personne interposée.

Or, si l'on ne peut considérer le don fait au
petit-fils, comme un avantage indirect en faveur

du fils, il serait injuste d'obliger celui-ci à rapporter ce qu'il n'a pas reçu.

En un mot, le petit-fils étant étranger à la succession du donateur, lorsqu'il n'est pas appelé à la recueillir, il doit être traité comme tout autre donataire qui n'est pas successible ; et puisqu'il ne doit pas le rapport, son père ne doit pas le faire, à sa place.

3. Mais quoiqu'il soit dit, dans l'art. 847, que les dons et legs faits au fils de celui qui se trouve successible à l'époque de l'ouverture de la succession, sont toujours réputés faits avec dispense du rapport, il ne s'ensuit pas que le petit-fils ait toujours le droit de conserver ou de réclamer tout ce qui lui a été donné ou légué. S'il y avait déjà eu un don en faveur du fils, ou de toute autre personne, celui qui serait fait au petit-fils, ne pourrait comprendre que l'excédant, jusqu'à concurrence de la portion disponible, et la réduction pourrait être demandée, même par le fils du donateur : autrement le fils du donateur serait privé d'une portion de sa réserve, et nous avons déjà vu qu'il ne peut en être privé dans aucun cas.

Article 848.

Pareillement, le fils venant de son chef à la succession du donateur, n'est pas tenu de rapporter le don fait à son père, même quand il aurait accepté la succession de celui-ci; mais si le fils ne vient que par représentation, il doit rapporter ce qui avait été donné à son père, même dans le cas où il aurait répudié sa succession.

1. Cet article contient deux dispositions distinctes.

Le petit-fils vient-il, *de son chef*, à la succession de son aïeul? il ne rapporte pas le don qui a été fait à son père, soit qu'il accepte la succession de son père, soit qu'il y renonce.

Vient-il, *par représentation, de son père*, à la succession de son aïeul? Il rapporte le don fait à son père, lors même qu'il aurait renoncé à sa succession.

La raison de différence, c'est que, dans le dernier cas, le petit-fils n'étant appelé à la succession du donateur, que comme représentant du donataire, il ne peut prendre qu'aux mêmes conditions qu'aurait pris le donataire lui-même, et qu'il est de principe que le représentant qui occupe la place du représenté, doit supporter les même charges, comme il a les mêmes droits; au lieu que, dans le premier cas, le petit-fils venant de son chef et non comme représentant du dovataire, à la succession du donateur, ne peut être tenu des obligations qui étaient imposées au donataire, puisque ce n'est pas sa place qu'il occupe et qu'il ne tient rien de lui.

J'ai expliqué dans les observations sur les articles 740 et 744, quels sont les cas où les petits-fils viennent, par représentation, à la succession de leur aïeul, et ceux où ils viennent de leur chef.

2. Un père a laissé deux fils, à l'un desquels il avait fait un don : ils renoncent à sa succession, ou bien l'un renonce, et l'autre est déclaré indigne. Les enfans de l'un et de l'autre, venant de leur chef à la succesion de leur aïeul, il résulte de l'article 848 que les enfans de celui qui avait été avantagé, ne rapportent pas le don.

Dira-t-on qu'en ce cas il n'y a plus d'égalité entre les souches, et que les enfans du fils qui a reçu l'avantage, ont une portion plus forte que les enfans de l'autre fils, surtout s'ils ont accepté la succession du donataire dans laquelle ils ont trouvé le don fait par l'aïeul?

Mais, quand les petits-fils viennent de leur chef à la succession de leur aïeul, le partage ne se fait pas entr'eux par souches; il se fait par têtes, suivant la règle établie par l'art. 740; on ne doit donc pas considérer, en ce cas, les diverses branches, pour le partage qui est à faire entre les petits-fils, et dès lors l'égalité entre les souches n'est pas requise.

3. Lorsqu'un aïeul décède après ses enfans, ses petits-fils ne viennent à sa succession, que par représentation de leurs pères ; chacun d'eux doit donc rapporter respectivement ce que son père avait reçu de l'aïeul, en avancement d'hoirie, et même à titre de prêt.

Ils ne peuvent s'y soustraire, en renonçant à la succession de leur père. Cette renonciation n'empêche pas que ce ne soit toujours par représentation de leur père, qu'ils sont appelés à la succession de l'aïeul donateur ; et, comme représentans du donataire, ils sont tenus d'exécuter toutes ses obligations. Ils ne peuvent avoir plus qu'il aurait eu lui-même, quoiqu'ils n'acceptent pas sa succession personnelle ; et comme il n'aurait recueilli sa part dans la succession de l'aïeul, qu'en rapportant ce qu'il avait reçu, ses enfans qui le représentent, doivent pareillement le rapport.

C'est dans ce dernier cas, que l'argument pour l'égalité entre les souches a toute sa force, parce qu'en effet, dans ce cas, le partage a lieu par souches et non par têtes.

4. On doit décider par les mêmes motifs qui ont fait adopter la disposition de l'art. 848, que, si le père renonce à la succession de son fils décédé sans postérité, et conserve un don qu'il en

avait reçu, l'aïeul paternel qui succède à son
petit-fils, ne doit pas aux héritiers maternels le
rapport du don fait à son fils, attendu que c'est
de son chef, et non par représentation de son
fils donataire, qu'il vient à la succession de son
petit-fils, la représentation n'ayant pas lieu en
ligne directe ascendante, aux termes de l'art. 741
du Code.

5. Le petit-fils qui vient, par représentation
de son père, à la succession de son aïeul, doit
même, si le don fait à son père par préciput, excède la portion disponible, imputer cet excédant
sur sa part dans sa réserve, et il souffre cette imputation, lors même qu'ayant renoncé à la succession de son père, il ne profite aucunement
du don.

Se plaindrait-il que l'aïeul ait entamé la réserve à son préjudice? Mais le don fait à son
père qu'il représente, est censé fait à lui-même,
et il ne peut d'ailleurs user du bénéfice de la représentation qu'en rapportant ou en imputant
tout ce qui a été reçu par celui qu'il représente,
comme le représenté lui-même aurait dû le faire.
Or, le représenté aurait imputé sur sa part dans
la réserve l'excédant de la portion disponible, le
représentant est donc soumis à la même obligation
sur la part qu'il prend à la place du représenté : il
ne peut, en un mot, avoir plus qu'aurait eu celui
qu'il représente.

6. On n'est pas tenu de rapporter le don à la succession du donateur, si ce n'est point par représentation du donataire qu'on vient à cette succession, quoiqu'on le représente dans une autre succession, et que même on soit son héritier.

Ce n'est, en effet, que parce qu'on représente le donataire dans la succession même à laquelle il aurait dû le rapport, qu'on est obligé de rapporter à sa place. Comme on prend tous ses droits dans la succession, on doit y remplir également toutes ses obligations; mais quand on vient personnellement et de son chef à la succession du donateur, comme on n'y occupe pas la place du donataire et qu'on n'y prend rien pour lui, on ne peut être tenu d'y rapporter ce qu'il aurait rapporté lui-même, s'il eût été héritier, quoiqu'on soit d'ailleurs son représentant dans une autre succession, et même son héritier personnel.

L'héritier du donataire n'ayant pas reçu personnellement le don, ne peut être tenu, en son propre et privé nom, d'en faire le rapport; et il ne peut en être tenu comme héritier du donataire, puisque la succession du donataire et celle du donateur forment deux patrimoines distincts et séparés, et que le donataire lui-même n'étant obligé au rapport que dans le cas où il se porte héritier du donateur, son héritier personnel ne peut être également soumis à cette obligation, qu'autant qu'il prend, à sa place et comme le représentant, la succession même à laquelle est dû le rapport.

Lorsque le fils vient, par représentation de son père, à la succession du donateur, il doit le rapport, à la place de son père, *quoiqu'il ne soit pas son héritier;* ce n'est donc pas la qualité d'héritier du donataire, qui constitue l'obligation du rapport, mais uniquement la qualité de représentant du donataire, dans la succession du donateur; celui qui n'a pas cette dernière qualité, ne doit donc pas le rapport, quoiqu'il soit héritier du donataire.

L'art. 848 s'explique à cet égard en termes très-positifs.

7. Ainsi, quand le beau-père a fait à sa belle-fille un don en immeubles, quoiqu'après la mort de la belle fille, ses enfans soient ses héritiers, et qu'ils la représentent même dans les successions de leurs aïeux maternels, ils peuvent venir à la succession de leur aïeul paternel, qui est le donateur, sans être tenus de rapporter le don fait à leur mère. La raison est qu'ils viennent à la succession de cet aïeul, non comme représentant leur mère, mais comme représentant leur père qui n'était pas donataire, et qui, s'il était vivant, ne serait pas tenu lui-même de rapporter le don fait à son épouse.

III

On doit décider de même, avec Lebrun, que, lorsqu'une femme ayant des enfans d'un premier lit, a fait un avantage à son second mari, les enfans du second lit ne doivent pas rapporter à la succession de la mère le don fait à leur père, lors même qu'il serait aussi décédé, et qu'en acceptant sa succession ils profiteraient réellement de la donation entière. Les enfans du second lit venant de leur chef à la succession de la mère, ne peuvent être tenus de rapporter ce qui a été reçu par leur père, puisqu'ils ne le représentent pas dans cette succession.

8. La loi 19, *C. de collationibus* ne consacra formellement l'obligation du rapport, que pour le cas où les petits-enfans concouraient avec des oncles ou tantes, ce qui était un cas où la représentation avait lieu, et l'on doit en conclure que la loi romaine n'ordonnait pas le rapport, lorsque les petits-enfans venaient de leur chef à la succession de l'aïeul. C'est en effet ce que décide expressément Voët sur le Digeste, titre *de collatione*.

Mais plusieurs de nos coutumes ordonnaient le rapport dans tous les cas, et cette disposition était presque généralement suivie dans les pays coutumiers, sur le fondement qu'en ligne directe descendante il devait toujours y avoir égalité entre les branches, lors même qu'il n'y avait pas lieu à représentation, ainsi que l'enseigne Lebrun, *Traité des Successions*, livre 3, chapitre 6, section 2, n° 49; mais on sait que ce motif ne peut plus se concilier avec les dispositions du Code civil, qui n'ordonne le partage par souches et l'égalité entre les branches, que dans les cas où il y a lieu à représentation.

ARTICLE 849.

Les dons et legs faits au conjoint d'un époux successible, sont réputés faits avec dispense du rapport.

Si les dons et legs sont faits conjointement à deux époux, dont l'un seulement est successible, celui-ci en rapporte la moitié; si les dons sont faits à l'époux successible, il les rapporte en entier.

1. On était plus sévère dans l'ancien droit. Comme on réputait fait en faveur du fils, l'avantage fait au petit-fils, on réputait pareillement fait en faveur du successible, le don fait à son conjoint. Le fils et le conjoint du successible étaient également considérés comme des personnes interposées, et il faut convenir que la présomption est même plus forte, quand le don est fait au conjoint du successible, parce qu'il est, en effet, très-rare que lorsqu'on donne à son

24.

gendre ou à sa belle-fille, ce ne soit pas en considération de sa fille ou de son fils.

Mais comme, dans les principes adoptés par le Code civil, on ne peut donner au conjoint de son successible, ainsi qu'à toute autre personne, que la portion disponible, et qu'on pourrait également la donner, à titre de préciput, au successible lui-même, il ne peut plus y avoir lieu aujourd'hui à la présomption qu'en donnant au conjoint, on a voulu donner indirectement au successible; ce moyen indirect de donner au successible n'est plus nécessaire, puisqu'on peut sans détour et sans moyen oblique donner *directement* au successible tout ce qu'on peut donner à son conjoint.

Ainsi, la disposition de l'art. 849 n'est qu'une conséquence des principes déjà établi; et comme le don ou le legs fait au petit-fils, est présumé fait avec dispense du rapport, celui fait au conjoint du successible, devait être traité de la même manière.

Il n'est donc besoin, ni dans l'un ni dans l'autre cas, que la dispense du rapport soit expressément prononcée par le donateur ou par le testateur, puisqu'elle est prononcée par la loi même.

2. Si le don ou le legs a été fait aux deux époux conjointement, sans distinction de ce qui est donné ou légué particulièrement à chacun d'eux,

on présume qu'il y en a moitié pour celui qui est successible, et il doit, en conséquence, le rapport de la moitié s'il n'en a pas été dispensé.

Si le don ou le legs n'a été fait qu'à l'époux successible, il est rapportable en totalité, lors même que l'autre époux en profiterait, soit comme commun, soit en vertu d'une donation faite par les époux en faveur du survivant. L'art. 849 ne fait aucune distinction à cet égard.

3. Mais le successible qui profite du don ou du legs fait à son époux, n'en doit-il pas le rapport en proportion du profit qu'il en retire ?

Cette question peut se présenter dans trois cas,

1º Aux termes de l'art. 1041 du Code, les dons ou legs en meubles ou effets mobiliers, faits à l'un des conjoints, tombent dans la communauté légale ; l'époux qui est successible, profite donc, en ce cas, pour la portion qu'il a dans la communauté, du don ou legs fait à son conjoint ; le mari profite même en totalité, si la femme donataire ou légataire renonce à la communauté, lors de sa dissolution.

La même chose arriverait aussi dans la communauté conventionnelle, qui comprendrait également les dons ou legs de mobilier.

2º Suivant l'art. 1405, la donation d'immeubles, qui n'est faite, pendant le mariage, qu'à l'un des époux, ne tombe point en communauté et appartient au donataire seul, à moins que la donation ne dise expressément que la chose donnée appartiendra à la communauté, et si elle est faite à cette condition, il est évident qu'elle est faite conjointement aux deux époux.

Mais, sans cette condition, la donation d'immeubles peut aussi tomber dans la communauté *conventionnelle*, si telle a été la stipulation, lorsque la communauté a été formée : les personnes qui se marient, ont le droit de régler, ainsi qu'il leur plaît, leur association conjugale, quant aux biens. (Art. 1387 du Code.)

Lors donc que la donation d'immeubles tombe dans la communauté conventionnelle, le successible profite évidemment, pour la portion qu'il a dans cette communauté, du don fait à son conjoint et le mari profite également de la totalité, si la femme donataire renonce à la communauté.

Il en est de même à l'égard du legs.

3° Dans le cas même où le don ne tomberait pas dans la communauté, soit légale, soit conventionnelle, si les conjoints s'étaient fait par leur contrat de mariage, une donation en propriété de tous leurs biens en faveur du survivant, le successible profiterait encore du don fait à son conjoint, s'il survivait, sans qu'il y eût de descendans issus du conjoint donataire.

On dira que, dans tous les cas, il est juste que le successible fasse le rapport de la portion dont il profite ; qu'autrement ce serait un avantage indirect en sa faveur ; que le don fait au conjoint qui est commun avec le successible, doit être considéré comme ayant été fait conjointement aux deux époux ; qu'il est donc rapportable par le successible, pour la portion dont il profite, conformément au deuxième paragraphe de l'art. 849 ; et qu'enfin si le don profite en entier au mari successible, à cause de la renonciation de sa femme, on doit lui appliquer le dernier paragraphe de l'article.

La réponse à cette objection, se trouve dans la discussion même qui a eu lieu au conseil d'état, séance du 21 nivôse an 11, page 292 du procès-verbal : on y voit que l'objection a été faite dans les mêmes termes, mais qu'elle n'a pas eu de succès, et que l'article a été rédigé de manière à ce qu'elle ne doit plus être reproduite.

L'article présenté par la section de législation du conseil d'état, était ainsi conçu : *Les dons et legs faits au conjoint d'un époux successible, ne sont pas rapportables.*

Cet article fut attaqué. Ce serait, dit M. Tronchet, ouvrir la porte aux fraudes. Le père qui voudrait avantager un enfant au préjudice des autres, pourrait, si cet enfant était marié et en communauté, donner à l'autre conjoint, et l'enfant préféré prendrait ainsi la moitié du don, à titre de partage dans la communauté. . . . .

M. Tronchet fit remarquer encore que le premier projet du Code avait adopté une règle différente et bien plus équitable, en disant que le rapport ne devait avoir lieu de la part de l'époux successible, que dans le cas où il profiterait du don, et pour la portion dont il profiterait par l'effet de la communauté.

M. le conseiller d'état Treilhard répondit que la section avait cru cette règle inutile, attendu que le père n'avait pas besoin de masquer l'avantage qu'il voulait faire au conjoint successible, puisqu'il pouvait ouvertement le dispenser du rapport.

M. Tronchet sentit la force de la réponse, et n'insista plus sur l'objection; mais il fit observer que la section établissait la présomption qu'il y avait, de la part du donateur, dispense du rapport, et qu'il valait mieux l'exprimer.

On reconnut aussi la justesse de cette observation, et l'article fut définitivement rédigé en ces termes: *Les dons et legs faits au conjoint d'un époux successible, sont réputés faits avec dispense du rapport.*

Il résulte évidemment de cette discussion, qu'il a été dans l'intention du législateur, que le don, fait au conjoint du successible, ne fût jamais sujet à rapport, lors même que le successible en profiterait, à cause de la communauté, ou par tout autre moyen.

Aussi, l'article est rédigé en termes généraux,

sans aucune exception ; et si l'on eût voulu distinguer le cas où le successible profite du don fait à son conjoint, il est certain que, d'après les observations de M. Tronchet, on n'eût pas manqué d'exprimer la distinction, en termes positifs.

Sans doute, le successible a, dans ce cas, un avantage ; mais on ne peut pas dire que ce soit là un avantage indirect, puisqu'il pouvait être fait directement au successible.

Il est encore vrai que le successible retient l'avantage, quoique le donateur n'ait pas expressément dispensé du rapport ; mais aussi c'est pour lever toute difficulté à cet égard, qu'il a été ajouté, dans l'art. 849, sur la demande de M. Tronchet, que le don était réputé fait avec dispense du rapport. La loi prononce elle-même la dispense, parce qu'elle présume que telle était l'intention du donateur.

· Si le successible avait été tenu de rapporter le don fait à son conjoint, pour la portion dont il en aurait profité, il eût fallu, par le même motif, dans le cas où le don fait au successible serait tombé dans sa communauté, et aurait profité à son conjoint, ne l'obliger qu'à rapporter la portion dont il aurait profité seul ; mais l'art. 849 l'oblige à rapporter ce don en entier, et sans aucune distinction de la part dont il peut, ou non, profiter.

On n'a donc considéré, dans cette matière, que la personne même à laquelle le don est fait ;

sans s'occuper des résultats que le don peut produire, ni de la division qui peut en être faite par
des actes ou des événemens étrangers.

Au reste, dans aucun cas, les cohéritiers du
successibles ne sont fondés à se plaindre, puisqu'ils
ne peuvent toujours être privés que de la portion
disponible, et que cette portion pouvant être donnée au successible, comme à toute autre personne, il leur est fort indifférent qu'il en profite
indirectement, ou qu'il la reçoive d'une manière
directe.

Ce dernier moyen sera toujours une réponse
sans réplique à toutes les objections qu'on pourrait faire contre les dons faits au fils ou au conjoint du successible.

ARTICLE 850.

Le rapport ne se fait qu'à la succession du donateur.

1. Le rapport ayant pour principal motif de
rétablir l'égalité entre les héritiers de celui qui a
donné, c'est évidemment à la succession du donateur qu'il doit se faire.

Il faut donc toujours examiner avec soin à qui
appartenaient les biens donnés, et quel a été le
véritable donateur, pour déterminer la succession à laquelle est dû le rapport.

Ainsi, le petit-fils qui a reçu un don de son aïeul, n'est pas tenu d'en faire le rapport à la succession de son père, puisque son père n'est pas le donateur.

Ainsi, l'enfant que ses père et mère ont doté conjointement, n'est pas tenu de rapporter la totalité de la dot à la succession de celui de ses père et mère, qui est décédé le premier; il ne doit le rapport à cette succession, que de la portion de dot, qui avait été réellement donnée par le prédécédé.

2. Mais lorsqu'une dot a été constituée par deux époux conjointement, ou qu'elle a été constituée par un seul, soit en effets dépendans de leurs communauté, soit en biens personnels à chacun d'eux, il peut s'élever des difficultés pour déterminer quelle est la portion de la dot, dont chacun des époux doit être déclaré donateur, et si même l'époux qui a seul constitué la dot, n'en est pas seul débiteur, et conséquemment seul donateur.

Je crois avoir résolu les principales difficultés à cet égard, dans le n° 6 des observations sur l'art. 747, pages 353 et suivantes du 1er volume; je me bornerai donc ici à ajouter quelques observations nouvelles.

3. Lorsque le mari a *seul* constitué la dot, en effet de communauté, la femme est bien tenue, si elle accepte la communauté, d'acquitter une

partie de la dot ; mais elle n'en est tenue que jusqu'à concurrence de sa part dans la communauté,
quoique le mari ait déclaré, en constituant la
dot, que sa femme y contribuerait une plus forte
portion.

Ainsi, lorsque la communauté est légale, la
femme ne peut être tenue que de supporter la
moitié de la dot constituée par son mari seul, et
conséquemment elle n'est donatrice que de cette
moitié.

Le mari peut bien s'engager pour une plus
forte portion de la dot, et même pour le tout,
en déclarant que les deux tiers de la dot ou même
la totalité seront pris sur sa part dans la communauté ; mais il n'a pas le droit d'obliger sa femme,
sans son consentement exprès, à supporter plus
que la moitié.

La femme ne peut même être tenue de supporter la moitié de la dot constituée par le mari
seul, que lorsque la communauté est légale, ou
que, dans la communauté conventionnelle, elle
est associée pour moitié. Si elle avait une moindre
portion dans la communauté conventionnelle,
elle ne pourrait être tenue de contribuer à la dot,
que dans la proportion de son droit sur la chose
commune.

Il ne pourrait pas même être stipulé dans une
association conjugale, que la femme supporterait
sur sa part dans l'association, une portion plus

considérable des dots qui seraient fournies aux enfans. L'art. 1521 du Code civil, déclare expressément nulle toute convention qui obligerait un des époux à supporter dans les dettes de la communauté, une plus forte part que celle qu'il prend dans l'actif, ou qui le dispenserait de supporter une part égale. Or, l'obligation imposée à la femme d'acquitter, pour sa part, la dot que le mari seul a constituée, ne peut être considérée que comme une dette ou charge de la communauté, puisque la femme peut s'y soustraire, en renonçant à la communauté, soit légale, soit conventionnelle.

4. Il me semble que, par les mêmes motifs, il faut décider que, dans le cas où la femme n'est associée dans la communauté conventionnelle que pour une portion moindre que la moitié, elle ne doit être également tenue de contribuer à la dot, constituée en effets de la communauté, que dans la proportion de sa part dans la communauté, quoique la dot ait été constituée par elle et par son mari conjointement, et sans aucune désignation de la portion pour laquelle chacun d'eux entendait y contribuer.

L'art. 1438 dit bien, à la vérité, que, si le père et la mère ont doté conjointement l'enfant commun, sans exprimer la portion pour laquelle ils entendaient y contribuer, ils sont censés avoir doté chacun pour moitié; mais il faut remarquer que cet article est inséré dans la première partie du chapitre II de la la loi, laquelle est uniquement relative *à la communauté légale*, et qu'il a dû statuer que, dans le cas d'une communauté légale, la dot constituée par le mari et la femme conjointement, serait censée avoir été donnée par chacun d'eux pour moitié, puisque chacun d'eux prend moitié dans la communauté légale. Mais ce motif n'est plus applicable au cas où, dans une communauté conventionnelle, la part de la femme est fixée à moins de moitié, et l'on doit naturellement présumer que, si la dot a été constituée en effets de communauté, la femme n'a entendu y contribuer que dans la proportion de sa part dans cette communauté.

Telle est l'opinion de M. Grenier, dans son *Traité des Donations et des Testamens*, tom. 2, pag. 214.

5. Lorsque la mère a fourni seule, sur ses biens personnels, la dot qui a été constituée par elle et son mari conjointement, mais sans aucune désignation de la part que chacun d'eux entendait donner, et si la mère décède avant le père, les cohéritiers de l'enfant doté peuvent-ils le contraindre à rapporter la *totalité* de la dot à la succession de la mère, pour éviter l'action en indemnité contre le père encore vivant?

Lebrun soutient l'affirmative, dans son *Traité des Successions*, livre 3, chapitre VI, section 2, n° 72. Voici comment il établit son opinion.

« A moins que les frères n'aient commencé par un partage de communauté, dans lequel on ait fait un remploi à la succession de la mère, de la moitié de son propre, le rapport se doit faire du total de l'héritage à la succession de la mère, parce qu'il n'est pas juste d'obliger les cohéritiers de poursuivre un remploi, tandis que l'un d'eux a dans ses mains le propre de la succession; et de fait, si le père était insolvable, il serait vrai de dire qu'encore que le père et la mère eussent doté conjointement, néanmoins toute la donation se trouverait faite aux dépens de la mère; c'est pourquoi en ce cas le total devrait être rapporté à la succession de la mère, et quoique le père soit solvable, il est encore de l'ordre que les biens du côté du père suivent la succession du père, et ceux du côté de la mère; celle de la mère, pourvu que les biens soient existans, c'est à dire, qu'ils soient dans la succession, ou dans les mains des héritiers qui sont tenus de les rapporter; car ce sont toujours des biens du côté de la mère. »

Cette opinion ne me paraît pas conciliable avec les dispositions du Code civil.

L'art. 1438 dit expressément que, si la dot a été constituée conjointement par le père et par la mère, chacun d'eux est censé avoir doté pour moitié, lors même que la dot a été prise entièrement sur les biens personnels à la mère. Le père est donc réputé donateur de la moitié, comme la mère l'est de l'autre moitié; la dot est donc rapportable, pour moitié, à la succession du père, comme elle l'est, pour l'autre moitié, à la succession de la mère, puisque l'art. 850 établit en règle générale, que le rapport ne se fait qu'à la succession du donateur, et qu'il ne contient aucune exception pour le cas particulier dont il s'agit.

Ce qui prouve encore qu'en ce cas le père est réellement donateur de la moitié, quoiqu'il ne fût pas propriétaire des biens donnés, c'est que, s'il décédait le premier, l'enfant doté serait tenu de rapporter à sa succession la moitié de la dot, et ne pourrait être autorisé à garder la dot entière, pour n'en faire le rapport qu'à la succession de la mère. Lebrun lui-même en convient, à l'endroit cité, n° 75. Pourquoi donc la survivance du père changerait-elle la nature du don?

La mère, en fournissant ses biens personnels pour la totalité de la dot, s'est dessaisie de ces biens, au profit du donataire. Elle ne s'est réservé et l'art. 1438 ne lui accorde qu'une action en indemnité sur les biens de son mari; elle ne pourrait donc elle-même, si son mari était devenu insolvable, contraindre l'enfant doté à lui restituer la moitié de la dot; mais ses héritiers ne peuvent avoir plus de droits qu'elle; ils n'ont donc pas le droit de contraindre l'enfant doté à restituer ou rapporter à la succession de la mère, la moitié de ce qu'il a reçu. Comme la mère qu'ils représentent, ils ne peuvent qu'exercer l'action en indemnité contre le père.

Si, par l'insolvabilité de son mari, la mère se trouve privée de cette indemnité, elle s'y est exposée volontairement. Cette perte ne peut jamais l'autoriser à retirer des mains du donataire une partie de ce qui lui a été donné.

Enfin, ce qui doit trancher la question, c'est que l'enfant doté est autorisé, par l'art. 845, à retenir ce qu'il a reçu de son père, en renonçant à sa succession, et qu'il se trouverait privé de ce droit, si on lui faisait rapporter à la succession de sa mère la totalité de la dot qu'il aurait reçue de ses père et mère conjointement.

Article 851.

Le rapport est dû de ce qui a été employé pour l'établissement d'un des cohéritiers, ou pour le paiement de ses dettes.

1. Cette disposition, qui est absolument conforme aux anciens principes, ordonne le rapport de ce qui a été employé pour l'établissement d'un des cohéritiers; mais, d'autre part, l'art. 852 exempte du rapport les frais d'éducation et d'apprentissage; il faut donc distinguer avec soin ce

qui a été employé pour l'établissement, et ce qui a été employé pour l'éducation et l'apprentissage.

Les dépenses faites pour l'éducation et l'apprentissage, ont bien pour objet de procurer par la suite un établissement; mais elles ne le donnent pas encore.

Il n'y a donc de sujet à rapport que ce qui a été employé pour l'établissement lui-même, ou, en d'autres termes, pour acheter un état et les choses nécessaires à la pratique de cet état. Tout ce qui a été dépensé antérieurement pour rendre l'héritier capable de faire valoir l'établissement ou d'exercer l'état, n'est pas rapportable.

Ainsi, le rapport est dû de ce qui a été employé pour acheter la clientelle et les recouvremens d'un notaire ou d'un avoué, pour obtenir la démission du titulaire ou une présentation de la part de ses héritiers, pour acquitter le cautionnement qui doit être fourni au gouvernement, pour les frais de réception et généralement pour tout ce qui peut être relatif à l'exercice de la profession.

Mais le rapport n'est pas dû des dépenses qui ont été faites par un héritier, pour obtenir des grades de bachelier et de licencié. Ces grades seuls ne font pas un établissement; ils sont seulement des moyens pour y parvenir.

Le même motif s'applique aux dépenses pour le grade de docteur.

On doit les considérer, les unes et les autres

comme des frais d'éducation, et il faut aussi leur appliquer le n° 3 des observations sur l'art. 852.

2. Le cohéritier dont les dettes avaient été payées par le défunt, doit en rapporter le montant à la succession ; car, en payant ses dettes, le défunt lui avait fait un prêt ou un don, et dans l'un et l'autre cas le rapport est ordonné par les art. 853 et 851.

Mais ne doit-il pas y avoir exception à cette règle, 1° dans le cas où le fils aurait fait, pendant le cours de ses études, des dépenses inutiles que le père aurait acquittées, et sans qu'il y eût, à cet égard, d'autre preuve que des mentions qui se trouveraient dans les papiers domestiques du père ; 2° dans le cas où le père aurait eu la faiblesse d'acquitter des dettes que son fils, *encore mineur*, aurait contractées sans aucun motif raisonnable ?

Il y a eu sur ces deux points, une longue discussion au conseil d'état. (*Voyez* le procès-verbal, séance du 23 nivôse an 11, pages 292, 293 et 294.

On prétendait que le rapport ne devait être ordonné que contre le fils majeur, ou tout au plus, contre le mineur qui était établi. Autrement, disait-on, le père pourrait ruiner son enfant mineur, en acquittant des dettes qu'il aurait contractées au jeu, ou par de folles dépenses, ou par des emprunts faits à des usuriers.

25.

M. le conseiller d'etat Treilhart répondit, sur le premier cas, qu'il fallait se décider par les circonstances ; que le rapport ne devait pas avoir lieu, lorsqu'il ne s'agissait que de sommes modiques acquittées par le père, au-dessus de ce qu'il avait fixé pour les frais d'entretien, nourriture et éducation ; mais que le rapport devait être fait, s'il s'agissait de sommes formant une partie considérable du patrimoine du père.

Sur le second cas, M. Regnault de Saint-Jean-d'Angely disait que, si le mineur avait un état, il était émancipé ; qu'il pouvait disposer de ses meubles, et s'obliger pour des sommes mobilières ; qu'en conséquence il devait le rapport, du montant de ses dettes acquittées par son père ; que, s'il n'avait point d'état, s'il n'était pas émancipé, s'il était encore sous la puissance paternelle, il arriverait rarement que le père acquittât des engagemens nuls que son fils ne serait pas civilement obligé de remplir ; mais que, si le père, par tendresse pour son fils, ou pour lui éviter des affaires désagréables, acquittait les dettes, le fils serait encore tenu au rapport, parce qu'autrement ses frères et sœurs supporteraient ses folles dépenses, et qu'il ne pouvait leur opposer la nullité de ses engagemens.'

C'est dans ce sens que doit être entendue et appliquée la disposition de l'art. 851.

3. La fille mariée est-elle tenue de rapporter les sommes prêtées par son père à son mari?

S'il s'agissait d'un don, elle ne pourrait, d'après l'art. 849, être obligée au rapport; mais il s'agit d'un simple prêt, et celui qui ne fait que prêter, n'entend pas donner.

Lebrun, dans son *Traité des Successions*, liv. 3, chap. VI, section II, n° 6, discute longuement cette question, et les principes sur lesquels il se fonde, pour la résoudre, ne peuvent plus se concilier avec les dispositions du Code.

Il faut décider aujourd'hui, 1° que, si la femme s'est obligée avec son mari, elle doit, non pas rapporter, mais restituer à la succession de son père, la part dont elle est tenue dans la somme qui a été prêtée, et que même elle est tenue de restituer la totalité de la somme, si elle s'est obligée solidairement avec son mari ; 2° que dans le cas même où elle ne serait pas obligée, si elle était commune avec son mari, et si elle avait accepté la communauté, elle serait tenue de restituer, en proportion de son droit dans la communauté; mais que si elle avait renoncé à cette communauté, elle ne devrait rien, et qu'en conséquence tant que la communauté avec son mari ne serait pas dissoute, elle ne pourrait être contrainte sur ses biens personnels.

4. La somme payée par un père ou par une mère, pour faire remplacer dans les armées, leur

fils qui y était appelé en vertu des lois sur la conscription ou le recrutemet, est-elle sujette à rapport?

Pour résoudre cette question, il suffit de considérer que l'obligation de servir dans les armées est personnelle au fils; que c'est une dette dont il est personnellement tenu envers l'état, et qu'en conséquence ce qui a été payé par ses père et mère, pour l'exempter de cette obligation, se trouve réellement employé pour le paiement de ses dettes.

Peu importe que le fils fût mineur; on a vu précédemment que les principes sur les rapports sont indépendans de l'âge de l'enfant avantagé.

Cependant il pourrait y avoir des circonstances pariculières d'après lesquelles les tribunaux seraient autorisés à ne pas ordonner le rapport, dans le cas, par exemple où les père et mère auraient eu un intérêt personnel à faire remplacer leur fils, qui leur était utile pour leur état, pour leur commerce.

Ainsi l'a jugé un arrêt de la cour royale de Caen, du 5 janvier 1811.

ARTICLE 852.

Les frais de nourriture, d'entretien, d'éducation, d'apprentissage, les frais ordinaires d'équipement, ceux de noces et présens d'usage, ne doivent pas être rapportés.

1. Les père et mère qui fournissent les alimens, l'entretien et l'éducation à leurs enfans, ne font pas un don : ils acquittent une obligation sacrée qui leur est imposée par la nature.

Les époux, dit l'art. 203 du Codé, contractent ensemble, par le fait seul du mariage, l'obligation de nourrir, entretenir et élever leurs enfans.

Les frais de nourriture, d'entretien, d'éducation et d'apprentissage, ne sont donc pas sujets à rapport ; car il n'y a que les dons qui soient rapportables.

On trouve des dispositions semblables dans la loi 50, *D. de familiæ erciscendæ*, et dans plusieurs de nos coutumes.

C'était le droit commun en France.

Il y a cependant quelques exceptions qu'il faut expliquer.

2. Les frais de nourriture et d'entretien, faits pour un enfant qui avait personnellement des moyens ou des revenus suffisans pour acquitter ces frais sont sujets à rapport, à moins que l'enfant ne les ait d'ailleurs compensés, en travaillant pour le compte du père ou de la mère qui les a fournis.

Il en est de même à l'égard des frais d'éducation et d'apprentissage, fournis à un enfant qui avait des moyens ou des revenus suffisans pour y pourvoir.

Cela est conforme à la loi 25, *D. de negotiis gestis*, et à la loi *ult. ff. de petit. hœred.*

Quelques coutumes en avaient une disposition expresse, notamment celle d'Auxerre, de Châlons et de Vermandois.

C'était aussi le droit commun, ainsi que l'attestent les auteurs.

Il est évident, en effet, que, si l'enfant est en état de pourvoir aux frais de sa nourriture, de son entretien, de son éducation et de son apprentissage, il n'y a plus d'obligation de les lui fournir, et qu'en conséquence si les père et mère s'en chargent ou les acquittent, à sa place, c'est un don ou un prêt qu'ils lui font; il n'y a donc plus de motif pour dispenser du rapport.

Mais, si les revenus de l'enfant n'avaient pas suffi pour les frais de nourriture, d'entretien, d'éducation ou d'apprentissage, l'excédant ne serait pas sujet à rapport, puisque cet excédant se serait trouvé dans les obligations des père et mère.

La coutume d'Auxerre en avait une disposition précise, et cette disposition était généralement suivie.

Telle était aussi l'opinion de Lebrun, *Traité*

des Successions, liv. 3, chap. 6, sect, 3, n° 47;
d'Argentrée, sur l'art. 526 de l'ancienne coutume
de Bretagne; de Ferrière, sur l'art. 304 de la
coutume de Paris, et de presque tous les anciens
docteurs.

3. Si le père et la mère avaient fait, pour
l'éducation d'un de leurs enfans, des dépenses
trop fortes en proportion de leur fortune, de
manière que ces dépenses absorberaient une
grande partie de leur patrimoine et blesseraient
considérablement l'égalité envers les autres enfans, ce qui aurait été dépensé au-delà d'une
juste mesure, serait sujet à rapport.

Cette exception est dans l'esprit de la loi *utrum*,
47, *D. de donationibus inter virum et uxorem*,
et de la loi pénultième, *C. de collat.*, §. 1,

Elle se trouve écrite dans quelques coutumes,
notamment dans celles de Vermandois et de Châlons, et c'était aussi le droit commun.

« Il faut, dit Coquille, question 168, que ces
frais soient modérés selon les facultés du père,
car si le père, étant de moyennes facultés, voyant
son fils de bon et aigu entendement, propre à
comprendre les sciences, se parforce de l'avancer
et fournisse pour lui de si grands frais, que vraisemblablement son revenu ne puisse porter, sans
diminuer grandement son bien, je crois que cet
enfant, qui aura fait cette grande dépense, sera
tenu de rapporter ou précompter ce qu'il a dé-

pensé de plus que vraisemblablement les facultés ne portaient. »

Lebrun est du même avis.

Il faut cependant laisser à cet égard une certaine latitude aux père et mère : on ne doit pas mettre des bornes trop étroites à ce qu'ils veulent faire pour l'éducation d'un enfant qui a d'heureuses dispositions et qui peut devenir un jour le soutien de la famille : tout ce qui tend à améliorer l'éducation des enfans, doit être favorisé ; le rapport ne doit donc avoir lieu, que lorsqu'il y a excès dans les dépenses, ou qu'elles diminuent considérablement la fortune des père et mère, ou que tout a été sacrifié pour un enfant, au préjudice des autres, dont l'éducation a été beaucoup plus mal soignée, ou entièrement abandonnée.

Dans cette matière les juges doivent se décider d'après les circonstances et l'équité.

4. Le père lui-même, qui a fait des dépenses considérables pour l'éducation de l'un de ses enfans, peut ordonner le rapport de ce qui excède une juste mesure, ou accorder à ses autres enfans une indemnité ; et comme cette indemnité n'est pas une libéralité réelle, puisqu'elle ne fait que rétablir l'égalité entre les enfans, elle n'est ni sujette à rapport, ni même imputable sur la portion disponible.

Tel était l'avis de Lebrun, *Traité des Successions*, liv. 3, chap. 6, sect. 3, n° 51.

La loi *si ita legatum* 11, *ff. de condit. et demonstr.* approuvait expressément la disposition que faisait le père, pour indemniser ses autres enfans.

Elle est aussi conforme à l'esprit du Code civil, qui tend toujours à établir l'égalité entre les enfans.

5. Les frais de nourriture, d'entretien et d'éducation ne sont dispensés du rapport, que lorsqu'ils sont fournis du vivant des père et mère. Si le père ou la mère avait donné ou légué, à un de ses enfans, une pension alimentaire, ou des fonds pour son entretien et son éducation, il y aurait lieu à rapport de tout ce qui aurait été reçu postérieurement au décès de celui qui a donné ou légué.

L'obligation de fournir les alimens, l'entretien et l'éducation, n'est que personnelle aux père et mère : elle ne s'étend pas à leurs successions, ni à leurs héritiers.

Telle était la disposition de la loi *omni modo*, 30, §. 2, *C. de inoffic. testam.*

C'était aussi l'avis de Lebrun et de Pothier.

Cependant si, après la mort du père ou de la mère, l'enfant n'avait pas de quoi pourvoir à sa nourriture, à son entretien et à son éducation, le survivant des père et mère en serait tenu, suivant ses facultés.

6. Les livres nécessaires pour les études sont compris dans les frais d'éducation, et restent à celui qui les a reçus, lors même qu'ils existeraient en nature, au décès de celui qui les a fournis.

La coutume d'Anjou était la seule qui en ordonnât le rapport.

Néanmoins si les livres étaient en grande quantité, et formaient un corps de bibliothèque, Pothier décide, avec raison, qu'il y aurait lieu au rapport. Ce serait, en effet, un don réel : un' corps de bibliothèque n'est pas nécessaire pour les études.

7. L'art. 852 dispense encore du rapport les frais d'équipement, c'est-à-dire, ce qui a été dépensé pour équiper un enfant qui entre au service militaire; et cette dispense était également admise dans l'ancienne législation.

Mais il faut appliquer à ces frais d'équipement les observations déjà faites sur les frais de nourriture, d'entretien et d'éducation. Lorsque l'enfant avait des revenus suffisans, ou que les dépenses ont été beaucoup trop considérables, en proportion des facultés des père et mère, il y a lieu au rapport. Aussi l'article 852 ne parle que des frais *ordinaires* d'équipement, et il en résulte clairement que s'il a été fait, à cet égard, des frais *extraordinaires*, ils sont sujets à rapport.

8. Les frais de noces et les présens d'usage sont aussi dispensés du rapport.

Les frais de noces ne profitent pas à l'enfant qui se marie : ils n'ont pour objet que de manifester la joie des deux familles nouvellement alliées. Quand les dépenses à cet égard seraient trop considérables, l'enfant ne serait donc tenu à aucun rapport, puisqu'il ne profite de rien.

Quant aux présens qui se font à cette époque si on en fait mention dans le contrat, c'est une preuve qu'on veut les soumettre au rapport : mais les habits de noces, les bijoux et autres effets qui ne sont pas mentionnés dans le contrat, et qu'on peut regarder comme des *présens d'usage*, ne sont pas sujets à rapport, à moins qu'ils ne soient trop considérables en proportion des facultés des père et mère. Dans ce dernier cas, on ne pourrait les considérer comme de simples présens d'usage, mais comme de véritables dons et des avantages indirects.

Plusieurs coutumes, notamment celles de Troies de Sens et de Reims, soumettaient au rapport les habits de noces et les bijoux : dans les autres coutumes, la jurisprudence variait beaucoup à cet égard ; mais le plus souvent on dispensait du rapport les présens qui n'étaient pas considérables.

9. La dispense du rapport n'a pas été seulement prononcée par l'art. 852, en faveur des en-

fans et des descendans; elle s'applique à tous les héritiers, sans distinction, puisque l'article la prononce d'une manière générale; et d'ailleurs on a vu, sur l'art. 843, que les règles relatives au rapport, concernent les héritiers en ligne collatérale, comme les héritiers en ligne directe.

Ainsi, l'héritier en ligne collatérale, comme l'héritier en ligne directe, est dispensé de rapporter ce qu'il a reçu du défunt pour nourriture, entretien, éducation, apprentissage, équipement ordinaire, frais de noces et présens d'usage.

Il n'y a pas, il est vrai, les mêmes motifs de dispense pour les héritiers en ligne collatérale, que pour les héritiers en ligne directe, puisque l'obligation de fournir des alimens et l'entretien, n'existe qu'entre les ascendans et les descendans; mais à l'égard des collatéraux, la dispense du rapport est fondée sur ce qu'on présume que c'est par affection, et non à titre d'avantage, que le défunt a fait, pour son héritier présomptif, les frais désignés dans l'art. 852.

ARTICLE 853.

Il en est de même des profits que l'héritier a pu retenir de conventions passées avec le défunt, si ces conventions ne présentaient aucun avantage indirect, lorsqu'elles ont été faites.

1. L'article 843 déclare sujets à rapport tous avantages indirects faits par le père à son enfant, ou par toute autre personne à son héritier; mais on ne doit pas toujours considérer comme avantages indirects, les profits qui ont pu résulter en faveur de l'héritier, des conventions qu'il avait faites avec le défunt.

Si le défunt n'avait rien sorti de son patrimoine, pour le faire entrer dans celui de son héritier, s'il avait traité avec lui, comme il aurait traité avec un étranger; si la convention ne présentait, au moment où elle a été faite, aucun avantage actuel et certain en faveur de l'héritier, il n'existerait pas réellement de donation, quoique des suite de la convention il pût résulter et qu'il fût résulté, en effet, des profits pour l'héritier.

Le défunt aurait bien, par cette convention, procuré à son héritier l'occasion de gagner; mais il l'aurait fait, sans rien perdre lui-même, sans rien donner actuellement, et n'y a d'avantage indirect, que lorsqu'il y a réellement un don, au moment même où la convention a été faite. Les profit éventuels et presque toujours incertains, qui peuvent survenir, ne constituent pas une donation réelle.

Un père, vieux ou infirme, ne pouvant plus administrer ses biens, est forcé de les donner en ferme. Pourquoi ne pourrait-il pas les affermer à l'un de ses enfans, comme à un étranger? sans doute la ferme, lors même qu'elle est faite à juste prix, doit procurer un bénéfice au fermier; mais ce bénéfice est le prix des soins qu'exige l'administration : ce n'est pas un avantage indirect fait à l'héritier, puisque l'étranger l'aurait également, puisqu'il ne se trouverait pas de fermiers, si les fermes ne devaient procurer aucun profit, et que d'ailleurs les bénéfices d'une ferme sont toujours incertains.

Mais, si la ferme avait été consentie à l'héritier, pour une somme qui serait inférieure au juste prix, suivant le taux commun du prix des baux ou des denrées dans le canton, au moment où le bail aurait été conclu, alors il y aurait évidemment un avantage indirect, puisque le défunt aurait réellement sorti de son patrimoine la somme qui formerait annuellement la différence entre le juste prix et celui convenu.

On peut appliquer cet exemple à toutes les autres conventions.

Il faut réprimer tout ce qui est réellement un avantage indirect en faveur d'un héritier; mais aussi les traités qui avaient été faits entre le défunt et l'un de ses héritiers, doivent être respectés, lorsqu'ils sont sans fraude et ne contiennent rien de contraire à la volonté de la loi. Il importe à la tranquillité et aux intérêts des familles, que les parens puissent faire entr'eux, de bonne foi, toutes les conventions qui sont licites, pour qu'ils ne soient pas forcés d'introduire dans leurs affaires des étrangers qui n'y portent que trop souvent la division et le trouble.

On suivait constamment ces principes dans l'ancienne législation.

2. Il y a cependant une exception à la règle établie par l'art. 853; elle se trouve dans l'art. 918 qui dispose que la valeur en pleine propriété des biens aliénés, *soit à charge de rente viagère, soit à fonds perdu, ou avec réserve d'usufruit,* à l'un des successibles *en ligne directe*, sera imputée sur la portion disponible, et que l'excédant, s'il y en a, sera rapporté à la masse.

Il serait bien rare, en effet, que dans ces espèces de vente il n'y eût pas d'avantage indirect, et la loi le suppose réel. Il y a, dans ce cas, ce que les Romains appelaient, *dolus re ipsâ.*

Mais encore faut-il remarquer 1° que la loi ne suppose l'avantage indirect, et n'ordonne l'imputation et le rapport, que lorsque la vente a été consentie à un successible *en ligne directe,* d'où il suit que, si la vente a été consentie à un successible *en ligne collatérale,* la disposition de l'article 918 n'a pas lieu, et qu'on doit rentrer dans la règle générale établie par l'art. 853; 2° que, dans le cas même où la vente a été consentie à un successible en ligne directe, la valeur en pleine propriété des biens aliénés, doit s'imputer d'abord sur la portion disponible, et qu'ainsi il n'y a d'avantage indirect, sujet à rapport, que de l'excédant de la portion disponible.

ARTICLE 854.

Pareillement, il n'est pas dû de rapport pour les associations faites sans fraude entre le défunt et l'un de ses héritiers, lorsque les conditions en ont été réglées par un acte authentique.

1. La disposition de cet article n'est qu'une conséquence du principe établi dans l'article précédent.

Dès qu'il n'y a pas lieu au rapport des profits que l'héritier a pu retirer des conventions passées avec le défunt, si ces conventions ne présentaient aucun avantage indirect, lorsqu'elles ont été faites, il en résulte que pareillement il n'est pas dû de rapport pour les associations faites sans fraude entre le défunt et l'un de ses héritiers, puisqu'il est certain que, si elles ont été faites sans fraude, elles ne contiennent aucun avantage indirect.

Pour cette association, comme pour toutes les autres conventions intervenues entre le défunt et l'un de ses héritiers, c'est toujours le moment où l'association a été faite, qu'il faut considérer uniquement, pour savoir s'il y a eu fraude et avantages indirects. Les événemens postérieurs ne peuvent pas faire réputer frauduleuse une association qui, dans son origine, était réglée de bonne foi.

Il arrive tous les jours que le cultivateur ou le commerçant a besoin de prendre un associé qui l'aide à soutenir et même à étendre ses exploitations ou son commerce. Pourquoi ne pourrait-il pas associer à sa communauté, à ses fermes, à son négoce, l'un de ses héritiers, aussi bien qu'un étranger ? Il doit avoir naturellement plus de confiance dans son héritier, qui est doublement intéressé au succès de l'entreprise; l'association lui est d'ailleurs bien plus agréable avec celui-ci, qu'avec une personne étrangère pour laquelle il n'a pas la même affection, et enfin, s'il y a du bénéfice à faire dans la société, pourquoi ne lui serait-il pas libre de le procurer à l'un plutôt qu'à l'autre ?

S'il associe son héritier aux mêmes conditions qu'il associerait un étranger, s'il ne l'admet pas à des profits déjà échus et certains, s'il ne le fait participer aux bénéfices, que du moment de l'association, si en un mot, à l'instant même où il forme avec lui la société, il ne lui fait aucun avantage particulier, et qu'il l'admette seulement à courir, comme lui, les chances souvent incertaines de la société, l'association ne peut, par elle-même, être considérée comme un avantage

26.

indirect, quoiqu'il soit dès-lors présumable que la société procurera des profits à l'héritier, et que l'événement réalise cette présomption.

Lors même que l'héritier serait associé, sans porter de fonds, si, par son industrie et son travail, il pouvait être utile à la société, il ne recevrait pas encore d'avantage indirect, puisqu'il compenserait, d'une autre manière, ce qu'il n'apporterait pas en fonds.

Mais, si l'héritier associé qui ne ferait pas sa contribution à la masse, n'avait pas l'industrie propre à la société dans laquelle il serait admis, ou s'il n'était pas en état de travailler, ou si quelqu'autre circonstance établissait clairement que l'association n'a été qu'un prétexte et un moyen déguisé pour couvrir un avantage indirect, l'héritier pourrait être contraint à rapporter tous les profits que lui aurait procurés l'association.

2. L'art. 854 exige, en outre, que l'association soit faite par acte authentique, afin d'empêcher les avantages indirects qu'on pourrait aisément masquer, en antidatant un acte de société, pour faire jouir l'héritier présomptif d'une affaire qui aurait déjà procuré des bénéfices considérables.

Il résulte de cette disposition, que les communautés *tacites* qui étaient admises, dans certains cas, par quelques coutumes, entre le père et les enfans, lorsqu'il y avait cohabitation, mixtion de biens et travaux communs, ne peuvent plus avoir lieu sous l'empire du Code civil.

Article 855.

L'immeuble qui a péri par cas fortuit et sans la faute du donataire, n'est pas sujet à rapport.

1. D'après la maxime, *res perit dominô*, on pourrait conclure de la disposition de l'art. 855, que le donataire d'un immeuble, sans dispense de rapport, n'est pas propriétaire de cet immeuble, puisqu'il n'en supporte pas la perte qui arrive par cas fortuit.

Cependant il est dit dans les art. 859 et 860, que le donataire n'est pas tenu de rapporter l'immeuble en nature et qu'il est seulement tenu d'en rapporter la valeur, s'il l'a aliéné avant l'ouverture de la succession. Il a donc eu le droit de l'aliéner; il en était donc propriétaire, et l'on a vu d'ailleurs dans l'art. 843, que toujours le donataire peut retenir l'immeuble, au moins jusqu'à concurrence de la portion disponible, s'il renonce à la succession du donateur.

Mais, d'autre part, il est dit dans l'art. 865, que, lorsque l'immeuble est rapporté en nature, il est réuni à la masse de la succession, franc et quitte de toutes les charges créées par le donataire, et de cette disposition on pourrait conclure encore que le donataire n'était pas réellement propriétaire de l'immeuble, puisqu'il n'a pas eu le pouvoir de le grever irrévocablement des charges qu'il a créées.

Il peut, d'ailleurs, paraître bien singulier que le donataire ait eu le droit de vendre définitivement l'immeuble, et que cependant il n'ait pas eu le droit de l'hypothéquer irrévocablement.

Pour concilier ces divers articles, on doit reconnaître que le donataire est réellement propriétaire de l'immeuble, dès le moment de la donation; mais qu'il n'en a la propriété, *que sous une condition résolutoire ;*

Que, s'il aliène l'immeuble avant l'ouverture de la succession, il est censé en avoir eu la pleine et entière propriété, puisque l'aliénation qu'il en a consentie est valable, et que dans ce cas il n'est tenu que de rapporter la valeur;

Qu'il est encore censé avoir eu la pleine propriété depuis le moment de la donation, quoiqu'il n'ait pas aliéné l'immeuble, s'il renonce à la succession du donateur, puisqu'en ce cas il retient l'immeuble et n'en rapporte pas même la valeur;

Mais que, si, avant l'ouverture de la succession, il n'a pas aliéné l'immeuble, son droit de propriété est *résolu*, dès le moment où la succession du donateur s'est ouverte, lorsqu'il accepte la succession; qu'en conséquence il est tenu de rapporter l'immeuble en nature, comme s'il n'en avait eu qu'une simple possession, et qu'aussi l'immeuble entre dans la masse de la succession, franc et quitte de toutes les charges créées par le donataire.

D'après ces explications qui seront plus amplement développées dans la suite, la disposition de l'article 855 se conçoit aisément.

Pour que le donataire fût tenu de rapporter l'immeuble qui a péri par cas fortuit et sans sa faute, il faudrait qu'il en eût été propriétaire, au moment de la perte; mais il est censé n'en avoir pas été propriétaire, lorsqu'il ne l'a pas aliéné et qu'il vient à la succession, puisqu'il serait tenu de le rapporter en nature; il ne peut donc en supporter la perte.

On ne peut le considérer que comme un simple débiteur de l'immeuble qu'il est obligé de rapporter en nature; c'est un débiteur d'un corps certain et déterminé, et conséquemment on doit lui appliquer la règle établie par l'art. 1302 du Code civil, qui porte que le débiteur d'un corps certain et déterminé, est libéré de son obligation, lorsque la chose a péri sans sa faute.

La loi 17, ff. *de obligationibus et actionibus*, disait aussi : *obligatio speciei extinguitur rei debitæ interitu.*

2. Les cas fortuits sont des événemens occasionnés par une force majeure.

Il y a des cas fortuits qui sont produits par la nature, ou, comme le disaient les jurisconsultes romains, par une force divine, telle que les tempêtes, les orages, le tonnerre, les débordemens, les volcans, les tremblemens de terre, les mortalités de bestiaux.

D'autres sont produits par des causes différentes, tels que la chute des édifices, les incursions de l'ennemi, les attaques faites par des pirates ou des brigands.

Les incendies ne sont pas toujours mis au rang des cas fortuits. On distingue entre ceux qui sont occasionnés par une cause extérieure, et ceux qui le sont par une cause intérieure.

Si le feu prend à une maison, parce qu'il y a été communiqué par une maison voisine, ou parce qu'il a été mis par des incendiaires, ou parce qu'il a été produit par le tonnerre, cet accident doit être rangé dans la classe des cas fortuits; mais si, au contraire, le feu a pris dans la maison même, sans aucune cause extérieure, l'événement n'est plus considéré comme un cas fortuit.

Il n'y a donc pas à distinguer, pour la responsabilité du donataire, s'il habitait, ou non, la maison.

S'il l'habitait, il répond de l'incendie, aux termes des art. 1733 et 1735.

S'il ne l'habitait pas, il doit encore répondre

de l'incendie, parce qu'il est garant des fautes des locataires qu'il a placés lui-même dans la maison. Suivant l'art. 1384, on est responsable, non-seulement du dommage qu'on a causé par son propre fait, mais encore de celui qui est causé par le fait des personnes dont on doit répondre.

Ainsi dans les deux cas, le donataire est également tenu de rapporter à la succession du donateur la valeur de la maison incendiée, à moins qu'il ne prouve que l'incendie est arrivé par cas fortuit, ou par force majeure, ou par un vice de construction qu'il n'ait pas connu ou pu faire réparer, ou que le feu a été communiqué par une maison voisine.

3. Pour que l'immeuble qui a péri, ne soit pas sujet à rapport, il ne suffit pas qu'il ait péri par cas fortuit : il faut encore qu'il n'y ait eu aucune faute du donataire.

Il y a des cas fortuits qu'on pouvait prévoir et éviter.

Ainsi, lorsqu'une terre n'a été emportée par un fleuve, que parce qu'on n'a pas fait ou entretenu les digues qui étaient nécessaires pour la garantir, lorsqu'un bâtiment n'est tombé que parce qu'on n'y a pas fait des réparations suffisantes pour l'entretenir, il y a faute du donataire, et il est, en ce cas, tenu de rapporter la valeur de l'immeuble qui a péri.

Le donataire doit avoir, pour les biens qu'il a

reçus à la charge du rapport, tous les soins d'un père de famille.

Il serait également tenu au rapport, dans les cas où l'immeuble aurait péri par la faute des personnes dont il est responsable.

4. Si l'immeuble n'a pas entièrement péri, s'il a été seulement diminué ou déprécié par cas fortuit, et sans la faute du donataire, ce qui reste doit être rapporté en l'état où il se trouve. *Species debita solvi debet qualis est.* S'il s'agit d'une maison qui soit tombée, le donataire n'est tenu que de rapporter le sol et les matériaux. Ainsi le décidait expressément la loi *Mulier.* 22, §. *sed enim* 3, *ff. ad senatus c. trebell.*

Mais si le donataire avait fait réparer la perte, s'il avait fait construire un nouveau bâtiment à la place de celui qui avait péri sans sa faute, il aurait le droit d'en répéter la valeur au moment du décès du donateur. Cela est conforme à la loi *divortio* 7. §. *ult.* ff. *solut. matrim.*, où il est dit: *planè si novam villam necessariò extruxerit, vel veterem totam sinè culpâ suâ collapsam restituerit, erit ejus impensæ petitio.*

Et même, si la maison étant tombée par la faute du donataire, il avait fait construire un bâtiment d'une plus grande valeur, il aurait le droit de répéter la plus value, au moment du décès du donateur. La succession ne doit pas s'enrichir à ses dépens : *Nemimem æquum est locupletari cum alterius detrimento.*

5. Quand l'immeuble a péri par la faute des personnes dont le donataire n'est pas tenu de répondre, le donataire ne doit pas le rapport de la valeur de l'immeuble, mais il doit le rapport de l'action en indemnité qu'il a droit d'exercer contre les auteurs de la perte, ou de l'indemnité qu'il a reçue légitimement et sans fraude. Lorsque la chose est périe, sans la faute du débiteur, dit l'art. 1303, il est tenu, s'il y a quelques droits ou actions en indemnité, par rapport à cette chose, de les céder à son créancier.

6. Dans le cas où le donataire est tenu de rapporter la valeur de l'immeuble qui a péri par sa faute, ou par celle des personnes dont il est responsable, c'est la valeur à l'époque de l'ouverture de la succession du donateur, et non pas la valeur au moment de la perte, qui doit être rapportée.

L'art. 860 dit expressément que, si le rapport n'a pas lieu en nature, il est dû de la valeur de l'immeuble, à l'époque de l'ouverture de la succession.

D'ailleurs, depuis le moment de la perte de l'immeuble jusqu'à celui du décès du donateur, la valeur de l'immeuble a pu varier, suivant que le prix des biens de même nature a diminué ou augmenté. Si le prix des biens a éprouvé quelque diminution, il serait injuste de contraindre le

donataire à rapporter une valeur plus considérable que celle qu'aurait eue l'immeuble, à l'é-
poque de l'ouverture de la succession ; de même
que, s'il y avait eu augmentation, il serait injuste
de la faire perdre aux cohéritiers, qui ne doivent
être privés d'aucune portion de leurs droits, par
la faute du donataire.

On verra dans les articles qui suivent, que
c'est toujours le moment de l'ouverture de la succession qu'il faut considérer pour l'appréciation
des choses qui doivent être rapportées.

7. L'art. 855 ne parlant que de l'immeuble, il
s'ensuit que, si la chose donnée qui a péri, est
une chose mobilière, le donataire n'en est pas libéré. En effet, puisque le donataire d'une chose
mobilière, n'est pas tenu de rapporter la chose
en nature, mais seulement la valeur, aux termes
de l'art. 868, c'est qu'il en est propriétaire, dans
tous les cas, à compter de la donation ; il doit
donc en supporter la perte.

ARTICLE 856.

Les fruits et les intérêts des choses
sujettes à rapport, ne sont dus qu'à
compter du jour de l'ouverture de la
succession.

1. Lorsque les choses données sont sujettes au

rapport, les fruits et les intérêts que ces choses
ont produits, appartiennent-ils au donataire qui
est héritier, et jusqu'à quelle époque lui appartiennent - ils? Telle est la question sur laquelle
statue l'art. 856.

Il prononce que ces fruits et intérêts ne sont
dus qu'à compter du jour de l'ouverture de la
succession, et conséquemment il décide, 1º que
tous ceux qui sont échus avant le décès du donateur, appartiennent au donataire ; 2º que ceux
qui échoient postérieurement au décès, appartiennent à la succession.

En effet, le rapport des choses données n'é-
tant dû qu'à l'époque du décès du donateur, il
en résulte que jusqu'à cette époque le donataire
doit profiter des fruits et des intérêts. Lorsque
les choses données n'ont pas été dispensées du
rapport, la donation ne peut avoir eu pour objet
que les jouissances, et il est évident que la donation se trouverait sans objet et complétement
inutile, si le donataire était tenu de restituer et
les choses données et les jouissances.

Mais aussi, comme c'est au moment même de
la mort du donateur, que le rapport des choses
données est dû et que la propriété de ces choses
entre dans la succession du donateur, dès ce
moment la donation se trouve résolue, elle ne
peut plus produire d'effets, et conséquemment
c'est à la succession qu'appartiennent, dès ce

moment, les fruits et les intérêts des choses qui
avaient été données.

Ainsi, d'une part, le donataire, quoiqu'il soit
tenu de rapporter les choses qui avaient été
données, n'est pas également tenu de rapporter
les fruits et les intérêts qui étaient échus avant
l'ouverture de la succession du donateur.

Mais d'autre part, si, depuis l'ouverture de la
succession, il a continué à jouir des choses qui
lui avaient été données, il doit compte à la succession de la valeur de ces jouissances; il en est
débiteur, puisqu'elles ne lui appartiennent pas
et conséquemment il doit en faire rapport à la
masse de la succession, lors du partage, conformément aux art. 828 et 829.

2. Pour savoir quels sont les fruits et intérêts,
qui sont échus avant le décès du donateur, et qui
appartiennent en conséquence au donataire, il
faut consulter les règles établies dans la première
section du titre de l'*usufruit*, liv. 2 du Code civil;
car le donataire qui rapporte les choses qui lui
ont été données, n'en a été réellement qu'un
simple usufruitier.

Ainsi, par exemple, conformément à l'art. 585,
les fruits naturels ou industriels, pendans par
branches ou par racines, au moment du décès
du donateur, n'appartiennent pas au donataire;
ils appartiennent à la succession.

Quant aux loyers des maisons, au prix des

baux à ferme, aux intérêts des sommes exigibles, aux arrérages des rentes constituées en viagères, qui sont des fruits civils, c'est d'après les dispositions des art. 586 et 588, qu'on doit régler la portion qui en appartient au donataire, et celle qui tombe dans la succession.

3. Mais, à l'égard des fruits civils, s'élève la question de savoir si le donataire peut réclamer, après l'ouverture de la succession du donateur, ceux qui étaient échus antérieurement et qui lui étaient attribués par les art. 586 et 588, mais qu'il n'avait pas perçus ou qui ne lui avaient pas été payés, avant le décès du donateur.

Dans quelques coutumes qui exigeaient une égalité parfaite entre les héritiers, et notamment dans celle de Bretagne, l'héritier donataire n'était expressément dispensé que de rapporter *les fruits et les intérêts reçus durant le vivant de celui de la succession duquel il s'agissait :* or, il résultait de ces expressions restrictives, que l'héritier ne pouvait demander les fruits et les intérêts qui restaient à percevoir, parce qu'il aurait été obligé de les rapporter.

Cependant M. Toullier atteste, d'après Duparc-Poullain, que sur ce point l'usage avait introduit une distinction en Bretagne.

Si le défunt avait donné des héritages ou des rentes foncières ou constituées, l'héritier à qui étaient dus les revenus ou arrérages et qui ne les

avait pas reçus avant l'ouverture de la succession,
avait le droit de les réclamer ; mais si le défunt
n'avait donné qu'une rente ou une pension annuelle, on appliquait à ce cas la disposition de
l'art. 597 de la coutume de Bretagne : les arrérages perçus du vivant du donateur, n'étaient pas
rapportables ; mais les arrérages non perçus n'é-
taient pas exigibles.

A cette première distinction s'en joignait une
autre encore.

Même à l'égard des rentes ou pensions annuelles, il était généralement reçu que, si le défunt les avait constituées *sur des tiers*, les arrérages ou intérêts non perçus avant l'ouverture de la
succession, pouvaient être réclamés par le donataire, et que ce n'était qu'à l'égard des rentes ou
pensions annuelles que le défunt avait constituées
sur lui-même, que les arrérages ou intérêts non
perçus avant son décès, ne pouvaient être exigés
par le donataire.

Sans qu'il soit besoin d'établir que toutes ces
distinctions n'étaient fondées, ni en justice, ni
en raison ; que, même contre leur objet, elles
établissaient entre les héritiers des inégalités choquantes, et qu'elles forçaient les donataires à per-
sécuter les donateurs, pour ne pas laisser arriérer
les arrérages et intérêts de leurs dots, il suffit
aujourd'hui de faire remarquer qu'elles n'ont pas
été admises par le Code civil ; qu'il a statué d'une

manière générale , sans aucune distinction , sans
aucune exception quelconque, que les fruits et
les intérêts des choses données ne sont dus qu'à
compter de l'ouverture de la succession , et
qu'il suit nécessairement de cette disposition, que
tous ceux qui sont échus avant la mort du donateur, qu'ils ayent été, ou non, perçus ou payés,
appartiennent au donataire.

C'est ainsi que l'a décidé la section civile de la
cour de cassation, après une discussion très-
approfondie, par un arrêt de cassation , du
31 mars 1818, dont voici les termes :

« Considérant 1° qu'aux termes de l'art. 584
du Code civil, les arrérages d'une rente perpétuelle ne peuvent être considérés que comme des
fruits civils ; qu'ainsi l'arrêt attaqué a contrevenu
à cette disposition , en jugeant que les arrérages
de la rente dont il s'agit, constituaient un capital ;

2° Que la section du Code civil, intitulée *des
rapports* , forme sur la matière une législation
complète qui seule doit servir de règle aux tribunaux ;

« Qu'aux termes de l'art. 856, les fruits et intérêts des choses sujettes à rapport, ne sont dus qu'à
compter du jour de l'ouverture de la succession ;

« Que, si la succession ne peut réclamer
comme chose à elle due, que les fruits échus
postérieurement à son ouverture, il suit qu'elle
n'a aucun droit sur ceux échus *antérieurement ;*

III.   27

« Que ceux-ci, par conséquent, sont la propriété exclusive de l'héritier donataire; qu'ils ne peuvent, en aucun cas, faire partie de la masse héréditaire, ni entrer en partage;

« Que les conséquences nécessaires de ce principe, sont:

« Que l'héritier donataire, qui a perçu ces fruits, n'est pas tenu à en faire le rapport;

« Que, s'il ne les a pas perçus, il a droit d'en exiger les arrérages;

« Qu'il a le droit de les exiger, soit quand ils sont dus par le donateur lui-même, soit quand ils sont dus par des tiers;

« Car l'art. 856 est conçu en termes absolus, qui n'admettent aucune distinction, qui par conséquent écartent toutes celles que les défendeurs proposent et que la jurisprudence de quelques parlemens n'avait introduites que d'après la disposition de coutumes qui n'existent plus;

« Considérant 3° que l'art. 856, accordant à l'héritier donataire le droit de percevoir les fruits dont il s'agit, lui permet nécessairement de cumuler, quant à la perception de ces fruits, la qualité d'héritier et celle de donataire; ce qui écarte, dans l'espèce, tout ce que les défendeurs opposent contre le cumul de ces deux qualités;

« La cour casse et annulle l'arrêt de la cour royale de Paris, du 26 décembre 1815. »

4. Suivant la coutume d'Orléans, art. 309, les fruits et les intérêts des choses sujettes à rapport n'étaient dus qu'á compter du jour de la provocation à partage ; ils n'étaient dus, suivant la coutume de Bretagne, art. 567, que du jour de la demande en partage, faite en jugement, mais, suivant la coutume de Paris, art. 309, et celle de Calais, art. 101, ils étaient dus à compter du jour de l'ouverture de la succession du donateur, et la disposition de ces deux dernières coutumes formait le droit commun.

Ainsi, dans les coutumes qui ne contenaient pas de dispositions contraires, il n'était pas besoin de former une demande en justice, pour faire courir, depuis l'ouverture de la succession, les intérêts des sommes qui avaient été données à l'un des héritiers ; ces intérêts couraient de plein droit, depuis la mort du donateur.

« S'il y a deniers baillés, disait la coutume de Paris, les profits se rapporteront depuis le jour de la succession, à raison du denier vingt. »

Cependant Duplessis était d'avis que cette disposition devait être limitée aux *dots*, et il en donnait deux raisons ; la première, que, si les deniers ou meubles non dotaux s'étaient trouvés dans la succession, ils n'y auraient produit aucun intérêt jusqu'au partage ; la seconde, que le fils donataire ne devait pas être de pire condition qu'un étranger qui serait débiteur de la succession

27.

et à la charge duquel il ne courait pas d'intérêts, sans demande judiciaire.

Voici comment Ferrière lui répondit : « Il est vrai que l'argent prêté ne produit pas d'intérêts, sans demande de condamnation ; mais les réformateurs de la coutume de Paris ont cru que, pour garder l'égalité entre les héritiers en ligne directe, il était nécessaire d'obliger ceux qui ont reçu des sommes de deniers de leur père, de les rapporter, avec les intérêts, du jour de la succession ouverte, parce qu'autrement il arriverait que ceux qui les auraient reçues, profiteraient des fruits des héritages qui auraient été donnés à leurs cohéritiers et qu'ils profiteraient encore des deniers qui leur auraient été donnés, et retarderaient le partage autant qu'ils pourraient, pour en profiter plus long-temps. Il n'y a pas plus de raison pourquoi les intérêts de la dot soient rapportés, que ceux qui ont été donnés à un fils en avancement d'hoirie, ou prêtés, étant censés donnés aux enfans, *in anticipationem futuræ successionis*, le fils ayant pu faire profiter ces deniers, de même qu'un mari les deniers dotaux de sa femme ; et ces intérêts ne doivent pas se regarder comme une usure illicite, puisqu'ils ne viennent pas en conséquence d'une convention, mais en conséquence d'une équitable disposition de la loi, et ceux qui se chargent eux-mêmes de ce rapport, en se portant héritiers du donateur, peuvent se décharger de ces intérêts, en faisant la consignation. »

Cette opinion de Ferrière est applicable à l'art. 856 du Code civil, puisque cet article dispose, comme la coutume de Paris, que c'est à compter du jour de l'ouverture de la succession, que sont dus les fruits et intérêts des choses sujettes à rapport, et qu'aussi il n'exige pas plus que la coutume de Paris, qu'il y ait une demande judiciaire pour faire courir ces intérêts.

Il en résulte que, si la chose donnée consiste en une somme d'argent, ou en effets mobiliers qui ont été mis à prix dans l'acte de donation, l'héritier donataire en doit les intérêts, à compter du jour même de l'ouverture de la succession jusqu'au partage, quoiqu'il n'y ait pas eu de demande judiciaire à cet égard.

Par les mêmes motifs, s'il reçoit ou perçoit, depuis la mort du donateur, des fruits civils ou autres revenus provenant des choses qui lui avaient été données, et que ces fruits appartiennent à la succession, il en doit les intérêts, sans demande judiciaire, mais seulement à compter du jour où il a reçu. Il ne peut en profiter jusqu'au partage, au préjudice de la succession à qui ils appartiennent,

La même décision s'applique encore aux sommes qui lui avaient été prêtées, même sans intérêts, par le défunt. Comme il en doit le rapport, dès l'ouverture de la succession, il en doit aussi les intérêts depuis cette époque jusqu'au rapport ou au partage.

5. La disposition de l'art. 856 est-elle applicable à de simples donations de jouissances ou de pensions annuelles?

En d'autres termes, lorsque le défunt avait donné, non pas un héritage, mais seulement la jouissance ou l'usufruit d'un héritage; ou lorsqu'il avait donné, soit les arrérages d'une rente, soit les intérêts d'un capital, sans donner les capitaux eux-mêmes; ou enfin lorsqu'il avait donné seulement une rente ou pension annuelle, le donataire qui vient à la succession, est-il dispensé, de plein droit, de rapporter les jouissances, arrérages, intérêts, rente ou pension, qu'il a reçus avant la mort du donateur?

· Pour la négative, on oppose la loi *in œdibus* 9, §. 1, *ff. de donationibus*, dans laquelle le jurisconsulte, distinguant si la donation porte directement sur les fruits, ou si les fruits ne sont que des émanations du bien qui a été donné, décide, pour le premier cas, qu'ils doivent être rapportés, et, pour le second, qu'on ne peut les mettre en supputation. *Ex rebus donatis fructus perceptus in rationem donationis non computatur ; si verò non fundum, sed fructûs perceptionem tibi donem, fructus percepti veniunt in computationem donationis.*

On dit encore que l'art. 856 n'excepte de l'obli-gation générale du rapport, que les fruits et les intérêts des choses qui ont été données ; que cette exception devait être restreinte à ses termes, ne peut être étendue à des fruits et à des intérêts qui sont l'unique objet de la donation, et qu'ainsi ces fruits et intérêts sont soumis à la règle géné-rale établie par l'art. 843.

Mais. il faut remarquer d'abord que la loi *in œdibus* n'était pas suivie dans les pays coutumiers, et pas même dans les coutumes dites *d'égalité parfaite ;* c'est ce qu'attestent notamment Basnage sur l'art. 334 de la coutume de Normandie, Duparc-Poullain, *Principes de Droit,* tome 4, et Ferrière sur l'art. 309 de la coutume de Paris.

L'art. 96 des placités de Normandie, disait même expressément que la pension ou jouissance donnée par le père ou autre ascendant, ne devait pas être mise en partage.

Les raisons que donnaient à cet égard les au-teurs, c'est que les dons de jouissances, de rentes ou de pensions, étaient présumés faits pour ali-mens, comme les dons de choses qui produisaient des fruits ou des intérêts ; c'est qu'à l'égard des uns, comme à l'égard des autres, les donataires auraient éprouvé un préjudice notable des dona-tions mêmes qui leur auraient été faites, s'ils avaient été tenus de rapporter les fruits, intérêts ;

jouissances ou pensions qu'ils auraient reçus et
consommés de bonne foi.

Or, c'est aussi par ces mêmes motifs qu'a été
faite la disposition de l'art. 856, pour les fruits et les
intérêts des choses données; elle est donc évidemment applicable aux simples dons de jouissances,
de rentes ou de pensions; et, dans tous les cas,
ces dons se trouveraient encore exemptés du
rapport, par la disposition de l'art. 852, puisqu'ils
doivent être toujours présumés faits pour tenir
lieu d'alimens, de même que ceux qui sont particulièrement énoncés dans l'art. 856.

Et d'ailleurs les résultats de l'opinion contraire
seraient absolument intolérables.

Ne serait il pas, en effet, bizarre que, si l'héritier avait reçu un don en immeubles produisant
un revenu annuel de 2,000 fr., il ne fût pas tenu
de rapporter les revenus qu'il aurait perçus jusqu'à la mort du donateur, et que cependant s'il
n'avait reçu qu'une rente ou une pension annuelle
de 1,500 fr., il fût obligé de rapporter tout ce
qu'il aurait reçu, quoiqu'il eût moins reçu dans
ce dernier cas, qu'il n'aurait eu dans le premier?

Ne serait-il pas souverainement injuste, et même
évidemment contraire, soit à la volonté du donateur, soit à l'intention du législateur, que, si un
père avait donné à l'un de ses enfans un immeuble
produisant 2,000 fr. de revenu, et à l'autre la
simple jouissance d'un autre immeuble produisant

un revenu égal, ou bien une pension d'égale valeur, le premier conservât toutes les jouissances
échues jusqu'à la mort du père, et que le second
fût obligé de tout rapporter ? La loi n'a admis le
rapport, que pour rétablir l'égalité entre les héritiers, et cependant le rapport serait ordonné,
dans l'espèce, précisément pour rompre entre
les deux enfans l'égalité que le père avait voulu
établir ! On ne peut ainsi mettre la loi en contradiction avec elle-même.

Il arrive souvent qu'un père, en mariant sa
fille et voulant lui assurer les moyens de contribuer, pour sa part, aux frais du ménage, préfère
de lui donner une pension annuelle ou de simples
jouissances, plutôt que de lui donner un immeuble
qu'elle pourrait vendre et dont elle pourrait dis-
siper le prix ; mais ce moyen ne serait plus pra-
ticable, si en définitif le don devait se trouver
annulé, de manière que la fille fût tenue de rapporter, lors du décès de son père, tout ce qu'elle
aurait reçu ; car ce n'est pas ainsi qu'un père l'entend, lorsqu'il assure des alimens à sa fille ; il
veut les donner, et non pas en faire une avance
sujette à restitution.

Dira-t-on que, dans ce cas, le père peut prononcer la dispense du rapport ?

Mais, d'abord, pourquoi la dispense du rapport ne serait-elle pas de droit, pour les jouissances qui sont l'objet direct d'une donation,

comme pour les jouissances d'un immeuble qui
est donné? Puisque les unes et les autres sont
également présumées données pour alimens, elles
doivent jouir de la même faveur et des mêmes
avantages.

En second lieu, lorsqu'un père aurait déjà
donné à l'un de ses enfans la totalité de sa portion disponible, ne lui contesterait-on pas le droit
de donner ensuite à un autre enfant, avec dispense de rapport, des jouissances ou une pension
annuelle? Ne dirait-on pas, en principe, que,
puisqu'il a déjà épuisé toute sa portion disponible, il ne peut plus rien donner, avec dispense
de rapport?

Le second enfant donataire serait donc obligé
de rapporter, malgré la dispense que le père aurait prononcée, et ainsi tel serait le résultat dé-
plorable de la manière dont on veut restreindre
l'application de l'art. 856, qu'un père qui aurait
donné à l'un ou plusieurs de ses enfans sa portion disponible, ne pourrait plus donner aux
autres, même de simples jouissances pendant
sa vie.

Il y aurait cependant exception, pour le cas
où il donnerait un immeuble qui serait rapportable; il pourrait encore, par ce moyen, donner
les jouissances de cet immeuble, même sans prononcer la dispense du rapport; mais s'il ne pré-
nait pas cette tournure, s'il donnait directement

les jouissances de ce même immeuble, le rapport devrait nécessairement avoir lieu, quoiqu'il en eût formellement prononcé la dispense.

Tout cela est trop déraisonnable, trop bizarre, trop injuste pour qu'il ne soit pas inutile de s'y arrêter plus long-temps.

Le véritable esprit de l'art. 846 et la lettre de l'art. 852 répondent à tout.

Voudrait on encore rappeler ici la distinction entre ce qui a été reçu pendant la vie du donateur, et ce qui reste à recevoir? Déjà il a été établi dans le n° 3, que cette distinction n'a pas été admise par le Code civil, et il n'y a pas plus de raisons pour que l'héritier, donataire d'un immeuble, puisse réclamer les jouissances qui étaient échues avant la mort du donateur et qu'il n'avait pas encore perçues, qu'il n'y en a pour que l'héritier, donataire de simples jouissances ou d'une pension annuelle, puisse également réclamer ce qui était échu et non payé. On ne saurait trop le répéter, l'égalité qui est le vœu particulier de la loi dans cette matière, exige que l'un et l'autre des donataires aient, dans l'espèce un droit égal sur ce qui n'est pas perçu ou payé.

Enfin dira-t-on qu'au moins, si les jouissances ou la portion annuelle, qui ont été données, s'élèvent au-delà de ce qui était convenablement nécessaire pour la nourriture et l'entretien du donataire, elles doivent être réduites, parce qu'elles sont évidemment des avantages indirects, et qui pourraient même aller jusqu'à absorber la réserve des autres héritiers ?

Cette objection est la seule qui peut avoir quelque fondement, mais non dans tous les cas, et il faut en conséquence les distinguer.

1° Si un père avait donné à l'un de ses enfans des immeubles considérables, mais sans dispense de rapport, l'enfant donataire n'en conserverait pas moins tous les revenus que ces immeubles auraient produits et qu'il aurait perçus jusqu'à la mort du père, quoique ces revenus se soient élevés bien au-delà de ce qui lui était convenablement nécessaire pour sa nourriture et pour son entretien. L'art. 856 ne contient à cet égard aucune restriction; il n'ordonne de réduction, dans aucun cas; il dit généralement, et sans aucune exception, que les fruits des choses sujettes à rapport, ne sont dus qu'à compter du jour de l'ouverture de la succession.

La raison que tout individu est toujours entièrement le maître de ses revenus; qu'il peut les employer, comme il lui convient; qu'il peut en disposer, comme il lui plaît pour le temps où il existe, et que la prohibition qui lui est faite de disposer au-delà d'une certaine portion de ses biens, ne porte que sur la propriété même des biens et sur les revenus qui doivent échoir après son décès,

Or, pour les mêmes motifs, l'enfant, qui est donataire de simples jouissances, ou de rentes, ou
de pensions annuelles, doit conserver tout ce
qu'il a perçu ou reçu, avant la mort de son père,
quoiqu'il ait perçu ou reçu bien au-delà de ce
qui lui était convenablement nécessaire pour sa
nourriture et son entretien.

Entre les deux cas il n'existe pas de différence
et la décision doit être la même.

Aussi l'on a vu précédemment que le parlement de Normandie, qui était si sévère sur l'obligation de rapporter, avait néanmoins établi par
l'art. 95 de son réglement de 1666, et sans aucune limitation, que la pension ou jouissance
donnée par le père ou autre ascendant, ne devait
pas être mise en partage.

2° Par les mêmes motifs, et encore parce que
l'art. 856 ne fait, à l'égard des fruits et intérêts
échus avant la mort du donateur, aucune distinction entre ceux qui étaient perçus et ceux qui
étaient dus, l'enfant donataire de simples jouissances d'immeubles, ou d'intérêts de capitaux
dus au père *par des tiers*, a aussi le droit de réclamer, après la mort du père, ce qui était échu
avant cette époque et qu'il n'avait pas encore
perçu, qu'elle qu'en soit la quotité, parce qu'il
ne s'agit toujours que de simples revenus dont le
père pouvait disposer sans réserve, et qui étaient
échus avant son décès.

3º Mais il peut en être autrement, lorsqu'il s'agit d'une rente ou pension que le père, s'est chargé *personnellement* de payer, chaque année, à l'un de ses enfans.

La quotité annuelle de la rente ou pension, peut excéder les revenus annuels du père, et les arrérages qu'il ne paie pas, peuvent former, à son décès, une masse considérable qui absorberait la majeure partie de sa succession.

Ou bien encore, lors même que la rente ou pension n'excéderait pas ses revenus, il est possible qu'il ne retire pas de quittances des arrérages qu'il paie, et cela dans l'intention de donner à son enfant le droit de prendre encore ces arrérages dans sa succession.

Il faut donc que, pour empêcher ces moyens frauduleux de faire des avantages excessifs, les tribunaux aient le droit de réduire à une juste mesure les arrérages arriérés, de manière que ces arrérages ne puissent jamais dépasser la portion disponible du donateur, et même que les tribunaux ayent aussi le droit de juger, d'après les circonstances, si les arrérages réclamés sont réellement dus.

Mais cette exception est la seule qui, suivant moi, doit être admise à la règle générale établie par l'art. 856.

ARTICLE 857.

Le rapport n'est dû que par le cohéritier à son cohéritier ; il n'est pas dû aux légataires , ni aux créanciers de la succession.

1. On a vu, dans l'art. 845, que le donataire, qui se trouve successible du donateur, et qui renonce à la succession, n'est pas tenu de rapporter ce qu'il a reçu ; il n'y a donc que l'héritier qui soit obligé au rapport.

Cependant il doit souffrir le retranchement de ce qui excède la portion disponible ; mais ce n'est point par la voie du rapport ; c'est par la voie de la réduction qui est différente.

Le rapport est la collation à une masse commune à laquelle le rapportant vient participer : la réduction, au contraire, est un retranchement fait au donataire, pour être distribué exclusivement à d'autres personnes.

2. On a vu encore que le rapport n'est ordonné que pour rétablir l'égalité entre les héritiers ; il ne peut donc être dû qu'aux héritiers du donateur.

Ainsi, le successible, qui renonce à la succession du donateur, n'a aucun droit au rapport , puisqu'il est réputé, suivant l'art. 785, n'avoir jamais été héritier.

Le rapport étant une collation faite à une masse commune, ne peut évidemment profiter au successible qui refuse de prendre part à cette masse et de venir au partage.

3. Le rapport n'est dû que par l'héritier *ab intestat* : il n'est dû qu'aux héritiers *ab intestat* ; on ne peut l'exiger, ni contre les héritiers institués ni contre les légataires, ni contre les donataires, qui ne sont pas héritiers légitimes, et il ne leur est pas dû.

Il est évident que la loi, en cherchant à établir l'égalité, par le moyen du rapport, n'a eu en vue que les héritiers *du sang*, à qui la nature donne en effet des droits égaux. Il ne peut y avoir aucun motif pour établir l'égalité à l'égard des héritiers institués, des légataires, des donataires, qui ne tiennent leurs droits, ni de la nature, ni de la loi, mais uniquement de la volonté de l'homme.

Le défunt ne devait rien à ses non-successibles qu'il a gratifiés par des dons ou par des legs ; chacun d'eux ne doit donc avoir que la portion de biens, que le défunt a voulu lui donner, et ne peut, contre la volonté du donateur, réclamer par la voie du rapport, ni autrement, une portion égale à celle des héritiers légitimes, ou des autres héritiers institués, légataires ou donataires.

Mais on ne peut aussi réclamer contre lui de rapport, parce qu'il ne peut être tenu de contribuer à une égalité qu'il n'a pas le droit d'invoquer en sa faveur.

S'il est obligé de souffrir le retranchement de ce qui excède la portion disponible, c'est par la voie de la réduction, comme on l'a déjà dit, et non par la voie du rapport.

Un père, ayant cinq enfans, a fait à l'un d'eux un don en avancement d'hoirie, et postérieurement il a institué un étranger son héritier, ou légataire du quart de ses biens. Si l'enfant donataire vient à la succession, il fera le rapport de ce qu'il a reçu; mais ce rapport ne profitera qu'à ses frères et sœurs. L'héritier institué, ou le légataire, n'aura rien à prétendre dans la chose rapportée, et ne prendra son quart que dans le reste de la succession; en sorte que, si la succession vaut 4,000 fr., et que le don, fait à l'un des enfans, soit de 600 fr., l'héritier institué, ou le légataire, n'aura le quart que de 3,400 fr.: les trois autres quarts et les 600 fr. rapportés par le donataire, seront partagés également entre les cinq enfans.

Mais aussi, quoique l'héritier institué, ou le légataire, ait, pour sa part, 850 francs, et que chacun des enfans n'ait que 650 fr., ces enfans ne pourront exiger que l'héritier institué, ou le légataire, fasse rapport de l'excédant, pour établir l'égalité des parts.

Cependant, si l'un des enfans avait reçu en don une somme de 800 fr., et renonçait à la succession qui ne vaudrait que 4,000 fr., pour s'en tenir au don qui, dans ce cas, excéderait de 200 fr. sa part dans la réserve, l'étranger qui aurait été institué héritier ou légataire, pour une somme fixe de 1,000 fr., ne pourrait réclamer que 800 fr., le défunt n'ayant pu disposer, en tout, que du quart de sa succession, et même il ne pourrait demander que 200 fr., si le don fait à l'enfant était entièrement imputable sur la portion disponible et non sur la réserve légale, ainsi qu'on l'a expliqué sur l'art. 843.

Mais, dans l'un et l'autre cas, ce ne serait point par la voie du rapport, que l'héritier institué, ou le légataire, serait réduit à une somme moindre que celle qui lui aurait été donnée ou léguée : ce serait un retranchement qu'il éprouverait par la voie de la réduction, aux termes des art. 913 et 923 du Code ; et il ne prendrait pas sa part dans la somme retranchée, comme on la prend dans la somme rapportée. La somme retranchée appartiendrait entièrement aux enfans pour leur réserve.

4. Mais la disposition de l'art. 857, qui porte que le rapport n'est pas dû au légataire, doit-elle s'appliquer au légataire, qui est, en même temps,

héritier *ab intestat* du testateur, et qui accepte
la succession ? Ne doit-il pas, au contraire, profiter, même comme légataire, du rapport auquel
il oblige, comme héritier, ses cohéritiers donataires en avancement d'hoirie ?

Résulte-t-il du texte et des motifs de l'art. 857,
que les dons entre-vifs, faits à des successibles,
sans dispense de rapport, ne doivent être rapportés et réunis à la masse de la succession, que
dans l'intérêt des héritiers, et jamais dans l'intérêt
des légataires; qu'en conséquence le légataire du
quart des biens, à titre de préciput, ne peut,
*lors même qu'il se trouve héritier AB INTESTAT
du testateur,* faire porter son legs sur les choses
qui sont rapportées à la succession par ses cohéritiers donataires, et que ce n'est qu'en sa qualité
d'héritier seulement, qu'il peut prendre sa portion
virile sur les choses rapportées; en sorte que cet
héritier doive être réduit, en sa qualité de légataire, à prendre le quart des biens qui se trouvent dans la succession, non compris les choses
rapportées, et que ce ne soit qu'après cette distraction du quart, que les choses données doivent
être rapportées à la masse, pour être également
partagées, avec les biens restant, entre tous les
héritiers ?

Ou bien, au contraire, ne résulte-t-il pas de la
combinaison de l'art. 857 avec les articles 828,
829, 843, 865, 913, 918, 919, 921, 922 et 929,

28.

que l'héritier, qui est en même temps légataire, par préciput, du quart des biens du défunt, a le droit de prendre, pour son legs, le quart de la masse entière de la succession? N'est il pas fondé à soutenir que la succession se compose des biens sujets à rapport, comme des biens non disposés; que le quart de la masse entière a pu lui être donné et lui a été réellement donné par le défunt, et que d'ailleurs l'héritier, qui est en même temps légataire, ne doit pas être considéré, relativement a son legs, comme un légataire ordinaire et étranger?

La cour d'appel de Pau a, par arrêt du 13 juin 1810, décidé que, dans l'espèce, le légataire avait le droit de prendre le quart de la masse entière de la succession. Voici les termes de l'arrêt:

« Considérant que la succession de Jean Las s'est ouverte sous l'empire du Code civil, et qu'elle est conséquemment partageable entre ses cinq filles, par portions égales.

« Que les cadettes ne contestent point à l'aînée le droit de prélever le quart qui lui a été légué par préciput et hors part; mais qu'elles prétendent que ce quart ne doit point être pris sur les biens et les sommes qui leur furent constituées en dots par le père commun prétention qu'elles fondent sur l'art. 857 du Code civil;

« Qu'il est sensible que les légataires à qui cette disposition refuse le rapport, sont ceux qui d'ailleurs étrangers à la succession, n'y ont d'autre droit que celui résultant de leur titre de simples légataires ; mais qu'ici l'aînée, légataire pour le quart, est tout à la fois cohéritière pour le surplus ;

« Que les cadettes venant au partage de la succession, au même titre de cohéritières, leur prétention est condamnée, et par l'art. 843, et même par l'art. 857, puisque l'une et l'autre décident d'une manière absolue, sans distinction ni limitation, que le rapport est dû entre cohéritiers ;

« Qu'il est tellement vrai que l'art. 857 doit être ainsi entendu, que l'art. 844 porte : « dans le cas même où les dons et les legs auraient été faits par préciput ou avec dispense du rapport, l'héritier, venant à partage, ne peut les retenir que jusqu'à concurrence de la quotité disponible ; l'excédant est sujet à rapport ; »

« Que, puisque l'héritier, légataire pour plus que la quotité disponible, ne doit, suivant cet article, rapporter que l'excédant, la conséquence est qu'il a droit de prélever et de retenir la quotité disponible, et de partager, avec ses autres cohéritiers, le surplus de la succession qui se compose des biens sujets à rapport, comme de tous les autres délaissés par le défunt. »

Mais la cour royale de Caen et la section civile de la cour de cassation ont jugé en sens contraire.

Je vais rapporter l'espèce sur laquelle sont intervenus les arrêts, et leurs motifs.

Jean Decour, cultivateur en Normandie, avait
neuf enfans, trois filles et six garçons.

Il maria ses trois filles, dans le cours des années
1791, 1792 et 1794, et leur constitua des dots
qu'il déclara rapportables, dans le cas où elles
voudraient venir au partage de sa succession.

Le 19 juin 1807, il fit un testament par lequel
il légua à ses enfans mâles, par préciput et avec
dispense de rapport, le quart de tous les biens
qui composeraient sa succession, sans aucune
exception.

Après sa mort, les filles ont formé demande
en partage de la succession.

Les frères y ont consenti; mais ils ont soutenu
que les sœurs devaient rapporter les dots qu'elles
avaient reçues : que sur ces dots, ainsi que sur
les autres biens de la succession, ils devaient prélever d'abord le quart qui leur avait été attribué
par le testament de leur père, et que les trois
autres quarts seulement soit des dots, soit des
autres biens, devaient être partagés également
entre tous les frères et sœurs.

Il a été, au contraire, soutenu par les sœurs,
que le préciput du quart disponible ne devait être
pris que sur les seuls biens qui étaient dans les
mains du père au jour de son décès, et non sur les
dots qui ne faisaient plus partie des biens dont le

- père avait déclaré vouloir donner le quart en préciput.

Sur ce débat, la cour royale de Caen, par arrêt du 20 avril 1814, confirmatif du jugement de première instance, a adopté les conclusions des sœurs. Voici les motifs de son arrêt:

« Considérant que l'art. 857 du Code civil, détermine, de la manière la plus positive, les cas où les personnes auxquels le rapport est dû; que cet article décide d'abord qu'il n'est dû que par le cohéritier à son cohéritier, d'où il résulte qu'avant tout partage le cohéritier a droit d'exiger le rapport, de celui qui a reçu d'avance quelque partie détachée de la succession; qu'ensuite cet article ajoute que le rapport n'est pas dû aux légataires; d'où il résulte qu'en aucun cas celui qui se présente comme légataire, ne peut exiger ce rapport; que celui qui réunit les deux qualités, ne peut et ne doit les cumuler ni les confondre, pour réunir les droits de cohéritier et de légataire, que la loi a déclarés différens; que la loi lui donne, comme héritier, des droits qu'elle lui refuse, comme légataire; d'où il résulte qu'avant le partage il demande le rapport à ses cohéritiers; et qu'il ne le peut quand il se présente comme légataire, pour réclamer son legs; qu'on ne pourrait opérer la réunion de ces deux droits dans la personne qui réunit les qualités d'héritier et de légataire, sans ajouter une dispo-

sition nouvelle à la loi, disposition qui répugnerait autant à son esprit, qu'elle serait opposée à
son texte :

« Qu'on ne peut appliquer les règles prescrites
pour la réduction des donations et des legs, aux
dispositions de la loi sur les rapports, parce que
les règles sur les rapports diffèrent essentiellement
de celles prescrites pour les réductions, parce que
l'art. 922 ne présente qu'une réunion fictive,
parce que l'art. 921 porte textuellement que ni
les donataires, ni les légataires, ni les créanciers,
ne peuvent demander la réduction, ni en profiter ;

« Que l'argument tiré de la jurisprudence
établie sur l'art. 1098, est ici sans application,
puisque la loi qui donne au second époux une
part d'enfant, l'assimile évidemment à un enfant
héritier, et qu'il est dès-lors compris dans la première partie de l'art. 857, d'où il résulte que ce
n'est, ni par des argumens d'analogie, ni par des
lois puisées dans un texte étranger, qu'on peut
altérer la sanction d'une loi aussi positive que la
disposition de l'art. 857. »

Les frères Decours s'étant pourvus en cassation
de cet arrêt, leur pourvoi a été rejeté par un arrêt
de la section civile de la cour de cassation, du
30 décembre 1816, dont voici les termes :

« Attendu qu'en décidant qu'un héritier, qui
est en même temps légataire, par préciput, du
quart des biens du défunt, peut réclamer sa por-

tion virile, comme héritier, sur les sommes qui sont rapportées à la masse de la succession par ses cohéritiers, donataires en avancement d'hoirie ; mais qu'il ne peut être admis, en qualité de légataire, à prendre une part quelconque sur les sommes rapportées, et qu'en conséquence il n'a droit, en ladite qualité de légataire, qu'au quart, par préciput, des biens qui appartenaient au testateur lors de son décès, l'arrêt dénoncé a fait une juste application de l'art. 857 du Code civil, et que d'ailleurs il n'a contrevenu à aucun des articles invoqués par les demandeurs, et qui étaient tous sans application à l'espèce, la cour rejette le pourvoi. »

5. Lorsqu'un père ayant des enfans d'un premier lit, a donné à sa seconde femme, par leur contrat de mariage, une part d'enfant, conformément à l'art. 1098 du Code, la seconde femme doit-elle profiter du rapport qui est fait à la succession de son mari, par l'un des enfans du premier lit, qui était aussi donataire ?

Supposons, par exemple, qu'un époux ait donné 1° à sa seconde femme une part d'enfant, 2° à l'un de ses enfans une somme de 500 francs, et qu'il meure, laissant trois enfans et 4,000 fr. de biens.

L'enfant donataire, s'il n'a pas reçu à titre de préciput, rapportera le don, pour avoir sa portion héréditaire qui est plus forte, et lors même

qu'il aurait reçu à titre de préciput, il serait encore tenu de rapporter, si la libéralité faite à la
seconde femme, était la première, puisque le
père ayant épuisé, par cette libéralité, toute sa
portion disponible, ne pouvait plus rien donner,
avec dispense de rapport.

Dans les deux cas, la masse de la succession
sera donc toujours de 4,000 francs.

La seconde femme prendra-t-elle sa part d'enfant, dans cette masse entière, de manière à profiter du rapport fait par l'enfant donataire, ou bien,
ce rapport ne devant profiter qu'aux héritiers, ne
pourra-t-elle prendre part que dans 3,500 fr.?

En d'autres termes, aura-t-elle dans la succession de son mari 1,000 francs, ou n'aura-t-elle
que 875 francs.

Il est hors de doute qu'elle doit prendre part
dans la masse entière de la succession, puisqu'en
vertu de la disposition faite en faveur, et qui
est spécialement autorisée par l'art. 1098, elle
doit avoir une part d'enfant, et qu'elle n'aurait
pas cette part entière, si elle ne prenait pas dans
la totalité de la succession.

Le mari, en donnant à sa seconde femme une
part d'enfant, a voulu qu'elle fût traitée dans sa
succession comme un de ses enfans, et qu'elle y
eût les mêmes droits et la même portion; elle
doit donc être assimilée, quant à ses droits, à
un enfant, à un héritier, et conséquemment elle

doit, comme chacun des enfans, profiter des rapports qui sont faits à la succession, pour avoir la
même part que chacun des enfans.

Si, lorsqu'il y a moins de trois enfans, la seconde femme ne peut plus avoir la même part que
chacun d'eux, si elle n'a le droit que d'exiger le
quart de la succession, c'est que l'art. 1098 a dit
formellement qu'elle ne pourrait avoir plus du
quart, lorsqu'il y a moins de trois enfans; mais
elle ne doit pas subir une plus forte réduction,
et conséquemment elle doit avoir, dans ce cas
encore, le quart de la masse entière de la succession.

Ainsi l'a décidé la cour royale de Caen, par le
dernier motif de son arrêt qui a été rapporté au
numéro précédent.

S'il n'y avait qu'un seul enfant, la seconde
femme pourrait encore le forcer à rapporter ou
à précompter ce qu'il aurait reçu en simple avancement d'hoirie, à quelque époque que ce fût,
et même ce qu'il aurait reçu à titre de préciput,
mais postérieurement au second mariage. Autrement, comme le faisait très-bien remarquer Pothier, dans son *Traité des Successions*, chap. IV,
art. 2, sect. VI, il serait au pouvoir du mari
d'anéantir la donation faite à sa femme, en faisant des donations entre-vifs ou des legs à son
fils, et ne laissant presque plus rien à la succession.

Mais il est à remarquer que, si la seconde femme n'avait pas été gratifiée d'une part d'enfant dans son contrat de mariage, et en avait été seulement gratifiée par une disposition testamentaire, elle ne pourrait rien réclamer sur les biens qui auraient été donnés entre-vifs à l'un des enfans, soit que le donataire les eût reçus à titre de préciput, soit que, ne les ayant reçus qu'en avancement d'hoirie, il eût renoncé à la succession de son père, pour s'en tenir au don. Dans l'un et l'autre cas, en effet, la seconde femme ne pourrait exercer son legs que sur les choses qui appartenaient au mari lors de son décès, que sur les choses dont il n'avait pas disposé par actes entre-vifs, et même elle ne pourrait réclamer, pour son legs, que ce qui resterait dans la portion disponible, après la deduction du don entre-vifs fait à l'un des enfans.

6. Ce n'est pas seulement à l'égard des légataires, mais encore à l'égard des créanciers de la succession, que l'art. 857 dispose que le rapport n'est pas dû : il y en a même raison à l'égard des uns et des autres; c'est que le rapport n'est ordonné par la loi, que pour rétablir l'égalité entre les héritiers.

Ainsi, les créanciers de la succession ne peuvent exiger le rapport, ni de la part de l'héritier qui est donataire entre-vifs à titre de préciput, ni de la part du successible qui a renoncé à la succession, pour s'en tenir au don qui lui a été fait sans dispense de rapport.

En effet, si leurs créances sont antérieures à la donation et s'ils avaient acquis hypothèque sur les biens donnés, ils n'ont pas besoin du rapport, puisqu'ils peuvent suivre les biens en quelques mains qu'ils passent, pour être payés suivant l'ordre de leurs créances ou inscriptions (art. 2166).

Mais s'ils n'avaient pas acpuis d'hypothèque, et s'ils ont laissé transcrire la donation, sans faire inscrire leurs titres dans les délais voulus par la loi, ils n'ont plus aucun droit sur les biens donnés, et conséquemment ils ne peuvent en exiger le rapport de la part des donataires, de même qu'ils ne pourraient intenter aucune action en désistement ou en paiement contre des tiers-acquéreurs à titre onéreux, s'ils n'avaient pas rempli les formalités prescrites pour avoir ou conserver hypothèque sur les biens vendus par leur débiteur.

A plus forte raison encore, ils ne peuvent exiger le rapport des biens donnés, si leurs créances sont postérieures à la donation, puisqu'ils n'ont jamais eu de droits sur les biens qui n'appartenaient plus à leur débiteur, lorsqu'ils ont contracté avec lui.

7. Il y a cependant un cas où, par des motifs

particuliers, les créanciers de la succession peuvent exiger le rapport.

« Si l'enfant donataire est héritier bénéficiaire, dit Pothier, dans son *Traité des Successions*, chap. III, art. 2, §. 6, et l'autre enfant, qui n'a rien reçu, est héritier pur et simple, et que ce dernier, qui est insolvable, ne veut point, *en fraude de ses créanciers*, user du droit qu'il a de se faire rapporter par son frère la somme que son frère a reçue, les créanciers de la succession, qui, par l'acceptation pure et simple de cet enfant qui n'a rien reçu, sont devenus ses créanciers pour la moitié de leurs créances, aussi bien que les autres propres créanciers de cet enfant, pourront, *comme exerçant les droits de leur débiteur*, exiger de l'enfant donataire le rapport que leur débiteur aurait droit d'exiger; car c'est un droit qui lui est acquis, qu'il ne peut remettre en fraude de ses créanciers.

« Que, s'ils ont reçu, l'un et l'autre, ajoute Pothier, il se fait une compensation jusqu'à due concurrence, et celui qui a reçu le plus, ne doit le rapport que de l'excédant. Par exemple, si le premier a reçu 30,000 fr. et le second 20,000, le premier ne doit rapporter que 10,000 francs, dont il doit 5,000 francs. »

Cette opinion doit être suivie sous l'empire du Code civil, puisqu'il est dit, dans l'art. 1166, que les créanciers peuvent exercer tous les droits et

actions de leur débiteur, à l'exception de ceux qui
sont exclusivement attachés à sa personne ; dans
l'art. 1167 , qu'ils peuvent aussi, en leur nom personnel, attaquer les actes faits par leur débiteur
en fraude de leurs droits, en se conformant néanmoins, quant à leurs droits énoncés au titre *des
Successions*, aux règles qui y sont prescrites ; et
enfin dans l'art. 882 , que les créanciers d'un copartageant , pour éviter que le partage ne soit
fait en fraude de leurs droits, peuvent s'opposer
à ce qu'il y soit procédé hors de leur présence.

Mais il faut remarquer que, dans le cas prévu
par Pothier, ce n'est pas comme créanciers du
défunt, que les créanciers de la succession ont
le droit d'exiger le rapport ; c'est que, par l'acceptation pure et simple qu'a faite l'un des héritiers, ils sont devenus ses créanciers directs ; c'est
que, dans cette dernière qualité, pouvant exercer toutes ses actions, ils ont le droit de prendre ,
à sa place, tous les droits qui lui appartenaient
dans la succession qui lui est échue, et qu'ainsi
c'est réellement comme représentant un héritier ,
qu'ils exigent, à sa place, le rapport qui lui
est dû.

8. Il faut remarquer encore que, dans le cas
même où les biens auraient été donnés , à titre
de préciput , à un héritier, quoique personne
n'eût le droit d'en demander le rapport, cependant les créanciers de la succession, même pos-

térieurs à la donation, pourraient exercer leurs droits sur ces biens, si le donataire se portait héritier pur et simple du donateur; mais ce ne serait point, parce que les biens donnés tomberaient dans la succession, à l'égard des créanciers; ce serait, parce que l'héritier pur et simple est tenu, *même sur ses biens personnels*, d'acquitter toutes les dettes du défunt, et qu'ainsi les biens qui avaient été donnés, même à titre de préciput, se trouvent soumis, comme tous ses autres biens, à l'obligation qui lui est imposée, en sa qualité d'héritier pur et simple, d'acquitter indéfiniment, pour sa part et portion virile, tous les engagemens contractés par le défunt.

Par le même motif, les créanciers de la succession pourraient également exercer leurs droits sur les biens donnés, qui seraient rapportés aux cohéritiers, si ceux-ci avaient accepté purement et simplement.

Il n'y a donc réellement que deux cas où les créanciers de la succession ne puissent exercer aucun droit sur les biens donnés; le premier est celui où le donataire, soit à titre de préciput, soit en simple avancement d'hoirie, renonce à la succession; le second est celui où le donataire, ainsi que les autres héritiers, n'acceptent la succession, que sous bénéfice d'inventaire.

Dans le premier cas, le donataire garde, en cette qualité, les biens qui lui ont été donnés, et ne doit rien aux créanciers de la succession à laquelle il a renoncé.

Pour le second cas, on va voir dans les numéros qui suivent, que les héritiers bénéficiaires conservent tout ce qui leur a été donné, ou ce qui leur a été rapporté, parce qu'ils ne sont pas débiteurs personnels des créanciers de la succession, parce que le rapport ne se fait qu'en leur faveur, et non au profit des créanciers.

9. Ni les créanciers de la succession, ni les légataires, ne peuvent exiger le rapport, *même contre l'héritier bénéficiaire.* Cette proposition est fondée sur ce que l'art. 857 dit d'une manière générale, sans faire aucune distinction entre les héritiers purs et simples et les héritiers bénéficiaires, que le rapport n'est dû que par le cohéritier à son cohéritier, et qu'il n'est dû ni aux légataires, ni aux créanciers de la succession.

On le décidait ainsi constamment sous l'empire des anciennes lois, et comme les motifs qu'en donnent les auteurs, répondent parfaitement aux objections qu'on pourrait faire encore, il est utile de les rapporter.

« On demande, disait Pothier, traité *des Successions,* chap. 3, art. 2, §. 6, si l'enfant, héritier bénéficiaire avec ses frères et sœurs, est obligé de compter aux créanciers, des sommes que son père lui a données entre-vifs. La raison de douter est qu'un héritier, quoique bénéficiaire, est vrai-

III.

ment héritier, et par conséquent, sujet à rapport.
La raison de décider, au contraire, qu'il n'est
point sujet d'en compter aux créanciers, c'est
qu'il est, à la vérité, sujet à la loi du rapport,
mais, envers ses cohéritiers seulement. Ce n'est
qu'envers eux que les coutumes l'y obligent,
pour maintenir l'égalité entre les enfans; mais il
n'y est point obligé envers les créanciers, qui
n'ont de droit que sur les biens de la succession
dont les choses données entre-vifs ne font point
partie, puisque le donataire s'en est dessaisi de
son vivant. On dira que, par le rapport, les
choses données sont censées rentrer dans la succession. La réponse est que, si elles sont censées
rentrer dans la succession, ce ne peut être que
par fiction; que dans la vérité elles n'en sont
point, puisque le défunt avait cessé d'en être propriétaire, et que les fictions ne doivent profiter
qu'à ceux pour qui elles sont établies; d'où il suit
que le rapport n'étant établi qu'en faveur des cohéritiers et non en faveur des créanciers, les
créanciers ne peuvent en profiter.

« Les créanciers de la succession, disait encore
Lebrun, ne peuvent obliger l'héritier bénéficiaire, même en directe, au rapport des donations entre-vifs que le défunt lui a faites, parce
qu'il peut être à leur égard donataire; sauf à eux
d'intenter les actions qui leur sont propres, même
l'action révocatoire fondée sur le titre *de his quæ,*

in fraudem. Ils pourront aussi saisir le legs fait par le défunt à l'héritier bénéficiaire, et soutenir que le titre onéreux doit l'emporter sur le titre lucratif, et qu'il faut payer les dettes avant les legs ; mais encore un coup, le rapport n'a pas été établi pour eux, et il ne faut pas dire que ce soit une chose favorable que de rapporter aux créanciers ; mais que c'est une chose fort juste que de les satisfaire lorsqu'ils intentent les actions qui leur sont propres. »

Ces motifs s'appliquent également aux légataires qui ne peuvent avoir de droits que sur les biens de la succession, et qui par conséquent n'en ont aucun sur les biens donnés entre-vifs, dont le rapport n'est dû qu'aux cohéritiers.

10. L'héritier bénéficiaire ne doit-il pas, au moins, faire compte aux créanciers et aux légataires de la portion qu'il prend dans les choses qui sont rapportées par son cohéritier ?

La négative résulte encore évidemment des principes établis. Dans aucun cas, le rapport n'est dû aux créanciers ni aux légataires ; dans aucun cas, ils ne peuvent profiter, par cette voie, des choses qui avaient été données à un héritier, et qu'il ne rapporte qu'en faveur de ses cohéritiers.

L'héritier bénéficiaire doit bien compte aux créanciers et aux légataires, de ce qu'il recueille dans la succession ; mais les biens qui avaient été donnés à son cohéritier et dont il exige le rapport, ne tombent pas dans la succession, ou du moins, ils n'y tombent qu'à son profit, et non pas au profit des créanciers ni des légataires.

Quand des créanciers n'avaient aucun droit sur des biens donnés, soit parce que leurs créances sont postérieures à la donation, soit parce que la donation a été transcrite sans qu'ils aient pris inscription dans les délais fixés par la loi, le rapport des biens donnés ne peut pas leur attribuer sur ces biens un droit qu'ils n'ont jamais eu, autrement le rapport se ferait réellement à leur profit, et si le rapport devait être fait à leur profit, ils devraient avoir le droit de l'exiger.

« On pourrait opposer, dit Pothier, *Traité des Successions*, chap. 3, art. 2, §. 6, que l'héritier bénéficiaire à qui son cohéritier a rapporté une somme qui lui a été donnée, n'a part en cette somme rapportée, qu'à cause de la succession, et parce qu'il est héritier. La raison de décider, au contraire, est que cette somme n'est pas réellement de la succession, puisque le défunt ne la lui a point laissée, ce qui suffit pour que les créanciers n'y puissent prétendre aucun droit, n'en ayant, au moyen du bénéfice d'inventaire, que sur les biens de la succession. Il en résulte que, si deux enfans héritiers de leur père, le sont l'un et l'autre, sous bénéfice d'inventaire, les créanciers de la succession n'ont rien à prétendre sur ce qui a été donné entre-vifs par le défunt, soit à l'un, soit à l'autre.

11. Par les mêmes motifs, on doit décider encore avec Lebrun, dans son *Traité des Successions*, liv. 5, chap. IV, n° 34, que l'héritier bénéficiaire, lors même que, pour se décharger du paiement des dettes, il abandonne tous les biens de la succession aux créanciers et aux légataires, n'est pas tenu de rapporter à leur profit ce qui lui avait été donné entre-vifs, ni de leur faire compte de la portion qu'il a prise dans les choses rapportées par son cohéritier. L'art. 802 du Code, qui l'autorise à faire cet abandon, ne l'oblige qu'à abandonner les biens de la succession, et nous avons déjà vu que les choses données entre-vifs par le défunt, ne sont pas, à l'égard des créanciers ou des légataires, des biens de succession.

12. Les créanciers *personnels* de l'un des héritiers, sont-ils exclus, dans les mêmes cas que les créanciers *de la succession*, du droit de demander le rapport ?

. La seconde disposition de l'art. 857 dit seulement que le rapport n'est pas dû aux créanciers de la succession ; elle ne parle pas des créanciers personnels des héritiers.

Cependant la première disposition de l'article, dit que le rapport n'est dû que par le cohéritier à son cohéritier, et de ces expressions, qui sont

en effet restrictives, on veut tirer la conséquence
que le rapport n'est dû qu'aux cohéritiers seulement et non à leurs créanciers, même personnels.

Mais, pour répondre à cette objection, il suffit
de rappeler ce qui a été dit au n° 7, que les
créanciers d'un héritier peuvent, conformément
aux art. 1166, 1167 et 882, exercer tous ses
droits dans la succession, qu'ils le représentent
réellement, et conséquemment qu'ils peuvent
exiger le rapport qu'il aurait pu lui-même demander.

Il faut distinguer deux cas :

1° Si un débiteur a renoncé, en fraude des
droits de ses créanciers, à une succession qui lui
est échue, les créanciers se font autoriser par la
justice, conformément à l'art. 788, à accepter la
succession, du chef de leur débiteur, et dans ce
cas ils peuvent exiger que le cohéritier donataire
rapporte ce qu'il a reçu en simple avancement
d'hoirie ; ils peuvent l'exiger, comme l'aurait pu
leur débiteur lui-même, s'il avait accepté la succession ; puisqu'ils ont été autorisés à accepter de
son chef, puisqu'ils tiennent sa place d'héritier,
et qu'ils sont considérés comme héritiers eux-
mêmes, au moins jusqu'à concurrence du montant de leurs créances.

2° Si le débiteur n'a pas renoncé à la succession qui lui est échue, et que cependant il néglige,

en fraude de ses créanciers, d'exiger le rapport
qui lui est dû par son cohéritier, ou qu'il ait pris
avec lui des arrangemens secrets, pour soustraire
la chose qu'effectivement il a fait rapporter, ses
créanciers n'en ont pas moins le droit d'exiger le
rapport, parce qu'ils sont admis à exercer ses
droits.

On voit que, dans l'un et l'autre cas, c'est
comme représentant un héritier, que ses créanciers personnels exercent, à sa place et de son
chef, le rapport; et conséquemment ce droit
qu'exercent les créanciers, n'a rien de contraire
à la règle qui n'établit le rapport qu'entre cohéritiers; il est même une application très-équitable de la règle, et il empêche qu'elle soit élu-
dée au préjudice et en fraude de créanciers légitimes.

13. Une dernière observation à faire sur l'article 857, c'est que la disposition de cet article
n'est applicable qu'aux dons entre-vifs qui sont
sujets au rapport, mais non pas aux simples legs,
et qu'ainsi un légataire qui se trouverait, en
même temps, héritier, ne pourrait pas prétendre
que d'abord, il a le droit de prélever sur la succession tout ce qui lui a été légué; que ce n'est
que sur ce qui reste, que les autres légataires
peuvent exercer leurs droits, et que ce n'est qu'à
ses propres cohéritiers qu'il doit le rapport de
ce qu'il a pris pour son legs.

On a déjà vu qu'en matière de legs, il n'y a pas de rapport à faire, puisque le légataire qui n'a rien reçu avant l'ouverture de la succession, ne peut rien avoir à rapporter.

Aux termes de l'art. 843 l'héritier à qui il a été fait un legs, sans dispense de rapport, ne peut le *réclamer* contre ses cohéritiers.

Il ne peut pas plus le réclamer, au préjudice des autres légataires, puisqu'aux termes de l'article 926, tous les légataires doivent venir, par contribution au marc le franc, sur les biens qui se trouvent dans la succession, jusqu'à concurrence de la portion disponible, sauf néanmoins l'exception prononcée par l'art. 927.

Et lors même que ce serait par préciput et hors part, qu'un legs aurait été fait à l'un des héritiers, cet héritier n'aurait encore rien à prendre, par préférence aux autres légataires, à moins que conformément à l'art. 927, le testateur n'eût expressément déclaré qu'il entendait que ce legs fût acquitté de préférence aux autres.

Seulement, l'héritier, qui se trouverait légataire par préciput, pourrait à l'égard de ses cohéritiers, retenir sans imputation sur sa portion héréditaire, ce qu'il aurait eu pour son legs, par concurrence avec les autres légataires, sur la portion disponible.

Mais toujours est-il certain que, dans aucun cas, sous le prétexte que le rapport n'est pas dû aux légataires, l'héritier ne serait autorisé à prendre, avant les légataires, sauf l'exception énoncée dans l'art. 927, ce qui lui aurait été légué à lui-même.

Article 858.

Le rapport se fait en nature, ou en moins prenant.

1. Le rapport se fait en nature, lorsque la chose même qui avait été donnée, est remise, par l'héritier donataire, à la masse de la succession, pour être partagée, comme tous les autres biens, entre tous les héritiers.

Le rapport se fait *en moins prenant*, lorsque le donataire impute, sur sa portion *héréditaire*, la valeur de la chose qu'il ne rapporte pas en nature.

2. Dans ce dernier cas, on rapporte *fictivement* à la masse de la succession la valeur de la chose donnée, pour déterminer le montant de la masse entière et fixer la quotité de la part que chaque héritier doit avoir dans cette masse. Ce rapport fictif étant fait, le donataire impute ou compense sur sa part dans la masse, la valeur de la chose qu'il ne rapporte pas. Chacun des autres héritiers a sa part entière.

Par exemple, s'il y a quatre héritiers qui aient

des droits égaux, et que la masse de la succession, en meubles et en immeubles, s'élève à la
somme de 35,000 fr., on réunit fictivement à
cette somme celle de 5,000 fr., valeur supposée
de la chose qui n'est pas rapportée en nature par
l'un des héritiers, donataire; la masse de la succession se trouve donc portée à 40,000 francs, et
la part de chacun des héritiers dans cette masse
est de 10,000 fr.; mais l'héritier donataire doit
imputer sur sa part la somme de 5,000 fr., puisqu'il ne rapporte pas la chose qui lui avait été
donnée, et qu'il en a dans ses mains la valeur; sa
part se trouve donc réduite à 5,000 fr., et comme
chacun des autres héritiers prend 10,000 fr.,
l'égalité, qui est l'objet du rapport, se trouve
pleinement rétablie.

3. Mais, pour opérer de cette manière, il faudrait composer, pour le cohéritier donataire, un
lot particulier, qui lui serait donné par attribution, et qui, dans l'exemple précédent, ne comprendrait que la moitié de la valeur de chacun des
trois autres lots; ou, si l'on voulait faire de ce qui
resterait, quatre lots égaux en biens meubles et
immeubles, il faudrait admettre le donataire à
rapporter en argent à ses cohéritiers les trois
quarts de la valeur de l'objet qui lui aurait été
donné.

Or, cet arrangement ne pourrait avoir lieu,
d'après les art. 826, 831, 834 et 838, si parmi les

héritiers il y avait des non présens, ou des mineurs, ou des interdits, et il faudrait, en ce cas, opérer conformément à l'art. 830, qui dispose que, si le rapport n'est pas fait en nature, les cohéritiers à qui il est dû ; *prélèvent* une portion égale sur la masse de la succession, et que les prélèvement se font, autant que possible, en objets de mêmes nature, qualité et bonté, que les objets non rapportés en nature. Il ne peut y avoir d'exception à cette règle, que dans le cas où elle serait exigée par l'intérêt commun de tous les héritiers, et où elle serait autorisée par le tribunal.

4. On va voir dans les articles qui suivent, quels sont les cas où le rapport doit être fait en nature, et quels sont ceux où il peut ou doit être fait en moins prenant.

ARTICLE 859.

Il peut être exigé en nature, à l'égard des immeubles, toutes les fois que l'immeuble donné n'a pas été aliéné par le donataire, et qu'il n'y a pas, dans la succession, d'immeubles de mêmes nature, valeur et bonté ; dont on puisse former des lots à peu près égaux pour les autres cohéritiers.

1. Aux termes de l'art. 894, la donation entre-
vifs dépouille le donateur, actuellement et irrévocablement, de la propriété des choses données,
et transfère, actuellement et irrévocablement,
cette propriété au donataire; il est donc incontestable que, dès le moment où la donation est
parfaite, le donataire a le droit d'aliéner ce qui
lui a été donné.

Mais aussi la loi a le droit de n'admettre le
donataire à prendre part, comme héritier *ab
intestat*, dans la succession du donateur, qu'à la
condition qu'il rapportera ce qu'il a reçu, si le
le don ne lui a pas été fait par préciput et hors part.
Puisque c'est la loi seule qui défère les successions *ab intestat*, elle a le droit de régler les conditions de la vocation à la qualité d'héritier.

On a vu d'ailleurs précédemment que c'est par
des motifs bien légitimes, que le donataire, qui
n'a pas été dispensé du rapport par le donateur
lui-même, est soumis à l'obligation de rapporter;
lorsqu'il veut venir, comme héritier, à la succession du donateur.

Au reste, on ne peut pas dire que la loi
anéantit le don, en imposa nt au donataire l'obligation du rapport, puisque le donataire est absolument le maître de conserver entièrement la
chose qui lui a été donnée, au moins jusqu'à
concurrence de la portion disponible; que, pour
la conserver, il suffit qu'il renonce à la succes-

sion du donateur, et qu'en conséquence il n'est soumis au rapport, que dans le cas où il préfère bien volontairement de venir à la succession, parce qu'il trouve plus avantageux d'avoir une portion hériditaire, que de s'en tenir au don qui lui a été fait.

La loi respecte même, dans tous les cas, l'aliénation que le donataire peut avoir consentie de l'immeuble qui lui avait été donné. Aux termes des art. 859 et 860, s'il avait aliéné l'immeuble avant le décès du donateur, il ne serait tenu que d'en rapporter la valeur, et ce n'est que dans le cas où l'immeuble se trouve encore dans ses mains lors de l'ouverture de la succession du donateur, qu'il est soumis à la condition de le rapporter *en nature*, pour être admis, comme héritier, à la succession *ab intestat*.

Si le donataire fait ce rapport en nature, il en résulte que la donation se trouve réellement résolue, dès le moment où la succession du donateur s'est ouverte, puisque, dès ce moment, elle ne produit plus son effet; que même elle est considérée comme n'ayant pas existé, la condition résolutoire imposée par la loi ayant un effet rétroactif au moment même de la donation, conformément à l'art. 1183; qu'ainsi le donataire est censé n'avoir jamais été propriétaire de l'immeuble qu'il rapporte, mais seulement en avoir eu la jouissance, et en effet il ne rapporte pas les fruits.

Tels sont les principes d'après lesquels ont
été rédigés les art. 855, 856, 859, 860 et 865.
Ce ne sont pas des principes nouveaux; ils formaient le droit commun dans les pays coutumiers.

2. Le donataire est dispensé de rapporter l'immeuble en nature, soit lorsqu'il l'a aliéné à titre
gratuit, soit lorsqu'il l'a aliéné à titre onéreux;
les art. 859 et 860 ne font à cet égard aucune distinction, et n'y en avait pas à faire, puisque le
donataire qui était devenu propriétaire, dès le
moment où la donation entre-vifs a été parfaite, a eu, dès ce moment, le droit de disposer à titre gratuit, comme d'aliéner à titre
onéreux.

3. Il est un autre cas où le donataire, quoiqu'il
n'ait pas aliéné l'immeuble avant la mort du donateur, est encore dispensé du rapport en nature,
c'est lorsqu'il y a, dans la succession, d'autres
immeubles de mêmes nature, valeur et bonté, que
celui qui a été donné par le défunt, et dont on
peut former des lots à peu près égaux pour les
autres cohéritiers.

On voit que c'est là une faveur accordée au
donataire, puisqu'en principe rigoureux la donation qui lui a été faite, se trouve résolue, par
son acceptation de la qualité d'héritier, et qu'en
conséquence il devrait rendre l'immeuble qui se
trouve dans ses mains.

Cependant cette faveur n'a rien que de légitime. Lorsqu'il se trouve dans la succession d'autres immeubles de mêmes nature, valeur et bonté, qui peuvent être attribués aux cohéritiers du donataire, ces cohéritiers seraient sans intérêt à exiger le rapport en nature; et la loi n'a pas voulu que, sans intérêt réel, ils pussent molester le donataire qui désire retenir un immeuble qu'il affectionne. *Res non sunt amarè tractandæ inter conjunctas personas.*

Mais aussi la faveur ne doit pas être au préjudice des cohéritiers, et en conséquence la loi exige, dans l'espèce, deux conditions pour la dispense du rapport en nature.

La première, qu'il se trouve dans la succession d'autres immeubles de mêmes nature, qualité et bonté, que celui que le donataire veut retenir.

L'égalité serait blessée, disait Pothier, s'il était permis au donataire de conserver ce qu'il y a de meilleur, pendant que ses cohéritiers auraient de mauvais biens.

La seconde, que les immeubles qui se trouvent dans la succession, puissent former, pour les autres héritiers, des lots à peu près égaux à celui que veut retenir le donataire.

Si le défaut de rapport en nature de l'immeuble donné et non aliéné, pouvait rendre le partage difficile, comme s'il fallait morceler les héri-

tages et diviser les exploitations , ou s'il n'était
pas possible de faire entrer , dans chaque lot, à
peu près la même quantité de meubles, d'immeubles, de droits ou de créances de mêmes nature
et valeur , conformément à ce qui a été dit sur
l'art. 832, le rapport devrait être fait en nature.
Autrement il y aurait préjudice à l'égard des cohéritiers , et il y aurait pour le donataire un avantage que le donateur n'a pas voulu lui faire , puisqu'il ne l'a pas dispensé du rapport.

Lorsqu'il s'élève des contestations relativement
au rapport , et dans tous les cas où parmi les héritiers il y a des non présens , ou des mineurs , ou
des interdits , c'est d'après l'avis d'experts que les
tribunaux doivent décider si le rapport doit être
fait en nature , ou s'il peut l'être en moins prenant.

4. Le donateur peut-il valablement ordonner
que l'immeuble par lui donné, sera dispensé du
rapport en nature , même hors des deux cas déterminés par l'art. 859, en chargeant seulement
le donataire de rapporter une somme déterminée
ou en lui laissant l'option à cet égard ?

Cette dispense de la part du donateur , était
permise par la loi 1, § 12 , ff. de collat. bon.

Elle était spécialement autorisée par la coutume de Sens , art. 267 ; par celle d'Auxerre , article 225 ; par celle de Bar, art. 135 , et par quelques autres.

Mais Lebrun soutenait que dans les autres coutumes, et notamment dans celles où il n'était pas permis d'avantager un héritier, le donataire devait être toujours tenu de rapporter, ou l'immeuble en nature, ou la valeur à l'époque de la succession.

Sous l'empire du Code civil qui ne défend pas d'avantager un héritier, mais qui ne le permet qu'avec certaines conditions, il faut examiner si la dispense du rapport en nature ne contient pas un avantage réel, et si le donateur pouvait faire cet avantage.

Quand la somme qui a été fixée par le donateur, pour la valeur de l'immeuble qu'il dispense de rapporter en nature, se trouve inférieure à la valeur de cet immeuble, au moment de l'ouverture de la succession, il y a un avantage réel pour le donataire; mais cet avantage est licite, s'il peut être pris sur la portion disponible du donateur, et dans le cas où il excède la portion disponible, l'excédant seulement est sujet à rapport, et doit être ajouté à la somme fixée par le donateur.

Il est, en effet, évident que le donateur, en dispensant le donataire de rapporter en nature, et ne le chargeant que de rapporter une somme déterminée, a voulu lui donner, sans rapport, la différence qui peut exister entre la valeur fixée par la donation et la valeur réelle au moment de l'ouverture de la succession.

III.

30

Mais si le donateur avait déjà épuisé toute sa portion disponible, il ne pourrait plus, par une donation postérieure, dispenser du rapport en nature, puisqu'il n'a plus le droit de faire aucun avantage quelconque.

Ces observations sont respectivement applicables au cas où le donateur aurait dispensé du rapport en nature, en chargeant seulement le donataire de rapporter la valeur de l'immeuble, soit à l'époque de la donation, soit à l'époque de l'ouverture de la succession.

5. Quand l'immeuble est rapporté en nature, il doit l'être avec toutes les augmentations et améliorations *naturelles* qu'il a reçues jusqu'au moment du rapport, et sans aucune indemnité, à cet égard pour le donataire.

Ainsi le décidait la loi 6, *de legat.* 3, la loi *plærumque*, 10, §. 1, *ff. de jure dotium*, et la loi *si fundus*, 16, *ff. de pign. et hyp.*

C'était aussi le droit commun en France, attesté par les auteurs.

Les augmentations et améliorations naturelles sont celles qui n'ont rien coûté au donataire, qui ne résultent pas de son industrie, et qui sont survenues par accession, ou par prescription, comme si une alluvion s'est formée à un héritage, ou si une rente foncière établie sur cet héritage, a été prescrite.

Le donataire qui rapporte un immeuble en

nature, étant censé n'en avoir pas été propriétaire, ainsi qu'on l'a vu précédemment, il ne peut profiter des augmentations naturelles que cet immeuble a acquises, pendant qu'il en jouissait; comme la perte qui serait arrivée par cas fortuit et sans sa faute, ne serait pas à sa charge, de même il ne doit pas avoir les profits. *Lucrum et periculum circà speciem debitam, spectant creditorem. L.* 14, *ff. de legat.*

Quant aux augmentations et améliorations industrielles, il faut voir les dispositions des articles 861 et 862.

ARTICLE 860.

Le rapport n'a lieu qu'en moins prenant, quand le donataire a aliéné l'immeuble avant l'ouverture de la succession; il est dû de la valeur de l'immeuble, à l'époque de l'ouverture.

1. L'art. 859 dit, d'une manière générale, que l'immeuble est dispensé du rapport en nature, lorsqu'il a été aliéné; mais l'art. 860 restreint cette dispense au cas où l'immeuble a été aliéné avant l'ouverture de la succession du donateur.

En effet, le rapport est dû par le seul fait que le donataire accepte la succession du donateur, et comme, suivant l'art. 777, l'effet de l'acceptation remonte au jour de l'ouverture de la succession, il s'ensuit que c'est au jour même de l'ouverture de la succession qu'est dû le rapport. Ainsi, dès ce moment, le donataire a cessé d'être propriétaire de l'immeuble, et en a été débiteur envers la succession. Dès ce moment, l'immeuble a été confondu dans la succession, avec tous les autres biens laissés par le défunt, et conséquemment le donataire n'a plus le droit d'en consentir seul l'aliénation, au préjudice de ses cohéritiers.

2. De ce que le rapport est dû à l'époque de l'ouverture de la succcession du donateur, il résulte encore que, lorsque l'immeuble a été aliéné avant cette époque, c'est la valeur réelle de l'immeuble, à cette époque, qui doit être rapportée, et non pas la valeur, soit au moment de la donation faite à l'héritier qui rapporte, soit au moment de l'aliénation consentie par cet héritier.

Suivant quelques coutumes, le donataire était tenu de rapporter la valeur *au temps du partage;* mais, si le partage était retardé par de mauvaises contestations, ou par d'autres causes, la variation que pouvait éprouver la valeur des biens, causait préjudice, ou au donataire, ou aux cohéritiers; et d'ailleurs, comme ce n'est pas seulement au temps du partage que le rapport est dû, comme la valeur rapportable de l'immeuble qui avait été donné, a fait partie de la succession, dès le moment où cette succession s'est ouverte, il est bien évident que ce n'est point la valeur au temps du partage, qui doit être rapportée.

3. Par les mêmes motifs encore, l'héritier ne serait pas admis à ne rapporter que le prix de la vente qu'il aurait consentie, avant l'ouverture de la succession, de l'immeuble qui lui avait été donné. C'est toujours la valeur réelle au moment de l'ouverture de la succession, qui est due et qui doit être rapportée.

On sent d'ailleurs que, si le donataire pouvait être quitte, en rapportant le prix de la vente qu'il aurait consentie, souvent il ferait déguiser le prix réel, pour avoir moins à rapporter, et presque toujours il serait impossible aux cohéritiers de constater la fraude.

4. Il y a cependant exception pour le cas où ce n'est pas volontairement que le donataire a aliéné l'immeuble.

Si l'aliénation a été forcée, par exemple, dit Pothier, « si le donataire a été obligé, par arrêt du conseil de vendre, pour la construction d'une place publique, la maison qui lui a été donnée, ou si on lui avait donné une portion d'un héritage par indivis avec un tiers, qui par la licitation aurait été adjugé en entier à ce propriétaire, en ces cas et autres semblables, son obligation de rapporter la chose en essence et espèce, se convertirait en celle de rapporter les sommes de deniers qu'il a reçues à sa place. »

C'était là le droit commun, et il serait, en effet, injuste que le donataire qui a été dépouillé de la propriété de l'immeuble, par un fait qui ne lui est pas personnel, fût tenu de rapporter plus qu'il n'a reçu.

Dans le cas d'une vente forcée qui est légalement constatée, ou d'une licitation faite en justice, il ne peut plus y avoir les mêmes soupçons de fraude à l'égard du prix, que dans les cas d'une vente volontaire.

L'art. 860 ne parle que du cas où le donataire *a aliéné l'immeuble*, et ces expressions ne désignent évidemment qu'une aliénation volontaire.

5. On a vu précédemment que, si l'héritier est dispensé de rapporter en nature l'immeuble qu'il a aliéné avant l'ouverture de la succession du donateur, c'est qu'il a eu, comme donataire, le droit d'aliéner cet immeuble, puisqu'il en a eu la propriété réelle, à compter de la donation.

On doit donc conclure encore que l'aliénation consentie par le donataire est irrévocable à l'égard du tiers-acquéreur, ce tiers ayant acquis valablement du donataire qui avait le droit de vendre, et qu'ainsi, quoique le donataire, devenu insolvable, ne puisse pas rapporter à la succession *la valeur* de l'immeuble qu'il a aliéné, ses cohéritiers ne peuvent cependant pas exercer l'action en revendication contre le tiers-acquéreur.

Vainement ils diraient que la propriété du donataire n'était que conditionnelle, puisqu'elle était soumise au rapport, dans le cas où il viendrait à la succession du donateur; que, ce cas arrivant, la donation se trouve résolue, et qu'en conséquence le droit du tiers acquéreur se trouve anéanti, en vertu de la maxime, *soluto jure dantis, solvitur jus accipientis.*

Mais il a été précédemment expliqué que, d'après les dispositions précises des art. 859 et 860, il est certain que la donation faite à l'un des héritiers, ne se trouve résolue, lors même qu'il vient à la succession du donateur, que lorsque l'immeuble qu'il a reçu, se trouve encore dans ses mains, lors de l'ouverture de la succession; mais que, s'il l'avait aliéné antérieurement, l'aliénation est maintenue, et qu'en conséquence le rapport en nature ne peut être exigé.

Or, puisque le rapport en nature ne peut être exigé, il ne peut y avoir lieu à revendication de l'immeuble contre le tiers-acquéreur; car la revendication aurait nécessairement pour objet de faire rapporter en nature; elle produirait, sous un autre mode, ce que le législateur n'a pas voulu autoriser.

La seule action qui, dans ce cas, est accordée aux cohéritiers, étant l'action en rapport *de la valeur* de l'immeuble aliéné, il est évident que cette action est absolument étrangère au tiers-acquéreur qui justifie légalement avoir payé l'entier prix de l'aliénation qui lui a été consentie.

Cependant il y a une exception à la règle qui vient d'être établie; elle a lieu lorsque la valeur de l'immeuble aliéné, excède la portion disponible du donateur, au moment de son décès. Pour le rapport de cet excédant, l'art. 930 autorise expressément l'action en revendication contre les tiers-acquéreurs.

Et, pour bien faire sentir comment doivent être entendues et appliquées la règle et son exception, je vais distinguer quatre cas différens.

1º Lorsque la valeur de l'immeuble qui a été aliéné par le donataire, se trouve inférieure ou égale, soit à la portion dont le donateur pouvait disposer, soit à la portion héréditaire que le donataire doit avoir dans la succession du donateur, les cohéritiers du donataire n'ont aucun intérêt à exercer l'action en revendication contre le tiers-acquéreur, quoique le donataire ne puisse rapporter la valeur de l'immeuble; ils imputent cette valeur sur sa portion héréditaire, et le rapport se fait ainsi, en moins prenant, conformément à la disposition de l'art. 860; ou bien les cohéritiers prélèvent sur la masse de la succession, conformément à l'art. 830, d'autres immeubles de mêmes nature, qualité et bonté que celui qui n'est pas rapporté par le donataire.

2° Il en est de même, quoique la valeur de l'immeuble aliéné excède la portion disponible du donateur, si elle se trouve inférieure ou égale à la part que le donataire, venant à la succession du donateur, a le droit de prendre dans cette succession, en qualité d'héritier. L'imputation se fait dans ce cas, comme dans le précédent.

3° Lorsque la valeur de l'immeuble que le donataire a aliéné, excède la part qu'il aurait, comme héritier, dans la succession du donateur, mais n'excède pas la portion dont le donateur a pu disposer en sa faveur, il a évidemment intérêt à renoncer à la succession du donateur, pour s'en tenir au don qui lui a été fait, et en renonçant, il n'a rien à rapporter.

Cependant, s'il accepte la succession, soit parce qu'il n'en a pas bien connu l'état, soit par toute autre cause, il doit remettre à la succession, sur le don qui lui a été fait, ce qui excède sa part héréditaire, et lorsqu'il se trouve insolvable, ses cohéritiers voudraient avoir un recours, à raison de cet excédant, contre l'acquéreur de l'immeuble.

Mais contre cette prétention s'élèvent toutes les raisons précédemment exposées, que le donataire a pu vendre l'immeuble, puisqu'il en avait la propriété; qu'il a pu le vendre en entier, puisque l'immeuble n'excédait pas la portion disponible du donateur, et que le rapport en nature ne pouvant être exigé contre lui, l'action en revendication ne peut pas avoir lieu contre l'acquéreur.

Il faut ajouter que le donataire ne peut, par son fait personnel, nuire à l'acquéreur; qu'en acceptant la succession, il est bien devenu personnellement débiteur, envers ses cohéritiers, de la somme qu'il s'est obligé à rapporter ; mais qu'il n'a pu donner aucun droit contre son acquéreur, et que, s'il en était autrement, ce serait souvent par une connivence frauduleuse avec ses cohéritiers, qu'il accepterait la succession, quoiqu'il fût évidemment dans ses intérêts d'y renoncer, pour s'en tenir au don.

4° Lorsque la valeur de l'immeuble aliéné par le donataire, excède la portion de biens dont pouvait disposer le donateur, et qu'en outre la portion disponible excède la part héréditaire que le donataire pourrait avoir dans la succession du donateur, évidemment le donataire doit renoncer à la succession du donateur; mais, soit qu'il accepte la succession, soit qu'il y renonce, l'action en revendication doit être admise contre le tiers-acquéreur, pour l'excédant que doit rapporter le donataire.

Les raisons de différence entre ce cas et les précédens, sont que, 1° il résulte des art. 843, 844, 845, 859, 860 et 866, que le rapport de l'excédant de la portion disponible doit être fait en nature, à l'égard des immeubles, sauf l'exception prononcée par le dernier article; 2° que, dans le dernier cas, la réserve légale des cohéritiers du donataire se trouverait entamée, si le donataire n'ayant pas d'autres biens sur lesquels pourrait être exercée la réduction de l'excédant de la portion disponible, l'action en revendication n'était pas ouverte, à raison de cet excédant, contre l'acquéreur de l'immeuble donné; mais que la réserve légale des cohéritiers ne se trouve entamée dans aucun des trois premiers cas.

Aussi, le législateur n'a pas oublié d'autoriser, pour le dernier cas, l'action en revendication, et l'on remarquera que c'est uniquement pour ce cas, qu'il l'a autorisée, puisqu'il ne l'a admise que lorsqu'il y a lieu à l'action en réduction, et que l'action en réduction n'a lieu que lorsque le don excède la portion disponible.

C'est dans l'art. 930 que se trouve la disposition faite à cet égard.

L'article est conçu en ces termes : « L'action en réduction ou revendication pourra être exercée par les héritiers contre les tiers détenteurs des immeubles faisant partie des donations *et aliénés par les donataires,* de la même manière et dans le même ordre que contre les donataires eux-mêmes, et discussion préalablement faite de leurs biens. Cette action devra être exercée suivant l'ordre des dates des aliénations, en commençant par la plus récente. »

6. Il y a sur cette disposition quatre observations importantes à faire.

La première est que le donataire d'un immeuble ne pourrait se soustraire au rapport *en nature* de l'excédant de la portion disponible, ni l'acquéreur empêcher l'action en revendication, en offrant de rapporter jusqu'à due concurrence la valeur de l'immeuble, à l'époque de l'ouverture de la succession du donateur.

Le donateur n'ayant eu le pouvoir de disposer que de la portion dont la loi lui a laissé la libre disposition, il en résulte que la donation qu'il a faite n'a pu conférer aucun droit irrévocable sur l'excédant de la portion disponible, et qu'ainsi cet excédant reste toujours soumis au rapport en nature, ordonné par la loi.

Ni le donataire, ni l'acquéreur ne pouvaient l'ignorer, et conséquemment, le premier en recevant un immeuble dont la valeur pouvait excéder la portion disponible, et le second en achetant cet immeuble, se sont soumis sciemment au rapport en nature de l'excédant.

Néanmoins, si la portion disponible formait la portion la plus considérable de l'immeuble aliéné par le donataire, et si le retranchement de cet excédant ne pouvait s'opérer commodément, il faudrait décider, conformément à l'art. 866, que le donataire, ou l'acquéreur qui le représente, pourrait se dispenser de rapporter l'excédant en nature, sauf à récompenser les cohéritiers, en argent ou autrement,

L'art. 856 ne parle, il est vrai, que du cas où le don qui excède la portion disponible, a été fait avec dispense du rapport; mais, lorsque l'immeuble donné, même sans dispense de rapport, se trouve aliéné avant l'ouverture de la succession, il y a pareillement dispense du rapport en nature pour la portion disponible; il existe donc, dans l'un et l'autre cas, même motif pour décider que l'excédant doit rester réuni à la portion la plus considérable que le donataire a eu le droit d'aliéner irrévocablement.

La seconde observation à faire sur l'art. 930, est que l'action en revendication contre les tiers détenteurs des biens donnés, ne doit être exercée que de la même manière et dans le même ordre que l'action en réduction, ou retranchement, devrait être exercée contre les donataires eux-mêmes, s'ils avaient conservé les biens; et qu'ainsi, conformément à l'art. 923, l'action en revendication ne peut être exercée contre les tiers détenteurs des biens compris dans les donations les plus anciennes, qu'autant que cette action déjà formée contre les tiers détenteurs des biens compris dans les donations plus récentes, il n'a pu faire rentrer dans la masse de la succession, la totalité de l'excédant de la portion disponible.

La troisième observation est que l'action en

revendication doit être encore exercée suivant l'ordre des dates des aliénations, en commençant par la plus récente, en sorte que si le donataire de plusieurs immeubles, les a aliénés successivement, l'action en revendication doit être dirigée d'abord contre les derniers acquéreurs, et ne peut l'être contre ceux qui ont acquis antérieurement, qu'en cas d'insuffisance de ce qui a été rendu par les derniers.

La quatrième observation, très-importante pour les tiers-détenteurs, est que l'action en revendication ne peut être exercée contre les acquéreurs de biens compris dans une donation, qu'après discussion des biens du donataire, en sorte que, s'il reste des biens au donataire, les héritiers à réserve doivent d'abord exercer sur ces biens leur action en réduction et revendication, et que ce n'est qu'en cas d'insuffisance qu'ils peuvent agir contre les acquéreurs.

C'est là, sans doute, une exception au principe que la réserve légale doit être prise sur les biens du défunt; mais, d'une part, elle est très-équitable puisqu'elle prévient le circuit des actions en garantie de la part des acquéreurs contre les donataires, et que, d'autre part, elle ne porte aucun préjudice aux héritiers à réserve, puisque s'ils ne retrouvent pas, dans les mains des donataires, une quotité de biens suffisante pour les remplir

de leur réserve, ils peuvent toujours recourir
contre les acquéreurs.

Il résulte même de ces expressions générales
de l'art. 930, *discussion préalablement faite de
leurs biens*, que cette discussion préalable à laquelle sont soumis les héritiers à réserve, doit
porter, non-seulement sur les biens provenus de
la donation, qui peuvent rester dans les mains du
donataire soumis à la réduction, mais encore sur
ses biens personnels.

Cependant, je ne pense pas que les héritiers à
réserve soient tenus de faire porter cette discussion sur les meubles et effets mobiliers du donataire, lorsqu'il s'agit du rapport d'immeubles. Il
en résulterait que, par le fait du donataire qui
aurait aliéné tous les immeubles donnés et qui
d'ailleurs n'en aurait pas de personnels, les héritiers à réserve seraient réduits à n'avoir que du
mobilier, quoiqu'ils aient un droit réel à la portion des immeubles du donateur, qui n'était pas
disponible.

Ces mots de l'art. 930, *discussion préablement
faite de leurs biens*, ne doivent s'appliquer, en
principe et aussi d'après l'équité, qu'aux biens
de même nature que ceux dont le rapport en nature peut être exigé.

Je crois même que les héritiers à réserve ne
peuvent être tenus de faire porter la discussion
préalable sur des biens, personnels aux donataires,

qui sont grevés de charges et d'hypothèques, ou qui sont litigieux, ou qui sont beaucoup plus éloignés des domiciles des héritiers, que les biens donnés, ou qui enfin ne peuvent pas se diviser commodément, de manière à former une quotité d'une valeur à peu près égale à celle que les héritiers ont le droit de réclamer, Il serait injuste que ces héritiers éprouvassent un préjudice notable de la faveur qu'on veut accorder aux donataires et aux acquéreurs; il faut donc, au moins, appliquer à l'espèce de discussion dont il s'agit dans l'art. 930, les règles établies par l'art. 2023, pour la discussion en matière de cautionnement.

ARTICLE 861.

Dans tous les cas, il doit être tenu compte au donataire, des impenses qui ont amélioré la chose, eu égard à ce dont sa valeur se trouve augmentée au temps du partage.

1. Le donataire doit rapporter l'immeuble en nature, ou en valeur, en l'état où se trouve cet immeuble au moment de l'ouverture de la succession : *species debita solvi debet qualis est.* Il est donc juste que, dans l'un comme dans l'autre cas, il lui soit tenu compte des impenses

qu'il a faites pour améliorer l'immeuble, puisque la succession en profite.

Cependant il ne doit pas lui en être tenu compte à raison de ce qu'elles lui ont coûté, mais seulement en égard à ce dont la valeur de l'immeuble s'en trouve augmentée.

Et même, ce n'est pas l'augmentation de valeur au moment où les impenses ont été faites, qu'il faut considérer ; le remboursement ne doit être fait qu'eu égard à ce dont la valeur de l'immeuble se trouve augmentée, *au temps de l'ouverture de la succession.*

Ainsi, quoiqu'une impense eût augmenté de mille francs la valeur de l'immeuble, au moment où elle a été faite, si la valeur ne s'en trouve augmentée que de 5oo francs au moment où la succession s'est ouverte, la succession ne doit compte que de cinq cents francs, parce qu'elle ne doit rembourser que jusqu'à concurrence du profit qu'elle trouve ; *quatenùs locupletior facta est.*

Il en résulte encore que les impenses, lors même qu'elles auraient été réellement utiles au moment où elles ont été faites, et qu'à cette époque elles auraient augmenté la valeur de l'immeuble, ne peuvent cependant être répétées par le donataire, si elles ont été détruites par cas fortuit, ou par toute autre cause quelconque, quoiqu'il n'y ait pas eu faute, ou négligence, de la part du donataire, et dans tous les cas enfin où il ne se trouve pas d'augmentation de valeur, à l'époque de l'ouverture de la succession.

2. La succession ne doit tenir aucun compte des impenses de pur agrément, qui n'ont pas augmenté la valeur réelle de l'immeuble, elle n'en tire aucun profit. Mais lorsqu'elle refuse de les rembourser, il est permis au donataire d'emporter ce qui a été l'objet de ces impenses, pourvu qu'il puisse enlever *sinè rei detrimento*, et en rétablissant les choses telles qu'elles étaient au moment de la donation.

3. Quant aux impenses usufruitières et d'entretien, elles ne peuvent, en aucun cas, être répétées contre la succession. Elles sont à la charge du donataire qui a perçu les jouissances : *sunt onera fructuum.*

4. J'ai dit jusqu'à présent qu'il doit être tenu compte au donataire, des impenses qui ont amélioré la chose, eu égard à ce dont sa valeur se trouve augmentée, *au temps de l'ouverture de la succession*, et cependant l'art. 861 dit : *au temps du partage ;* mais il est évident que ces dernières expressions contiennent une erreur de rédaction.

En effet, le rapport de l'immeuble étant dû à l'époque de l'ouverture de la succession, et l'immeuble devant être rapporté en l'état où il se trouve à cette époque, il en résulte que, dès l'instant du décès du donataire, l'immeuble donné rentre, en entier, dans la succession, avec toutes

ses augmentations et améliorations, naturelles ou
industrielles; que, dès cet instant, la succession
en est seule propriétaire, et que le donataire n'a
plus rien à y prétendre, en cette qualité. Il est
donc incontestable que, dès cet instant, l'augmentation qui peut survenir à la valeur du bien,
appartient à la succession, et que la succession
doit aussi supporter la diminution que peut
éprouver cette valeur : la perte, comme les profits, doivent être pour le propriétaire.

Cependant il résulterait de la disposition de
l'art. 861, en y maintenant ces expressions, *au
temps du partage*, que, si la valeur des impenses
acquérait de l'augmentation depuis l'ouverture
de la succession jusqu'au partage, cette augmentation profiterait au donataire, qui pourtant devrait le rapport de l'immeuble entier, au moment de l'ouverture de la succession, et qui, dès
cette époque, a cessé d'être propriétaire de la
chose rapportée : il en résulterait aussi, que, s'il
y avait perte, il la supporterait.

Ainsi, dans le premier cas, il aurait plus que
la valeur des impenses au moment où elles ont
été acquises à la succession; dans le second cas,
il aurait moins, et il courrait les risques d'une
chose qui ne lui appartiendrait plus.

Ce serait là, sans doute, une injustice évidente,
et une violation manifeste des principes les plus
certains en matière de rapport et de propriété.

L'art. 867 autorise bien le cohéritier qui fait le rapport en nature d'un immeuble, à en retenir la possession jusqu'au remboursement effectif des sommes qui lui sont dues pour impenses et améliorations; mais ce cohéritier ne conserve la possession, que par voie de rétention, comme le disent les auteurs, et pour garantir ce qui lui est dû; il ne la conserve pas à titre de propriétaire de l'immeuble; il ne la conserve pas même, à titre de donataire, puisque l'effet de la donation a cessé au moment du décès du donateur.

Si, dans l'intervalle entre l'ouverture de la succession et le partage, le donataire a fait quelques impenses sur le bien sujet à rapport, il doit en être remboursé, comme le serait tout autre cohéritier qui aurait fait des impenses sur un autre bien de la succession.

Il faudrait, d'ailleurs, en exécutant à la lettre l'art. 861, qu'il fût fait deux estimations distinctes et séparées, dans le cas où l'immeuble aurait été aliéné par le donataire; l'une de la valeur des impenses au moment de l'ouverture de la succession, pour fixer la valeur totale de l'immeuble, qui doit être rapportée à cette époque, et l'autre, de la valeur de ces mêmes impenses, à l'époque du partage, pour déterminer ce dont la succession doit tenir compte au donataire : il en serait de même à l'égard des dégradations, et l'on voit combien il en résulterait d'embarras, si, pour cause de minorité, ou d'absence, le partage étoit différé pendant long-temps.

Il paraît donc très-certain qu'il y a eu erreur de rédaction, dans l'emploi des mots, *au temps du partage*. Ce qui a pu donner lieu à cette erreur, c'est que, dans l'ancien droit, le rapport n'étant dû de la valeur de l'immeuble qu'à l'époque du partage, l'estimation de la valeur des impenses ne devait pareillement avoir lieu qu'à cette époque, et que les rédacteurs du Code civil, après avoir changé la législation sur le premier point, auront omis de la changer également sur le second.

Article 862.

Il doit être pareillement tenu compte au donataire, des impenses nécessaires qu'il a faites pour la conservation de la chose, encore qu'elles n'aient point amélioré le fonds.

1. Cet article contient une règle différente de celle qui a été établie par l'article précédent.

Suivant l'art. 861, il ne doit être tenu compte au donataire, des impenses qui ont amélioré la chose, qu'eu égard à ce dont la valeur de la chose se trouve augmentée au temps de l'ouverture de la succession; mais l'art. 862 dit, au contraire, qu'il doit être tenu compte au donataire, des impenses nécessaires qu'il a faites pour la conservation de la chose, *encore qu'elles n'aient pas amélioré le fonds.*

La raison de différence, c'est que dans l'article 861 il ne s'agit que d'impenses purement utiles, qui n'avaient pour objet que d'améliorer la chose, et qu'en conséquence il est juste que la succession ne les rembourse qu'eu égard à l'amélioration dont elle profite; mais que, dans l'article 862, il s'agit d'impenses qui étaient *nécessaires*, et que le donataire ayant été tenu de les faire pour la conservation de la chose, il est juste aussi qu'elles lui soient remboursées intégralement, encore qu'elles n'aient pas amélioré le fonds.

On ne doit donc, à l'égard de l'impense nécessaire, considérer que le moment où elle a été faite, pour savoir si elle était réellement nécessaire, et dès-lors peu importe qu'elle ait été détruite par un cas fortuit, mais sans la faute du donataire : peu importe que la valeur de l'immeuble ne s'en trouve pas augmentée, au moment de l'ouverture de la succession. Il suffit que le donataire ait été tenu de la faire, pour qu'il ne doive pas la perdre.

D'ailleurs, il est toujours vrai de dire que la succession profite, quoiqu'il n'y ait pas augmentation de valeur. « Si la donation n'avait pas été faite, dit Pothier, *Traité des Successions*, chapitre 4, art. 2, §. 7, le donateur aurait lui-même fait cette impense, et ce qu'il en aurait coûté se trouverait de manque dans la succession ; conséquemment la succession profite de ce que cette somme qui s'y serait trouvée de manque, s'y trouve. « *In tantùm locupletiorem donatoris hæreditatem fecit, in quantùm ejus pecuniæ pepercit.* »

2. Cependant le donataire n'est pas toujours autorisé à réclamer tout ce qu'il lui en a coûté pour l'impense nécessaire : il ne peut réclamer que ce qu'elle a dû lui coûter. Si, par sa faute ou son inexpérience, il a dépensé plus qu'il n'en aurait coûté à un père de famille prudent et éclairé, il doit perdre l'excédant.

3. Le donataire étant tenu de rapporter, à compter de l'ouverture de la succession, les fruits et les intérêts des choses données, sans même qu'il soit besoin de demande judiciaire pour faire courir les intérêts, il est juste que, par réciprocité ; il ait le droit d'exiger, à compter de la même époque et sans qu'il soit besoin de demande judiciaire, les intérêts de ce qui lui est dû pour impenses utiles ou nécessaires, lorsqu'il rapporte la chose en nature.

ARTICLE 863.

Le donataire, de son côté, doit tenir
compte des dégradations et détériorations qui ont diminué la valeur de l'immeuble, par son fait ou par sa faute et
négligence.

1. Comme il doit être tenu compte au donataire des impenses qu'il a faites, il doit être,
par les mêmes motifs, tenu compte par le donataire des dégradations et détérioriations qui proviennent de ses faits.

Le donataire ne doit rendre, sans indemnité,
que ce qu'il a reçu, sauf les augmentations et améliorations naturelles qui s'unissent à la propriété;
mais il doit rendre aussi tout ce qu'il a reçu,
sauf les pertes, dégradations et détériorations
qui n'ont pas été occasionnées par sa faute ou
par sa négligence.

S'il a négligé de réparer et d'entretenir les
héritages et bâtimens, et qu'il en soit résulté des
dégradations et détériorations, s'il n'a pas interrompu les prescriptions pour les droits fonciers,
dans tous les cas enfin ou, par son fait, soit par
faute, soit par négligence, la chose qui lui avait
été donnée, a éprouvé quelque dommage, il en
doit indemniser la succession.

2. Le donataire est-il également tenu des dégradations et détériorations qui proviennent du
défaut de confection *des grosses réparations ?*

L'affirmative ne me paraît pas douteuse.

On a vu, dans l'article précédent, qu'il doit
être tenu compte au donataire des impenses *nécessaires* qu'il a faites, quoiqu'elles n'aient pas
amélioré le fonds, et que cette disposition est fondée sur ce que le donataire étant *tenu* de faire les
impenses *nécessaires*, ne doit pas les perdre,
quoique la succession n'en profite pas : or les
grosses réparations sont des impenses *nécessaires ;*
il est donc tenu de les faire, et conséquemment
s'il les néglige, il doit supporter la perte que cette
négligence peut occasionner.

Il est vrai cependant qu'elles ne sont pas à la
charge de l'usufruitier ; mais le donataire n'a pas
un simple usufruit, puisqu'il a droit de vendre.

L'usufruitier peut s'adresser au propriétaire
pour les grosses réparations ; mais à qui pourrait
s'adresser le donataire ? ce n'est point au donateur qui n'est plus réellement propriétaire, puisqu'il s'est entièrement dessaisi de la propriété par
la donation : ce n'est pas aux héritiers présomptifs du donateur, puisqu'ils n'ont aucun droit sur
la chose, tant que la succession du donateur n'est
pas ouverte ; c'est donc le donataire seul qui peut
être chargé des grosses réparations, puisqu'il représente le propriétaire jusqu'à son décès, puis-

qu'il tient la propriété dans ses mains, et n'est
tenu de la remettre qu'à l'époque de l'ouverture
de la succession.

3. De la même manière que pour les impenses
les dégradations et les détériorations doivent être
estimées eu égard à ce dont le valeur de l'immeuble s'en trouve diminuée à l'époque de l'ouverture de la succession. C'est toujours cette
époque qui doit être prise pour la fixation des
indemnités qui sont dues à la succession, comme
de celles qu'elle doit elle-même.

ARTICLE 864.

Dans les cas où l'immeuble a été aliéné
par le donataire, les améliorations ou
dégradations, faites par l'acquéreur,
doivent être imputées conformément
aux trois articles précédens,

1. La disposition de cet article est particulière
au cas où le donataire qui a aliéné l'immeuble,
ne le rapporte pas en nature, mais en rapporte
seulement la valeur.

Comme cette valeur est fixée d'après l'état où
se trouve l'immeuble au moment de l'ouverture
de la succession, il est juste qu'on en déduise,
conformément aux articles précédens, les améliorations qui ont pu être faites par l'acquéreur,

comme celles qui avaient été faites antérieurement
par le donataire, puisque la succession ne doit
pas plus profiter des unes que des autres, et
qu'aussi on tienne compte des dégradations commises par l'acquéreur, comme de celles commises par le donataire, puisque les unes et les
autres ont également diminué la valeur de l'immeuble, dans l'état où il s'est trouvé lors de l'ouverture de la succession.

L'aliénation consentie par le donataire, ne
peut nuire, ni profiter à la succession. Que les
dégradations et détériorations aient été faites par
le donataire ou par les acquéreurs, peu importe
aux cohéritiers ; ils ont également le droit de les
répéter, conformément à l'art. 863, de même
qu'ils doivent tenir compte des impenses, conformément aux articles 861 et 862, soit qu'elles
aient été faites par les acquéreurs, soit qu'elles
aient été faites par le donataire lui-même.

2. Mais les acquéreurs demeurent absolument
étrangers à cette opération qui ne doit avoir lieu
qu'entre le donataire et ses cohéritiers, et qui ne
change rien aux conventions entre les acquéreurs
et le donataire qui leur a consenti les ventes.

Ce n'est pas à eux que doivent être restituées
les impenses, quoiqu'ils les aient faites à leurs
dépens, comme ils ne sont pas chargés du montant des dégradations et améliorations, quoiqu'ils
en soient les auteurs ; ils n'entrent pour rien dans

tout ce qui concerne le rapport : ils n'ont rien à régler avec les héritiers.

Si leurs faits deviennent personnels au donataire au moment du rapport, s'il répète, à l'égard de ses cohéritiers, les impenses faites par les acquéreurs, comme il tient compte des dégradations qu'ils ont commises, c'est qu'à son égard la succession ne doit pas profiter de ces impenses, qui ont augmenté la valeur donnée à l'immeuble, d'après son état actuel, et qu'aussi elle ne doit pas souffrir de ces dégradations qui ont diminué la valeur de l'immeuble.

3. Je crois devoir faire observer sur cet article et sur les trois précédens, que, si l'état de l'immeuble donné, avait été légalement et fidèlement constaté lors de la donation; il y aurait un moyen très-simple de fixer la valeur qui devrait être rapportée, sans qu'il fût besoin de fixer particulièrement la valeur ni des impenses utiles, ni des dégradations, faites par le donataire ou par les acquéreurs.

Il suffirait de déterminer ce que vaut à l'époque de l'ouverture de la succession, l'immeuble pris *en l'état où il se trouvait au moment de la donation*, et d'ajouter la valeur des augmentations et améliorations *naturelles*, survenues depuis la donation jusqu'au décès du donateur.

Le donataire ne peut rien devoir de plus, et il est évident qu'en ce cas il n'y aurait point à s'occuper des dispenses utiles, ni des dégradations qui proviennent des faits du donataire ou des acquéreurs, puisqu'on prendrait l'immeuble en l'état où il se trouvait lors de la donation. Ce serait faire une opération absolument oiseuse, que d'estimer ces impenses, pour les ajouter à la valeur de l'immeuble en faveur de la succession, et pour les déduire ensuite en faveur du donataire, et d'estimer de même les dégradations, pour les déduire, d'une part, et les faire rapporter, de l'autre: il serait bien plus simple d'estimer l'immeuble, dans l'état même dont la valeur, au moment de l'ouverture de la succession, se trouve être le seul objet du rapport.

Cependant le donataire pourrait, même en ce cas, avoir à répéter des diminutions.

1° S'il avait été fait des impenses *nécessaires* depuis la donation jusqu'au décès du donateur, leur valeur au moment où elles ont été faites, devrait être déduite, quoiquelles n'eussent pas amélioré le fonds, parce qu'elles sont une charge de la propriété.

2° S'il y avait eu des pertes et détériorations qui eussent été occasionnées par des cas fortuits, et non par la faute ou négligence du donataire ou des acquéreurs, leur valeur devrait être également déduite, parce qu'elles sont à la charge du propriétaire.

Supposons, par exemple, que l'immeuble, *tel*

qu'il a été donné, soit de valeur de 10,000 fr.,
à l'époque de l'ouverture de la succession, et
que les augmentations et améliorations naturelles
soient estimées à 1,000 francs. Peu importe qu'il
ait été fait des impenses utiles, ou des dégradations, à l'immeuble qui n'est pas rapporté *en nature* à la succession. Qu'on les estime, ou non,
il est certain, dans tous les cas, que le donataire devra rapporter à ses cohéritiers une valeur
de 11,000 francs; mais s'il y a eu pour 1,000 fr.
de réparations nécessaires, quoiqu'elles n'aient
pas réellement augmenté la valeur du fonds, et
s'il y a eu, en outre, pour 1,000 francs de pertes
ou détériorations, occasionnées par cas fortuits,
et sans la faute, ou du donataire, ou des acquéreurs, ou des personnes dont ils sont respon-
sables, le donataire ne devra plus rapporter
qu'une valeur de 9,000 francs: car la succession
n'aurait eu que cette valeur en bien fonds, déduction faite de toutes impenses, pertes et dégradations, si l'immeuble avait été rapporté en
nature.

ARTICLE 865.

Lorsque le rapport se fait en nature,
les biens se réunissent à la masse de la
succession, francs et quittes de toutes
charges créées par le donataire ; mais

les créanciers ayant hypothèque, peuvent intervenir au partage, pour s'opposer à ce que le rapport se fasse en
fraude de leurs droits.

1. On a vu que, lorsqu'il s'agit d'une donation
d'immeuble, faite sans dispense de rapport, le
donataire n'est propriétaire de l'immeuble, que
sous une condition résolutoire; que la résolution
a lieu dans le cas où le donataire, venant à la succession du donateur, se trouve encore détenteur
de l'immeuble au moment de l'ouverture de la
succession; que la résolution remonte au temps
de la donation, parce qu'elle dérive de l'obligation du rapport, qui se trouvait réellement imposée dans la donation même, à défaut de dispense
prononcée par le donateur; qu'ainsi, dans ce cas,
le donataire est censé n'avoir pas eu la propriété,
mais seulement la possession de l'immeuble; qu'en
conséquence il en est débiteur envers la succession et tenu de le rapporter en nature.

De là il résulte que les hypothèques qui avaient
été consenties par le donataire ou prises contre
lui sur cet immeuble, sont également révoquées,
et qu'en conséquence l'immeuble est réuni à la
succession, franc et quitte de toutes hypothèques
créées par le donataire.

« Ceux, dit l'art. 2125 du Code, qui n'ont sur

l'immeuble qu'un droit suspendu par une condition, *ou résoluble dans certains cas*, ou sujet à
récision, ne peuvent consentir qu'une hypothèque soumise aux mêmes conditions, ou à la
même rescision.

La disposition de l'art. 865 n'est réellement
qu'une application de ce principe.

Cependant elle souffrit beaucoup de difficultés
dans la discussion au conseil d'état.

Pour la combattre; on disait que le donataire
ayant la faculté de vendre l'immeuble qui lui
avait été donné, devait avoir, à plus forte raison,
la faculté de l'hypothéquer ; que le donateur ne
lui avait pas transmis seulement le droit de jouir,
mais la propriété même de la chose, et qu'ainsi
le rapport de l'immeuble ne devait se faire qu'avec
les hypothèques contractées par le donataire depuis la donation.

Il fut répondu que la donation n'étant faite qu'à
la charge du rapport, elle se trouvait conditionnelle jusqu'à l'ouverture de la succession ;
que les créanciers qui avaient traité avec le donataire, n'avaient pas dû ignorer que sa propriété
était résoluble ; que, si leurs hypothèques subsis-
taient malgré le rapport, les cohéritiers en éprouveraient un préjudice notable, lorsqu'il n'y aurait
pas d'autres immeubles dans la succession ; que
le rapport pourrait même se trouver absolument
illusoire, dans le cas où le donataire serait insol-

vable ; qu'une donation faite sans dispense de
rapport, étant réputée faite par anticipation de
succession , il eût été trop rigoureux d'interdire
au donataire le droit de vendre la part héréditaire
qu'il avait reçue à l'avance ; que d'ailleurs c'eût
été frapper les biens donnés , d'une sorte d'inalié-
nabilité , depuis le moment de la donation jusqu'à
l'ouverture de la succession du donateur , et exposer le donataire qui aurait vendu , à des dommages et intérêts envers les acquéreurs ; que
c'était donc *ex æquo et bono* , que, pour le cas
de l'aliénation , il était fait une exception aux
effets que doit produire , en règle générale , une
condition révocatoire ; mais qu'il n'y avait pas les
mêmes motifs pour étendre l'exception aux hypothèques créées par le donataire ; que les créanciers ne pouvaient pas avoir plus de droits que
leur débiteur ; que la propriété du débiteur étant
résoluble , les hypothèques acquises aux créanciers , devaient l'être également , et que la révocation de l'une devait entraîner nécessairement
la révocation des autres.

Dans la séance du 25 nivôse an 11 , l'article fut
renvoyé à un nouvel examen de la section de
législation ; mais, dans la séance du 5 ventôse suivant, il passa sans contradiction.

Tels étaient, au reste, les principes admis dans
l'ancien droit , ainsi que l'attestent plusieurs auteurs, notamment d'Argentrée Pothier et Lebrun.

Voici comment s'en explique Pothier, dans son *Traité des Successions*, chap. IV, art. 2, §.8. « Lorsque l'héritage donné à l'un des enfans, est par lui rapporté réellement et tombe au lot de quelqu'un de ses cohéritiers , l'effet du rapport est que le droit que le donataire avait en l'héritage qu'il a rapporté , se résoud ; qu'il est censé être de la succession du donateur, comme s'il n'avait point été donné ; que le cohéritier au lot duquel il tombe , est censé succéder à cet héritage au défunt, comme s'il n'avait jamais appartenu à son frère qui l'a rapporté ; et par conséquent sans aucune charge des hypothèques et droits réels que le donataire qui l'a rapporté , y aurait pu imposer. Ces droits réels et hypothèques se résolvent , en ce cas , de la même manière que se résoud le droit du donataire qui les a imposés, suivant la règle , *soluto jure dantis , solvitur jus accipientis*. »

2. Néanmoins , pour faire une juste application du principe établi dans l'art. 865 , il faut distinguer le cas où l'immeuble qui est rapporté en nature , passe aux cohéritiers du donataire , soit par le partage, soit par la licitation , et le cas où l'immeuble reste au donataire , soit par le partage ou la licitation , soit parce que les héritiers du donataire prélèvent d'autres immeubles sur la masse de la succession , conformément à l'article 859.

Lorsque l'immeuble qui a été rapporté en nature, tombe dans le lot de l'un des cohéritiers du
donataire, par le partage qui se fait de la succession, ou·qu'il échéait, par licitation, à l'un de ces
cohéritiers, c'est le cas auquel s'applique la disposition de l'art. 865. Les hypothèques qui avaient
été créées par le donataire, ne peuvent subsister,
au préjudice de l'héritier à qui l'immeuble est
échu, puisque le donataire est présumé, dans le
cas dont il s'agit, n'avoir jamais eu la propriété
de cet immeuble.

Et vainement on dirait que l'immeuble qui est
rapporté, tombe dans la succession du donateur;
qu'il y est confondu avec tous les autres biens qui
appartenaient au donateur, lors de son décès;
que le donataire, en venant à la succession, se
trouve, comme tous ses cohéritiers, propriétaire
de tous les biens de l'hérédité, dès le moment où
elle a été ouverte, et qu'ainsi la propriété qu'il
avait eue de l'immeuble qui lui avait été donnée,
loin d'avoir été révoquée, se trouve au contraire
continuée.

Cette objection aurait pu avoir quelque force
sous l'empire des lois romaines qui considéraient,
en effet, chaque cohéritier comme ayant succédé à tous les biens dépendant de la succession,
comme ayant eu le droit de propriété sur tous
ces biens, même sur ceux qui n'étaient pas compris dans son lot; qui regardaient le partage

32.

comme une véritable aliénation que chaque héritier faisait, en faveur de ses cohéritiers, de sa portion dans les choses qui leur étaient assignées, et qui décidaient en conséquence que les immeubles échus par le partage à l'un des héritiers, restaient grevés de toutes les hypothèques qui avaient été constituées par les autres héritiers.

Mais le Code civil ayant, au contraire, adopté, par l'art. 883, le principe que chaque cohéritier est censé avoir succédé *seul et immédiatement* à tous les effets compris dans son lot, ou à lui échus sur licitation, et n'avoir jamais eu la propriété des autres effets de la succession, il en résulte par une conséquence contraire à celle des lois romaines, que l'hypothèque constituée par un héritier sur un immeuble dont il ne devient pas propriétaire par le partage ou par licitation, ne peut subsister au préjudice de l'autre héritier à qui cet immeuble est échu et que la loi en répute avoir été seul propriétaire dès le moment de l'ouverture de la succession.

5. Mais, au moins, l'hypothèque constituée sur l'immeuble rapporté par le donataire, ne passe-t-elle pas, de plein droit, sur les autres immeubles que le donataire prend, en qualité d'héritier, dans la succession du donateur ?

Il faut distinguer entre les hypothèques conventionnelles et les hypothèques judiciaires ou légales.

qu'il acquerrait dans la suite, ou s'il avait été acquis contre lui un hypothèque, soit légale, soit judiciaire, le créancier pourrait, sans doute, exercer ses droits sur les immeubles qui écherraient au donataire, ou par le partage de la succession du donateur, ou par licitation, en prenant néanmoins inscriptions conformément à la loi.

Mais aussi, il pourrait être primé, soit par tous les autres créanciers qui auraient inscrit avant lui, soit par les créanciers de la succession et les légataires, qui demanderaient la séparation des patrimoines, conformément aux art. 878 et 2111, soit par les cohéritiers du donataire, qui, pour garantie des partages faits entr'eux, dés soultes et retours de lots, ou du prix de licitations, auraient acquis privilége, conformément aux articles 2103 et 2109.

4. Toutefois, le législateur a pris des précautions pour prévenir les fraudes qui pourraient être pratiquées au préjudice des créanciers ayant hypothèque sur l'immeuble que le donataire offre de rapporter.

Ces créanciers sont spécialement autorisés par l'art. 865 et par l'art. 882, à intervenir au partage de la succession du donateur, pour s'opposer à ce que le partage et le rapport de l'immeuble hypothéqué, soient faits au préjudice de leurs droits.

Si le rapport n'est pas dû, ou n'est pas dû en

Suivant le système adopté par le Code civil, toute hypothèque conventionnelle doit être spéciale, c'est-à-dire, qu'elle doit être établie sur un ou plusieurs immeubles, actuellement appartenant au débiteur, dont la nature et la situation doivent être *spécialement* désignées dans le titre authentique de la créance, ou dans un acte authentique postérieur, et en outre dans l'inscription qui doit être prise pour donner effet à l'hypothèque. Il n'est plus permis, comme autrefois, ni d'hypothéquer, d'une manière générale et sans désignation, tous ses biens présens, ni d'hypothéquer ses biens à venir, sauf l'exception énoncée dans l'art. 2130.

Lors donc que le donataire a consenti une hypothèque sur l'immeuble qui lui a été donné sans dispense de rapport l'hypothèque qui se trouve éteinte par le rapport de cet immeuble en nature et par la transmission à un autre héritier, ne peut passer de plein droit sur un autre immeuble échu au donataire, parce qu'elle est spéciale à l'immeuble sur lequel elle a été particulièrement établie et inscrite, parce qu'elle ne pourrait être étendue sur un autre immeuble, qu'en vertu d'une convention et d'une inscription nouvelles, ou en vertu d'un jugement.

Si, outre l'hypothèque spéciale sur l'immeuble donné, le donataire avait encore hypothéqué, conformément à l'art. 2130, chacun des biens nature, ils ont le droit de s'opposer à ce que le donataire se dessaisisse de l'immeuble, pour le mettre dans la succession.

S'il y a, dans l'hérédité, d'autres immeubles de mêmes nature, valeur et bonté, que celui qui est sujet à rapport, et dont on puisse former des lots égaux pour les cohéritiers du donataire, ils ont le droit de s'opposer au rapport, en vertu de l'art. 859.

De plus, comme ils ont intérêt à ce que leur débiteur ait, par le partage, des immeubles sur lesquels ils pourraient, ou acquérir hypothèque en vertu de l'art. 2131, ou faire valoir les hypothèques qui leur seraient déjà conférées en vertu des articles 2122, 2123 et 2130, ils ont le droit de s'opposer à ce qu'il soit, par attribution, donné à leur débiteur un lot dans lequel il n'y aurait que des effets mobiliers, ou dans lequel il y aurait plus de ces effets que dans les autres lots.

Par les mêmes motifs, ils peuvent s'opposer encore à ce que les lots, qui devraient être tirés au sort, ne soient pas également composés, conformément à l'art. 832.

Ils peuvent s'opposer également à ce que les immeubles soient licités, sans nécessité.

Enfin, ils peuvent s'opposer à tout ce que, soit dans les opérations préparatoires du partage, soit dans le partage même, on voudrait faire en fraude de leurs droits.

5. Reste maintenant à examiner si, dans le cas où l'immeuble rapporté en nature, échoit au donataire, en qualité d'héritier, soit par le partage de la succession, soit par licitation, les créanciers du donataire perdent également, en vertu de la disposition de l'art. 865, l'hypothèque qu'ils avaient acquise sur cet immeuble, avant le décès du donateur.

J'ai soutenu l'affirmative dans mon premier ouvrage, et je m'étais fondé,

1º Sur ce que l'art. 865 dispose d'une manière générale, sans distinguer aucun cas et sans aucune exception;

2º Sur ce que l'immeuble qui est rapportable en nature, tombe dans la succession, dès le moment où elle est ouverte, et se trouve de plein droit réuni à la masse des autres biens, franc et quitte de toutes charges créées par le donataire; qu'ainsi dès le moment de l'ouverture de la succession, toutes les hypothèques qui avaient été créées par le donataire sur cet immeuble, sont éteintes, comme si elles n'avaient jamais existé, et qu'une hypothèque qui est éteinte, ne peut pas revivre, mais peut seulement être renouvelée;

3º Sur ce que, suivant l'art. 883, le donataire à qui l'immeuble est échu par le partage ou par licitation, est bien censé en avoir été seul propriétaire, depuis le moment de l'ouverture de la succession ; mais que son titre et son droit de propriété ne remontent pas à une époque antérieure ; qu'il est donc toujours vrai qu'avant le décès du donateur, lorsqu'il a constitué l'hypothèque, il n'avait qu'une propriété conditionnelle de l'immeuble qui était rapportable en nature ; que sa propriété a même été pleinement révoquée au décès du donateur, puisque l'immeuble était dans ses mains ; qu'en conséquence il n'a pu constituer irrévocablement l'hypothèque, et qu'elle s'est trouvée pleinement révoquée et entièrement éteinte au décès du donateur.

Cette opinion a été adoptée par M. Toullier, tome 4, page 499.

Mais, l'ayant examinée de nouveau, je me suis convaincu que les raisons sur lesquelles j'ai voulu l'établir, sont plus subtiles que solides.

Il suffit de répondre, pour l'opinion contraire, qu'évidemment ce n'est qu'en faveur des cohéritiers du donataire, qu'a été faite la disposition de l'art, 865; qu'elle n'a eu d'autre objet que d'empêcher que ces cohéritiers n'éprouvassent préjudice des hypothèques que le donataire aurait pu créer sur l'immeuble dont ils deviennent propriétaires par le partage, ou par licitation; qu'on ne peut pas supposer que la loi ait voulu dégager le donataire personnellement, et dans ses seuls intérêts, des engagemens qu'il a pris et des charges qu'il a créées sur un immeuble dont il reste définitivement

propriétaire, et que d'ailleurs, puisqu'il est réputé, d'après l'art. 883, avoir été, comme héritier, et dès le moment du décès du donateur,
seul propriétaire de l'immeuble qui lui avait été
donné, la propriété qu'il a eue dès l'instant de la
donation, n'a pas été réellement résolue et n'a pas
même été suspendues pendant un seul instant,
puisqu'elle est toujours restée dans ses mains et
qu'il la conserve définitivement.

On ne doit pas admettre de fictions, uniquement pour rompre des engagemens légitimes et
pour donner aux débiteurs des moyens de fraude.

Aussi Pothier, dans le passage précédemment
cité n° 1, a eu soin d'expliquer formellement
que c'est dans le cas où l'héritage donné à l'un
des enfans et par lui rapporté réellement, *tombe
au lot de quelqu'un de ses cohéritiers*, que le rapport fait rentrer l'héritage dans la succession,
sans aucune charge des hypothèques que le donataire aurait pu imposer.

6. Mais les créanciers de la succession ne se-
raient-ils pas fondés à prétendre que, puisque
l'immeuble qui est rapporté en nature, fait partie
de la succession et se trouve réuni à la masse des
biens du défunt; ils peuvent, en demandant la
séparation des patrimoines, conformément aux
art. 878 et 2111; exercer leurs droits sur l'immeuble rapporté, par préférence aux hypo-

thèques constituées et inscrites avant le décès du donateur?

Cette prétention serait repoussée par la disposition de l'art. 857. On a vu dans les observations sur cet article, que ce n'est qu'en faveur des héritiers, uniquement pour rétablir entr'eux l'égalité, mais non pas dans les intérêts des créanciers de la succession, que le rapport a été introduit; qu'en conséquence ces créanciers ne peuvent ni exiger le rapport, ni même en profiter, soit au préjudice des héritiers ou de leurs ayant cause, soit au préjudice de droits acquis à des tiers.

ARTICLE 866.

Lorsque le don d'un immeuble, fait à un successible avec dispense de rapport, excède la portion disponible, le rapport de l'excédant se fait en nature, si le retranchement de cet excédant peut s'opérer commodément.

Dans le cas contraire, si l'excédant est de plus de moitié de la valeur de l'immeuble, le donataire doit rapporter l'immeuble en totalité, sauf à prélever sur la masse la valeur de la portion disponible; si cette portion ex-

cède la moitié de la valeur de l'immeuble, le donataire peut retenir l'immeuble en totalité, sauf à moins prendre et
à récompenser ses cohériticrs en argent
ou autrement.

1. Les héritiers à qui la loi réserve une certaine portion des biens du défunt, ont le droit
d'exiger cette portion *en nature;* comme elle
leur est attribuée par la loi elle-même, et à titre
de réserve, elle n'a pu être aucunement atteinte
par les dispositions qu'a faites le défunt.

Toute donation quelconque, soit en faveur
d'un héritier, soit en faveur d'un étranger, ne
peut donc jamais avoir d'effet que jusqu'à concurrence de la quotité dont la loi permet de
disposer; si donc elle comprend une quotité plus
considérable, l'excédant est censé n'avoir pas été
donné, parce qu'il ne pouvait pas l'être valablement, et conséquemment il doit être retranché
de la donation, pour être rapporté en nature à la
succession.

Telle est la règle générale quant aux immeubles, et si elle n'a pas été également prescrite quant aux meubles, c'est par des raisons
particulières qui seront bientôt expliquées.

2. Cependant il y a aussi une exception quant
aux immeubles. Elle a lieu dans le cas où un im-

meuble ayant été donné à un héritier, avec dispense de rapport, mais se trouvant d'une valeur
qui excède la portion disponible, le retranchement qu'il faudrait faire de cet excédant, sur
l'immeuble donné, ne pourrait s'opérer commodément.

D'une part, ce serait faire tort au donataire et
même diminuer dans ses mains la portion disponible, que de retrancher sur l'immeuble qu'il
aurait reçu, une portion quelconque, dont la
distraction pourrait nuire considérablement à
l'exploitation et à la valeur du reste de l'immeuble. "

D'autre part, la distraction pourrait nuire aussi
aux cohéritiers du donataire, puisque la portion
distraite de l'immeuble, perdrait souvent de sa
valeur.

Dans ce cas, l'ancienne législation ordonnait la
licitation de l'immeuble; mais il en résultait que,
lors même qu'il n'y avait qu'une petite part à
déduire pour l'excédant de la portion disponible,
le donataire se trouvait entièrement dépouillé
d'un immeuble que le donateur avait voulu lui
assurer, et d'ailleurs la licitation occasionnait des
frais assez considérables, sur-tout lorsqu'elle
devait être faite judiciairement.

Le Code civil a adopté un autre moyen plus
facile, moins dispendieux et qui ne lèse les intérêts de personne.

Lorsque le retranchement ne pourrait se faire commodément, c'est-à-dire, sans nuire, ou au donataire, ou aux cohéritiers, le Code attribue la totalité de l'immeuble à celui qui a le droit d'en retenir ou d'en réclamer la plus forte portion.

Si l'excédant, sujet à retranchement, est de plus de moitié de la valeur de l'immeuble qui a été donné, le donataire *doit* rapporter l'immeuble *en totalité*, sauf à prélever sur la masse de la succession la valeur de la portion disponible; il ne peut donc demander la licitation, puisque la loi lui impose l'obligation de rapporter l'immeuble entier.

Si, au contraire, la portion disponible excède la moitié de la valeur de l'immeuble, le donataire *peut* retenir l'immeuble en totalité, sauf à moins prendre, pour sa part héréditaire, dans la masse de la succession, ou à récompenser ses cohéritiers, en argent, ou autrement, à raison de la valeur de l'excédant de la portion disponible.

Mais on voit que, dans ce dernier cas, c'est une simple faculté que la loi accorde au donataire, et non pas une obligation qu'elle lui impose comme dans le cas précédent; il peut donc rapporter l'immeuble entier, quoique la portion disponible qu'il a le droit de garder, excède la moitié de la valeur de cet immeuble. La succession n'éprouve aucune perte, quelle que soit l'option qu'il fasse,

puisqu'il ne peut toujours avoir que la valeur au
moment de l'ouverture de la succession, s'il se
décide à rapporter l'immeuble en nature.

3. L'exception expliquée dans le numéro précédent, ne peut être admise que lorsqu'il s'agit
d'un don fait à un héritier. Puisque l'art. 866 ne
parle que de cette espèce de don, on doit en
conclure que ce n'est qu'en faveur de l'héritier,
que le législateur a voulu établir le privilége
de retenir l'immeuble entier, dans le cas où le
retranchement peut s'opérer commodément.

Ainsi quand le don a été fait à un étranger ou
à un parent non successible, on doit suivre les
règles ordinaires qui sont établies pour les copropriétaires; et il faut conséquemment procéder
à une licitation, si le retranchement ne peut
s'opérer commodément, à moins qu'il n'inter-
vienne valablement entre les parties une convention contraire.

Le successible lui-même ne peut jouir du bénéfice de l'exception, s'il a renoncé à la succession
du donateur. Par cette renonciation, il est devenu
étranger à la succession, et quoique l'art. 866
emploie l'expression, *successible*, sans aucune
distinction, ne peut y avoir d'équivoque, puisqu'il est dit, à la fin de l'article, que le donataire
qui retient l'immeuble en totalité, doit moins
prendre ou récompenser *ses cohéritiers*. Le successible qui a renoncé, étant censé n'avoir jamais

été héritier, n'a pas de cohéritiers dans la succession du donateur.

4. Mais la disposition de l'art. 866 est applicable au cas où l'héritier a été dispensé de rapporter en nature l'immeuble qui lui a été donné ;
et a été seulement chargé de rapporter une
valeur quelconque. Cette dispense du rapport en
nature, étant valable jusqu'à concurrence de la
portion disponible, ainsi qu'il a été expliqué sur
l'art. 859, il en résulte que, si la portion disponible que l'héritier est autorisé à retenir en nature, excède la moitié de la valeur de l'immeuble
qui lui a été donné, il peut retenir l'immeuble en
totalité, lorsque le retranchement de l'excédant
ne peut s'opérer commodément. A ce cas, comme
à celui où il y a eu dispense pure et simple du rapport, s'appliquent également toutes les raisons
développées au n° 2.

ARTICLE 867.

Le cohéritier qui fait le rapport en
nature d'un immeuble, peut en retenir
la possession jusqu'au remboursement
effectif des sommes qui lui sont dues
pour impenses ou améliorations.

1. La coutume de Paris, art. 305, et celle
d'Orléans, art. 306, dispensaient le donataire de

rapporter l'immeuble en nature et l'autorisaient
à ne rapporter que la valeur, dans le cas où ses
cohéritiers étaient en retard de lui rembourser
les sommes qui lui étaient dues pour impenses ou
améliorations ; il n'avait même, suivant Pothier,
que cette voie de rétention de l'immeuble, pour
les impenses dont la succession devait lui tenir
compte, en sorte que la succession pouvait se
libérer du paiement de ces impenses, en laissant
l'immeuble au donataire.

L'art. 867 du Code, n'autorise le donataire
qu'à retenir la possession de l'immeuble, jusqu'au
remboursement effectif de ce qui lui est dû pour
les impenses, mais ne lui donne pas le droit de
retenir définitivement la propriété.

Il en résulte qu'à l'instant où les cohéritiers du
donataire offrent de lui rembourser ce qui lui est
dû pour impenses ou améliorations, il est tenu de
rapporter l'immeuble dont jusqu'alors il avait
retenu la possession, et qu'ainsi cette possession
ne lui est accordée, que comme un gage, comme
une sûreté de sa créance.

Il en résulte encore qu'il n'est qu'un simple
possesseur de l'immeuble, tant qu'il use de la
retenue ; qu'il n'a le droit que d'en jouir et de
l'administrer ; et qu'en conséquence il ne peut
exercer aucun des droits qui appartiennent au
propriétaire.

Mais l'art. 867, en lui accordant la faculté de

retenir, la possession, ne lui en impose pas l'obligation, il peut donc la refuser; il peut, en rapportant l'immeuble en nature, contraindre ses cohéritiers à lui rembourser les sommes qui lui sont dues pour impenses ou améliorations, conformément aux articles 861 et 862. Les cohéritiers n'ont plus le droit de lui laisser l'immeuble, pour se libérer du paiement des impenses.

2. Lorsque les cohéritiers ont laissé retenir la possession par le donataire, à défaut de paiement des impenses, ils n'ont pas le droit, au moment où ils effectuent le paiement, d'exiger que le donataire restitue les jouissances qu'il a perçues depuis l'époque où ils ont été en retard de payer, lors même que ces jouissances seraient d'une valeur beaucoup plus considérable que les intérêts de la somme par eux due pour les impenses. Le donataire a été possesseur de bonne foi; c'est même en vertu d'une disposition spéciale de la loi, qu'il a possédé; il a donc fait les fruits siens, et les cohéritiers ne sont pas recevables à s'en plaindre, puisque c'est par leur retard à payer ce qu'ils devient, que le donataire a été autorisé à jouir.

Mais aussi le donataire ne pourrait exiger les intérêts des sommes qui lui étaient dues pour impenses, puisqu'il les trouve dans les jouissances qui lui restent.

ARTICLE 868.

Le rapport du mobilier ne se fait qu'en moins prenant. Il se fait sur le pied de la valeur du mobilier, lors de la donation, d'après l'état estimatif annexé à l'acte, et, à défaut de cet état, d'après une estimation par experts, à juste prix et sans crue.

1. Ce n'est point en nature, comme pour les immeubles, c'est toujours en moins prenant, que doit être fait le rapport du mobilier; c'est-à-dire, que, si les choses qui ont été données, sont des choses mobilières, elles restent toujours au donataire, et que seulement il doit en rapporter la valeur.

L'art. 868 ne dit pas seulement que le rapport du mobilier *peut* se faire en moins prenant; il dit d'une manière impérative et absolue, que le rapport du mobilier *ne se fait* qu'en moins prenant; il résulte donc de sa disposition, que le donataire ne peut pas plus contraindre ses cohéritiers à recevoir e mobilier en nature, qu'il ne peut être contraint lui-même à le rapporter ainsi.

Telle était aussi la règle générale suivie dans les pays de droit écrit et dans les pays coutumiers.

33.

Elle est fondée sur ce que l'obligation du rapport du mobilier en nature, donnerait lieu à une
foule de difficultés, soit pour vérifier si les objets
que le donataire voudrait rapporter, sont réellement les mêmes que ceux qui lui ont été donnés,
soit pour constater s'ils ont été améliorés ou détériorés depuis la donation, soit pour constater l'utilité ou là nécessité des impenses, les causes des dégradations et la valeur réelle des unes et des autres.
Ces opérations peuvent aisément se faire à l'égard
d'un immeuble; mais elles seraient presque toujours excessivement difficiles et souvent même
impossibles, lorsque la donation comprendrait
un grand nombre d'effets mobiliers.

2. De ce que le rapport du mobilier ne doit
jamais être fait en nature, il résulte que le donataire de choses mobilières, en est propriétaire à
compter de la donation, et qu'il en est propriétaire incommutable, lors même qu'il ne les aurait
pas aliénées avant l'ouverture de la succession du
donataire; c'est ce qui constitue une différence
essentielle entre le don du mobilier et le don
d'immeubles, puisqu'aux termes de l'art. 859 le
donataire d'immeubles est censé n'en avoir pas
eu la propriété réelle et définitive, lorsqu'ils se
trouvent encore dans ses mains lors du décès du
donateur et qu'en conséquence il est tenu de les
rapporter en nature.

Delà résulte encore une autre différence, c'est

qu'on ne peut pas appliquer au donataire d'objets mobiliers la disposition de l'art. 853. Si, en effet, le donataire d'un immeuble est dispensé de tout rapport, lorsque l'immeuble a péri par cas fortuit et sans sa faute, s'il n'en supporte par la perte, c'est qu'il n'en était pas propriétaire incommutable, c'est que, tant qu'il l'avait dans ses mains, il en était débiteur envers la succession : or, par la raison contraire, le donataire de choses mobilières, en doit supporter la perte, quoiqu'elle ait lieu par cas fortuit et sans sa faute, parce qu'il en a été propriétaire incommutable depuis le moment de la donation, et conséquemment il n'est pas dispensé d'en rapporter la valeur, lorsqu'il vient à la succession du donateur.

3. Mais quelle est la valeur que, dans tous les cas, il est tenu de rapporter ? Est-ce la valeur, à l'époque de la donation qui lui a été faite, ou la valeur, à l'époque de l'ouverture de la succession du donateur ?

A cet égard, les anciens auteurs n'étaient pas d'accord.

Suivant Ferrière, sur l'art. 305 de la coutume de Paris, toutes les choses mobilières, sans distinction, devraient être rapportées, d'après leur valeur à l'époque de l'ouverture de la succession.

Lebrun disait, dans son *Traité des Successions*, liv. 3, chap. VI, sect. III, n° 34, que les choses mobilières qui ne se détériorent point par l'usage, comme les perles et les diamans, devaient être rapportées suivant leur valeur au temps de l'ouverture de la succession, et que les autres devaient être rapportées suivant leur valeur au temps de la donation.

Pothier professait, au contraire, dans son *Traité des Successions*, chap. IV, art. 2, §. 7, que, dans tous les cas et sans aucune distinction, le donataire de choses mobilières devait être tenu d'en rapporter la valeur au temps de la donation.

Cette dernière opinion, qui était la plus généralement suivie, a été consacrée par l'art. 868 du Code civil.

Elle est la plus facile dans son exécution, puisqu'elle dispense d'examiner si les objets mobiliers ont été améliorés ou détériorés depuis la donation, et quelle est la valeur des améliorations et des dégradations; au lieu qu'il faudrait se livrer péniblement à cette vérification, si les objets mobiliers devraient être rapportés suivant leur valeur à l'ouverture de la succession.

D'ailleurs, le donataire n'éprouve aucun préjudice de ce qu'on l'oblige à rapporter la valeur qu'avaient ces objets, au moment où il les a reçus, au moment où il en est devenu propriétaire incommutable, puisqu'il a réellement profité de cette valeur, sans y comprendre même les jouis sances qui lui restent entièrement, en vertu de l'art. 856.

4. La valeur du mobilier, au temps de la donation, doit être fixée d'après l'état estimatif de ce mobilier, qui a dû être annexé à l'acte même de donation, suivant l'art. 948 du Code.

Cependant, si, dans l'état annexé à l'acte, le mobilier n'avait pas été estimé à sa juste valeur, les cohéritiers du donataire pourraient demander une estimation nouvelle et exiger le rapport de toute la valeur qui serait fixée par cette nouvelle estimation, à moins que le donateur ne se fût formellement expliqué à cet égard, pour prévenir toutes difficultés, et n'eût formellement dispensé du rapport, pour l'excédant que pourrait avoir la valeur réelle.

5. L'art. 868 ajoute qu'à défaut d'état estimatif annexé à l'acte de donation, la valeur qu'avait le mobilier lors de la donation, doit être estimée par experts, à juste prix et sans crue.

Mais, dans ce cas, la donation n'est-elle pas nulle, et n'est-ce pas en conséquence à la restitution du mobilier, et non pas au simple rapport, qu'il y a lieu?

En effet, le rapport ne peut avoir lieu qu'à l'égard des biens présens, actuellement donnés par actes entre-vifs. On ne peut rapporter que ce qu'on a reçu, que ce qu'on a dans sa possession. Lorsqu'on n'est donataire que de biens qui se trouveront au décès du donateur, ou qu'on n'aura droit de demander qu'après le décès, on n'a rien à rapporter, puisqu'on n'a rien reçu.

Or, l'art. 948 du Code dit expressément que tout acte de donation d'*effets mobiliers* ne sera *valable* que pour les effets dont un état estimatif, signé du donateur et du donataire, ou de ceux qui acceptent pour lui, aura été annexé à l'acte de donation, et il est dit encore dans l'art. 1081, que toute donation éntre-vifs *de biens présens*, quoique faite par contrat de mariage aux époux, ou à l'un d'eux, sera soumise aux règles générales prescrites pour les donations faites à ce titre.

6. La première disposition de l'art. 868, qui porte que le rapport du mobilier ne se fait qu'en moins prenant, est-elle applicable aux dons qui ont été faits d'obligations, d'effets ou de rentes, dus par l'état ou par des particuliers? Si le donataire n'a pas reçu les capitaux de ces obligations, de ces effets, de ces rentes, ne doit-il pas être admis à les rapporter en nature, en restituant les contrats et les titres qui lui avaient été remis par le donateur? Ou bien est-il tenu de garder pour son compte personnel ces obligations, effets ou rentes, et de rapporter, en moins prenant, la valeur qu'elles avaient au moment de la donation?

Une réponse décisive se présente, d'abord, à

ces questions; c'est que, d'une part, l'art. 529 du Code déclare *meubles* par la détermination de la loi, les obligations et actions qui ont pour objet des sommes exigibles ou des effets mobiliers, et les rentes perpétuelles ou viagères, soit sur l'état, soit sur des particuliers; que, d'autre part, suivant l'art. 535, cette expression, *mobilier*, comprend généralement tout ce qui est censé meuble : et qu'il résulte de ces deux articles, que la disposition de l'art. 868 qui dit généralement, sans aucune distinction, sans aucune exception, que le rapport *du mobilier* ne se fait qu'en moins prenant, comprend les obligations, les effets et les rentes, dus par l'état ou par des particuliers.

On objecte que l'art. 868 ne peut s'appliquer qu'aux *meubles corporels*, puisqu'il porte que la valeur du mobilier dont il ordonne le rapport en moins prenant, sera réglée d'après l'état estimatif annexé à l'acte de donation, et, à défaut de cet état, d'après une estimation par experts.

Mais, d'abord, lorsqu'il s'agit de donations de créances ou de rentes sur l'état, ou d'autres effets publics, ou d'actions dans des compagnies de finances, on peut et l'on doit même y annexer des états estimatifs, pour fixer la valeur au taux actuel, puisque la valeur de ces effets est très-variable.

En second lieu, quand bien même la seconde

disposition de l'art. 868, ne serait particulièrement applicable, en ce qui concerne l'état estimatif, qu'aux donations de *meubles corporels*,
il n'en résulterait pas que la première disposition qui parle du mobilier en général, et sans
excepter aucune espèce de meubles, ne comprend pas les obligations, les effets et les rentes.

Remarquons, d'ailleurs, que, dans la section
des Rapports, le législateur a eu évidemment
l'intention de régler le mode de rapport de toutes
les espèces de biens;

Qu'en effet, après avoir dit, dans l'art. 843,
que tout héritier, venant à la succession, doit rapporter *tout ce qu'il a reçu* par donations entre-
vifs, directement ou indirectement, après avoir
statué, dans l'art. 858, que le rapport se fait en
nature ou en moins prenant, il a, dans les articles
qui suivent jusqu'au 868ᵉ, réglé le mode de rapport *des immeubles;* qu'ensuite il a réglé, dans
l'art. 868, le mode de rapport *du mobilier*, et
qu'enfin, dans l'art. 869, il a réglé le mode de
rapport *de l'argent* donné.

Or, les obligations, les effets et les rentes ne
peuvent être rangés dans la classe des immeubles;
ils ne sont pas, non plus, identiquement de l'argent donné; ils se trouvent donc nécessairement
compris dans la disposition de l'art. 868, qui
statue sur le mode de rapport du mobilier : ou

bien, il faut dire que le législateur a omis de
statuer sur le mode de rapport de ces objets.

Mais, d'abord, cette omission n'est pas vraisemblable, et même elle ne peut être alléguée,
puisqu'elle se trouverait démentie par la disposition de l'art. 868, puisque l'expression, *mobilier*,
employée dans cet article, comprend généralement tout ce qui est meuble, soit par sa nature,
soit par la détermination de la loi.

On insiste et l'on dit qu'il faut appliquer, par
identité de motifs, au rapport des obligations,
effets ou rentes, la disposition de l'art. 1597 du
Code, qui porte que, si la dot comprend des
obligations ou constitutions de rentes, qui ont
péri, ou souffert des retranchemens qu'on ne
puisse imputer à la négligence du mari, il n'*en*
sera pas tenu et qu'il en sera quitte, en restituant
les contrats.

Oui sans doute, et je crois pouvoir aussi le dire
franchement, il eût été plus équitable de n'ordonner le rapport des obligations, des effets et des
rentes, que conformément à l'art. 1567 ; mais ce
n'est pas là ce qu'a fait le Code ; il a fait précisément le contraire par l'art. 868, et il ne peut être
permis de déroger à la disposition textuelle de
cet article, pour y subsister, par motif d'équité,
une disposition différente. ·

La cour de cassation pourrait-elle annuler,
pour violation de la loi, un arrêt qui, en se con-

formant scrupuleusement au texte de l'art. 868,
aurait ordonné que des obligations, des effets,
ou des rentes, seraient rapportés en moins prenant?

ARTICLE 869.

Le rapport de l'argent donné se fait
en moins prenant dans le numéraire de
la succession.

En cas d'insuffisance, le donataire
peut se dispenser de rapporter du numéraire, en abandonnant, jusqu'à due
concurrence, du mobilier et à défaut
de mobilier, des immeubles de la succession.

1. L'argent étant meuble, le rapport qui s'en
fait à la succession, doit être soumis à la règle
générale établie par l'art. 868 pour le rapport
du mobilier, et comme, d'après cette règle, le
mobilier doit être rapporté sur le pied de sa valeur au temps de la donation, et non pas sur le
pied de sa valeur à l'époque de l'ouverture de la
succession, il en résulte que, si le prix de l'argent a éprouvé des varitions, c'est toujours le
prix qu'avait au moment de la donation l'argent
donné, qui doit être rapporté en moins prenant.

Il faut rappeler ici que toutes les chances,

même par cas fortuit, portent sur le donataire des meubles, parce qu'il en est propriétaire, et qu'ainsi les pertes et les profits sont également à son compte,

2. D'après la disposition de l'art. 869, l'héritier qui avait reçu en don une somme d'argent, en fait le rapport en l'imputant sur la part qui lui revient dans le numéraire de la succession, et si sa part dans ce numéraire n'est pas suffisante, il a le choix, ou de fournir de ses propres deniers l'excédant, afin de conserver en nature toute sa part héréditaire, ou d'abandonner, pour cet excédant, du mobilier de la succession, et même, à défaut de mobilier, des immeubles, jusqu'à due concurrence.

SECTION III.

Du Paiement des Dettes.

ARTICLE 870.

Les cohéritiers contribuent entr'eux au paiement des dettes et charges de la succession, chacun dans la proportion de ce qu'il y perd.

1. On a vu quels sont les héritiers appelés par la loi à une succession *ab intestat*, et comment se partagent entr'eux les biens de l'hérédité.

Maintenant on va voir quelles personnes sont
tenues du paiement des dettes et des charges de
la succession, comment elles y sont respectivement obligées envers les créanciers, comment et
dans quelle proportion elles doivent, entr'elles,
contribuer à ce paiement, et quels sont les droits
et les actions que les créanciers peuvent exercer.

Il ne peut y avoir aucune difficulté, lorsqu'il
n'y a qu'un seul héritier. Il est tenu de la totalité
des dettes et des charges de la succession, puisqu'il recueille seul l'hérédité; il en est tenu,
même sur ses biens personnels, lorsqu'il s'est
porté héritier pur et simple, et jusqu'à concurrence seulement de la valeur des biens qu'il a
recueillis, lorsqu'il n'a accepté que sous bénéfice
d'inventaire.

Mais, lorsqu'il y a plusieurs héritiers, il s'agit
de savoir comment et pour qu'elle portion chacun d'eux se trouve respectivement obligé, envers les créanciers, au paiement des dettes et des
charges, comment et dans quelle proportion ils
doivent, entr'eux, contribuer à ce paiement. On
verra que l'obligaton des héritiers envers les
créanciers et la contribution entre les héritiers,
ne doivent pas être confondues et qu'elles sont
soumises à des règles différentes.

Lorsqu'il y a des légataires ou des donataires
contractuels, il s'agit de savoir encore s'ils sont
tenus de contribuer, avec les héritiers, au paie-

ment des dettes et des charges; dans quelle proportion ils y sont tenus; s'ils sont personnellement obligés envers les créanciers, et si les créanciers ne peuvent pas s'adresser aux seuls héritiers, pour la totalité des charges et des dettes.

Enfin il s'agit de savoir si les créanciers de la succession ne doivent pas être préférés, sur les biens de l'hérédité, aux créanciers personnels des héritiers ou des autres successeurs.

Toutes ces questions se trouvent décidées par les articles que nous allons examiner.

L'art. 870 dont il s'agit en ce moment, règle d'abord la manière dont les cohéritiers doivent contribuer, entr'eux, au paiement des dettes et des charges.

2. Il est juste que chaque héritier ne contribue, avec ses cohéritiers, au paiement des dettes et des charges, qu'en proportion de ce qu'il prend dans la succession; autrement l'égalité, voulue par la loi, se trouverait violée.

Ainsi, lorsque le père et le frère germain du défunt sont seuls héritiers, comme le père ne prend que le quart des biens et que les trois autres quarts appartiennent au frère, suivant les art. 749 et 751, le père ne doit contribuer que pour un quart, au paiement des dettes et des charges, et le frère doit y contribuer pour les trois autres quarts.

Telle était la règle établie par la loi des douze

tables, mais elle n'était pas généralement suivie dans les coutumes où l'on distinguait, dans chaque hérédité, diverses espèces de successions et diverses classes d'héritiers, soit quant aux meubles ou aux immeubles, soit quant aux propres ou aux acquêts. Dans quelques-unes, on considérait la cause ou l'origine des dettes, pour les mettre à la charge des héritiers de certaines espèces de biens; dans d'autres, toutes les dettes mobilières étaient mises à la charge des héritiers des meubles.

Le Code civil ayant, comme le droit romain, confondu tous les biens indistinctement dans la succession et ordonné le partage entre tous les héritiers, sans aucun privilége entr'eux, sans aucune distinction quant à la nature ou à l'origine des biens, il en résulte que tous les héritiers doivent également contribuer, chacun en proportion de sa part héréditaire, au paiement de toutes les dettes de la succession entière, sans aucune distinction quant à leur cause, à leur nature ou à leur origine.

3. Lors même que le partage de la succession se fait *par souches*, ce n'est point par souche que doit avoir lieu, respectivement à chacun des cohéritiers, la contribution aux dettes et aux charges; ce n'est toujours que *par tête*, que chaque héritier peut être tenu de contribuer, et en proportion seulement de la part qu'il recueille

personnellement dans la masse totale des biens qui composent l'hérédité.

Ainsi, lorsque trois neveux, comme représentant leur père, succèdent à leur oncle, conjointement avec un autre frère du défunt, quoique leur souche soit tenue de la moitié des dettes et des charges, puisqu'elle prend la moitié des biens, néanmoins chacun d'eux personnellement n'est tenu de contribuer que pour une sixième portion des dettes et des charges, parce que chacun d'eux ne prend personnellement qu'une sixième portion des biens; l'un d'eux ne pourrait être obligé de contribuer pour les deux autres héritiers dans sa souche, qui se trouveraient insolvables, sauf néanmoins l'exécution des art. 875 et 876.

4. Il faut bien remarquer que la disposition de l'art. 870, qui porte que chacun des cohéritiers contribue aux dettes et charges de la succession, *dans la proportion de ce qu'il y prend,* ne doit pas s'entendre en ce sens, que chaque cohéritier doive contribuer en proportion de tout ce qu'il prend dans la succession, soit en qualité d'héritier, *soit en vertu d'une autre qualité ou d'un autre titre ;* il ne doit contribuer que dans la proportion de ce qu'il prend, en qualité d'héritier seulement, c'est-à-dire, *dans la proportion de sa part ou portion héréditaire.*

Supposons, par exemple, qu'un père qui a trois enfans et qui a fait à l'un d'eux, en le ma-

III.   34

riant, don d'une somme de 5,ooo fr., à prendre par préciput et hors part sur sa succession, laisse, en mourant, des biens qui valent 20,000 francs, mais qui sont chargés de 2,ooo francs de dettes.

L'enfant donataire, venant à succession, prendra d'abord, sur la masse de l'hérédité, le don qui lui a été fait de 5,ooo francs et qui n'excède pas la portion disponible; il prendra ensuite, comme héritier, le tiers des 15,000 francs qui restent dans la succession, et conséquemment il aura là moitié de la masse totale de l'hérédité.

Sera-t-il donc tenu de contribuer, pour moitié, au paiement des dettes de la succession, parce qu'il prend soit comme donataire soit comme héritier, la moitié des biens?

Non, sans doute. Comme donataire, il ne peut être tenu, à l'égard de ses cohéritiers, d'aucune portion des dettes de la succession, parce qu'en déduisant le montant de ces dettes sur la masse des biens, il se trouve que le don qui lui a été fait, n'excède pas la portion disponible, et que le père a pu valablement disposer de la totalité de cette portion, au préjudice de ses héritiers.

Ce ne sera donc qu'en qualité d'héritier, que l'enfant donataire sera tenu de contribuer au paiement des dettes et des charges, et comme, en sa qualité d'héritier, il ne prend que le tiers des biens de la succession, il n'aura à contribuer que pour un tiers.

Il en serait de même, s'il était légataire à titre de préciput et qu'il pût également prendre son legs sur la portion disponible.

Dans le cas où il y aurait lieu à réduction, toujours ne serait-il pas obligé, sur ce qu'il conserverait du don ou du legs, de contribuer au paiement des dettes et des charges de la succession.

5. Il ne faut pas non plus conclure de ces expressions de l'art. 870, *chacun dans la proportion de ce qu'il y prend*, que, si par un partage qu'on aurait voulu faire égal, mais pour lequel, en fait, les lots auraient été inégalement composés, l'un des héritiers avait eu une portion de biens plus forte que sa part héréditaire, il serait tenu de contribuer aux dettes et aux charges dans la proportion de ce qu'il aurait eu réellement, et non pas seulement dans la proportion de la part à laquelle il avait droit. Si l'égalité n'a pas été conservée dans le partage, les cohéritiers n'ont que le droit de se pourvoir en rescision, pour cause de lésion de plus du quart, ou pour cause de dol ou de violence; mais, tant que le partage n'est pas rescindé, chaque cohéritier doit être présumé n'avoir eu que sa juste portion, et ne doit conséquemment contribuer aux dettes et aux charges, que dans la proportion de cette part.

L'observation faite dans ce numéro et celle qui se trouve dans le numéro précédent, prouvent qu'au lieu de ces mots, *chacun dans la propor-*

34.

tion de ce qu'il y prend, il eût mieux valu dire : *chacun dans la proportion de sa part héréditaire.*

6. Les héritiers peuvent convenir, en procédant au partage de la succession, que l'un ou plusieurs d'entr'eux contribueront aux dettes et aux charges, pour une portion plus forte que dans la proportion de leurs parts héréditaires. Par exemple, lorsque l'un des héritiers ne devrait avoir dans son lot, pour sa part héréditaire, que les trois quarts d'un immeuble et qu'on lui abandonne l'immeuble entier, pour en éviter la division ou le morcellement, on peut l'assujétir à payer, outre sa portion dans les dettes et les charges, un excédant qui soit égal à la plus value de ce qui lui est accordé en immeubles ; mais on voit que c'est à titre de soulte ou retour de partage, et en vertu d'une convention particulière, que l'héritier est tenu, dans ce cas, de contribuer au-delà de sa part héréditaire.

ARTICLE 871.

Le légataire à titre universel contribue avec les héritiers, au *prorata* de son émolument ; mais le légataire particulier n'est pas tenu des dettes et charges, sauf toutefois l'action hypothécaire sur l'immeuble légué.

1. Les articles 1002, 1003 et 1010 du Code civil, distinguent trois espèces de legs, ceux qui

sont universels, ceux qui sont à titre universel, et ceux qui sont à titre particulier.

Le legs *universel* est la disposition testamentaire par laquelle le testateur donne à une seule personne, ou à plusieurs *conjointement*, l'universalité des biens, meubles et immeubles, qu'il laissera lors de son décès.

Le legs *à titre universel* est celui par lequel le testateur lègue à une ou plusieurs personnes, ou une quote part de tous ses biens, meubles et immeubles, comme la moitié, le tiers, les trois quarts; ou tous ses immeubles; ou tout son mobilier; ou une quotité fixe de tous ses immeubles ou une quotité fixe de tout son mobilier.

Tout autre legs, quels que soient les biens qu'il comprenne, n'est qu'un legs à titre particulier.

La disposition par laquelle le testateur aurait légué à Pierre la moitié de tous ses biens, et à Paul l'autre moitié, ne serait pas un legs universel, quoiqu'elle fût comprise dans le même testament; elle ne serait qu'un legs à titre universel, parce qu'elle n'attribuerait à chaque légataire que la moitié des biens. Il en serait autrement, si le testateur avait donné à Pierre et à Paul *conjointement* l'universalité de ses biens, sans en faire la division entr'eux, puisqu'à défaut de l'un des légataires, la totalité des biens appartiendrait à l'autre, par droit d'accroissement, suivant l'article 1044.

Le legs de tous les immeubles n'est pas un legs universel, parce qu'il ne comprend pas l'universalité des biens du testateur : ce n'est qu'un legs à titre universel.

Le legs de tous les bois, ou de tous les prés, ou de toutes les vignes, ou de tous les meubles meublans, n'est pas un legs à titre universel, quoiqu'il comprenne plusieurs choses d'une même espèce. Comme il ne comprend pas une quotité fixe, ou de tous les immeubles, ou de tout le mobilier, telle que le tiers ou le quart de l'une ou l'autre espèce de biens qui composent la succession, ce n'est qu'un legs particulier.

Par la même raison, le legs de tous les meubles et immeubles qui sont situés dans un département, n'est qu'un legs particulier : il ne comprend pas une quotité fixe de tous les biens, meubles ou immeubles en général.

Le legs d'une succession échue au testateur, n'est aussi qu'un legs particulier, quelque considérable qu'elle puisse être, et quand même elle formerait la totalité de la succession du testateur au moment de son décès.

On distingue pareillement, suivant les mêmes principes, les donations universelles, celles à titre universel, et celles à titre particulier.

2. Le légataire à titre universel contribue, avec les héritiers, aux dettes et aux charges de la succession, au prorata de son émolument. Comme

il prend une quote part des biens de la succession, il est juste qu'il acquitte les dettes et les charges, dans la proportion de ce qu'il prend.

Mais le légataire à titre particulier n'est tenu de contribuer, ni aux dettes, ni aux charges, quoique la chose qui lui a été léguée, puisse être plus considérable que la valeur d'une autre legs fait à titre universel. On présume que le testateur, en faisant un legs particulier, sans l'assujétir expressément à aucune charge, a voulu que la chose léguée appartînt toute entière au légataire, et l'on a suivi, à cet égard, les principes du droit romain, qui ne considéraient les dettes que comme charges d'une universalité de la succession, mais non pas de quelques objets particuliers. Loi 15, au Code, *de donationibus.*

C'était aussi le droit commun en France.

3. Cependant l'article 871, après avoir dit que le légataire particulier n'est pas tenu des dettes et charges de la succession, ajoute, *sauf toutefois l'action hypothécaire sur l'immeuble légué*, et il est dit encore, dans l'art. 1024, que le légataire à titre particulier ne sera point tenu des dettes de la succession, sauf la réduction du legs, s'il y a lieu et sauf l'action hypothécaire des créanciers.

Il y a donc deux cas où le légataire particulier peut être tenu de contribuer, au moins indirectement, aux dettes et aux charges de la succession.

1° Lorsqu'à raison des dettes et charges dont

la succession se trouve grevée, le montant du legs particulier excède la quotité de biens dont le testateur avait le droit de disposer, alors il a lieu à réduction, conformément aux art. 920 et 922 du Code ; le légataire subit donc un retranchement pour l'acquit des dettes et des charges, jusqu'à concurrence de ce qui excède la portion disponible,

Ainsi, quand la portion disponible n'est que du quart des biens, si la masse de la succession est de quarante-huit mille francs, et qu'il y ait des dettes et charges pour huit mille francs, le legs particulier qui s'élève à douze mille doit être réduit à dix, puisque la valeur nette de la succession n'est que de quarante mille, et le légataire éprouve, par cette réduction, un retranchement de deux mille francs, pour le paiement des dettes et des charges ; il contribue donc indirectement à ce paiement.

2° Si le bien qui a été légué à titre particulier, se trouve grevé d'une hypothèqne, le créancier hypothécaire ayant le droit, aux termes de l'article 2166, de suivre le bien hypothéqué, dans quelques mains qu'il passe, pour être payé de sa créance, peut conséquemment le suivre dans les mains mêmes du légataire à titre particulier, et contraindre ce légataire ou à payer la créance, ou à déguerpir le bien. Mais, en ce cas, le légataire n'a-t-il pas toujours une action en recours contre

les héritiers et les successeurs à titre universel?
c'est ce qu'on verra sur l'art. 874.

4. Le testateur peut aussi imposer au légataire
à titre particulier, l'obligation de contribuer aux
dettes et aux charges de la succession, pour une
somme déterminée, ou dans la proportion de ce
qu'il prend. Cette obligation étant une condition
du legs, le légataire ne peut s'y soustraire. Le testateur a le droit de mettre à sa libéralité une condition qui en restreint la valeur et sa volonté doit
être exécutée, telle qu'il l'a prononcée.

5. Au nombre des charges que le légataire à
titre universel est tenu de supporter par contribution avec les héritiers, se trouve la condition
de contribuer à l'acquit des legs particuliers faits
par le testateur. L'art. 1023 du Code contient à
cet égard une disposition précise.

Cependant, si les legs particuliers réunis au legs
à titre universel, excédaient la portion disponible, le légataire à titre universel et les héritiers
ne seraient pas tenus d'acquitter la totalité des
legs particuliers. Dans ce cas, et conformément
à l'art. 926, la réduction serait faite au marc le
franc, sur tous les legs sans aucune distinction
entre les legs universels et les legs particuliers
et il en résulte toujours que le légataire à titre
uuiversel supporterait en partie la charge des legs
particuliers, puisqu'il en éprouverait un retranchement; mais, après avoir subi cette réduction,

il ne contribuerait plus à l'acquit des legs particuliers ; tous seraient également pris sur la portion disponible qu'ils épuiseraient, et il ne resterait aux héritiers que la réserve.

6. Malgré la disposition de l'art. 871, le testateur peut dispenser le légataire à titre universel, de contribuer aux dettes et charges de sa
succession, pourvu néanmoins que le legs à titre
universel n'excède pas la portion disponible,
déduction faite des dettes et charges.

Le testateur a le droit de disposer de cette manière, comme de toute autre, de la totalité de
sa portion disponible, et ses héritiers ne sont
jamais recevables à se plaindre de la disposition
qu'il a faite, lorsqu'elle n'entame pas leur réserve. Il suffit donc que, d'après la déduction des
dettes et charges de la succession, ils aient leur
réserve entière, pour qu'ils ne puissent pas contraindre le légataire à titre universel à contribuer,
s'il en a été formellement dispensé ; autrement,
le testateur n'aurait pas eu le droit de disposer,
dans la forme qu'il aurait jugée la plus convenable de la totalité de la portion disponible,
et il est évident d'ailleurs que c'est la même
chose pour les héritiers, ou que le testateur ait
disposé de la totalité de la portion disponible,
auquel cas le légataire à titre universel serait
tenu d'acquitter toutes les dettes et les charges,
ou qu'il l'ait dispensé de toute contribution, en

lui donnant une moindre portion de biens, de
manière à ce que le légataire n'ait pas plus que
la portion disponible sur la masse de la succession, après le prélèvement des dettes et des
charges.

7. L'art. 871 n'imposant qu'au légataire à titre
universel l'obligation de contribuer aux dettes et
aux charges de la succession, on pourrait en
conclure que le légataire universel en est dispensé ; mais si le légataire universel ne se trouve
point en concours avec des héritiers ayant droit
à la réserve, il prend tous les biens de la succession, et il ne peut prendre les biens, sans acquitter les dettes et les charges ; *bona non intelliguntur, nisi deducto œre alieno.*

D'ailleurs, dans ce cas, le légataire universel
est un véritable héritier, puisqu'il est saisi par la
loi, conformément à l'art. 1006 du Code, sans
avoir besoin de demander délivrance aux parens
légitimes ; il doit donc être tenu, comme tout
autre héritier, d'acquitter les dettes et les charges
de la succession.

Le légataire universel en est également tenu,
lorsqu'il se trouve en concours avec des héritiers
ayant droit à la réserve. La disposition de l'article 1009 du Code dit expressément que le légataire universel qui sera en concours avec un héritier auquel la loi réserve une quotité de biens,
sera tenu des dettes et charges de la succession

du testateur, personnellement pour sa part et portion, et hypothécairement pour le tout.

Le légataire universel est même tenu, suivant cet article, d'acquitter tous les legs, sauf le cas de réduction, ainsi qu'il est expliqué aux art. 926 et 927, en sorte qu'il ne contribue pas seulement au paiement des charges, *au prorata de son émolument*, et voilà pourquoi les articles 870 et 871 ne l'ont pas placé au nombre de ceux qui ne contribuent qu'au prorata de leur émolument, au paiement des dettes et des charges.

8. L'art. 871 garde également le silence à l'égard des donataires, qui cependant sont aussi tenus, dans certains cas, de contribuer, avec les héritiers, aux dettes et aux charges de la succession; mais cette lacune se trouve remplie par d'autres dispositions du Code, au titre *des Donations et des Testamens*, notamment par les articles 945, 1082, 1083, 1084, 1085, 1086 et 1093, que je vais rapporter, pour faire connaître à la loi tous ceux qui sont tenus, d'une manière ou de l'autre, de contribuer aux dettes et aux charges des successions.

Il faut distinguer entre les donataires de biens présens et les donataires de biens présens et à venir.

9. Quant aux biens présens, le donataire d'objets particuliers n'est tenu d'aucune dette, ni

charge, à moins qu'il n'en ait été expressément chargé par la dotation.

Le donataire universel, ou à titre universel, ne peut être tenu que des dettes et charges qui existaient à l'époque de la donation. Aux termes de l'art. 945, la donation serait nulle, si elle contenait la condition d'acquitter d'autres dettes et charges.

Le donataire de biens présens ne peut donc, dans aucun cas, être tenu de contribuer à l'acquit des legs. Vouloir l'y contraindre, ce serait anéantir l'irrévocabilité des donations entre-vifs, puisque le donateur pourrait en détruire tout l'effet, en faisant des legs qui en absorberaient toute la valeur ; et même, suivant la disposition de l'art. 944, qui déclare nulle toute donation entre-vifs, faite sous des conditions dont l'exécution dépend de la seule volonté du donateur, il est évident que, si le don de biens présens n'était fait qu'à la condition, par le donataire, d'acquitter les legs, ou seulement d'y contribuer pour la moindre partie, la donation serait nulle, puisqu'il est évident, en ce cas, que son exécution dépendrait de la seule volonté du donateur.

Il y a cependant, à l'égard des donations de biens présens, faites par contrats de mariage, ou entre époux, une exception à ces règles. Suivant l'article 947, la disposition des articles 944 et 945 n'est pas applicables à ces sortes de donations ;

elles peuvent donc être soumises à toutes les conditions qu'il plaît au donateur d'imposer, et conséquemment le donataire peut être chargé d'acquitter les legs, même postérieurs à la donation, comme toutes autres charges et dettes non existantes à cette époque.

10. Quant aux donations de biens présens et à venir, il y a d'autres principes.

Suivant l'art. 1084, lorsqu'une donation, faite par contrat de marige, comprend cumulativement des biens présens et à venir, en tout ou en partie, et qu'il est annexé à l'acte un état des dettes et charges du donateur, existantes au jour de la donation, il est libre au donataire, lors du décès du donateur, de s'en tenir aux biens présens, en renonçant au surplus des biens du donateur, et dans ce cas il n'est tenu de contribuer qu'aux dettes et charges antérieures à la donation, qui sont comprises dans l'état annexé à l'acte : il ne peut être tenu des dettes et charges postérieures, puisqu'il renonce aux biens que le donateur a pu acquérir, ou qui lui sont échus depuis la donation.

Il n'est pas même obligé de contribuer à celles qui ne sont pas comprises dans l'état annexé à l'acte, quoiqu'elles soient antérieures à la donation ; et s'il est contraint de les payer aux créanciers par la force de l'hypothèque, il a un recours à cet égard contre les héritiers et les légataires universels ou à titre universel.

Mais, suivant l'article 1085, si l'état dont est mention au précédent article, n'a point été annexé à l'acte contenant donation des biens présens et à venir, le donataire est obligé d'accepter ou de répudier cette donation pour le tout, et dans le cas d'acceptation, il est soumis au paiement de toutes les dettes et charges de la succession, sans dictinction aucune.

Les dispositions des articles 1084 et 1085 s'appliquent également, suivant l'art. 1093, à des donations de biens présens et à venir, faites entre époux par contrats de mariage, qu'elles soient simples ou réciproques.

Suivant les articles 1082 et 1083, lorsque, par contrat de mariage, il a été fait, au profit des époux, ou de l'un d'eux seulement, une donation de tout ou de partie des biens que le donateur laissera au jour de son décès, le donateur ne conserve le droit de disposer, à titre gratuit, des objets compris dans la donation, que pour sommes modiques, à titre de récompense, ou autrement.

Dans ce cas, le donataire n'est donc tenu que des dons et legs modiques qui ont été faits postérieurement à la donation qui lui a été consentie, et cette disposition s'applique également, suivant l'article 1093, aux donations de même nature, simples ou réciproques, faites entre époux par contrats de mariage.

Nonobstant toutes les distinctions qui viennent d'être établies, le donateur peut encore imposer à tout donataire de biens présens et à venir la condition de payer indistinctement toutes les dettes et charges de la succession. L'art. 1086 s'exprime en ces termes : « La donation, par contrat de mariage, en faveur des époux, et des enfans à naître de leur mariage, pourra encore être faite, à condition de payer indistinctement toutes les dettes et charges de la succession du donateur, ou sous d'autres conditions dont l'exécution dépendrait de sa volonté, par quelque personne que la donation soit faite, et le donataire sera tenu d'accomplir ces conditions, s'il n'aime mieux renoncer à la donation. »

Cet article est encore applicable aux donations faites entre époux par contrats de mariage.

11. Quant aux donations de biens présens et à venir, faites entre époux pendant le mariage, comme elles ne sont réellement, aux termes de l'art. 1096, que de véritables legs, puisqu'elles sont irrévocables à volonté, l'époux donataire est tenu des dettes et charges de la succession, comme le serait un légataire.

12. Jusqu'à présent, je n'ai parlé, quant à la contribution aux dettes, que des dons ou legs,

qui portent sur la propriété; mais on peut aussi faire des dons ou legs en simple usufruit, et il peuvent être aussi, ou universels, ou à titre universel, ou à titre particulier.

L'ancienne jurisprudence était fort incertaine sur la manière dont ces dons ou legs devaient contribuer aux dettes et aux charges.

Mais toutes les difficultés ont été tranchées par l'art. 612 du Code civil. Seulement il faut remarquer que cet article ne règle le mode de contribution qu'à l'égard de l'usufruitier, ou universel, ou à titre universel, parce qu'en effet l'usufruitier d'objets particuliers ne doit pas plus être assujéti que le légataire particulier en propriété, à la contribution aux dettes et aux charges.

ARTICLE 872.

Lorsque des immeubles d'une succession sont grevés de rentes par hypothèque spéciale, chacun des cohéritiers peut exiger que les rentes soient remboursées et les immeubles rendus libres, avant qu'il soit procédé à la formation des lots; si les cohéritiers partagent la succession dans l'état où elle se trouve, l'immeuble grevé doit être estimé au

même taux que les autres immeubles :
il est fait déduction du capital de la
rente sur le prix total : l'héritier, dans
le lot duquel tombe cet immeuble, demeure seul chargé du service de la
rente, et il doit en garantir ses cohéritiers.

1. La première partie de cet article a pour
objet de prévenir une foule d'actions qui pourraient avoir lieu, après le partage, soit contre les
héritiers, soit même entr'eux, si les rentes qui
étaient hypothéquées spécialement sur des immeubles de la succession, n'étaient pas remboursées avant le partage.

Lorsque les arrérages de ces rentes ne seraient
pas exactement payés aux échéances, les créanciers pourraient exercer l'action personnelle
contre chacun des héritiers; ils pourraient encore exercer particulièrement l'action hypothécaire contre les détenteurs des immeubles hypothéqués.

Si les détenteurs avaient été chargés, par le
partage, du service entier des rentes, les autres
héritiers actionnés personnellement auraient à
exercer contre eux des actions en recours.

S'ils n'avaient été chargés que de leur portion
virile, comme ils pourraient être néanmoins con-

traints, en vertu de l'hypothèque, à payer le tout, ils auraient une action récursoire contre leurs cohéritiers.

Et dans le cas d'insolvabilité d'un ou de plusieurs héritiers, il y aurait encore à recourir contre ceux qui seraient solvables.

Il en résulterait donc une série annuelle et perpétuelle d'actions récursoires, qui pourraient souvent donner lieu à des contestations et qui occasionneraient toujours beaucoup de frais.

Le moyen de prévenir tous ses inconvéniens, c'est d'opérer, avant le partage de la succession, le remboursement des rentes qui sont hypothéquées spécialement sur des immeubles dépendant de l'hérédité, et en conséquence l'art. 872 confère à chacun des héritiers le droit d'exiger que ce remboursement soit fait, avant qu'il soit procédé à la formation des lots.

2. Dans le cas où aucun des héritiers n'exigerait ce remboursement, la loi a pris un autre moyen qui a également pour objet de prévenir les actions qui pourraient avoir lieu contre tous les héritiers, s'ils laissaient indivis le service des rentes dues par la succession. La seconde partie de l'art. 872 dispose que l'héritier dans le lot duquel tombera un immeuble spécialement grévé d'une rente, sera seul chargé de faire le service de cette rente, et qu'en conséquence sur la valeur de cet immeuble qui, pour la composition

35.

des lots, a dû d'abord être estimé au même taux que les autres immeubles, il sera fait ensuite déduction du capital de la rente, en sorte que le lot dans lequel est compris cet immeuble, doit être augmenté d'une valeur égale au capital de la rente dont il est chargé.

Par ce moyen, l'héritier, devenu propriétaire de l'immeuble par le partage, reste seul débiteur : à l'égard de ses cohéritiers des arrérages et du capital de la rente, et il doit garantir ses cohéritiers, de toutes actions et de toutes poursuites qui pourraient être exercées contre eux par le créancier.

3. La première disposition de l'art. 872, n'est pas impérative. C'est un sage conseil qu'elle donne aux héritiers et non pas une obligation qu'elle leur impose. Elle ne leur ordonne pas de faire le remboursement des rentes ; seulement elle confère à chacun d'eux la faculté d'exiger que le remboursement soit fait. Ils peuvent donc, s'ils sont tous d'accord, ne pas user de cette faculté, et il est probable : en effet, qu'ils trouvent quelquefois de l'avantage à ne pas rembourser des capitaux qui ne produisent que des arrérages inférieurs au cours ordinaire de l'intérêt de l'argent.

D'ailleurs, les rentes dues par la succession, peuvent n'être pas remboursables avant la formation des lots et le partage. Quoique toute rente, lors même qu'elle est établie à perpétuité, et quelle qu'en soit la cause, soit essentiellement rachetable, il est permis cependant, aux termes des art. 530 et 1911 du Code, de stipuler qu'elle ne pourra être rachetée qu'après un certain terme.

4. Mais la seconde disposition de l'art. 872, n'est pas également facultative pour le cas où aucun héritier n'a exigé le remboursement des rentes. L'article ne dit pas seulement que l'héritier dans le lot du quel tombe l'immeuble hypothéqué, *peut* être seul chargé du service de la rente ; il dit expressément que l'héritier *en demeure seul chargé ;* la disposition est donc impérative, et conséquemment les cohéritiers ne peuvent convenir entr'eux que le service de la rente restera indivis.

S'il y a plusieurs immeubles hypothéqués qui tombent dans plusieurs lots, les héritiers auxquels ces lots sont échus, demeurent chargés conjointement du service de la rente, ou la division s'en fait entr'eux, dans la proportion de ce que chacun d'eux recueille dans les immeubles hypothéqués.

Néanmoins, dans tous les cas, les autres héritiers restent soumis à l'action personnelle des créanciers de la rente, sauf leur recours contre ceux qui ont été chargés de la servir, et quoique les détenteurs des immeubles hypothéqués à la rente, en ayent fait la division entr'eux, chacun d'eux n'en reste pas moins chargé, envers les créanciers, au paiement de la totalité, en vertu de l'hypothèque qui porte sur chacun des immeubles. (*Voyez* les observations sur l'art. 873.)

5. L'art. 872 s'applique aux rentes foncières, comme aux rentes constituées en argent, puisqu'elles sont les unes et les autres également rachetables, d'après les art. 530 et 1911, et que leurs capitaux sont fixés ou peuvent l'être; mais il ne peut s'appliquer aux rentes viagères qui, d'après l'art. 1679, ne sont pas remboursables, et qui d'ailleurs, à cause de leurs chances, pourraient être trop nuisibles ou trop avantageuses aux détenteurs des immeubles hypothéqués.

6. La disposition de l'art. 872 est expressément restreinte au cas où des immeubles de la succession sont grevés de rentes par hypothèque spéciale, on ne peut donc l'appliquer au cas où des immeubles de la succession se trouvent grevés de dettes *exigibles à termes.*

Il n'y aurait pas, d'ailleurs, identité de motifs pour étendre l'application, puisque dans le cas où il s'agit de rentes, il pourrait y avoir chaque année et même à perpétuité, si les capitaux n'étaient pas remboursés, des actions, soit personnelles, soit récursoires, à exercer, au lieu qu'à l'égard de dettes exigibles à terme, ce ne serait qu'une seule fois que ces actions pourraient avoir lieu. Dans ce dernier cas, l'inconvénient étant moins grave, il n'a pas été également nécessaire de prescrire des mesures pour le prévenir.

ARTICLE 873.

Les héritiers sont tenus des dettes et charges de la succession, personnellement pour leur part et portion virile, et hypothécairement pour le tout, sauf leur recours, soît contre leurs cohéritiers, soit contre les légataires universels, à raison de la part pour laquelle ils doivent y contribuer.

1. On a vu qu'entre les cohéritiers la contribution au paiement des dettes et des charges, n'est toujours réglée, pour chacun d'eux, que dans la proportion de sa part héréditaire.

Mais, envers les créanciers, chacun des cohéritiers n'est pas seulement tenu personnellement des dettes et des charges, pour sa part et portion virile dans l'hérédité. Chacun d'eux peut être encore tenu hypothécairement pour le tout, sauf son recours contre ses cohéritiers.

Lorsque la dette est indivisible de sa nature, chaque cohéritier se trouve encore obligé au paiement de la totalité, quoiqu'il n'y ait pas d'hypothèque.

Et même dans plusieurs cas, quoiqu'une dette soit divisible de sa nature, chacun des héritiers n'en est pas moins tenu pour la totalité.

Ainsi les héritiers peuvent être obligés, de quatre manières différentes, envers les créanciers de la succession; ou personnellement seulement; ou encore hypothécairement; ou avec division de la dette entr'eux, c'est-à-dire, chacun pour sa part ou portion virile dans la succession; ou sans division, c'est-à-dire, chacun *in solidum*, pour la totalité.

Il faut en conséquence expliquer quelle est la nature de ces diverses obligations, comment elles s'exercent et quels en sont les effets.

On expliquera de suite comment les successeurs à titre universel sont également obligés envers les créanciers.

2. Les héritiers sont tenus personnellement des dettes et des charges, quoiqu'ils n'ayent pas contracté avec les créanciers. En acceptant la succession du débiteur qui s'était obligé personnellement, ils ont pris sa place et ils le représentent. On a vu d'ailleurs que l'acceptation d'une succession, est une espèce de contrat par lequel ceux qui acceptent, s'obligent volontairement envers tous ceux qui ont des droits à exercer sur la succession. *Is qui miscuit se (hœreditati), contrahere videtur. l. 4. ff. quib. ex caus. in poss.*

3. Néanmoins, en règle générale et sauf les

exceptions qui seront bientôt expliquées, chacun des cohéritiers n'est tenu personnellement des dettes et des charges, que pour sa part et portion virile; d'où il résulte que les créanciers de la succession sont obligés de souffrir la division de leurs créances entre les héritiers, qu'ils ne peuvent exercer contre chacun de ces héritiers l'action personnelle en paiement de ce qui leur est dû, qu'en proportion de sa portion virile dans l'hérédité, et qu'ainsi ils ne peuvent ni poursuivre les uns pour les portions des autres, ni demander le tout à un seul, mais le tout néanmoins sauf les exceptions qui viennent d'être annoncées.

La division de la dette entre les héritiers avait été adoptée par la loi des douze tables, dont Jacques Godefroy a restitué le texte, *tit.* 21, *de hæredit. actionibus;* par la loi *hæredes ejus* 25, *ss. idem juris* 13, *ff. de fam. ercis.;* par la loi 6 du même titre, au Code, et par la loi 1, *c. si unus ex plurib. hæred.*

Elle était de droit commun en France, et il n'y avait d'exception que dans deux ou trois coutumes, qui étaient, dit Pothier, assez déraisonnables pour obliger tous les héritiers solidairement aux dettes du défunt, comme si plusieurs pouvaient succéder *in solidum* aux droits d'une personne.

Cependant on voit dans les observations des tribunaux sur le projet de Code civil, qu'il avait

été demandé par le tribunal d'appel de Rouen ;
que, pour favoriser les transactions sociales et
sur-tout celles du commerce, tous les héritiers
fussent indistinctement solidaires, sauf le recours
des uns contre les autres.

Mais cette proposition n'a pas été adoptée,
parce qu'en effet il ne serait pas juste que celui
qui n'est héritier, par exemple, que pour un tiers,
qui ne prend que le tiers des biens de la succession, qui même est réputé par la loi n'avoir jamais
succédé aux biens qui ne sont pas compris dans
son lot, et qui en conséquence ne représente le
défunt que pour un tiers, fût cependant tenu
personnellement de payer plus que le tiers des
dettes et des charges.

Le créancier qui n'avait pas pris hypothèque
sur les biens du défunt, a dû s'attendre à cette
division de la dette entre tous les héritiers de
son débiteur, et conséquemment il n'a pas été
trompé.

4. La portion virile pour laquelle chaque héritier est tenu personnellement des dettes et des
charges, c'est sa portion héréditaire ; c'est-à-dire,
que chaque héritier n'est tenu personnellement
des dettes et des charges, que dans la proportion
de la part qu'il est appelé à recueillir dans la succession.

Pro portionibus hœreditariis, disait expressément la loi 1, au Code, *si certum pet.*, et cela

ne peut s'entendre autrement sous le Code civil,
puisqu'il établit, comme le droit romain, l'égalité
entre les héritiers, et que d'ailleurs il a formellement déclaré, dans l'art. 870, qu'entre cohéritiers
chacun ne contribue au paiement des dettes et
charges que dans la proportion de ce qu'il prend
dans la succession.

Il faut donc appliquer à l'art. 873 les observations qui ont été faites aux numéros 3, 4 et 5 des
observations sur l'art. 870.

Quoique, dans un partage qui a été fait inégalement, l'un des héritiers n'ait pas eu la part entière qu'il était appelé à recueillir, il n'en est pas
moins tenu des dettes et des charges, en proportion de cette part, comme s'il l'avait eue entièrement.

Si l'un des héritiers se trouve, en même temps,
légataire à titre particulier et par préciput, il
n'est tenu personnellement des dettes et des
charges, que dans la proportion de la part qu'il
est appelé à recueillir comme héritier; mais il
n'en est pas tenu personnellement sur la part
qu'il prend comme légataire, puisqu'aux termes
des art. 871 et 1024 le légataire à titre particulier n'est pas tenu personnellement des dettes et
charges de la succession du testateur.

Lorsque le partage d'une succession se fait par
souches, tous les héritiers dans la même souche
ne sont pas tenus conjointement des dettes et

des charges, dans la proportion de la part que la souche entière a le droit de recueillir ; chacun des héritiers n'en est tenu séparément que dans la proportion de la part qu'il est appelé à recueillir dans la masse totale des biens qui composent l'hérédité.

« Lorsque plusieurs enfans, dit Pothier, *Traité des Successions*, chap. 5, art. 3, §. 2, succèdent par représentation de leur père ou mère, ils ne sont héritiers chacun que pour la portion qu'ils ont dans la portion de la personne qu'ils représentent ; c'est pourquoi ils ne sont chacun tenus des dettes que pour leur portion dans cette portion. *Finge;* une personne laisse pour héritiers deux frères et quatre neveux par représentation d'un troisième frère ; chacun de ces neveux ne sera tenu des dettes, que pour son quart dans le tiers, c'est-à-dire, pour un douzième. »

5. Il résulte des explications données dans le numéro précédent, que ces mots de l'art. 873, *pour leur part et portion virile,* ne doivent pas toujours s'entendre *pro numero virorum,* de manière que, si tous les héritiers n'étaient pas appelés pour des portions *égales,* chacun d'eux cependant serait personnellement tenu, envers les créanciers, d'une portion égale des dettes et des charges ; mais qu'ils doivent s'entendre en ce sens, que chaque cohéritier n'est personnellement tenu des dettes et des charges, que pour la

part et portion qu'il est personnellement appelé à prendre dans la succession, en qualité d'héritier.

Supposons, par exemple, que le défunt qui n'avait pas de descendans, ait laissé pour uniques héritiers, son père et un frère. Dans ce cas, aux termes des art. 749 et 751, le frère est appelé à succéder pour les trois quarts, et le père n'est héritier que pour un quart. Serait-il donc juste que; *pro numero virorum*, le père fût tenu personnellement, envers les créanciers, de la moitié des dettes et des charges, quoiqu'il ne soit appelé à recueillir que le quart des biens, et que provisoirement il pût être obligé de payer cette moitié entière, sauf à exercer ensuite contre le frère un recours qui souvent pourrait devenir illusoire?

Et d'ailleurs, puisque l'héritier ne se trouve personnellement tenu des dettes et des charges, que parce qu'il représente le défunt dont il prend les biens et les droits, ne s'ensuit-il pas qu'il ne peut être tenu que dans la proportion de la part pour laquelle il représente le défunt?

En pays coutumiers, la division des dettes dans la proportion des parts héréditaires, était la règle générale, et si elle était modifiée dans quelques cas, ce n'était que par les conséquences forcées d'un système qui n'existe plus aujourd'hui.

Voilà comment s'en explique Pothier, dans

son *Traité des Successions*, chapitre V, art. 3, §. 2.

Après avoir dit que, suivant le droit commun des pays coutumiers, chaque héritier est tenu des dettes, *pour la part dont il est héritier*, il ajoute :

« Lorsque tous les héritiers d'un défunt sont héritiers aux mêmes biens, la part que chacun a dans la succession, est certaine, et par conséquent la part que chacun doit porter des dettes, l'est aussi.

« Lorsque le défunt a laissé différens héritiers à différentes espèces de biens, par exemple, un héritier aux meubles, acquêts et propres maternels, et un autre héritier aux propres paternels, chaque héritier est censé succèder à une part proportionnée à ce qu'est la valeur en actif des biens auxquels il succède, à la valeur de toute la succession, et doit par conséquent porter la même part des dettes de la succession.

« C'est pourquoi si les meubles, acquêts et propres maternels font les trois quarts de toute la succession, et les propres paternels le quart, l'héritier aux meubles, acquêts et propres maternels, portera seul les trois quarts des dettes, et l'héritier aux propres paternels en portera seul le quart.

« Cette part ne peut être constante que par une ventilation, qui ne se peut faire qu'après une

estimation des différens biens de la succession.
L'*opinion commune* est qu'en attendant, ces différens héritiers sont tenus des dettes, chacun pour
leur portion virile, sauf à se faire raison du plus
ou du moins, lorsque les portions ont été cons-
tatées par la ventilation. »

On voit donc que c'était uniquement parce
que les créanciers ne pouvaient savoir avant la
liquidation de l'hérédité, avant la ventilation des
diverses espèces de biens, dans quelle proportion
chaque héritier pouvait être tenu des dettes, et
parce qu'il n'eût pas été juste de les obliger
d'attendre une liquidation que les héritiers seuls
avaient le droit de faire ou qu'ils pouvaient aisément éloigner, que par dérogation à la règle
générale, on décidait que chaque héritier devait
être tenu, à l'égard des créanciers, d'une portion égale des dettes, sauf son recours, après la
ventilation.

Mais les motifs qui avaient fait admettre cette
dérogation, ne peuvent plus exister aujourd'hui.
Le Code civil ne distingue plus diverses espèces
de biens, pour en régler différemment la succession, soit quant à leur nature, soit quant à leur
origine : tous sont confondus dans l'hérédité et
appartiennent également à tous les héritiers. Il y
a donc toujours lieu à appliquer la règle qui,
suivant Pothier, avait lieu dans le cas où tous les
héritiers étaient héritiers *aux mêmes biens*, c'est-

à-dire, à la division des dettes entre les héritiers, pour la part dont chacun d'eux se trouve
héritier.

6. Le principe de la division des dettes, ne
cesse point dans le cas où il y a des héritiers insolvables. Chacun de ceux qui sont solvables, ne
peut toujours être poursuivi par les créanciers,
que pour la part dont il est héritier, lors même
que cette part serait suffisante pour acquitter la
totalité des dettes.

L'article 873 ne fait aucune distinction pour
ce cas.

Telle était aussi l'ancienne jurisprudence, soit
dans les pays de droit écrit, soit dans les pays
coutumiers.

« Cela est pris même de l'idée d'héritier, disait Pothier, dans son *Traité des Obligations*,
tome I, part. 2, chap. 4, art. 2, §. 2. Un héritier est celui qui succède aux droits actifs et passifs, c'est-à-dire, aux dettes et obligations du défunt. Celui qui n'est héritier que pour une partie, n'y succède que pour cette partie. Il n'est
donc tenu que pour cette partie. L'insolvabilité de
ses cohéritiers, qui survient, ne le rend pas successeur, pour le total, aux droits du défunt. Il ne
l'est toujours que pour sa part, et par conséquent il ne peut être tenu des dettes que pour sa
part. »

Mais il en serait autrement, si c'était par le dol

ou par le fait de l'un des héritiers, que le créancier ne pût se faire payer par les autres héritiers qui seraient devenus insolvables; par exemple, si cet héritier s'était fait passer pour héritier unique et opposait ensuite aux créanciers le principe de la division des dettes, à une époque où déja les autres héritiers qui auraient reçu leurs parts, seraient en état d'insolvabilité.

7. Plusieurs questions s'élèvent sur les effets de la division des dettes; mais avant de les discuter, et pour qu'on sache bien à quels cas les solutions doivent s'appliquer, il convient d'expliquer d'abord les diverses exceptions qui ont été admises au principe de la division.

La première exception a lieu pour les dettes qui sont *indivisibles de leur nature;* et en effet lorsqu'une dette ne peut être divisée dans son paiement, il faut bien que chaque cohéritier en soit tenu pour la totalité, puisqu'il n'est pas possible qu'il l'acquitte partiellement : *ea quœ in partes dividi non possunt, solida à singulis hœredibus debentur. L.* 192 , *ff. de reg. jur.*

Chacun de ceux qui ont contracté conjointement une dette indivisible, dit l'art. 1222 du Code, en est tenu pour le total, encore que l'obligation n'ait pas été contractée solidairement.

Il en est de même, ajoute l'art. 1223, à l'égard des héritiers de celui qui a contracté une pareille obligation.

III.

Néanmoins, suivant l'art. 1225, l'héritier du débiteur, assigné pour la totalié de l'obligation, peut demander un délai pour mettre en cause ses cohéritiers, à moins que la dette ne soit de nature à ne pouvoir être acquittée que par l'héritier assigné, qui peut alors être condamné seul, sauf son recours en indemnité contre ses cohéritiers.

Les art. 1217 et 1218 établissent la distinction entre les dettes divisibles et les dettes indivisibles; mais sur cette matière assez difficile, il faut consulter Dumoulin, dans son ouvrage intitulé : *Extricatio labyrinthi dividuï et individui*, Pothier, dans son *Traité des Obligations*, tome I, part. 2, chap. 4, séct. 2, art. 1, et M. Touiller, qui, dans son *Droit civil français*, tomes VI et VII, a donné un nouveau *Traité des Obligations*, digne de figurer à côté de celui de Pothier, et où se trouvent même beaucoup d'observations nouvelles, beaucoup d'améliorations importantes.

8. En règle générale, lorsque l'obligation est divisible de sa nature, la division doit avoir lieu entre les héritiers du débiteur, ainsi qu'il a été précédemment expliqué. Cette règle est encore établie par l'art. 1220.

Mais, aux termes de l'art. 1221, elle reçoit exception dans plusieurs cas que je vais faire connaître et sur chacun desquels je donnerai de courtes explications.

Le premier cas où il y a exception, est celui où la dette est hypothécaire (*voyez* le n° 12.)

Le deuxième cas est celui où la dette est d'un corps certain, par exemple, de tel cheval, de tel navire.

Quoiqu'un corps certain ne puisse, sans être détruit se diviser en parties matérielles, il peut être néanmoins divisé en parties intellectuelles, et cela suffit pour qu'aux termes de l'art. 1217, la dette de ce corps certain ne doive pas être considérée comme indivisible de sa nature. On peut posséder par indivis le quart ou la moitié d'un cheval ou d'un navire. La propriété commune ne consiste pas en ce que chacun des maîtres soit propriétaire de la totalité, mais seulement d'une partie indivise et intellectuelle, plutôt que corporelle. *L.* 5, *ff. de stip. serv.* 45, 3, et de même on peut devoir le quart ou la moitié d'un cheval ou d'un navire.

Cependant, comme le corps certain ne peut se diviser réellement, sans être détruit, et qu'ainsi la livraison ne peut en être faite par parties, il fallait bien donner au créancier une action pour se faire livrer en entier le corps certain qui lui est dû.

Mais, par l'art. 1221, cette action, pour la totalité de la chose, n'est donnée que contre l'héritier qui possède la chose due.

Si la chose n'était pas livrée, soit parce qu'elle

36.

aurait péri, soit parce qu'elle aurait été aliénée par le détenteur, il n'y aurait contre les autres héritiers que l'action en paiement de la valeur de la chose, et chacun d'eux n'en serait tenu que pour sa part héréditaire.

Le troisième cas est celui où il s'agit de la dette alternative de choses, au choix du créancier, dont l'une est indivisible.

On voit que, pour cette exception, deux conditions doivent être réunies : la première, que l'une des deux choses qui font l'objet de la dette alternative, soit indivisible; la seconde, que le choix appartienne au créancier.

Ainsi, lorsque le créancier a le choix dans une dette alternative, ou d'une somme de 300 fr., ou d'une servitude de passage, les héritiers du débiteur ne peuvent, sous prétexte de la divisibilité de la somme de 300 fr., empêcher que le créancier qui a fait choix pour la servitude, n'exerce l'action personnelle pour obtenir la servitude entière.

Mais ce n'est pas là une exception réelle au principe de la division, en matière divisible; car le créancier qui a eu le droit de choisir la chose indivisible et qui l'a choisie, n'étant plus créancier que d'une chose indivisible, la disposition de l'art. 1222 suffisait pour empêcher les héritiers de demander la division de la dette.

Il faut donc croire que la division contenue dans l'art. 1221, a eu pour objet d'exprimer que

le principe de la division des dettes, admis en
faveur des héritiers, ne pourrait enlever au créancier le droit de choisir entre les deux dettes alter-
natives, celle qui est indivisible. Aussi M. Bigot
de Préameneu disait, dans l'exposé des motifs
de la loi : « lorsqu'il s'agit de la dette alternative de choses au choix du créancier, et dont
l'une soit indivisible, les héritiers ne sauraient
réclamer une division qui serait contraire au
droit qu'a le créancier de choisir, ou au choix
qu'il aurait fait. »

Encore faut-il remarquer que, dans ce cas,
l'action personnelle pour la livraison entière de
la chose indivisible, ne pourrait être exercée,
d'après la disposition de l'art. 1221, que contre
l'héritier qui posséderait la chose.

Le quatrième cas d'exception est celui où l'un
des héritiers a été chargé seul, par le titre, de
l'exécution de l'obligation.

Les termes dans lesquels est exprimée cette
exception, ne sont pas précis, et en conséquence
il s'est élevé des doutes sur leur interprétation.

On demande d'abord, quel est le *titre* où il
faut que l'un des héritiers ait été chargé seul de
l'exécution de l'obligation, pour que cet héritier
ne puisse demander la division de la dette.

Il semble résulter des termes de la loi, que ce
titre est le titre même de l'obligation, et c'est

ainsi que l'a entendu et expliqué M. Bigot de Préameneu.

« Si l'un des héritiers, disait-il dans l'exposé des motifs de la loi, est chargé seul de l'exécution soit *par le titre même de l'obligation*, soit par un titre postérieur, la volonté qu'a eue le débiteur de dispenser le créancier d'une division incommode, doit être remplie. »

M. Bigot de Préameneu a ajouté, il est vrai, les mots, *soit par un titre postérieur;* mais ils ne se trouvent pas dans la loi.

Cependant tout le monde convient que, si par un testament le défunt avait chargé un légataire ou un héritier institué, d'acquitter seul une *obligation* qu'il avait souscrite, ce légataire, cet héritier institué serait tenu d'exécuter la charge qui lui aurait été imposée, parce qu'elle serait une condition de la libéralité qui lui a été faite, et qu'il est permis d'apposer aux libéralités toutes les conditions qui ne sont contraires ni aux lois, ni aux bonnes mœurs.

Tout le monde convient également que, si dans le partage de la succession ou dans un acte postérieur fait entre les héritiers, l'un d'eux avait été chargé d'acquitter seul une obligation du défunt, il pourrait être contraint, même par le créancier, d'acquitter l'obligation entière, parce qu'il y aurait de sa part une convention particulière et valable, dont au reste il serait présumé avoir reçu le prix.

Mais la difficulté consiste à savoir si, lorsque le défunt avait, par le titre d'une obligation ou par un autre acte postérieur, chargé un seul de ses héritiers *ab intestat* d'exécuter l'obligation, sans avoir fait aucune disposition en sa faveur, on doit appliquer à cet héritier la disposition de l'art. 1221; ou si, au contraire, l'héritier n'est pas fondé à soutenir que le défunt ne lui ayant fait aucun don, n'a pu lui imposer une charge particulière, que les successions *ab intestat* sont uniquement régies par la loi, et qu'ainsi, puisqu'il n'est appelé que comme héritier *ab intestat*, il a le droit, comme chacun de ses cohéritiers au même titre, d'invoquer le principe de la division des dettes, établi par l'art. 873, pour les successions *ab intestat*.

Il me semble que la question se trouve clairement résolue par des termes mêmes de l'art. 1221.

1° Cet article dit qu'il y a exception au principe de la division des dettes, lorsque l'un des héritiers est chargé seul, par le titre, de l'exécution de l'obligation : or, cette expression générique *héritier* s'applique nécessairement à toutes les diverses espèces d'héritiers, aux héritiers *ab intestat* ou légitimes, comme aux héritiers testamentaires, et même elle s'applique plus particulièrement aux premiers, puisqu'en général les se-

conds ne sont que de simples successeurs et non
pas des héritiers.

2° L'art. 1221 n'est pas au titre *des Testamens*,
mais au titre *des Obligations conventionnelles en
général ;* il est donc applicable à ce qui a été
stipulé dans toute espèce de conventions, et non
pas seulement à ce qui a été réglé par des testamens.

3° L'art. 1221 dit expressément que l'héritier
qui a été seul chargé de la dette, aura son recours
contre ses cohéritiers, s'il est poursuivi pour le
tout. Il n'y a donc point, en ce cas, de disposition
réelle au profit des cohéritiers, puisque chacun
d'eux n'en reste pas moins obligé de *contribuer*,
pour sa part héréditaire, au paiement de la
dette.

Par les mêmes motifs, il faudrait décider que,
s'il avait été stipulé par le défunt que ses héritiers
ab intestat ne pourraient acquitter partiellement
une dette qu'il a contractée, et que chacun d'eux
en serait tenu pour le tout, sauf son recours
contre ses cohéritiers, la stipulation serait valable
et obligatoire. Dans ce cas, ainsi que dans le précédent, l'égalité entre les héritiers n'est pas blessée, et il ne s'agit toujours que du mode de
paiement de la dette.

« Les héritiers n'ont pas à s'en plaindre, dit
M. Toullier, tom. 6 page 884. Le débiteur pouvait grever sa succession de telle charge, de telle

condition que bon lui semblait, pourvu qu'elle ne
fût contraire, ni aux lois, ni aux bonnes mœurs.
En acceptant sa soumission, ils se soumettent volontairement aux obligations qu'il a contractées,
et à les acquitter de la manière dont il est convenu
qu'elles le seraient. C'est une condition de leur
acceptation, par laquelle ils s'obligent envers les
créanciers, comme s'ils avaient contracté avec
eux. »

Le cinquième cas où il y a exception, d'après
l'art. 1221, au principe de la division des dettes,
même en choses divisibles, est celui où il résulte,
soit de la nature de l'engagement, soit de la
chose qui en est l'objet, soit de la fin qu'on s'est
proposée dans le contrat, que l'intention des
contractans a été que la dette ne pût s'acquitter
partiellement.

Ainsi, par exemple, s'il s'agissait de la livraison,
ou d'une métairie qui aurait été vendue par le
défunt; ou d'une chose indéterminée, mais indivisible matériellement, comme d'un cheval ou d'un
navire; ou d'une quantité suffisante de terre pour
construire une manufacture, comme il serait évidemment contraire à l'intention des contractans
que la dette pût n'être acquitté que partiellement
chaque héritier doit en être tenu pour le tout.

Dans ce cas, comme dans tous ceux qui précèdent, l'héritier qui est poursuivi pour acquitter
la dette entière, a son recours contre ses co-

héritiers, à moins qu'il n'ait été chargé par l'acte de partage, ou qu'il ne se soit volontairement chargé par un autre acte, d'acquitter seul, et sans recours, toute la dette.

9. Par la disposition de l'art. 873, les héritiers sont personnellement obligés au paiement des dettes et des charges de la succession, *sans aucunement limitation quelconque ;* ils ne sont donc pas tenus des dettes et des charges, seulement jusqu'à concurrence de ce qu'ils prennent dans la succession ; mais chacun en est tenu, dans la proportion de sa part héréditaire, à quelques sommes qu'elles s'élèvent, et lors même que sa portion virile dans les dettes et charges excéderait la valeur de sa part dans la succession.

Ainsi, l'héritier qui n'est appelé qu'à prendre un quart de la succession, est personnellement obligé au paiement du quart intégral de toutes les dettes et de toutes les charges, quoique ce quart excède, et même sans aucune limitation pour l'excédant, la valeur du quart de l'hérédité.

De même, celui qui est unique héritier, est tenu personnellement de la totalité des dettes et des charges, quelque considérables qu'elles puissent être, et quelle que soit d'ailleurs la valeur de l'actif de la succession.

C'est là ce qu'on appelle l'obligation *ultrà vires.* Elle fut constamment admise en principe, soit dans le droit romain, soit dans le droit coutumier.

Hæreditas quin obliget nos œri alieno, etiamsi non sit solvendo, plusquàm manifestum est, disait la loi 8, *ff. de acquir. vel omitt. hœred.*

« Ce principe, disait Pothier, *Traité des Successions*, chap. V, art. 3, §. 1, se tire de la définition même de l'héritier. L'héritier est celui qui succède à tous les droits actifs et passifs du défunt, par conséquent à toutes ses obligations, à toutes ses dettes. Il n'est pas tenu des dettes, comme une charge des biens auxquels il succède ; mais il en est tenu comme successeur, non pas seulement des biens, mais de la personne même du défunt ; c'est-à-dire, de tous ses droits personnels, actifs et passifs, et par conséquent de toutes ses dettes, même au-delà de la valeur de ses biens.

« Cette règle a lieu, ajoutait Pothier, à l'égard des héritiers pour partie, comme à l'égard d'un unique héritier. La seule différence qu'il y a entr'eux, est que les héritiers pour partie ne sont tenus des dettes que pour la même partie dont ils sont héritiers, au lieu que l'unique héritier est tenu du total des dettes ; mais ils conviennent en ce point, que l'héritier pour partie, par exemple l'héritier du quart, est tenu du quart des dettes au delà de la valeur du quart de biens, auquel il succède, de la même manière que l'héritier unique est tenu du total des dettes, au delà de la valeur du total des biens. »

Lors même que l'héritier, en acceptant la succession, n'aurait connu ni pu connaître toutes les dettes et les charges, et qu'elles excéderaient de plus de moitié la valeur des biens, il ne pourrait encore se dispenser de les acquitter, pour sa part et portion, ainsi qu'il a été expliqué au n° 7 des observations sur l'art. 783.

De là il résulte qu'un successible, en acceptant la succession qui lui est échue, s'oblige, envers les créanciers, non-seulement sur les biens de l'hérédité, mais encore sur ses biens propres et personnels, puisqu'il s'oblige personnellement d'une manière illimitée.

10. Il n'y a d'exception à la règle énoncée au numéro précédent, qu'en faveur de l'héritier sous bénéfice d'inventaire; mais il a fallu établir cette exception, par une disposition précise. Il est dit dans l'art 802, que l'effet du bénéfice d'inventaire est de donner à l'héritier l'avantage de n'être tenu du paiement des dettes de la succession, que jusqu'à concurrence de la valeur des biens qu'il a recueillis, et de ne pas confondre ses biens personnels avec ceux de la succession.

Cette disposition eût été inutile, si, en règle générale, les héritiers n'avaient été personnellement obligés au paiement des dettes et des charges,

que jusqu'à concurrence de ce qu'ils auraient
recueilli dans l'hérédité, et l'on a vu d'ailleurs
précédemment que le bénéfice d'inventaire a été
précisément introduit pour donner aux héritiers
le moyen de n'être tenus des dettes, que *pro
modo emolumenti.*

Ce moyen étant le seul qui ait été admis par la
loi, il en résulte que, lors même qu'un héritier
déclarerait dans le premier acte où il accepterait
la succession, qu'il n'entend accepter qu'à la condition de ne supporter les dettes et les charges
que jusqu'à concurrence de la valeur de ce qu'il
prendrait dans la succession, il n'en serait pas
moins obligé *ultrà vires*, s'il ne remplissait pas
toutes les formalités prescrites par la loi pour
l'acceptation sous bénéfice d'inventaire, parce
qu'en effet toutes ces formalités sont nécessaires
pour la conservation des droits des légataires et
des créanciers.

11. On a agité la question de savoir si, lorsqu'il
y a plusieurs héritiers, et que le partage de la
succession a été fait entr'eux, celui qui n'est
qu'héritier bénéficiaire, n'est tenu des dettes et
des charges qu'en proportion de sa part héréditaire, ou bien s'il en est tenu jusqu'à concurrence de la valeur entière des biens qu'il a
recueillis.

Cette question peut se présenter, soit dans le
cas où il y a dans la même succession des héri-

tiers purs et simples et des héritiers bénéficiaires, soit dans le cas où tous les héritiers n'ont accepté que sous bénéfice d'inventaire.

Par exemple, un héritier pur et simple et un héritier bénéficiaire, après avoir payé tous les créanciers opposans, se sont partagé entr'eux, par moitié, le résidu de la succession, qui s'est élevé à 6,000 francs. Quelque temps après, survient un autre créancier qui, trouvant en état d'insolvabilité l'héritier pur et simple, prétend que l'héritier bénéficiaire doit lui payer entièrement la somme de 6.000 francs, sous le prétexte que cet héritier ne peut retenir aucun bien de la succession qu'après l'épuisement des dettes. L'héritier bénéficiaire soutient, au contraire, que n'étant héritier que pour moitié des tiers, il n'est tenu que de la moitié de la dette réclamée, parce qu'aux termes de l'art.873, les héritiers, sans qu'il ait été fait entr'eux aucune distinction, ne sont personnellement tenus des dettes et des charges de la succession, que pour leur part et portion virile.

On voit que la même question pourrait également avoir lieu dans le cas où tous les héritiers étant bénéficiaires, et le partage ayant été fait, un créancier demanderait que l'un d'eux fût tenu de payer plus qu'en proportion de sa part héréditaire.

En faveur des créanciers, on a dit que l'héritier

bénéficiaire n'est qu'un simple administrateur de la succession, qu'il est un administrateur comptable, et qu'en conséquence il ne peut avoir que ce qui reste dans la succession, après que toutes les dettes et les charges ont été acquittées.

Pour l'opinion contraire, il a été dit que l'héritier bénéficiaire est un véritable héritier ; qu'il a les mêmes droits qu'un héritier pur et simple ; que c'est en sa faveur qu'a été introduit le bénéfice d'inventaire, et uniquement pour qu'il ne soit pas tenu des dettes et des charges au delà de ce qu'il prend dans l'hérédité, mais non pas pour diminuer ses droits, non pas pour l'obliger personnellement à payer aux créanciers plus que n'est tenu de payer un héritier pur et simple.

Comme je me suis déjà expliqué à l'égard des droits de l'héritier bénéficiaire, dans mes observations sur l'art. 803, je me bornerai à ajouter, sur la question particulière dont il s'agit en ce moment, qu'un arrêt de la cour d'appel de Paris, du 25 août 1810, avait jugé en faveur du créancier, mais que sa décision a été cassée par un arrêt de la cour de cassation, du 22 juillet 1811, lequel porte qu'en droit l'héritier qui use du bénéfice d'inventaire, ne perd aucunement, par l'effet de cette mesure, le titre et la qualité d'héritier, ni les droits qui y sont attachés.

12. Les créanciers de la succession n'ont pas seulement l'action personnelle contre chacun des

héritiers; ils ont encore l'action hypothécaire contre les héritiers qui sont détenteurs d'immeubles hypothéqués au paiement de leurs créances; et comme cette seconde action frappe sur les biens, et non sur les personnes; elle s'exerce sans division, pour la totalité de la créance, contre chacun des héritiers qui sont détenteurs de tout ou de partie des immeubles hypothéqués, parce qu'en effet chacun des immeubles est grevé de la créance toute entière.

Ainsi, avant le partage ou la licitation des immeubles hypothéqués, le créancier a le droit de poursuivre chacun des héritiers hypothécairement pour le tout, parce qu'ils sont tous, jusqu'au partage ou à la licitation, copropriétaires et détenteurs des immeubles qui font partie de la succession.

Mais, après le partage ou la licitation, ceux des cohéritiers, qui sont devenus seuls propriétaires de l'immeuble eu des immeubles sur lesquels se trouve hypothéquée la dette réclamée, sont les seuls qui soient tenus, par la force de l'hypothèque, de la totalité de la dette, et chacun des autres héritiers ne peut être poursuivi par le créancier, que par action personnelle, que pour sa part et portion héréditaire, si la dette est divisible.

Telle était aussi la règle soit dans le droit romain, soit dans le droit coutumier.

13. Cependant, sous l'empire de l'ancienne législation, l'action hypothécaire avait plus d'étendue qu'elle n'en a sous l'empire du Code civil.

L'hypothèque étant alors toujours générale et embrassant tous les immeubles présens et à venir du débiteur, l'action hypothécaire pouvait être exercée contre chacun des héritiers, qui avait une portion quelconque des immeubles de la succession.

Mais, suivant le nouveau système hypothécaire adopté par le Code civil, il n'y a plus que l'hypothèque légale et l'hypothèque judiciaire qui frappent sur tous les immeubles du débiteur ; l'hypothèque conventionnelle ne porte que sur les immeubles qui sont spécialement désignés dans le titre constitutif de la créance, ou dans un acte authentique postérieur (art. 2129), et conséquemment l'action que produit l'hypothèque conventionnelle, ne peut plus être exercée que contre ceux des héritiers, qui possèdent tout ou partie des immeubles spécialement hypothéqués ; elle ne peut avoir lieu contre les détenteurs des autres immeubles de la succession.

14. L'hypothèque est toujours indivisible ; aux termes de l'art. 2114, elle subsiste en entier, non seulement sur la totalité des immeubles affectés, mais encore sur chacun et sur chaque portion de ces immeubles. Il suffit donc qu'un héritier soit détenteur de la moindre portion de l'un des im-

III.   37

meubles hypothéqués, pour que l'action hypothécaire puisse être formée contre lui et conséquemment qu'il puisse être contraint à payer la
totalité de la dette.

15. Cependant l'héritier contre lequel l'action
hypothécaire est formée, peut se soustraire au
paiement de la totalité de la dette, en délaissant,
sans aucune réserve, l'immeuble hypothéqué. Les
art. 2168 et 2172 autorisent le délaissement par
hypothèque de la part des tiers-détenteurs qui
ne sont pas personnellement obligés à la dette :
or, celui qui n'est obligé que comme héritier du
débiteur, n'est pas obligé personnellement, ou du
moins il ne l'est que pour sa part et portion virile.

Aux termes de l'art. 2173, il pourrait encore
délaisser, lors même que déjà il aurait été, comme
héritier, condamné hypothécairement pour le
tout.

S'il ne voulait pas délaisser, il pourrait encore
en payant sa portion virile de la dette, s'opposer
à la vente de l'immeuble hypothéqué dont il est
détenteur, jusqu'après la discussion des autres
immeubles hypothéqués à la même dette; qui
seraient dans la possession de ses cohéritiers. Il
aurait le droit d'invoquer à cet égard la disposition de l'art. 2170, puisqu'ayant payé sa portion
virile de la dette, ce n'est que comme détenteur
de l'immeuble hypothéqué, qu'il peut être tenu
des autres portions qui ne sont pas payées, et que

ses cohéritiers sont réellement débiteurs réels et principaux de ces autres portions.

16. L'action hypothécaire n'empêche pas l'action personnelle, et de même l'action personnelle n'empêche pas l'action hypothécaire ; c'est-à-dire, que l'une et l'autre peuvent être formées conjointement ou séparément, soit contre le même héritier, soit contre chacun des héritiers.

En effet, chaque héritier est tenu, comme représentant le défunt, d'acquitter les dettes et charges de la succession, pour sa part et portion virile, et il est encore tenu, s'il est détenteur d'un immeuble hypothéqué, d'acquitter la totalité de la dette, il peut donc être poursuivi conjointement, en l'une et l'autre qualité.

Ainsi, le créancier qui a fait condamner un héritier personnellement pour sa part et portion et hypothécairement pour le tout, peut le contraindre sur tous les biens qu'il a recueillis dans la succession, et même sur ses biens personnels, s'il s'agit d'un héritier pur et simple, à payer la portion virile, et le contraindre, en même temps, sur le bien hypothéqué, à payer toute la dette.

Ainsi l'héritier qui a fait délaissement de l'immeuble hypothéqué, n'en reste pas moins soumis à l'action personnelle, pour sa part et portion virile.

Enfin, le créancier peut exercer tout à la fois, 1° l'action hypothécaire et l'action personnelle contre chacun de ceux des cohéritiers, qui sont détenteurs d'immeubles hypothéqués, 2° l'action personnelle contre les autres cohéritiers qui n'ont pas de ces immeubles.

17. Chaque héritier est tenu personnellement en sa seule qualité d'héritier, et non pas à cause des biens, de sa portion virile dans les dettes et les charges. Peu importe donc que, dans une succession *ab intestat*, il n'ait pas trouvé de mobilier et que, par le résultat de la licitation des immeubles, il n'ait eu aucun bien. Quoique, dans ce cas, il soit présumé, conformément à l'art. 883, n'avoir jamais eu la propriété d'aucun effet de la succession, il n'en reste pas moins soumis à l'obligation personnelle d'acquitter sa portion virile des dettes et des charges, parce qu'il est héritier, parce qu'en cette qualité il représente le défunt, et d'ailleurs, dans cette espèce, il a eu prix de la vente, par licitation, de sa part héréditaire.

Mais, lors même qu'il ne se serait réellement trouvé aucun bien de la succession, il n'en resterait pas moins personnellement obligé, en sa qualité d'héritier, au paiement des dettes et des charges.

18. Par le même motif, l'héritier qui a cédé ses droits successifs, à la charge par le cessionnaire d'acquitter sa part des dettes et des charges n'en est pas moins personnellement obligé envers

les créanciers, et les créanciers n'en ont pas moins le droit de le poursuivre et de le contraindre pour sa part et portion virile, sauf son recours contre le cessionnaire. La cession qu'il a consentie, ne le dépouille pas et ne peut le dépouiller de sa qualité d'héritier.

Mais lorsqu'un héritier a cédé ses droits successifs, ou que seulement il a transmis, soit à titre onéreux, soit à titre gratuit, la propriété des immeubles hypothéqués, ce n'est plus contre lui que doit être dirigée l'action hypothécaire Cette espèce d'action ne peut jamais être exercée que contre le détenteur de l'immeuble grevé de l'hypothèque.

« Il faut, disait Pothier, dans son *Traité des Successions*, chap. 5, art. 4, distinguer toujours les deux actions, et dire que, lorsque l'héritier a cessé de posséder les immeubles de la succession, il ne reste contre lui que l'action personnelle pour la part dont il est héritier, et que l'action hypothécaire cesse d'avoir lieu contre lui, étant de la nature de cette action qui est réelle et aux fins de délaisser les héritages hypothéqués, qu'elle ne puisse avoir lieu que contre ceux qui les possèdent et peuvent les délaisser. »

Lebrun, après avoir fait à cet égard une longue dissertation, dans son *Traité des Successions*, liv. 4, chap. 2, sect. 1, embrasse la même opinion.

L'ancienne jurisprudence y était conforme, et il résulte également des dispositions du Code civil que l'action hypothécaire, qui est l'exercice d'un droit réel sur un immeuble, qui frappe sur la chose et non sur la personne, ne peut être dirigée que contre le détenteur de l'immeuble hypothéqué.

19. Le cessionnaire de droits successifs., soit à titre onéreux, soit à titre gratuit, est tenu, envers le cédant, d'acquitter les dettes et les charges de la succession, pour la même part et portion que le cédant en est tenu lui-même à l'égard des créanciers de l'hérédité ; les créanciers ont donc le droit en vertu de l'art. 1166, de contraindre aussi le cessionnaire à leur payer la part et portion virile des dettes, et le cessionnaire s'y trouve personnellement obligé; même *ultrà vires*, puisqu'il ne peut devoir moins que le cédant qu'il représente et que celui-ci s'est rendu héritier pur et simple., aux termes de l'art. 780, en consentant la cession.

Mais, lorsque la cession, soit à titre onéreux, soit à titre gratuit, n'est faite qu'à titre *singulier*, et, lors même qu'elle comprendrait réellement tous les biens héréditaires, si elle n'est pas une cession générale et illimitée des droits successifs, du droit entier à la succession, le cessionnaire qui ne se trouve, en ce cas, propriétaire que des biens dénommés dans la cession, mais non pas

de tous les droits successifs , et qui en conséquence ne représente pas l'héritier , n'est pas
tenu des dettes et des charges de la succession , à
moins qu'il n'en ait été expressément chargé par la
cession , et d'une manière indéfinie , pour autant
que le cédant lui-même en est tenu.

Mais toujours ce cessionnaire est soumis à
l'action hypothécaire , à raison des immeubles
hypothéqués qui ont été compris dans la cession.

20. Du principe que chacun des cohéritiers
n'est tenu personnellement des dettes et charges
de la succession, que pour sa part et portion
virile, il résulte encore que, si l'un d'eux est
en même temps créancier de la succession, il
ne se fait dans ses mains une *confusion* de sa
créance, que pour la part et portion dont il en
est tenu comme héritier ; en sorte que, s'il n'est
héritier que pour un quart, il a le droit d'exiger
contre chacun des trois autres héritiers, le quart
de sa créance.

Il pourrait même contraindre hypothécairement, pour les trois quarts, celui des cohéritiers
qui serait détenteur d'un immeuble hypothéqué
à la dette ; mais il ne pourrait le contraindre au
paiement de la totalité, puisqu'il est lui-même,
en sa qualité d'héritier , débiteur d'un quart de
sa créance.

Il aurait également le droit de former l'action
personnelle et l'action hypothécaire contre le lé-

gataire à titre universel, mais toujours en·confondant sa part.

Il pourrait même, s'il avait droit à la réserve légale, exiger sans confusion la totalité de sa créance contre le légataire universel, puisqu'il n'aurait pas sa réserve entière, s'il perdait, par la confusion, une partie de sa créance personnelle. Dans ce cas, sa créance, comme toutes les autres, devrait être d'abord acquittée sur la masse de la succession, et il prendrait ensuite sa réserve sur ce qui resterait de biens, après la déduction de toutes les autres dettes et charges, conformément à l'art. 922.

Vice versâ, s'il était lui-même légataire à titre universel et par préciput, il confondrait, non-seulement sa part comme héritier, mais encore sa part comme légataire ; et s'il était légataire universel, il confondrait sa créance en proportion de ce qu'il prendrait dans la succession, pour donner aux autres héritiers ayant droit à la réserve légale, leur légitime entière sur la masse de l'hérédité.

21. L'art. 802 contient, en faveur de l'héritier bénéficiaire, une exception à la règle énoncée au numéro précédent. Il dispose que l'un des effets du bénéfice d'inventaire, est de donner à l'héritier l'avantage de conserver, contre la succession, le droit de réclamer ses créances.

Ainsi, l'héritier bénéficiaire a le droit de

· prendre sur la masse de la succession, comme le ferait un étranger, sa créance entière, sans être tenu d'en confondre ou détruire sa portion virile comme héritier.

Cependant si, après le paiement de toutes les dettes et charges de la succession, il reste des biens libres à partager entre les héritiers, il est évident qu'*en fait* l'héritier bénéficiaire souffre confusion d'une partie de sa créance, puisque le prélegs de sa créance entière a diminué d'autant la masse de la succession à laquelle il est appelé à prendre part.

. Mais, si la succession se trouve mauvaise, il a le droit de concourir avec tous les autres créanciers, pour la totalité de sa créance, sans déduction d'une portion virile, comme héritier. S'il se trouve en rang utile dans l'ordre hypothécaire, il prend la totalité de ce qui lui est dû, avant les créanciers chirographaires; et comme tous les autres créanciers, il a l'action personnelle et l'action hypothécaire contre les héritiers purs et simples.

· 22 La contrainte par corps, qui avait été prononcée par jugement contre le défunt (art. 2067), ne peut être exercée contre aucun de ses héritiers ou représentans. *Ob æs alienum, servire liberos creditoribus jura non patiuntur. L.* 12, *c. de obligat.*

La condamnation qui prononce la contrainte par corps, disait Bourjon, est personnalissime ainsi elle s'efface par la mort de celui qui y était assujéti.

23. Quant aux obligations qui peuvent résulter de crimes, de délits ou de quasi-délits, commis par le défunt, il faut distinguer, à l'égard des héritiers, celles qui tiennent à l'action publique et celles qui tiennent à l'action civile.

L'action publique pour l'application des peines, s'éteignant par la mort du prévenu ou de l'accusé, il s'ensuit qu'il n'y a que l'action civile, pour la réparation du dommage causé par les crimes, délits ou quasi-délits, qui puisse être exercée contre les héritiers (Art. 2 du Code d'instruction criminelle).

Ainsi, on ne peut, à raison des crimes, délits ou quasi délits commis par le défunt, faire prononcer contre les héritiers des amendes, parce qu'elles tiennent à l'action publique. Seulement, les parties lésées peuvent exercer contre les héritiers l'action en réparation du dommage qu'ils ont éprouvé.

24. L'héritier qui décède avant d'avoir acquitté les dettes et les charges de la succession, transmet ses obligations à ses propres héritiers. Ce qui était, pour lui, une dette ou une charge de la succession qu'il a recueillie, devient pareillement, pour ses héritiers, dette ou charge de sa succession propre. C'est toujours le même principe à l'égard des uns et des autres.

Ainsi , l'action personnelle qui pouvait être exercée contre lui . ou qui même l'avait déjà été, se divise entre ses héritiers , et chacun d'eux n'est tenu de la part qui était due par l'héritier décédé auquel il succède , que pour la part et portion qu'il prend dans la succession de cet héritier , en sorte que , si celui-ci était tenu d'un sixième des dettes et charges de la succession qui lui est échue , et qu'il ait laissé deux héritiers égaux en droits, chacun de ces héritiers ne doit personnellement qu'une douzième portion des dettes et charges de la succession échue à leur auteur.

Quant à l'action hypothécaire , elle suit toujours les détenteurs des immeubles hypothéqués, et en conséquence il suffit que l'un des deux héritiers possède un immeuble hypothéqué à une dette de la première succession , pour qu'il puisse être poursuivi hypothécairement pour la totalité de la dette.

25. On a vu dans l'art. 871 , que les légataires, soit universels, soit à titre universel, sont tenus de contribuer , avec les héritiers *ab intestat*, au paiement des dettes et des charges de la succession , chacun au prorata de son émolument; mais sont-ils obligés envers les créanciers du testateur, en sorte que l'action personnelle puisse être exercée directement contre eux par les créanciers ?

Les art. 871 et 873 ne s'expliquent point à cet

égard, mais il est dit expressément, dans l'article 1009, que le légataire universel, qui sera en concours avec un héritier auquel la loi réserve une quotité des biens, *sera tenu* des dettes et charges de la succession du testateur, *personnellement* pour sa part et portion, et hypothécairement pour le tout. La même disposition se trouve, à l'égard du légataire à titre universel, dans l'article 1012.

Le droit à une quotité des biens d'une succession, emporte toujours la charge du paiement d'une quotité proportionnelle des dettes, puisqu'on ne répute comme bien, puisqu'on ne répute comme succession que ce qui reste après la distraction des dettes : *non dicuntur bona nisi deducto œre alieno.*

26. Les légataires, soit universels, soit à titre universel, sont-ils personnellement tenus des dettes et des charges, *ultrà vires,* comme en sont tenus les héritiers *ab intestat,* ainsi qu'il a été expliqué au numéro 9 ?

Les art. 873, 1009 et 1012 du Code, qui obligent les héritiers et les légataires à payer les dettes et les charges de la succession, étant rédigés dans les mêmes termes, d'une manière générale et sans aucune limitation, on doit en conclure que les légataires sont, comme les héritiers, tenus *ultrà vires.*

D'ailleurs, si le légataire à titre universel, et

même le légataire universel en concours avec des héritiers à réserve, ne représentent pas pleine-ment le testateur, s'il ne succèdent pas immé-diatement, s'ils ne sont pas saisis, de plein droit, après son décès, des choses dont il avait disposé en leur faveur, il n'en est pas moins vrai qu'ils prennent réellement dans sa succession une quo-tité fixe de ses biens, à l'exclusion des héritiers légitimes, et cela suffit pour qu'ils soient tenus d'une quotité proportionnelle de ses dettes.

Au surplus, ils ont, comme les héritiers *ab in-testat*, la faculté de se soustraire à l'obligation indéfinie de payer *ultrà vires* les dettes et les charges, en faisant constater, par un inventaire fidèle et régulier, la quotité et la valeur de tout ce qu'ils reçoivent.

Comment enfin, sans cette précaution, pour-rait-on avoir la preuve que ce qui a été reçu par le légataire, ne suffit pas pour acquitter sa por-tion dans la totalité des dettes et des charges?

Quant au légataire universel qui, en l'absence d'héritiers ayant droit à la réserve légale, re-cueille la totalité de la succession, comme il est assimilé à un héritier *ab intestat* et qu'il en a tous les droits, il ne peut, comme l'héritier *ab intestat*, se soustraire à l'obligation de payer *ultrà vires*, qu'en acceptant la succession sous bénéfice d'in-ventaire.

(*Voyez* sur cette matière, le numéro 14 de mes observations sur l'art. 774.)

27. Les observations faites dans les deux numéros précédens, doivent être appliquées à ceux des donataires universels, ou à titre universel, qui, d'après les explications contenues aux numéros 8, 9, 10, 11 et 12 des observations sur l'art. 871, doivent contribuer, avec les héritiers, au paiement des dettes et des charges des successions dans lesquelles ils prennent part.

28. Il faut également appliquer, soit à ces donataires, soit aux légataires universels ou à titre universel, tout ce qui a été dit à l'égard des héritiers *ab intestat*, dans les numéros 6, 7, 8, 12, 13, 14, 15, 16, 17, 18, 19, 20, 21, 22, 23 et 24 des observations sur l'art. 873, sauf les distinctions et les modifications que la nature de chaque matière peut exiger.

29. Les dettes, qui se divisent entre les héritiers du sang, se divisent-elles également de plein droit entre les héritiers et les donataires ou légataires universels ou à titre universel, de manière que chacun d'eux ne soit personnellement obligé, envers les créanciers, qu'au paiement de sa portion virile; ou bien les héritiers du sang sont-ils personnellement tenus, envers les créanciers, de la totalité des dettes, sauf leur recours contre les donataires ou légataires, à raison des portions pour lesquelles ceux-ci doivent contribuer? En

d'autres termes, les créanciers ont-ils le droit de n'agir que contre les héritiers, et de les contraindre à payer, entr'eux, chacun pour sa portion, tout ce qui est dû par la succession, sans avoir besoin de diriger l'action personnelle contre les donataires ou légataires, pour leurs portions contributives ?

Cette question est d'un grand intérêt pour les héritiers, puisque, si les donataires ou légataires dissipaient les biens qui leur seraient échus et devenaient insolvables, les héritiers se trouveraient seuls chargés d'acquitter toutes les dettes et les charges de la succession, quoiqu'ils n'eussent qu'une faible partie des biens.

Dans les pays de coutume, on tenait généralement que les créanciers avaient le droit de n'agir que contre les héritiers du sang, pour la totalité des dettes. Il y avait à cet égard une disposition expresse dans les art. 332 et 334 de la coutume de Paris.

Pothier, après avoir dit, dans son *Traité des Successions*, chap. V, art. 5, §. 2, que chaque héritier est tenu des dettes, pour la part dont il est héritier, continue en ces termes :

« Je dis pour la part dont il est héritier, et non pas seulement pour la part qu'il aura dans le partage des biens de la succession ; car si, par exemple, une personne a laissé deux héritiers de ses biens et a fait un étranger légataire du tiers de

ses biens, ses deux héritiers seront tenus des dettes
de la succession, chacun pour moitié, sauf leur
recours contre le légataire universel, qui en doit
porter un tiers. La raison est que, quoique chacun de ses héritiers ne doive avoir, dans le partage des biens de la succession, que le tiers, néanmoins ils sont héritiers chacun pour moitié : ils
sont saisis, dès l'instant de la mort du défunt
chacun pour moitié, de tous les droits actifs et
passifs du défunt. La délivrance qu'ils font au légataire, du tiers des biens, oblige bien ce légataire à porter à leur décharge le tiers des dettes,
à l'indemniser de ce tiers, mais ne les *désoblige*
pas envers les créanciers de la succession. »

On prétend que cette opinion se trouve con-
firmée par l'art. 873 du Code civil, puisque cet
article après avoir imposé aux héritiers l'obligation d'acquitter toutes les dettes et charges de la
succession, leur accorde un recours contre les
légataires universels.

On ajoute qu'en effet suivant le systême adopté
par le Code, sur les legs et sur les dons à cause
de mort, systême presqu'entièrement semblable
à celui des coutumes, les héritiers du sang sont
les seuls héritiers, sont les seuls représentans du
défunt; que les donataires et légataires, lorsqu'ils
concourent avec ces héritiers, ne sont que de
simples successeurs aux biens ; qu'ainsi l'obligation personnelle aux dettes et aux charges, porte

d'abord toute entière sur les héritiers du sang, et que, si cette obligation a été aussi imposée aux donataires et légataires, ce n'est là qu'une obligation subsidiaire et surabondante en faveur des créanciers, qui ne peut pas faire cesser l'obligation principale dont les héritiers se trouvent grevés personnellement et d'une manière illimitée.

M. Toullier a fortement soutenu l'opinion contraire, tome 4 du *Droit civil français*, pages 508 et suivantes. Voici l'analyse de ses motifs.

Le Code n'a point, comme le droit coutumier, rejeté les institutions d'héritier. S'il n'y a point d'héritiers en faveur de qui la loi fasse une réserve, le légataire est saisi, de plein droit, par la mort du testateur, sans être tenu à demander la délivrance à l'héritier du sang. Il a tous les droits que les lois romaines donnent à l'héritier institué; les parens n'en ont plus aucun. La disposition du défunt l'emporte sur celle de la loi; les actions actives et passives ne reposent que sur sa tête; c'est contre lui seul que les créanciers peuvent diriger leurs actions. Voilà donc un changement bien marqué dans la législation.

Si le légataire universel est en concours avec un héritier légitimaire, il est obligé de demander la délivrance, d'où il suit qu'avant cette délivrance les actions reposent sur la tête du légitimaire, qui seul a la saisine légale; mais elles ne continuent pas d'y résider après la délivrance, et elles se divisent, de plein droit, entre l'héritier légitimaire et le légataire universel ou héritier institué, pour leur part et portion virile.

En effet, il est d'abord certain que l'héritier légitimaire ne pourrait agir solidairement contre un débiteur de la succession, pour le contraindre à lui payer la totalité de la dette, dont il ne lui appartient qu'un quart; c'est donc sur la tête du légataire universel que reposent les actions et les droits actifs pour les trois quarts.

Quant aux actions passives, c'est suivant l'article 1009, le légataire universel qui est seul chargé d'acquitter les legs particuliers; ce n'est qu'à lui que les légataires peuvent s'adresser pour demander la délivrance, puisque lui seul a intérêt d'examiner leur droit. Ainsi, voilà toute une classe de créanciers de la succession, qui n'a d'action que contre le légataire universel, et non contre l'héritier légitimaire.

Quant aux autres créanciers, le légataire universel, suivant le même article, est tenu des dettes et charges de la succession, *personnellement pour sa part et portion* et hypothécairement pour le tout, de même que l'héritier du sang, suivant l'art. 873; c'est donc au légataire universel que les créanciers doivent, dans l'exemple proposé, s'adresser pour les trois quarts de leurs dettes, et non pas à l'héritier légitimaire qui n'est tenu personnellement que pour sa part et portion virile, c'est-à-dire, pour un quart.

Il est vrai que l'art. 873 porte que les héritiers sont personnellement tenus des dettes pour leur part et portion virile, sauf leur recours, soit contre *leurs cohéritiers*, soit contre *les légataires universels*, à raison de la part pour laquelle ils doivent y contribuer; mais il ne faut pas en conclure que les héritiers du sang sont obligés, envers les créanciers, à payer la totalité des dettes, quoiqu'il existe un légataire universel, et sauf leur recours contre ce dernier. Le recours que cet article donne à l'héritier contre le légataire universel, est mis *sur la même ligne* que le recours contre son cohéritier, dont pourtant il n'est pas obligé de payer la portion virile. Ce recours ne peut donc être entendu que du cas où la portion virile excède la proportion de son émolument, comme on l'a vu précédemment, ou bien du cas où l'héritier a été obligé, par l'action hypothécaire, de payer plus que sa contribution.

Allons plus loin. Le Code donne aux créanciers de la succession une action personnelle contre le légataire à titre universel, et cette action, comme celle qu'ils ont contre les héritiers et contre le légataire universel, s'étend à toute sa part et portion virile, quoiqu'il ne soit tenu de contribuer *qu'au prorata de son émolument.* C'est ce qui résulte des art. 1012 et 871. Ainsi, son

38.

obligation aux dettes envers les créanciers, peut être plus forte que sa contribution avec les héritiers, *et vice versâ*.

Par exemple, Titius laisse pour héritiers ses deux frères, et il lègue à Paul le tiers de tous ses biens, mais il le charge de donner 10,000 francs à Caius. Il laisse, en mourant, une fortune de 60,000 francs. La part virile de chacun des deux frères est d'un tiers, celle de Paul est également d'un tiers, et les créanciers, aux termes de l'article 1012, peuvent contraindre Paul à payer le tiers des dettes, quoiqu'avec les héritiers il ne doive y contribuer que pour un cinquième, qui est le prorata de son émolument; mais cette contribution est étrangère aux créanciers, qui n'en ont pas moins le droit d'agir contre lui pour un tiers, sauf son recours.

L'action personnelle que le Code donne aux créanciers contre le légataire à titre universel, comme contre le légataire universel, n'est donc plus, comme elle était dans l'ancienne jurisprudence, suivant les expressions de Lebrun, une action personnelle *imparfaitement*, en ce qu'elle ne l'obligeait aux dettes qu'au prorata et jusqu'à concurrence de son émolument: c'est une action personnelle parfaite, de même nature que celle qui complète contre les héritiers, et qui l'oblige de payer les dettes pour sa part virile, sauf son recours contre les héritiers, en cas que cette part

virile excède sa part contributive, comme dans
le cas proposé.

D'ailleurs, autoriser les créanciers à agir contre
les héritiers pour la part virile des légataires, ce
serait rendre les héritiers débiteurs solidaires avec
ces derniers, tandis que les légataires ne sont pas
solidaires avec les héritiers; ce serait établir, ce
qui est inoui en jurisprudence, une solidarité
qui ne serait pas réciproque ; ce serait rendre
la condition des légataires meilleure que celle
des héritiers.

Enfin, si l'on s'obstinait à dire que les héritiers
représentant seuls la personne du défunt, sont,
comme lui, tenus personnellement de toutes les
dettes, nous répondrions que cette objection ne
consiste que dans l'abus de mots et qu'elle dégé-
nère en cercle vicieux. Celui sur la tête duquel
reposent les actions actives et passives du défunt, représente sa personne, dans le sens des
jurisconsultes. Or il est prouvé, par des textes
positifs, que les actions actives et passives reposent sur la tête des légataires universels ou à titre
universel, pour leur part et portion ; donc ils représentent le défunt pour cette part et portion,
de même que les héritiers pour la leur.

On pourrait ajouter encore que les légataires
universels ou à titre universel ne sont pas seulement tenus des dettes, sur les biens qu'ils recueil-

lent, puisqu'ils sont obligés personnellement, puisqu'ils sont même obligés *ultrà vites*.

Cette opinion de M. Toullier me paraît devoir être préférée à la première, parce qu'elle est la plus équitable, parce qu'elle n'est pas en opposition, comme on l'a prétendu, avec les termes de l'art 873, et qu'au contraire elle se trouve parfaitement en harmonie avec les dispositions combinées de cet article et des art. 1009 et 1012.

30. Il reste à parler de la manière dont les legs doivent être acquittés. Il ne faut pas les confondre avec les autres charges des successions, parce qu'ils ne sont pas toujours acquittés par les mêmes personnes, ni de la même manière.

Quant aux personnes qui doivent acquitter les legs, il faut consulter les art. 870, 1009 et 1013.

Suivant l'art. 1009, tous les legs, soit à titre universel, soit à titre particulier, sont à la charge du légataire universel, lorsqu'il se trouve en concours avec un héritier auquel la loi réserve une quotité de biens. La raison est que cet héritier ne pouvant retenir que la quotité de biens qui lui est réservée par la loi, n'aurait pas effectivement sa réserve entière, s'il était tenu d'acquitter les legs ou seulement de contribuer à leur paiement, sur la quotité de biens qu'il est autorisé à retenir.

Suivant l'art. 1013, le légataire à titre universel

est tenu d'acquitter les legs particuliers, par contribution avec les héritiers naturels.

Lorsqu'il n'y a, ni légataire universel, ni légataire à titre universel, les legs particuliers doivent être acquittés par les héritiers, conformément à l'art. 870.

Mais, dans tous les cas, les legs sont sujets à réduction, suivant les règles établies par les articles 920, 926 et 927.

31. Les legs doivent être acquittés par la délivrance des choses mêmes qui ont été léguées ; la délivrance doit être demandée à ceux qui sont débiteurs des legs, et les débiteurs en sont tenus, ainsi qu'il a été expliqué sur les art. 870 et 873, ainsi que des autres charges des successions.

Mais, comme les legs à titre particulier peuvent souvent consister en des sommes d'argent, l'article 1017 a réglé spécialement la manière dont ils seraient acquittés. Il porte que les héritiers du testateur, ou autres débiteurs d'un legs, seront personnellement tenus de l'acquitter, chacun au prorata de la part et portion dont ils profiteront dans la succession, et qu'ils en seront tenus hypothécairement pour le tout, jusqu'à concurrence de la valeur des immeubles de la succession, dont ils seront détenteurs.

Cette hypothèque accordée au légataire particulier, sur les immeubles de la succession, doit être rangée dans la classe des hypothèques

légales, puisqu'elle est établie par la loi, indépendamment de toute convention, et qu'en effet
il est très-rare qu'un testateur grève d'hypothèque ses biens, pour des legs qu'il ne doit pas lui-
même.

Cette hypothèque ne peut frapper sur les biens
qui forment la réserve d'un hériter, puisqu'on a
vu précédemment que l'héritier, qui ne retient
que sa réserve, n'est pas tenu des legs.

Elle ne peut pas, non plus, être opposée aux
créanciers de la succession, même simples chirographaires, puisqu'en aucun cas les legs ne
peuvent être pris sur les biens de la succession
du testateur, qu'après le paiement de toutes les
dettes, le testateur n'ayant pu être libéral qu'a-
près avoir été libéré : *nemo liberalis nisi libe-
ratus.*

32. L'héritier pur et simple est-il tenu, *ultrà
vires*, d'acquitter les legs faits par le défunt?

L'héritier qui a droit à la réserve légale, ne
peut être tenu des legs, que jusqu'à concurrence
de la portion disponible, et même après la déduction des autres charges, ainsi que des dettes.
Sa réserve n'a pu être entamée par aucune disposition quelconque à titre gratuit.

Mais si l'héritier pur et simple n'est pas dans la
classe de ceux qui ont droit à une réserve, il est
incontestablement tenu, *ultrà vires*, d'acquitter
les legs, ainsi que les dettes.

Vainement on dirait que le défunt n'a pu être libéral que jusqu'à concurrence de ses biens, déduction faite de ses dettes, au lieu qu'il a été en son pouvoir de contracter autant de dettes qu'il a voulu ; qu'en conséquence l'héritier doit avoir le droit de se libérer envers les légataires, en leur abandonnant ce qui reste de biens après le paiement des dettes, quoiqu'il ne puisse faire cet abandon aux créanciers, pour se dispenser d'acquitter la totalité de ce qui leur est dû.

Cette distinction ne pourrait se concilier avec la disposition de l'art 873, qui dit, d'une manière générale et absolue, que les héritiers sont tenus des dettes et des charges de la succession, et qui ne fait pas plus de limitation à l'égard des charges qu'à l'égard des dettes.

Elle ne pourrait, non plus se concilier, avec l'art. 1013 qui, spécialement pour les legs, contient la même disposition que l'art. 873.

Il y a cependant une exception dans l'art. 783. On a vu qu'aux termes de ce dernier article, le majeur ne peut jamais réclamer, *sous prétexte de lésion*, contre l'acceptation expresse ou tacite qu'il a faite d'une succession ; excepté *seulement* dans le cas où la succession se trouve absorbée, ou diminuée de plus de moitié, par la découverte d'un testament inconnu au moment de l'acceptation.

L'exception que contient cet article, est donc

la seule qu'on puisse admettre, et loin d'affai-
blir le principe, que l'héritier est tenu de la
totalité des legs, elle le confirme pleinement pour
tous les cas qui ne sont pas exceptés.

D'ailleurs, l'article eût été inutile, si les héritiers n'avaient pas été tenus des legs, *ultrà
vires*.

Et enfin il faut remarquer que l'héritier n'est
dispensé d'acquitter les legs, qu'en faisant révoquer l'acceptation qu'il a faite de la succession,
qu'en cessant d'être héritier. (*Voyez* le n° 8 des
observations sur l'art. 783.)

Par les mêmes motifs, les donataires ou légataires universel ou à titre universel sont également tenus d'acquitter, *ultrà vires*, les legs
dont ils se trouvent débiteurs, s'ils n'ont pas pris
les précautions expliquées au n° 26 des observations sur l'art. 873.

ARTICLE 874.

Le légataire particulier qui a acquitté
la dette dont l'immeuble légué était
grevé, demeure subrogé aux droits du
créancier contre les héritiers et successeurs à titre universel.

1. On a vu, dans l'art. 871, que le légataire
particulier n'est pas tenu des dettes et des charges

de la succession du testateur, et que néanmoins,
s'il est légataire d'un immeuble hypothéqué, il
est tenu, par la force de l'hypothèque, d'acquitter la totalité de la dette dont cet immeuble
est grevé; il doit donc avoir, dans ce cas, l'action
en recours contre les héritiers et les successeurs à
titre universel, qui sont obligés au paiement des
dettes et des charges de la succession, ainsi qu'il
a été précédemment expliqué.

Par ces mots, *successeurs à titre universel*, on
entend les donataires et les légataires, universels
ou à titre universel, qui, se trouvant appelés à
prendre une universalité, c'est-à-dire, une quotité
fixe des biens de la succession, sont de véritables
successeurs.

2. Pour que le légataire particulier qui a été
contraint d'acquitter la dette affectée sur l'immeuble compris dans son legs, puisse exercer
utilement son recours, la loi déclare qu'il demeure
subrogé aux droits du créancier.

Il peut donc, comme l'aurait pu le créancier
lui-même, exercer, soit l'action personnelle contre
les héritiers et les donataires ou légataires, chacun
pour sa part et portion, soit l'action hypothécaire
contre ceux qui sont détenteurs d'un autre immeuble hypothéqué à la même dette.

Il n'est pas même nécessaire que la quittance
qui lui a été consentie, contienne une subrogation expresse aux droits du créancier. La subro-

gation est de droit, puisqu'elle est formellement accordée par la loi.

3. On a cru trouver une antinomie entre les art. 871 et 874 et la disposition de l'art. 1020, qui porte que, si, avant le testament ou depuis, la chose léguée a été hypothéquée pour une dette de la succession ou même pour la dette d'un tiers, ou si elle est grevée d'un usufruit, celui qui doit acquitter le legs, *n'est point tenu de la dégager*, à moins qu'il n'ait été chargé de le faire par une disposition expresse du testateur.

Pour concilier ces articles, quelques jurisconsultes ont dit que les art. 871 et 874 ne doivent être appliqués qu'aux dettes pour raison desquelles il y a une hypothèque *générale*, c'est-à-dire, une hypothèque légale ou judiciaire; que l'art. 1010 doit être appliqué aux dettes pour lesquelles il y a une hypothèque *spéciale*, et qu'ainsi, d'après cette distinction, le légataire particulier est bien dispensé d'acquitter les dettes affectées par hypothèque générale sur les immeubles compris dans son legs, mais qu'il est tenu de celles qui sont affectées par hypothèque spéciale.

Cette opinion ne peut être admise, parce qu'elle porte sur une distinction purement arbitraire, qui n'est ni exprimée ni même indiquée dans aucun des trois articles, et qu'au contraire

ces trois articles statuent tous également d'une
manière générale et absolue, sans aucune distinction entre les diverses espèces d'hypothèques.

M. Grenier, dans son *Traité des Donations et
des Testamens*, tom. 1, pag. 556 et suivantes, a
donné une autre opinion, qui concilie très-bien
les textes, sans rien y ajouter, et qui établit évidemment que la disposition de l'art. 1020 n'est
relative qu'au mode d'application, dans certains cas, de la règle consignée dans les art. 871
et 874.

« L'art. 1020, dit ce savant auteur, ne fait point
d'exception à la règle. Il faut bien saisir le sens
du mot *dégager*. Le législateur a prévu un cas
qui arrive souvent, celui où une hypothèque
serait établie pour une créance, ou éventuelle,
ou conditionnelle, ou payable à une époque
éloignée, et il a voulu que, dans ce cas, celui
qui devait acquitter les legs, ne fût point obligé
de dégager la chose léguée, en prenant des
mesures pour procurer au légataire l'avantage
de jouir de cette chose léguée, sans les entraves
de l'hypothèque, lorsque le légataire demanderait la délivrance de son legs, à moins que le
testateur ne l'eût ainsi voulu. Car cet art. 1020 a
principalement trait à ce que doit faire celui qui
doit acquitter le legs, lors de cette délivrance,
et ce que le législateur a voulu dans ce cas, il l'a
également voulu dans le cas où la chose léguée

aurait été chargée d'un usufruit envers un autre.
Cet usufruit est une charge réelle qui suit de
droit la chose qui y est affectée.

« Mais il y a cette différence essentielle entre
le cas où l'objet légué est grevé d'un usufruit, et
celui où il est grevé d'une hypothèque. Au premier cas, l'usufruit est une charge naturelle du
legs, comme on vient de le dire. Au second cas,
le paiement de la dette est toujours à la charge
de celui qui doit acquitter le legs. Seulement, il
n'est point obligé de dégager la chose léguée, de
l'hypothèque, avant l'époque du paiement, ou
avant l'événement qui doit en opérer l'extinction.......

« C'est dans ce sens que la cour de cassation, en
présentant ses observations sur le premier projet
de Code civil, p. 380, avait entendu cet art. 1020,
qui était le 113ᵉ du projet. Cette cour était d'avis
d'y ajouter : « Sauf le recours du légataire contre
l'héritier, en cas que ce légataire fût obligé de
payer la dette hypothécaire, ou de déguerpir. »
Si dans la suite on n'a pas fait cette addition, ce ne
peut être que parce qu'on l'a regardée comme
inutile, d'après les articles ci-dessus cités et notamment l'art. 874. »

Ainsi les art. 871, 874 et 1020 doivent s'entendre en ce sens, qu'avant l'époque où devient
exigible la dette qui est affectée par hypothèque
sur l'immeuble légué à titre particulier, le léga-

taire ne peut exiger que l'immeuble soit dégagé
de l'hypothèque, à moins qu'il n'y ait une disposition contraire de la part du testateur; mais que,
s'il est obligé, par la force de l'hypothèque,
d'acquitter la dette devenue exigible, ou de déguerpir l'immeuble, pour se dispenser de payer,
il a un recours assuré contre les héritiers et autres
débiteurs du legs.

La même décision doit s'appliquer au légataire
particulier en usufruit. L'art. 611 du Code, dit
également que l'usufruitier à titre particulier
n'est pas tenu des dettes auxquelles le fonds est
hypothéqué, et que, s'il est forcé de les payer, il
a un recours contre le propriétaire.

L'article ajoute, il est vrai, « sauf ce qui est dit
à l'art. 1020, au titre *des Donations entre-vifs et
des Testamens;* » mais on vient de voir comment
doit s'entendre et s'appliquer là disposition de
l'art. 1020.

ARTICLE 875.

Le cohéritier ou successeur à titre
universel, qui, par l'effet de l'hypothèque, a payé au-delà de sa part de la
dette commune, n'a de recours contre
les autres cohéritiers ou successeurs à
titre universel, que pour la part que

chacun d'eux doit personnellement en supporter, même dans le cas où le co-héritier qui a payé la dette, se serait fait subroger aux droits du créancier; sans préjudice néanmoins des droits d'un cohéritier qui, par l'effet du bé-néfice d'inventaire, aurait conservé la faculté de réclamer le paiement de sa créance personnelle, comme tout autre créancier.

1. On a long-temps agité la question de savoir si l'héritier qui, par l'effet de l'hypothèque établie sur un immeuble à lui échu par le partage, avait été contraint à payer la totalité d'une dette de la succession, et qui s'était fait subroger aux droits du créancier, avait un recours solidaire contre ceux de ses cohéritiers, qui étaient détenteurs d'autres immeubles hypothéqués à la même dette, et si en conséquence il pouvait contraindre cha-cun d'eux *hypothécairement* à lui rembourser tout ce qu'il avait payé au-delà de sa portion virile, ou bien s'il n'avait de recours contre chacun de ses cohéritiers, que pour la part dont chacun d'eux était tenu *personnellement*.

Il paraît que l'ancienne jurisprudence avait adopté le recours solidaire, ainsi que l'atteste

Charondas, en ses Rép., liv. 6, chap. XI ; mais elle
fut changée, et l'on jugeait constamment, dans
les derniers temps, qu'il n'y avait lieu à recours
contre chaque cohéritier, que pour sa part et portion virile, quoiqu'il fût détenteur d'une partie
des immeubles hypothéqués à la dette, quoique
l'héritier qui avait été forcé de payer la totalité,
se fût fait expressément subroger aux droits du
créancier.

Cette dernière jurisprudence se trouve définitivement consacrée par l'art. 875 du Code civil,
et même le Code en a fait une règle générale
pour toutes les dettes solidaires. Il est dit dans
l'art. 1214, que le codébiteur d'une dette solidaire, qui l'a payée en entier, ne peut répéter
contre les autres que la part et portion de chacun d'eux.

On dira peut-être qu'il serait plus juste que
l'héritier qui n'a été contraint que par l'effet de
l'hypothèque, à payer la totalité de la dette, pût
également faire valoir cette hypothèque contre
ceux de ses cohéritiers, qui sont détenteurs
d'autres immeubles également hypothéqués à la
même dette, et qu'au surplus, lorsqu'il s'est fait
subroger aux droits du créancier, il devrait avoir,
en vertu de cette subrogation, le droit de contraindre hypothécairement pour le tout chacun
de ces cohéritiers, comme l'aurait le créancier
lui-même.

III.   39

Mais on a reconnu qu'il en résulterait des inconvéniens notables, en ce que le premier des
cohéritiers, qui serait assigné en recours solidaire
et hypothécaire, pourrait à son tour exercer le
même recours contre un second, celui-ci contre
un troisième, et successivement les uns contre
les autres, en sorte qu'il y aurait entre les cohéritiers un long circuit d'actions qui occasionneraient des frais considérables et troubleraient la
paix des familles. (Lebrun, *Traité des Successions*, liv. 4, chap., 2, sect. 3.)

Cependant la subrogation que se fait consentir l'héritier qui est obligé de payer la totalité de
la dette, ne lui est pas entièrement inutile. S'il
ne peut se servir de l'hypothèque qui appartenait
au créancier, à l'effet de contraindre chacun des
cohéritiers hypothécairement pour le tout, il
peut au moins s'en servir à l'effet de contraindre,
sur les biens hypothéqués, chacun des détenteurs,
pour sa part et portion, et il est ainsi préféré sur
ces biens aux créanciers chirographaires.

2. L'héritier qui, par l'effet de l'hypothèque,
a payé la totalité de la dette, n'a également de
recours contre les successeurs à titre universel,
que pour la part et portion dont chacun d'eux
est *personnellement* tenu de la dette.

Et de même, si c'est un successeur à titre universel, qui ait été contraint de payer toute la
dette hypothécaire, il n'a aussi de recours, soit

contre les autres successeurs, soit contre les héritiers, que pour la portion virile de chacun d'eux.

3. Mais la disposition de l'art. 875 n'est pas applicable au cas où l'héritier, qui se trouve en même temps légataire particulier à titre de préciput est contraint de payer la totalité d'une dette affectée hypothécairement sur un immeuble compris dans son legs.

En ce cas, ce n'est point comme héritier, mais comme légataire, qu'il a droit d'exercer un recours contre ses cohéritiers et contre les successeurs à titre universel. Or, l'art. 875 ne parle que du recours exercé par l'héritier, et l'art. 874 dit généralement que le légataire particulier est subrogé aux droits du créancier qu'il a payé, sans distinguer si ce légataire est ou n'est pas héritier.

On a vu précédemment que l'héritier est considéré comme étranger à la succession, quant au legs particulier qui lui a été fait, puisqu'il n'est pas tenu de contribuer aux dettes, à raison de la chose qui lui a été léguée, et d'ailleurs on ne peut pas dire que le recours de là part du légataire qui est en même temps héritier, donne lieu à un circuit d'actions, puisque l'héritier ou le successeur contre qui ce recours est formé, ne peut ensuite exercer, d'après l'art. 875, que l'action personnelle contre chacun des autres héritiers ou successeurs.

39.

4. L'art 875 contient aussi une exception en faveur de l'héritier sous bénéfice d'inventaire ; et en effet, puisqu'aux termes de l'art. 802, cet héritier conserve le droit de réclamer contre la succession le paiement de ses créances personnelles et que même il n'en confond aucune portion dans l'hérédité, il a certainement le droit de les réclamer entièrement, soit par actions personnelles, soit par actions hypothécaires, comme tout autre créancier. Quant à ses créances personnelles, il est aussi considéré comme étranger à la succession.

5. Mais en doit-il être de même, à l'égard de l'héritier pur et simple, qui se trouve en même temps créancier personnel et hypothécaire du défunt ? peut-il également contraindre hypothécairement pour le tout, et sous la déduction seulement de sa portion virile, les cohéritiers ou successeurs à titre universel, qui sont détenteurs d'immeubles hypothéqués ?

Il en avait le droit, d'après la disposition précise de la loi 1, c. de hæredit. action.; et ainsi l'ont jugé plusieurs arrêts rapportés par Bouguier, lettre *h*, nomb. 2, et par Brodeau sur Louet, lettre *h*, nomb. 20.

« L'on en peut alléguer cette raison, disait Lebrun, *Traité des Successions*, liv. 4, chap. 2, sect. 1, nomb. 43, que l'héritier n'est point obligé de communiquer cette créance à ses cohéritiers,

parce que ce n'est point une affaire qu'il ait négociée, en qualité d'héritier, avec un étranger
mais qu'il était créancier de celui *de cujus bonis*,
avant son décès; ce qui fait une différence essentielle de cette espèce et de celle où l'on suppose
que l'un des héritiers a payé une dette de la
succession à un créancier qui l'a subrogé. »

Mais, au même endroit, l'annotateur de Lebrun, tout en convenant que l'opinion qui vient
d'être rapportée, se trouve fondée sur la rigueur
du droit, sur les arrêts, et sur l'avis de Charondas,
en ses réponses, liv. 6, chap. 11, conclut cependant pour la négative. « La raison est, dit-il, que
le créancier *ex super venientiâ facti et per casum*
delatæ successionis, quasi incidit in societatem;
il devient héritier, et par conséquent il entre
dans une espèce de société avec ses cohéritiers.
Dès-lors il est soumis à la loi de l'égalité, qui est
la loi souveraine des partages, et à la règle de
l'action, qui s'appelle en droit, *actio familiæ er-*
ciscundæ; il ne se peut plus prévaloir de la rigueur de l'action solidaire et hypothécaire : il
doit épargner également ses cohéritiers, et ne pas
faire tomber tout le faix de son action sur un seul,
ni susciter une guerre domestique par un circuit
d'actions récursoires entre ses cohéritiers. »

M. Toullier, qui a adopté ce dernier avis, t. 4,
page 546, ajoute, particulièrement pour le Code
civil, que l'art. 875 n'a fait d'exception que pour

l'héritier bénéficiaire, et qu'on ne doit pas suppléer une exception qui ne se trouve pas dans la loi.

À la première objection, je réponds, avec Lebrun, que l'hypothèque appartenante à l'héritier qui est en même temps créancier du défunt, n'est pas un avantage qu'il retire *ex re hœreditariâ* et qu'il doive communiquer à ses cohéritiers, puisqu'il l'avait avant l'ouverture de la succession, puisqu'elle ne provient pas d'une affaire qu'en sa qualité d'héritier il ait négociée avec un étranger, mais d'une obligation que le défunt lui-même avait contractée envers lui.

À la deuxième, je réponds qu'il n'est pas vrai que l'action hypothécaire de la part de l'héritier qui réclame la totalité de sa créance, puisse donner lieu à un circuit d'actions récursoires entre les héritiers, puisqu'aux termes de la première disposition de l'art. 875, comme suivant l'ancienne jurisprudence, celui des héritiers, qui a été contraint hypothécairement à payer la totalité de la dette, ne peut exercer de recours contre chacun de ses cohéritiers ou des successeurs à titre universel, que pour sa part et portion virile.

À la troisième, je réponds que, si dans la deuxième disposition de l'art. 875, qui contient une exception à la première, il n'a pas été parlé de l'héritier pur et simple qui est en même temps créancier hypothécaire du défunt, c'est qu'évidemment la première disposition ne peut, d'après ses termes, être appliquée à cet héritier.

En effet, il y est dit que le cohéritier qui, par l'effet de l'hypothèque, *a payé au-delà de sa part de la dette commune*, n'a de recours contre les autres cohéritiers, que pour la part que chacun d'eux doit personnellement en supporter: or, dans le cas particulier que nous examinons en ce moment, ce n'est pas un cohéritier, ayant payé au-delà de sa part de la dette commune, qui veut exercer un recours; c'est un cohéritier qui réclame une créance qui lui est *personnelle*. Ce n'est pas un cohéritier qui a payé plus qu'il ne devait pour sa part et portion; c'est un cohéritier qui demande à être payé de ce qui lui était dû par le défunt, de ce qui lui est dû par la succession. Les deux espèces sont absolument différentes, et la disposition de l'art. 875 ne peut pas être arbitrairement étendue à un autre cas que celui qu'elle a prévu, à un autre cas auquel ne peuvent s'appliquer les motifs qui l'ont fait adopter, puisqu'il ne donnerait pas lieu au circuit d'actions récursoires, que l'article a eu pour objet de prévenir.

Qu'on en tire la conséquence, que dans l'article 875 il était inutile de faire une exception particulière à l'égard de l'héritier sous bénéfice d'inventaire, qui réclame une créance personnelle; cela est vrai, et surtout d'après la disposition déjà existante de l'art. 802 ; mais ma réponse n'en est pas moins exacte et conforme au texte de l'art. 875.

6. Par les mêmes motifs, il faut décider que l'un des successeurs à titre universel, qui est en même temps créancier hypothécaire du défunt peut contraindre hypothécairement chacun des autres successeurs et chacun des héritiers, qui sont détenteurs d'immeubles hypothéqués, au paiement de la totalité de sa créance, déduction faite de la portion virile qu'il doit personnellement en supporter, en qualité de successeur. C'est comme créancier, et, sous ce rapport, étranger à la succession, qu'il peut exercer l'action hypothécaire, ainsi que tout autre créancier.

7. L'article 875 n'a réglé l'étendue et les effets du recours, qu'à l'égard de l'héritier, qui, *par l'effet de l'hypothèque*, a payé au delà de sa part de la dette commune, et aucun autre article du Code ne s'est expliqué sur l'étendue et les effets du recours qu'à le droit d'exercer celui des héritiers, qui, en vertu des art. 1221 et 1223, a été contraint à acquitter la totalité d'une dette, qui est indivisible de sa nature, ou dont les héritiers ne peuvent demander la division. Les art. 1221 et 1225 se bornent à dire que cet héritier qui a payé la totalité de la dette, a un recours contre ses cohéritiers. Peut-il donc exercer contre chacun d'eux le recours solidaire pour

le tout, déduction faite de sa portion virile, lorsqu'il a été subrogé aux droits du créancier, ou
ne peut-il demander à chacun d'eux que la part
dont chacun est tenu personnellement?

Il me semble que la question est résolue par
les motifs qui ont fait adopter la disposition de
l'article 875. Dans le cas qui vient d'être énoncé,
comme dans celui qui a été prévu par l'art. 875,
le recours solidaire donnerait lieu à un long circuit d'actions entre les héritiers; il faut donc appliquer la disposition de l'art. 875, par identité
de motifs, pour prévenir également les inconvéniens qu'entraînerait ce circuit d'actions.

ARTICLE 876.

En cas d'insolvabilité d'un des cohéritiers ou successeurs à titre universel,
sa part dans la dette hypothécaire est
répartie sur tous les autres, au marc
le franc.

1. Si la loi a voulu que l'héritier ou le successeur, qui, par l'effet de l'hypothèque, aurait été
contraint à payer la totalité de la dette, n'eût de
recours contre chacun des autres héritiers ou successeurs, que pour sa portion virile, c'est uniquement, comme il a été précédemment expliqué,
pour éviter un long circuit d'actions récursoires

entre les héritiers et les successeurs; mais on serait allé beaucoup trop loin et l'on aurait évidemment violé les règles de la justice et de l'égalité, si l'on avait mis tous les risques des recours
personnels, à la charge de l'héritier ou du successeur qui aurait tout payé, si on lui avait fait
supporter entièrement la perte qui aurait pu résulter de l'insolvabilité de quelques-uns des cohéritiers ou des successeurs.

Il a donc été statué, par l'art. 876, que la perte
serait supportée proportionnellement par tous les
héritiers et successeurs, et qu'à cet effet les parts
dont les insolvables étaient tenus personnellement
dans la dette hypothécaire acquittée, seraient réparties sur tous les autres héritiers ou successeurs, et seraient réparties au marc le franc,
c'est-à-dire en proportion de ce que prend dans
la succession chacun de ces héritiers et successeurs.

2. Il est à remarquer que la règle est établie,
tant à l'égard des héritiers, qu'à l'égard des successeurs à titre universel, sans aucune distinction
entr'eux, en sorte que, soit que la dette hypothécaire ait été entièrement acquittée par un héritier, soit qu'elle l'ait été par un successeur,
les parts des insolvables, soit héritiers, soit successeurs, sont réparties entre tous les autres héritiers et successeurs, au marc le franc.

Supposons, par exemple, que le défunt ait

légué à deux personnes différentes, à chacune
le quart de ses biens; qu'il ait laissé pour héritier, son père et un frère; qu'un des légataires
ait été contraint hypothécairement à payer seul
une dette de 60,000 fr., et que le frère, qui
devait personnellement contribuer au paiement
de cette dette, pour la somme de 22,500 fr., soit
devenu insolvable.

Dans l'hypothèse, cette somme de 22,500 fr.
ne doit pas être entièrement perdue pour le légataire qui a été contraint de payer toute la dette;
elle doit être répartie sur le père et les deux légataires, mais elle doit être répartie au marc le
franc. Or, le père n'ayant qu'une huitième portion de la succession de son fils, et chacun des
légataires ayant un quart de cette succession,
il s'ensuit que la somme de 22,500 fr. doit être
divisée en cinq portions, dont quatre sont à la
charge des deux légataires, et la cinquième seulement à la charge du père.

Le père n'est donc tenu de supporter, pour
la part du frère insolvable, que 4,500 fr., et chacun des deux légataires en supporte 9,000 fr.

Mais le père doit, en outre, de son chef et pour
sa portion virile et personnelle, à celui des légataires, qui a payé la dette entière, le remboursement de la somme de 7,500 fr., formant le
huitième de la dette, parce qu'il prend un huitième de la succession de son fils.

3. Si l'héritier ou le successeur, qui a été contraint hypothécairement à payer la totalité de la
dette, néglige de suivre son action en recours
et qu'à défaut de poursuites en temps utile, il
perde les moyens de se faire rembourser par des
héritiers ou successeurs qui deviennent ensuite
insolvables, la perte toute entière doit tomber
sur lui seul. Il ne serait pas juste que les autres
fussent victimes de sa négligence, et peut-être
aussi de sa connivence avec quelques héritiers
ou successeurs.

4. La disposition de l'art. 876 est évidemment
applicable au cas où l'héritier ou successeur,
qui a été contraint de payer la totalité d'une
dette, ou indivisible de sa nature, ou non divisible à l'égard des héritiers, ne peut exercer un
recours utile contre des héritiers ou successeurs
devenus insolvables.

ARTICLE 877.

Les titres exécutoires contre le défunt, sont pareillement exécutoires
contre l'héritier personnellement ; et
néanmoins le créancier ne pourra en
poursuivre l'exécution que huit jours
après la signification de ces titres à la
personne ou au domicile de l'héritier.

1. C'était une règle admise généralement dans les pays coutumiers, que le titre authentique souscrit par le défunt et qui était exécutoire contre lui, n'était pas cependant exécutoire de plein droit contre les héritiers, et qu'en conséquence les héritiers ne pouvaient être contraints à l'exécution du titre, qu'en vertu d'un jugement qui l'eût déclaré exécutoire contre eux personnellement, comme il l'était contre le défunt.

Mais cette formalité, qui ne servait qu'à occasionner des frais et à donner aux débiteurs de mauvaise foi des moyens pour différer et même pour éluder, dans certains cas, l'exécution du titre, était d'ailleurs évidemment en opposition avec ce principe, que l'héritier représente entièrement la personne du défunt et succède à tous ses droits passifs, comme à tous ses droits actifs; elle était également en opposition avec cet autre principe non moins incontestable, que la force d'un titre authentique ne peut être altérée par l'événement du décès de la personne qui l'a souscrit.

C'est donc avec raison que le Code civil l'a supprimée, en décrétant que les titres exécutoires contre le défunt, seraient pareillement exécutoires contre l'héritier personnellement.

2. Cependant, comme il peut arriver souvent que l'héritier n'ait aucune connaissance des titres souscrits par le défunt, il est juste qu'il ait un certain délai pour les examiner, avant qu'on

puisse en poursuivre contre lui l'exécution. L'article 877 y a pourvu, en ordonnant que le créancier ne pourrait poursuivre l'exécution des titres qu'il avait contre le défunt, que huit jours après la signification de ces titres à la personne ou au domicile de l'héritier.

Cette signification doit être pure et simple, et ne peut valoir comme commandement; car le commandement est un commencement d'exécution, et l'exécution ne peut être commencée que huit jours après la signification des titres.

Les huit jours doivent être francs. *Dies termini non computantur in termino.*

3. L'art. 877 ne fixant pas l'époque à laquelle doit être faite la signification des titres, rien ne s'oppose à ce qu'elle soit faite, même pendant les délais accordés à l'héritier présomptif pour faire inventaire et pour délibérer. Le but de la loi est rempli, lorsque les titres ont été notifiés à l'héritier, huit jours avant le commencement de l'exécution.

Mais, quoique les huit jours soient expirés, l'héritier ne peut, aux termes de l'art. 797, être contraint à l'exécution, pendant les délais qui lui sont accordés pour faire inventaire et pour délibérer.

ARTICLE 878.

Ils peuvent demander, dans tous les

cas, et contre tout créancier, la séparation du patrimoine du défunt d'avec le patrimoine de l'héritier.

1. On a vu que, par l'acceptation pure et simple d'une succession, les biens personnels de l'héritier se trouvent confondu avec ceux qu'il a recueillis dans l'hérédité, et de cette confusion il résulte, en faveur des créanciers du défunt, qu'ils peuvent exercer leurs droits sur les biens personnels de l'héritier, comme sur les biens héréditaires qu'il a recueillis ; mais il en résulte aussi que les créanciers personnels de l'héritier peuvent également exercer leurs droits sur les biens héréditaires qui lui sont échus, comme sur ses biens propres.

Or, il pourrait arriver souvent que cette confusion serait nuisible aux créanciers du défunt.

Ainsi, 1° les créanciers chirographaires du défunt, qui pourraient être entièrement payés sur le prix de la vente des biens héréditaires, s'ils avaient seuls droit à ce prix, perdraient par l'effet de la confusion, une partie de leurs créances, lorsque l'héritier aurait plus de dettes que de biens, puisque ses créanciers personnels seraient admis à venir à la contribution au marc le franc, sur le prix de la vente des biens héréditaires.

2° Les créanciers chirographaires du défunt

pourraient même être primés sur les biens héréditaires, par des hypothèques que des créanciers personnels de l'héritier se seraient empres-
sés d'obtenir.

3° Ceux mêmes qui, avant l'ouverture de la
succession, auraient acquis sur certains immeubles des hypothèques spéciales, mais qui
ne trouveraient plus dans ces hypothèques des
garanties suffisantes pour la totalité de leurs
créances, pourraient encore être primés, sur les
autres immeubles du défunt, par des hypothèques qu'obtiendraient les créanciers personnels
de l'héritier.

Cependant n'est-il pas dans la nature et dans
l'ordre des choses, que les créanciers du défunt
soient toujours payés sur les biens de sa succession, par préférence aux créanciers personnels
de l'héritier ? Ceux-ci ne peuvent avoir, en effet,
sur les biens de la succession, plus de droits que
leur débiteur lui-même à qui la succession est
échue; or, l'héritier n'a droit aux biens de la
succession, qu'à la charge de payer toutes les
dettes du défunt: *bona non intelliguntur, nisi deducto œre alieno;* ses créanciers personnels
doivent donc être, comme lui, soumis à cette
charge, et conséquemment ils ne doivent être
payés sur les biens de la succession, qu'après les
créanciers du défunt.

Toutefois, si les créanciers du défunt voulaien

profiter de la confusion légale du patrimoine personnel de l'héritier avec le patrimoine du défunt, il serait juste, par réciprocité, qu'elle profitât aux créanciers personnels de l'héritier; mais les premiers ne doivent-ils pas avoir le droit de s'opposer à cette confusion, lorsqu'ils y ont intérêt, et de réclamer la séparation des deux patrimoines?

Ce droit leur fut accordé par l'édit du préteur, et il a été constamment admis en France, dans les pays coutumiers, comme dans ceux de droit écrit.

Le Code civil a dû le maintenir.

2. La séparation des patrimoines a donc pour objet de conférer aux créanciers du défunt un *privilége* sur les biens de la succession, de manière à ce qu'ils soient payés sur ces biens, par préférence aux créanciers personnels des héritiers.

Mais, aux termes de l'art. 2106, les priviléges en général ne produisent d'effet à l'égard des immeubles, qu'autant qu'ils sont rendus publics par des inscriptions sur les registres des conservateurs des hypothèques, et il fallait aussi fixer un délai dans lequel seraient prises les inscriptions pour conserver le privilége en faveur des créanciers du défunt, comme il en a été fixé à l'égard de tous les autres priviléges, puisque la publicité des priviléges est nécessaire, soit dans

III.

40

l'intérêt des tiers qui peuvent avoir des droits à exercer sur les mêmes biens, soit pour ne pas induire en erreur les personnes qui traitent avec les détenteurs de ces biens.

L'art. 2111 a statué sur ce point. Voici ses termes :

« Les créanciers et légataires qui demandent la séparation du patrimoine du défunt, conformément à l'article 878 au titre *des Successions*, conservent, à l'égard des créanciers des héritiers ou représentans du défunt, leur privilége sur les immeubles de la succession, par les inscriptions faites sur chacun de ces biens, *dans les six mois*, *à compter de l'ouverture de la succession*. Avant l'expiration de ce délai, aucune hypothéque ne peut être établie avec effet sur ces biens par les héritiers ou représentans, au préjudice de ces créanciers ou légataires. »

Il faut donc, pour que les créanciers du défunt puissent jouir, relativement aux immeubles de la succession, du privilége qui leur est accordé par la loi, qu'ils le fassent inscrire dans les six mois à compter de la mort de leur débiteur, et, en remplissant cette formalité, le privilége leur est acquis, lors même qu'antérieurement les créanciers personnels des héritiers auraient fait inscrire des titres hypothécaires. Pendant les six mois, il ne peut être porté aucune atteinte à leur privilége.

Mais après ce délai, leur privilége non inscrit serait perdu, et ils ne pourraient plus prendre que de simples hypothèques qui ne produiraient d'effet qu'à compter des inscriptions, et qui se trouveraient conséquemment primées par les hypothèques qu'auraient antérieurement fait inscrire les créanciers personnels des héritiers.

3. Il est important de remarquer qu'il ne suffit pas, pour que les créanciers du défunt puissent jouir du privilége résultant de la séparation des patrimoines, qu'ils l'aient fait inscrire dans les six mois, mais qu'il est encore nécessaire qu'ils forment expressément la demande en séparation des patrimoines.

Il est dit, en effet, dans l'art. 2111, que les créanciers qui demandent la séparation du patrimoine du défunt, conformément à l'art. 878 au titre *des Successions*, conservent leur privilége, etc.; ce n'est donc qu'à ceux qui demandent la séparation du patrimoine du défunt, que le privilége est accordé; ce n'est qu'en leur faveur que le privilége est conservé par l'inscription dans les six mois.

Ainsi, le créancier qui aurait pris inscription dans les six mois, mais qui, soit avant cette inscription, soit après, aurait fait novation, ainsi qu'il sera expliqué sur l'art. 879, et qui en conséquence serait non recevable à former la demande en séparation des patrimoines, ne pour-

40 .

rait plus réclamer aucun privilége, au préjudice des créanciers personnels des héritiers.

On verra sur l'art. 880, dans quel délai doit être demandée la séparation des patrimoines, quant aux immeubles.

4. L'art. 878 dispose, d'une manière générale, que les créanciers du défunt peuvent demander la séparation des patrimoines; il ne fait aucune distinction entre les créanciers; il ne fait aucune exception ; tous ont donc également le droit de demander la séparation, quels que soient leurs titres.

Ainsi, la séparation peut être demandée par les simples créanciers chirographaires. « Le droit de séparation, disait Domat, tom. 1, première partie, liv. 3, tit. II, sect. 1, est indépendant de l'hypothèque, et les créanciers chirographaires peuvent la demander; car le simple effet de leur créance les fait préférer, sur les biens de leur débiteur, aux créanciers de son héritier, envers qui le défunt n'était point obligé. »

La séparation peut être aussi demandée par les créanciers hypothécaires; et, en effet, on a vu précédemment que, lorsqu'ils n'ont que des hypothèques spéciales et insuffisantes, ils ont besoin du bénéfice de la séparation des patrimoines, afin d'acquérir privilége sur ceux des immeubles de la succession, qui ne sont pas hypothéqués à leurs créances.

Les créanciers peuvent encore demander la séparation, quoique leurs créances ne soient pas actuellement exigibles, et lors même qu'elles ne sont qu'éventuelles ou soumises à des conditions incertaines qui ne sont pas encore arrivées. La loi 4, *in principio*, *ff. de separat.*, contenait à cet égard une disposition expresse.

Cependant, lorsqu'une créance se trouve soumise à une condition incertaine, les créanciers personnels des héritiers peuvent être autorisés à se faire payer sur les biens héréditaires, en donnant caution de rapporter, au cas où la condition s'accomplirait en faveur du créancier.

5. Le créancier du défunt, lors même qu'il se trouve son héritier, *mais seulement en partie*, ne confondant sa créance que pour sa portion virile, peut aussi demander, pour le surplus, la séparation des patrimoines. On a vu que l'héritier, qui est en même temps créancier du défunt, a, pour le paiement de sa créance, déduction faite de sa portion virile, les mêmes droits que tout autre créancier.

6. Lorsqu'un débiteur principal est devenu héritier de la personne qui l'avait cautionné, quoique le cautionnement se trouve éteint par la confusion, le créancier ne perd pas ses droits contre la succession du fidéjusseur, et conséquemment il peut demander la séparation des patrimoines. La confusion qui s'est opérée à

l'égard du débiteur principal, est absolument étrangère au créancier; elle ne peut altérer ses droits, en aucune manière; elle ne peut faire qu'ayant été créancier du défunt, il ne soit pas créancier de la succession, et qu'il soit privé du droit qu'ont tous les créanciers, de demander la séparation des patrimoines.

Cette décision était écrite littéralement dans la loi 3, *ff. de separat.*

« Ce qui est dit, ajoute Domat, pour le cas où le débiteur succède à la caution, aurait lieu de même, à plus forte raison, dans le cas où la caution succéderait au débiteur, et le même créancier qui peut demander la séparation des biens du fidéjusseur, contre les créanciers du débiteur qui lui succède, peut demander sans doute la séparation des biens du débiteur, envers les créanciers du fidéjusseur héritier de ce débiteur. »

7. Par les mêmes motifs, il faut décider que, si un enfant qui a succédé à sa mère, devient ensuite héritier de son père, quoiqu'il ait confondu de cette manière, en sa personne, les droits qu'avait sa mère pour ses reprises et conventions matrimoniales, néanmoins les créanciers de la mère peuvent demander la séparation des patri- moines et faire revivre ainsi ses droits, pour les exercer contre la succession du père.

L'action en séparation des patrimoines, a précisément pour objet d'empêcher toute confusion, à l'égard des créanciers.

Domat dit, d'une manière générale, en se fondant sur la loi 1, § 8, *ff. de separat.*, que, si les biens d'une succession passent de l'héritier à son héritier, et de celui-ci à ceux qui lui succéderont, et ainsi à d'autres héritiers successivement, de sorte que la première succession et les suivantes se trouvent confondues entre les mains des héritiers à qui elles passent, les créanciers de chaque succession en suivront les biens d'un héritier à l'autre, et pourront en demander la séparation.

8. Les légataires ont aussi le droit de demander la séparation du patrimoine du testateur, pour être payés sur ce patrimoine, avant les créanciers personnels des héritiers.

Les légataires sont, en effet, des créanciers de la succession.

D'ailleurs, en ne considérant les legs que comme de simples charges de l'hérédité, il est juste que les charges soient, comme les dettes, acquittées sur les biens du défunt, avant que les créanciers des héritiers puissent exercer aucun droit sur ces biens.

Telle était aussi la disposition du droit romain, suivant le §. 1, *ff. de separationibus*, la loi pénultième du même titre, et les lois 1 et 2, C. *de bonis auctoritate judicis possidendis*.

9. Aux termes de l'art. 878, la séparation des patrimoines peut être demandée contre tout créancier; il n'y a donc aucune distinction à faire entre les créanciers personnels des héritiers, soit quant à leurs titres, soit quant à leurs privilèges, ou à leurs hypothèques. La séparation, disait Domat, peut être demandée contre toutes personnes privilégiées, même contre le fisc. *Sed etiam adversùs fiscum et municipes impetraretur separatio. L. 1, §. 4, ff. de separat.*

Ainsi, quoiqu'un créancier eût acquis, avant l'ouverture de la succession échue à son débiteur, une hypothèque générale sur ses biens présens et à venir, il ne serait pas fondé à prétendre que son hypothèque se trouvant consolidée sur les biens de l'hérédité, dès le moment où elle est ouverte, et avant que les créanciers chirographaires du défunt aient pu acquérir privilége ou hypothèque sur ces biens, il ne peut être soumis à l'action en séparation des patrimoines. Toujours est-il certain que, comme son débiteur qu'il représente, il ne peut exercer de droits que sur les biens qui restent dans la succession, déduction faite des dettes et des charges.

On voit d'ailleurs, dans l'art. 2111, que pendant les six mois qui sont accordés aux créanciers du défunt, pour conserver leur privilége sur les biens de la succession, aucune hypothèque ne peut être établie avec effet sur ces biens, au préjudice des créanciers du défunt, par les héritiers ou par leurs représentans.

10. Le droit de séparation s'exerce sur tous les biens qui composent la succession, meubles ou immeubles, sans aucune exception. Tous, en effet, sont également le gage des créanciers.

« Quiconque s'est obligé personnellement, dit l'art. 2092, est tenu de remplir son engagement sur tous ses biens mobiliers et immobiliers, présens et à venir.

« Les biens du débiteur, ajoute l'art. 2093, sont le gage commun de ses créanciers. »

Aussi voit-on, dans l'art. 880, que le délai dans lequel doit être formée la demande en séparation des patrimoines, se trouve réglé, tant à l'égard des meubles qu'à l'égard des immeubles.

11. Le droit de séparation peut-il s'exercer sur les biens qui sont rapportés à la masse de la succession, par l'un des cohéritiers, conformément à l'art. 843 ?

Pothier, dans son *Traité des Successions*, chapitre. V, art. 4, répond que « les choses données entre-vifs par le défunt à l'héritier, quoique sujettes à rapport, ne sont pas comprises dans les biens dont les créanciers de la succession ont le droit de demander la séparation ; car ces choses ne sont réputées biens de la succession, que par fiction, et vis-à-vis des cohéritiers du donataire qui leur en doit le rapport. Les créanciers de la succession ne peuvent se prévaloir de cette fiction, qui n'a pas été faite pour eux. »

12. Il est sans difficulté que, si les créanciers de la succession et les légataires, qui ont obtenu la séparation des patrimoines, n'absorbent pas entièrement les biens de l'hérédité, ce qui reste de ces biens, est soumis aux droits des créanciers personnels des héritiers. Ce n'est que dans l'intérêt des créanciers de la succession et des légataires, que la séparation des patrimoines a été introduite, et conséquemment, lorsqu'ils sont désintéressés, la séparation ne produit plus d'effet. Ainsi le décidaient expressément la loi 1, §. pénultième, et la loi 3, §. dernier, *ff. de separationibus.*

13. Mais les créanciers de la succession et les légataires, qui ont obtenu la séparation des patrimoines, et qui n'ont pas été entièrement payés sur les biens de l'hérédité, peuvent-ils ensuite réclamer sur les biens personnels des héritiers, ce qui leur reste dû ?

On voit dans le *Traité des Successions* par Lebrun, liv. 4, chap. II, sect. 1, nos 26 et 27 ; et dans le *Traité des Successions* par Pothier, chapitre V, art. 4, que la question fut controversée parmi les jurisconsultes romains.

Ulpien et Paul soutenaient que les créanciers du défunt, en demandant la séparation des patrimoines , avaient restreint leurs droits aux biens de la succession.

Papinien décidait dans le sens contraire , et sa décision consignée dans la loi 3 . §. 2 , *ff. de separationibus* , paraît avoir prévalu ; elle a été adoptée par Lebrun, par Pothier et par Domat.

« La séparation de biens introduite en faveur des créanciers de la succession , disait Pothier, ne doit pas être rétorquée contre eux ; en la demandant, il n'ont pas eu intention de libérer l'héritier de l'obligation qu'il a contractée envers eux, par l'acceptation de la succession, mais seulement d'être préférés sur ces biens aux créanciers de l'héritier. »

Mais aussi Papinien , Domat, Lebrun et Pothier étaient d'accord à soutenir que les créanciers de la succession, qui avaient absorbé les biens héréditaires , ne pouvaient venir sur le patrimoine de l'héritier , qu'après que tous ses créanciers personnels avaient été payés.

« Au moins, ajoutait Pothier, les créanciers de la succession ne doivent être payés sur les biens de l'héritier , qu'après les créanciers personnels de l'héritier , quoiqu'ils puissent dire qu'étant aussi créanciers de l'héritier, ils doivent venir en concurrence sur les biens de l'héritier, avec les autres créanciers; car, puisqu'on leur sépare ceux de la succession dans lesquels les créanciers de l'héritier pourraient demander une

concurrence avec eux, comme étant lesdits biens
de la succession devenus les biens de l'héritier,
par l'acceptation de la succession, il est *équitable*
qu'en conséquence les créanciers de la succession
leur laissent les biens de l'héritier. »

. Je n'hésite point à dire que cette dernière opinion, quelque grave que soit l'autorité des auteurs qui l'ont professée, ne peut être admise
sous le Code civil, parce qu'en la supposant
même équitable, ce qui pourrait être très-rai-
sonnablement contesté, elle n'en serait pas moins
une dérogation expresse au droit commun, aux
principes les plus incontestables de la matière,
et que la dérogation qui n'avait été prononcée
que par la loi où se trouvait consignée la décision
de Papinien, ne se retrouve dans aucune disposition de nos lois françaises.

.Je pense, au contraire, qu'après que les biens
héréditaires ont été absorbés par les créances et
les charges de la succession, tous les créanciers
quelconques, soit de la succession, soit de l'héritier, doivent venir en concours sur les biens
personnels de l'héritier; que, s'ils sont tous simples chirographaires, la contribution doit se faire
entr'eux, au marc le franc de leurs créances
respectives; et que, s'il y en a d'hypothécaires,
soit dans l'une soit dans l'autre classe, ils doivent
être préférés, en suivant l'ordre de leurs hypothèques.

N'est-ce pas, en effet, un principe unanimement reconnu, qu'en acceptant purement et simplement une succession qui lui est échue, l'héritier s'oblige personnellement envers les créanciers du défunt; que son acceptation est une
espèce de contrat qu'il forme avec ces créanciers, *is qui miscuit se, contrahere videtur ;*
qu'ainsi, par le fait seul de son acceptation, il
est devenu le débiteur des créanciers du défunt,
au moins pour sa part et portion virile, et même
ultrà vires ; qu'ainsi, pour cette part et portion
virile, ses biens personnels se trouvent obligés,
envers les créanciers du défunt, tout aussi bien
qu'ils le sont envers ses créanciers personnels?

Or, a-t-il été dérogé à ce principe, par l'article 878? Est-il dit dans cet article, que les
créanciers du défunt, en demandant la séparation des patrimoines, perdront les droits qui leur
étaient acquis sur les biens personnels de l'héritier. Il n'y a pas un seul mot qui puisse seulement
faire induire que telle ait été l'intention du législateur.

On a voulu, en donnant à ces créanciers le bénéfice de la séparation des patrimoines, non pas
leur accorder, mais leur *conserver* un droit de
préférence sur les biens de leur débiteur, et de
ce qu'on leur a conservé ce droit, il ne s'ensuit
certainement pas qu'on ait voulu leur enlever les

autres droits que l'héritier lui même leur avait librement donnés sur ses biens personnels.

Donc, en usant d'un bénéfice que l'art. 878 leur a conféré, sans aucune condition, sans aucune restriction, ils ne peuvent être privés du bénéfice des autres dispositions qui leur accordent d'autres droits.

On prétend que, par une équitable réciprocité, les créanciers personnels de l'héritier doivent être préférés, sur les biens personnels, aux créanciers du défunt, puisque ceux-ci ont la préférence sur les biens héréditaires.

Mais cette réciprocité n'a pas de base; elle ne porte que sur une fausse supposition.

On n'enlève aux créanciers personnels de l'héritier aucun droit réel, et conséquemment on ne leur fait légalement aucun tort, en donnant aux créanciers du défunt la préférence sur les biens héréditaires, puisqu'en équité naturelle, comme en principe de droit, les créanciers personnels de l'héritier ne peuvent avoir sur la succession qui lui est échue, plus de droits qu'il n'en a lui-même, et qu'il n'a de droits que sur ce qui reste dans la succession, déduction faite des dettes et des charges; mais, au contraire, on enlèverait aux créanciers du défunt les droits réels qui leur sont acquis sur les biens personnels de l'héritier, si l'on donnait la préférence sur ces biens aux créanciers de l'héritier, quoique ceux-ci n'eussent aucune cause légitime de préférence, soit par privilége, soit par hypothèque, et l'on violerait ainsi formellement les art. 2093 et 2094 du Code.

ARTICLE 879.

Ce droit ne peut cependant plus être exercé, lorsqu'il y a novation dans la créance contre le défunt, par l'accep-tation de l'héritier pour débiteur.

1. Suivant l'article 1234 du Code civil, les obligations s'éteignent par la novation. Ainsi les créanciers du défunt, qui font novation de leurs créances, éteignent volontairement les obliga-tions qu'il avaient contre le défunt; ils ne sont plus ses créanciers; ils ne sont plus créanciers de sa succession.

Ils ne peuvent donc plus demander la sépa-ration des patrimoines, puisque le droit de la demander, n'est accordé qu'aux créanciers du défunt.

Sous ce rapport, la disposition de l'art. 879 est conforme aux paragraphes 10, 11 et 15 de la loi 1, *ff. de separationibus.*

2. Mais entre les lois romaines et l'art. 879, il existe une différence, quant à la manière dont s'opère la novation de la créance contre le défunt.

Suivant les lois romaines, il y avait novation

dans la créance, lorsque le créancier avait fait avec l'héritier du défunt une stipulation par laquelle il suivait la foi de cet héritier, avec le dessein de faire novation. *Illud sciendum est eos-demùm creditores posse impetrare separationem qui non novandi animo ab hærede stipulati sunt. Cæterùm, si cum hoc animo secuti sunt, amiserunt separationis commodùm.* §. 10 de la loi citée.

L'art. 879 détermine, d'une manière plus précise, qu'il y a novation dans la créance contre le défunt, par l'acceptation de l'héritier pour débiteur.

C'est là une espèce de novation, qui est particulière à la matière des séparations de patrimoines; car elle n'a aucun des caractères que l'art. 1271 exige pour la novation en général.

En effet, lorsque le créancier du défunt se borne à accepter l'héritier pour débiteur, il n'y a pas substitution d'une dette nouvelle à une dette ancienne; il n'y a pas substitution d'un nouveau créancier; il n'y a pas, non plus, substitution d'un débiteur à un autre, puisque l'héritier est le représentant du défunt et est considéré comme ne faisant qu'un avec lui.

Aussi, dans une affaire où le créancier qui avait fait un traité avec l'héritier, soutenait que dans ce traité il n'y avait eu novation opérée d'aucune des trois manières indiquées par l'ar-

ticle 1271, la cour de cassation, jugeant que la
novation s'était opérée par l'acceptation de l'héritier pour débiteur, a déclaré expressément dans
les motifs de son arrêt, du 7 décembre 1814, que
l'acceptation de l'héritier pour débiteur, était
qualifiée, par le législateur, de novation *en cette
matière.*

3. Il est à présumer que l'art. 879, en faisant
dépendre d'un fait positif la novation dans la
créance contre le défunt, a voulu faire cesser
toutes les difficultés qui s'élevaient sur *l'intention*
de faire novation.

Cependant ces difficultés se reproduiront d'une
autre manière; car l'art. 879 ne doit pas être entendu et appliqué dans le sens restrictif, qu'il
n'y ait novation de la créance contre le défunt,
que lorsque le créancier a, par une déclaration
expresse et formelle, accepté l'héritier pour
débiteur.

Suivant l'art. 1273, quoique la novation ne se
présume pas, il suffit que la volonté de l'opérer
résulte clairement de l'acte, et aussi dans l'affaire
énoncée au numéro précédent, quoique le
créancier n'eût pas expressément déclaré qu'il
acceptait l'héritier pour débiteur, la cour de cassation a décidé qu'il y avait eu acceptation de
l'héritier pour débiteur, en ce que, dans un
traité du 11 floréal an 10, l'héritier avait hypothéqué tous ses biens personnels pour assurer le

III.

pàiement de la créance contre le défunt, et que, d'ailleurs, cette créance qui était rembour= sable à la volonté du créancier, avait été con= vertie en une rente remboursable à la volonté de l'héritier.

Il y aura donc encore à interpréter, d'après les termes des actes, si le créancier a eu réelle= ment la volonté d'accepter l'héritier pour dé= biteur.

4, Le créancier qui reçoit de l'héritier les intérêts ou arrérages échus de sa créance, n'est pas censé, par cela seul, avoir accepté l'héritier pour débiteur; ainsi l'a décidé un arrêt de la cour d'appel de Paris, du 1ᵉʳ nivôse an 13.

Le créancier qui fait signifier à l'héritier les titres qui étaient excécutoires contre le défunt, celui qui fait assigner l'héritier en condamnation, personnellement pour sa part et portion et hypo= thécairement pour le tout, celui qui fait exécuter contre l'héritier, ou le jugement qu'il a obtenu contre lui, ou ses titres exécutoires contre le dé= funt, ne doivent pas être considérés, en agissant ainsi, comme ayant accepté l'héritier pour débi= teur. Les art. 873 et 876 autorisent ces poursuites contre l'héritier, en sa qualité d'héritier, et d'ail= leurs elles sont nécessaires pour que le créancier puisse se faire payer sur les biens mêmes de la succession, sans qu'il ait la moindre volonté de faire novation. Ainsi le décidait également la loi 7, *ff. de separationibus.*

On peut conclure aussi, par argument tiré de l'art. 2039 du Code, que le créancier n'a pas la volonté de faire novation et d'accepter l'héritier pour débiteur, en lui accordant de simples délais pour le paiement.

Mais, si dans un traité fait avec l'héritier, le créancier changeait le mode ou les conditions du paiement de la creance, s'il substituait une nouvelle dette à l'ancienne, s'il prenait un titre nouveau, s'il recevait des gages, ou des cautions; lors même qu'ils seraient insuffisans, il serait censé avoir accepté l'héritier pour débiteur, et il y aurait novation. Cette décision est conforme aux §. 11 et 15, de la loi 1, *ff. de separationibus.*

5. Si, parmi les créanciers du défunt, il y en a qui aient fait novation, les autres n'en sont pas moins fondés à demander la séparation des patrimoines; leur droit à cet égard ne peut être compromis par le fait d'autrui. Il ne pourrait même y avoir d'obstacle de la part des créanciers qui ont fait novation, puisqu'ils ne sont plus que créanciers de l'héritier, et qu'ainsi l'art. 879 est devenu applicable contr'eux.

De même, si un créancier a fait novation à l'égard de l'un ou de plusieurs des héritiers, rien ne l'empêche de réclamer le bénéfice de la séparation,

41.

contre les autres héritiers, mais seulement pour leurs portions respectives.

ARTICLE 880.

Il se prescrit, relativement aux meubles, par le laps de trois ans.

A l'égard des immeubles, l'action peut être exercée tant qu'ils existent dans la main de l'héritier.

1. Suivant la loi 1, §. 12, *ff. de separationibus*, la séparation des patrimoines devait être demandée *rebus integris*, c'est-à-dire, avant que les biens du défunt fussent mêlés avec ceux de l'héritier, et au plus tard dans les cinq ans; mais on ne suivait pas, en France, cette disposition du droit romain. Il n'y avait pas de temps limité pour l'exercice de la demande en séparation; elle était admise, tant que les biens de la succession pouvaient se distinguer d'avec ceux de l'héritier.

Le Code civil n'admet que pendant trois ans l'action en séparation, relativement aux meubles; mais il veut qu'à l'égard des immeubles, elle puisse être exercée, tant que les immeubles existent dans la main de l'héritier.

2. Cette distinction prouve qu'il n'est pas nécessaire que l'action en séparation des patri-

moines, embrasse la totalité des biens meubles et immeubles. Il est permis de ne l'exercer que relativement aux meubles; il est permis de ne l'exercer que relativement aux immeubles, et l'on peut aussi, après ne l'avoir exercée qu'à l'égard des uns, l'exercer ensuite à l'égard des autres.

3. C'est à compter du jour où la succession est ouverte, et non pas seulement à compter du jour où elle est acceptée par l'héritier, que commencent à courir les trois années après lesquelles l'action en séparation se trouve prescrite relativement aux meubles.

Il est de principe que la prescription commence à courir du jour où l'action peut être exercée : or, l'action en séparation peut être exercée dès le moment de l'ouverture de la succession, puisque dès ce moment l'héritier est saisi, par la loi, de tous les biens de l'hérédité, et que d'ailleurs, en vertu de l'art 777, l'effet de l'acceptation remonte au jour de l'ouverture de la succession.

Ainsi l'a décidé un arrêt de la cour de cassation, du 9 avril 1810.

4. L'art. 880 n'exige pas, comme l'exigeait la loi romaine, que l'action en séparation soit exercée avant que les meubles de la succession soient mêlés avec ceux de l'héritier ; cependant s'ils étaient tellement confondus qu'il ne fût plus

possible de les distinguer et de les reconnaître ;
évidemment il ne pourrait y avoir lieu à l'action
en séparation.

Lorsqu'il a été fait un inventaire légal des
meubles de la succession, la confusion ne s'opère
pas. L'héritier doit rapporter les meubles compris
dans l'inventaire, ou leur valeur, et le créancier
du défunt peut en demander la séparation, dans
les trois ans.

5. L'action en séparation ne se prescrit pas.
relativement aux immeubles, par le laps de trois
ans; elle est admise, tant qu'ils existent dans la
main de l'héritier.

Mais aussi, comme les immeubles cessent
d'exister dans la main de l'héritier, dès le moment où il les a aliénés, dès ce moment l'action
en séparation n'est plus admissible, sauf les exceptions qui vont être expliquées.

· Et il en est de même, à plus forte raison, à
l'égard des meubles, puisqu'en général ils n'ont
pas de suite.

En effet, l'héritier a le droit d'aliéner tous les
biens meubles et immeubles de la succession,
dès l'instant où la succession est ouverte, puisque
dès cet instant il en est saisi par la loi, puisque
dès cet instant il en est propriétaire et a conséquemment le pouvoir d'en disposer. Le bénéfice
de séparation accordé aux créanciers du défunt,
ne peut leur donner le droit, ni d'empêcher l'hé-

ritier d'user de sa propriété, en aliénant, ni de
faire révoquer les aliénations qu'il a consenties.

Il en résulte bien cet inconvénient, que l'héritier peut favoriser ses créanciers personnels et
priver les créanciers du défunt du bénéfice de
la séparation, en s'empressant d'aliéner les biéns
de l'hérédité.

Mais les créanciers du défunt peuvent aussi
demander la séparation, aussitôt que la succession est ouverte, et s'ils négligent ou diffèrent
d'intenter la demande, il ne faut pas que l'héritier soit privé du droit de disposer de sa chose :
c'est aux créanciers à veiller à leurs intérêts.

D'ailleurs, s'il était établi par des circonstances
graves, que l'héritier n'a aliéné ses immeubles
qu'en fraude des créanciers de la succession et
par connivence avec ses héritiers personnels, les
créanciers de la succession auraient le droit, ou
de faire révoquer l'aliénation, si les acquéreurs
étaient aussi de mauvaise foi, ou de former encore, à l'égard du prix, la demande en séparation, et même de faire restituer ce qui aurait été
reçu par les créanciers personnels. La fraude
est un vice résolutoire de tous les contrats. La
loi 2 , *ff. de separationibus*, qui maintenait également les aliénations faites par l'héritier, avant
la demande en séparation , s'exprimait en ces
termes : *Nam quæ boná fide medio tempore per
hœredem gesta sunt, rata conservari solent.*

Enfin on va voir qu'il y a encore des cas où, même après la vente des immeubles, la séparation peu t être encore demandée.

6. Même après la vente des immeubles, les créanciers du défunt peuvent demander la séparation, pourvu que la demande soit formée avant la distribution du prix de la vente. Ainsi l'a décidé la cour de cassation, par arrêt du 17 octobre 1809, relativement à une vente faite sous l'empire des lois romaines.

On opposait contre la demande en séparation, que la loi 2, au digeste, *de separationibus*, disait expressément : *Ab hœrede vendita hæreditate*, *separatio frustrà desiderabitur*. Mais la jurisprudence avait modifié cette disposition trop rigoureuse.

« Considérant, porte l'arrêt de la cour de cassation, que, dans l'espèce, les choses étaient entières, quand a été formée la demande de distraction et de séparation des patrimoines, puisque celle-ci a été faite dans l'instance d'ordre et de distribution du prix de l'immeuble dont il s'agit. »

Cette décision est applicable sous le Code civil, puisque l'art. 880 ne s'explique pas même en termes si impératifs que la loi romaine, et que d'ailleurs il suffit que le prix de la vente soit encore dû à l'acquéreur, pour que les créanciers puissent exercer sur ce prix tous les droits qu'ils

avaient sur les immeubles, et que, sous ce rapport, les immeubles doivent être considérés,
au moins fictivement comme étant encore dans
la main du débiteur. A l'égard des créanciers,
le prix de la chose représente la chose elle-
même.

7. Toutefois, il est bien important de remarquer que cette faculté accordée aux créanciers
du défunt, de demander la séparation des patrimoines, même après la vente des immeubles,
mais avant la distribution du prix aux créanciers,
est soumise à deux conditions.

1° Il faut que, conformément à l'art. 2111,
les créanciers aient fait inscrire leur privilége
dans les six mois de l'ouverture de la succession.
On a vu, sur l'art. 878, que ce n'est qu'à cette
condition que les créanciers peuvent obtenir la
séparation des patrimoines.

2° Il faut que le prix de la vente consentie par
l'héritier, lui soit encore dû. Si le prix avait été
payé, soit à l'héritier lui-même, soit à ses créanciers, avant la demande en séparation, les choses
ne seraient plus entières; l'immeuble aurait entièrement disparu, et conséquemment il ne pourrait plus y avoir lieu à la séparation.

Et lors même que les créanciers de l'héritier
feraient contraindre l'acquéreur à leur rapporter
ce qu'il a payé, les créanciers du défunt ne seraient pas fondés à intervenir dans l'instance d'or-

dre, pour y former la demande en séparation.

Ainsi l'a jugé un arrêt de la cour royale de Paris, du 29 août 1811. « Attendu, dit cet arrêt, que la séparation des patrimoines ne peut être demandée que lorsque les choses sont encore entières, et que l'héritier a entre les mains l'immeuble dépendant de la succession, *ou que le prix lui en est dû;* que, dans l'espèce, le sieur Baroy et sa femme, propriétaires de la maison dont il s'agit, l'avaient vendue dès le 27 thermidor de l'an 3, et en avaient touché le prix intégral; que, si un ordre se poursuit actuellement, relativement à ladite maison, c'est par l'effet d'une circonstance particulière, savoir, l'obligation où se sont trouvés les acquéreurs de payer une seconde fois, faute d'avoir pris les précautions indiquées par la loi. »

On s'était pourvu en cassation contre cet arrêt; mais, le 27 juillet 1813, la cour de cassation a rejeté le pourvoi, par le motif, que le droit de séparation des patrimoines est éteint par le paiement du prix de la vente, fait aux héritiers, sans dol et fraude, et en l'absence de toute réquisition, afin de séparer.

8. La demande en séparation des patrimoines n'empêche pas l'héritier d'aliéner les immeubles de la succession; elle ne le prive d'aucun des droits attachés à la propriété, elle n'a d'autre objet que d'assurer aux créanciers du défunt une

préférence sur les biens de la succession, contre les créanciers personnels de l'héritier.

Et comme ils ne peuvent obtenir cette préférence, aux termes de l'art. 2111, qu'en inscrivant leur privilége dans les six mois de l'ouverture de la succession, ils sont tenus d'inscrire, lors même qu'ils auraient formé la demande en séparation avant qu'aucune vente eût été consentie par l'héritier, puisque, d'une part, la demande en séparation ne peut empêcher de vendre, et que, d'autre part, elle ne suffit pas pour conférer privilége sur les biens.

9. Il reste à examiner si les créanciers du défunt, qui n'ont pas fait inscrire leur privilége dans les six mois de la succession, sont encore recevables à demander la séparation, relativement aux immeubles.

Ce qui donne lieu à cette question, c'est que, d'une part, aux termes de l'art. 2111, les créanciers qui demandent la séparation, sont tenus de faire inscrire leur privilége dans les six mois, mais que, d'autre part, suivant l'art. 880, les créanciers peuvent exercer l'action en séparation relativement aux immeubles, tant que les immeubles sont dans la main de l'héritier.

Voici comment l'auteur du *Répertoire*, au mot *séparation de patrimoines*, concilie les deux articles.

« De-là que résulte-t-il? Une chose fort simple;

c'est qu'à compter de la promulgation de l'article 2111, les créanciers du défunt ne peuvent plus exiger la séparation de son patrimoine, envers les créanciers hypothécaires de l'héritier, qu'autant qu'ils en forment là demande dans les six mois de sa mort et qu'ils joignent à cette demande la précaution de s'inscrire sur chacun de ses immeubles.

« Observons, en effet, que l'art. 2111 n'accorde la faculté, comme il n'impose le devoir, de s'inscrire sur les immeubles du défunt, qu'aux créanciers qui demandent la séparation de son patrimoine. Il est donc dans son intention que l'inscription ne puisse avoir lieu ou produire son effet, que dans le cas où elle est, soit accompagnée, soit précédée, d'une demande en séparation. Si l'on pouvait élever là-dessus quelques doutes, ils seraient bientôt résolus par un fait dont le procès-verbal du conseil d'état nous offre la preuve : c'est que les mots, *qui demandent la séparation du patrimoine du défunt, conformément à l'art.* 878, ne se trouvaient pas dans le projet de l'art. 2111, tel qu'il avait été préparé par la section de législation ; c'est qu'ils y ont été ajoutés d'après un amendement proposé dans le sein du conseil d'état même. Or, cet amendement, quel pouvait en être le but ? Bien évidemment il ne pouvait en avoir d'autre, que de limiter aux créanciers qui demanderaient la

séparation du patrimoine du défunt, la faculté
de s'inscrire sur les immeubles de la succession,
à l'effet de conserver le privilége de cette séparation ; il ne pouvait pas en avoir d'autre, que d'exclure de cette faculté ceux qui, dans les six
mois de l'ouverture de la succession, n'auraient
pas formé leur demande en séparation du patrimoine du défunt ; il ne pouvait pas en avoir
d'autre que de modifier l'art. 880 du Code, en
ce sens, que la faculté accordée par cet article
aux créanciers du défunt, de demander la séparation de ses patrimoines, durerait, envers les
créanciers chirographaires de l'héritier, tout le
temps que les immeubles resteraient dans la main
de celui-ci ; mais qu'envers les créanciers hypothécaires de l'héritier, qui se seraient fait inscrire sur les biens de la succession, elle ne sub-
sisterait que pendant les six mois qui suivraient
la mort du défunt. »

Cette opinion a été adoptée par M. Grenier,
Traité des Donations, tom. 1, page 547, et par
M. Toullier, tom. 4, page 535.

Ainsi, lorsque les créanciers du défunt n'ont pas
fait inscrire leur privilége dans les six mois de
l'ouverture de la succession, il faut distinguer si
les créanciers personnels de l'héritier ont obtenu
des hypothèques sur les biens héréditaires, ou s'ils
ne sont encore que simples créanciers chirographaires.

Au premier cas, ce n'est plus que suivant l'ordre des inscriptions hypothécaires, que la préférence sur les biens héréditaires doit être réglée entre les divers créanciers, soit du défunt, soit de l'héritier, puisque les créanciers du défunt ne peuvent réclamer de privilège, ne l'ayant pas conservé conformément à l'art. 2111. Dans ce cas, les créanciers du défunt formeraient donc inutilement une demande en séparation des patrimoines, puisque cette demande ne pourrait nuire aux hypothèques déjà valablement acquises aux créanciers personnels de l'héritier.

Mais, au deuxième cas, lorsque les créanciers personnels ne sont que chirographaires, comme ils n'ont aucun droit réel acquis sur les biens de la succession, et qu'ainsi les créanciers du défunt n'ont pas eu besoin d'acquérir un privilège, puisque le privilège n'est nécessaire, quant aux immeubles, que pour donner préférence sur les créanciers hypothécaires, il en résulte que les créanciers du défunt peuvent toujours, aux termes de l'art. 880, exercer l'action en séparation, tant que les immeubles existent dans la main de l'héritier.

Et il est à remarquer que la décision doit être appliquée *divisément*, soit à l'égard de chacun des créanciers du défunt, soit à l'égard de chacun des créanciers personnels de l'héritier,

Quoique plusieurs des créanciers du défunt

n'ayent pas inscrit leur privilége dans les six mois, ceux qui ont rempli cette formalité , peuvent demander la séparation , puisqu'il n'est pas nécessaire qu'elle soit demandée par tous conjointement.

Quoiqu'un créancier du défunt ait perdu le droit d'exercer l'action contre ceux des créanciers personnels , qui ont pris hypothèque , il peut exercer l'action contre les autres créanciers qui ne sont que chirographaires.

ARTICLE 881.

Les créanciers de l'héritier ne sont point admis à demander la séparation des patrimoines contre les créanciers de la succession.

1. La loi 1 , §. 2 , ff. *de separationibus* , avait expressément décidé que les créanciers de l'héritier n'avaient pas le droit de demander la séparation des patrimoines contre les créanciers du défunt. *Ex contrario autem creditores hæredis non impetrabunt separationem.*

Mais il paraît qu'en France cette disposition n'avait pas été adoptée , ou qu'au moins dans plusieurs tribunaux il s'était établi une jurisprudence contraire.

Lebrun et Pothier se sont fortement élevés contre

cette jurisprudence.« Les créanciers de l'héritier, disait Lebrun, *Traité des Successions*, livre 4, chap. 2. sect. 1 n'ont pas le privilége de la séparation, par la raison qu'ils ne peuvent pas empêcher que leur débiteur ne contracte de nouvelles dettes et ne s'oblige, par l'addition d'hérédité, envers les créanciers de la succession. »

C'était là aussi le motif de la loi romaine qui vient d'être citée. *Nam licet alicui, adjiciendo sibi creditorem, creditoris sui facere deteriorem conditionem.*

Le Code civil a donné la préférence à cette dernière opinion, et l'a définitivement consacrée par l'art. 881.

2. Mais Lebrun et Pothier soutenaient que, si l'héritier avait accepté une succession évidemment mauvaise et dans l'intention évidente de frustrer les créanciers, l'action en séparation des patrimoines, ou, au moins, l'action révocatoire contre l'acceptation d'hérédité, devait être permise aux créanciers de l'héritier, et ils se fondaient sur la loi 3, ff. *de in fraudem* qui disait : *sive se obligavit fraudandorum creditorum causâ, vel quodcunque aliud fecit in fraudem creditorum, palam est edictum locum habere.*

Mais la loi 1, §. 5, ff. *de separationibus*, qui est spéciale sur la matière, ne s'exprimait pas d'une manière si absolue. Elle établissait d'abord en règle générale, que les créanciers de l'héri tier ne pouvaient demander la séparation de son patrimoine, quoiqu'il eût accepté la succession en fraude de leurs droits, parce qu'ils devaient s'imputer d'avoir contracté avec un tel débiteur. *Quæsitum est an interdùm etiam hæredis creditores possint separationem impetrare, si fortè ille in fraudem ipsorum adierit hæreditatem, Sed nullum est remedium : sibi enim imputent qui cum tali contraxerunt.*

Elle disait bien ensuite que, s'il y avait eu ruse et fraude de la part de l'héritier, le prêteur pouvait venir au secours des créanciers ; mais elle ajoutait que cela ne pouvait être facilement admis. *Nisi si extrà ordinem putamus prætorem adversus calliditatem ejus subvenire, qui talem fraudem commentus est; quod non facilè admissum est.*

Comment doit être jugée la question sous l'empire du Code civil ?

On remarque d'abord que le Code n'a pas admis, au moins d'une manière expresse, l'exception qui se trouve dans la loi romaine. L'art. 881 dit généralement et sans aucune exception, que les créanciers de l'héritier ne sont point admis à demander la séparation des patrimoines contre les créanciers de la succession.

L'art. 1167 du Code dit bien que les créanciers peuvent, en leur nom personnel, attaquer les actes faits par leurs débiteurs, en fraude de leurs droits ; mais il ajoute qu'il doivent *néanmoins,*

III.   42

quant à leurs droits énoncés au titre *des succes-*
sions, se conformer aux règles qui y sont pres-
cristes. Or, il est bien dit dans l'art. 788, au titre
des successions, que les créanciers du successible
peuvent faire révoquer, dans leurs intérêts, la
rénonciation qu'il a faite à la succession qui lui
était échue, et se faire autoriser à accepter la
succession, en son lieu et place ; mais il n'est dit
dans aucun des articles, soit du titre *des succes-*
sions, soit des autres titres du Code, que les
créanciers personnels de l'héritier qui a accepté
une succession, aient le droit de faire révoquer
cette acceptation ou d'en empêcher les effets, et
au contraire il est de principe élémentaire que
l'acceptation d'une succession est irrévocable,
sous la seule exception énoncée dans l'art. 783.

Cependant, s'il était prouvé qu'un individu
n'avait accepté une succession évidemment mauvaise, que par suite d'une connivence frauduleuse
avec les créanciers de la succession, il faut bien
convenir que ces créanciers ne devraient pas être
admis à exercer des droits sur les biens personnels de l'héritier, au préjudice de ses créanciers
personnels, qui auraient des titres antérieurs à
l'acceptation ; car ils ne peuvent profiter de leur
propre fraude, pour s'enrichir au préjudice de
créanciers légitimes : on l'a déjà dit, la fraude est,
à l'égard de tous ceux qui s'en sont rendus cou-
pables ou complices, un vice résolutoire de toutes

les obligations; mais ce serait uniquement en vertu de l'action résultante de la fraude, que les créanciers du défunt pourraient être écartés par les créanciers personnels, et non parce que l'acceptation que le débiteur aurait faite de la succession, serait révoquée, et non parce que les créanciers personnels pourraient exercer le droit de séparation.

ARTICLE 882.

Les créanciers d'un copartageant, pour éviter que le partage ne soit fait en fraude de leurs droits, peuvent s'opposer à ce qu'il y soit procédé hors de leur présence : ils ont le droit d'y intervenir à leurs frais; mais ils ne peuvent attaquer un partage consommé, à moins toutefois qu'il n'y ait été procédé sans eux, et au préjudice d'une opposition qu'ils auraient formée.

1. Il était juste de donner aux créanciers des héritiers, la faculté d'assister au partage de la succession, pour y veiller à ce qu'il ne fût pas fait au préjudice de leurs droits. Il pourrait arriver, en effet, qu'un copartageant, qui serait d'accord avec ses cohéritiers, ferait diminuer ostensible-

ment, dans l'acte de partage, le lot qui lui serait attribué, on ne prendrait que de l'argent ou du mobilier qu'il pourrait aisément soustraire, et priverait ainsi ses créanciers des droits qu'ils auraient pu exercer sur sa portion dans les immeubles. Afin de prévenir toute fraude à cet égard, l'art. 882 donne aux créanciers des héritiers, le droit de s'opposer à ce qu'il soit procédé au partage de la succession, hors de leur présence, et les autorise même à y intervenir, mais à leurs frais.

Ils peuvent donc attaquer le partage et le faire révoquer, s'ils avaient formé opposition à ce qu'il y fût procédé hors de leur présence, et s'il a été fait sans eux, ou sans qu'ils aient été légalement appelés.

Ils peuvent également le faire révoquer, s'ils étaient légalement intervenus dans l'instance en partage, et s'il a été fait, par acte judiciaire ou extrajudiciaire, sans qu'ils aient été appelés à cet acte.

2. L'opposition du créancier doit être légalement constatée par un acte notifié aux héritiers; elle peut être faite dans l'acte d'opposition à la levée des scellés.

Il ne suffirait pas que l'opposition fût notifiée à l'héritier qui est débiteur. Les autres héritiers qui n'en auraient pas connaissance, procéderaient valablement au partage, et ce partage ne pourrait être révoqué, à leur préjudice.

Il est même absolument nécessaire que l'opposition soit notifiée à tous les héritiers sans exception, puisque le partage étant valable à l'égard de ceux des héritiers, à qui l'opposition n'aurait pas été notifiée, et d'ailleurs ne pouvant être scindé ni révoqué en partie, se trouverait ainsi nécessairement irrévocable à l'égard de tous les héritiers, même à l'égard de ceux à qui aurait été notifiée l'opposition.

L'intervention doit être également notifiée à tous les héritiers, dans les formes prescrites par le Code de procédure civile.

3. Lorsque le créancier n'a formé, ni opposition, ni demande en intervention, il n'est plus recevable; quand le partage a été consommé, à exercer l'action révocatoire, rien n'ayant empêché les héritiers de procéder entr'eux au partage, ainsi qu'ils l'ont jugé convenable.

Cependant, quoiqu'il ne puisse plus attaquer de son chef le partage, quoiqu'il ne puisse plus, par le motif que le partage a été fait hors de sa présence, en demander la révocation, il peut encore l'attaquer, du chef de son débiteur, parce qu'aux termes de l'art. 1166, les créanciers peuvent exercer tous les droits et actions de leur débiteur, à l'exception de ceux qui sont exclusivement attachés à la personne.

Les droits conférés aux créanciers par l'art. 882 et ceux conférés par l'art. 1166, sont différens.

En vertu du premier article, le créancier peut, de son chef, attaquer le partage, par cela seul qu'il n'y a pas été appelé personnellement et qu'il y a été procédé hors de sa présence, malgré son opposition ou sa demande en intervention.

Mais, en vertu du deuxième article, ce n'est plus que comme exerçant les droits de son débiteur, que le créancier peut attaquer le partage, et conséquemment il ne peut plus exercer contre le partage, que les actions que le débiteur lui-même pourrait exercer. Comme le débiteur, il peut se pourvoir en nullité du partage, si les formes prescrites par la loi n'ont pas été remplies, comme le débiteur, il peut pourvoir en rescision, pour cause de dol, où de violence, ou de lésion de plus du quart.

4. Lorsqu'un partage fait par acte sous seings privé, n'est pas enregistré, et que d'ailleurs il n'a pas acquis une date certaine à l'égard des tiers, conformément à l'art. 1328 du Code, par le décès de l'une des personnes qui l'ont souscrit et signé, les créanciers des héritiers sont encore à temps de former l'opposition : on ne pourrait soutenir qu'elle serait tardive, parce qu'elle interviendrait après le partage consommé : autrement, les héritiers pourraient toujours rendre les oppo-

sitions inutiles, en faisant des partages sous seings privé, qu'ils antidateraient.

5. Le créancier qui a formé opposition à ce qu'il fût procédé au partage hors de sa présence, a-t-il le droit, en vertu de l'art. 882, d'attaquer une vente par licitation, même faite judiciairement, mais à laquelle il n'a pas été appelé?

Il faut distinguer si la vente par licitation a eu lieu en faveur de l'un ou de plusieurs des héritiers, ou si elle a eu lieu en faveur d'un étranger.

Au premier cas, la vente par licitation est un véritable partage, et conséquemment la disposition de l'art. 882 reçoit son application. Le créancier qui était opposant, peut attaquer la vente, comme il pourrait attaquer tout autre partage dans lequel il y aurait eu division de lots entre tous les héritiers.

Au deuxième cas, il n'y a pas de partage; c'est une vente consentie par tous les héritiers conjointement, d'une chose qui leur était commune, et qu'ils ont aliénée, sans le partager. La disposition de l'art. 882, qui ne permet que d'attaquer le partage, n'est donc pas applicable dans l'espèce.

D'ailleurs, au premier cas, le créancier qui a formé opposition, se trouve privé de tous ses droits sur la portion qu'avait dans les biens vendus l'héritier son débiteur, si ce n'est pas cet héritie qui est devenu adjudicataire, puisqu'aux termes de l'art. 883, ainsi qu'on le verra bientôt, l'héritier est censé n'avoir jamais succédé aux biens vendus, par licitation, à ses cohéritiers.

Mais, dans le deuxième cas, le créancier conserve contre l'étranger, acquéreur des biens, en prenant une inscription hypothécaire, ou en faisant saisie-arrêt, les droits qu'il avait contre l'héritier son débiteur, jusqu'à concurrence de la portion du prix, qui revient à cet héritier.

Ainsi l'a décidé la cour royale de Paris, par arrêt du 2 mars 1812.

Elle a débouté le créancier opposant, de sa demande en nullité de la vente par licitation, faite à un étranger, et a donné pour motifs, que l'adjudication par licitation, faite à un étranger, n'a pas l'effet d'un partage et conserve le créancier opposant dans la plénitude de ses droits.

Mais elle a déclaré nulle l'adjudication par licitation, faite judiciairement à l'un des cohéritiers sans que le créancier opposant eût été appelé. « Attendu, a-t-elle dit, que la licitation, lorsque l'un des héritiers se rend adjudicataire, équivaut un partage et produit les mêmes effets à l'égard du créancier opposant; que sa publicité, suffisante pour avertir les autres créanciers et le public, ne suffit pas relativement au créancier opposant, qui a droit, en vertu de son opposition, à une notification personnelle et particulière; que la dispo-

sition de l'art. 2205 du Code civil, ne détruit pas
l'induction tirée de l'art. 882; qu'au contraire
elle la fortifie, en ce qu'elle met la licitation sur la
même ligne que le partage, et attribue au créancier du cohéritier les mêmes droits dans l'une
et dans l'autre, et que cette licitation, faite hors
de la présence du créancier opposant et sans l'y
appeler, lui cause nécessairement un préjudice
notable; d'un côté, en ce qu'elle lui ôte les
moyens de faire porter l'immeuble à son véritable
prix, n'ayant pas même, après coup, comme
dans les autres ventes, la faculté de surenchérir;
de l'autre, en lui faisant perdre tous ses droits
hypothécaires qu'il aurait pu conserver, en amenant un acquéreur étranger, ou se rendant
acquéreur lui-même. »

6. La disposition de l'art 882 est applicable à
l'acquéreur des droits successifs de l'un des
héritiers. Il est évident que cet acquéreur a, au
moins, les droits d'un créancier, et qu'en conséquence il peut également s'opposer à ce qu'il
soit procédé au partage hors de sa présence. Il a
un très-grand intérêt à surveiller les opérations
et notamment la formation des lots, pour avoir
toute la portion qui appartient à son vendeur
dans la masse de la succession. Mais aussi, tant
que cet acquéreur n'a pas notifié son titre aux
cohéritiers du vendeur, tant qu'il n'a pas formé
opposition à ce qu'il soit procédé au partage

hors de sa présence, ou qu'il n'est pas légalement intervenu dans l'instance en partage, les
cohéritiers peuvent régulièrement procéder au
partage avec le vendeur, qui est toujours à leur
égard l'héritier ayant droit au partage.

SECTION IV.

Des effets du partage, et de la garantie des lots.

ARTICLE 883.

Chaque cohéritier est censé avoir
succédé seul et immédiatement à tous
les effets compris dans son lot, ou à lui
échus sur licitation, et n'avoir jamais
eu la propriété des autres effets de la
succession.

1. Tant que la succession reste indivise, les
cohéritiers sont tous conjointement copropriétaires de tous les biens meubles et immeubles qui
la composent; mais aucun d'eux n'a la propriété
spéciale et exclusive de tel ou tel bien. C'est le
partage qui, en déterminant ce qui doit appartenir particulièrement à chaque héritier, fixe sa
propriété distincte et le rend propriétaire absolu
des biens qui lui sont attribués.

Le partage n'est donc pas translatif, mais seulement déclaratif de propriété, puisque, dès le moment de l'ouverture de la succession, la propriété commune de tous les biens a été dévolue à tous les héritiers, puisque le partage ne fait que restreindre cette propriété, pour chacun d'eux, aux biens qui lui sont spécialement attribués.

Mais, comme chacun des héritiers, n'étant héritier qu'en partie, n'a pu succéder réellement à tous les biens, mais seulement à ceux que lui assignerait le partage ; comme en vertu de la maxime, *le mort saisit le vif*, chacun des héritiers est réputé avoir été saisi, dès le moment de l'ouverture de la succession, de tous les biens qui lui sont particulièrement échus par le partage, il en résulte que le partage a un effet rétroactif qui remonte à l'ouverture de la succession, et qu'ainsi chaque cohéritier est censé avoir succédé seul et immédiatement à tous les biens qui lui sont attribués par le partage et n'avoir jamais eu la propriété des autres biens de la succession.

Cependant le droit romain avait une disposition contraire, qui se trouve consignée dans plusieurs lois et notamment dans la loi 6, §. 8, ff. *commun. divid.* Il considérait le partage comme un acte par lequel chaque cohéritier acquérait de ses cohéritiers leurs portions indivises dans les effets qui lui étaient attribués par le partage.

Mais aussi, par une conséquence nécessaire, il admettait que l'immeuble compris dans le lot d'un héritier, demeurait chargé de toutes les hypothèques que ses cohéritiers pouvaient avoir constituées sur la portion indivise qu'ils avaient dans cet immeuble, avant le partage.

Or, c'était là une disposition infiniment injuste et dangereuse, puisqu'il en résultait qu'un héritier dissipateur pouvait nuire aux intérêts de ses cohéritiers, embarasser les opérations du partage, et, comme le disait Lebrun, infecter les lots de ses cohéritiers de charges et d'hypothèques auxquelles ils n'avaient pas consenti ; de là une foule d'actions en garantie, et dont la principale devenait illusoire, si l'héritier qui avait seul constitué les charges et les hypothèques, était devenu insolvable au moment où elles étaient connues.

On ne suivait donc pas en France ces dispositions du droit romain ; généralement on y avait admis la règle qui se trouve aujourd'hui consignée dans l'art. 883 du Code civil, et il suit évidemment de cette règle, que les immeubles échus, par le partage, à l'un des héritiers, ne demeurent pas grevés, dans ses mains, des hypothèques qui avaient été constituées par les autres héritiers.

4. Mais ces hypothèques, qui demeurent éteintes sur les immeubles échus à l'héritier qui ne les avait pas constituées, ne portent-elles pas, au

moins, de plein droit, sur les autres immeubles qui échoient, par le partage, à l'héritier qui les avait consenties ?

Il faut distinguer si les hyphothèques sont générales, ou seulement spéciales.

L'hypothèque légale et l'hypothèque judiciaire embrassant, l'une et l'autre, tous les biens présens et à venir du débiteur, il s'ensuit que, lorsqu'un cohéritier a consenti ou laissé obtenir contre lui, avant le partage, une hypothèque de cette nature, elle frappe nécessairement sur les immeubles qui lui échoient par le partage.

Il en est de même à l'égard de l'hypothèque conventionnelle qui aurait été constituée sur tous les immeubles de la succession, lorsque tous ces immembles ont été spécialement déclarés, conformément à l'art. 2129 du Code.

Mais, si l'hypothèque conventionnelle n'avait été établie limitativement que sur quelques immeubles de la succession, spécialement désignés, et si aucun de ces immeubles n'échéait, par le partage, à l'héritier débiteur, l'hypothèque ainsi limitée ne pourrait, d'après la règle établie dans l'art. 2129, être étendue, de plein droit, à d'autres immeubles, quoique ceux qui ont été hypothéqués, se trouvent dégagés, par suite de la disposition de l'art. 883. Le créancier ne pourrait user, en ce cas, que de la ressource qui est accordée par l'art. 2131.

Et même, dans tous les cas, l'hypothèque, soit légale, soit judiciaire, soit conventionnelle, ne produirait d'effet sur aucun des immeubles de la succession, si, par le résultat du partage, tous les immeubles se trouvaient compris dans les lots échus aux cohéritiers du débiteur, et si celui-ci n'avait dans son lot que du mobilier.

3. Tout ce qui vient d'être dit à l'égard du partage, s'applique également à la licitation, qui n'est qu'un mode de partage.

Dumoulin, sur l'art. 33 de la coutume de Paris, glos. 1, t. 1, p. 407, disait, en parlant de la licitation : *divisio vel assignatio posteà inter eos secuta, non videtur esse nova mutatio, nec translatio in aliam manum, sed consolidatio in unum ex iis, quæ inter eos quibus res est communis permittitur.*

L'art. 883 du Code s'explique d'une manière expresse, à l'égard de la licitation, comme à l'égard du partage.

Et il en résulte, à l'égard de la licitation, comme à l'égard du partage, les mêmes conséquences relativement aux hypothèques.

Ainsi, lorsque tous les immeubles d'une succession sont échus, par licitation, à un seul des héritiers, c'est-à-dire, lorsqu'un seul des héritiers est devenu seul adjudicataire de tous les immeubles licités, toutes les hypothèques établies sur ces immeubles contre les autres héritiers, sont éteintes et ne produisent aucun effet contre l'héritier adjudicataire, parce qu'aux termes de l'article 883 l'héritier adjudicataire est censé avoir succédé *seul* et immédiatement à tous les immeubles qui lui sont échus par la licitation, et que les autres héritiers sont censés n'avoir jamais eu la propriété de ces immeubles.

Cette conséquence peut paraître un peu sévère, et même elle serait injuste, si les créanciers avaient pu être induits en erreur; mais ils ont su, ou dû savoir, que l'hypothèque qu'ils obtenaient contre un héritier, sur les immeubles qui pourraient lui revenir dans une succession indivise, était nécessairement éventuelle et ne pourrait produire aucun effet sur les immeubles qui, soit par le partage, soit par licitation, échéraient aux autres héritiers.

Au surplus, pour empêcher qu'au préjudice de leurs droits il ne soit procédé, sans nécessité, une licitation, lorsque le partage pourrait être fait commodément, les créanciers peuvent user des moyens qui sont permis par l'art. 882.

Et enfin on a vu, au numéro 5 des observations sur cet article, que si la vente, par licitation, est consentie à un étranger, elle n'est pas un partage entre héritiers, mais une aliénation faite par chaque héritier, de sa part indivise dans la masse de la succession, et qu'en conséquence les créanciers de chaque héritier peuvent exercer leurs droits hypothécaires sur le prix de la vente, jusqu'à concurrence de la portion qui en revient à leur débiteur.

ARTICLE 884.

Les cohéritiers demeurent respectivement garans, les uns envers les autres, des troubles et évictions seulement qui procèdent d'une cause antérieure au partage.

La garantie n'a pas lieu, si l'espèce d'éviction soufferte a été exceptée par une clause particulière et expresse de l'acte de partage ; elle cesse, si c'est par sa faute que le cohéritier souffre éviction.

1. Il est juste que tous les héritiers soient tenus de se garantir respectivement des troubles et des évictions que chacun d'eux peut éprouver après le partage, à raison des effets compris dans son lot. Telle a été évidemment l'intention de tous les héritiers, lorsqu'ils ont divisé entr'eux les biens de la succession, et l'égalité, qui est l'ame du partage, n'existerait plus, si l'un des héritiers, qui éprouverait l'éviction de la totalité ou de partie de ce qui lui est échu dans son lot, n'obtenait

pas de ses cohéritiers une indemnité proportionnelle.

Cette obligation de garantie entre les héritiers, avait été établie par la loi 14, c. fam. ercisc., et par la loi 25, §. 21, ff. eod.; elle était de droit commun dans les pays coutumiers, et comme elle est formellement prononcée par l'art. 884 du Code civil, il n'est pas nécessaire qu'elle soit stipulée dans les actes de partage.

2. L'éviction est l'abandon que le possesseur est obligé de faire, de tout ou de partie de la chose qu'il possède, par suite d'une action réelle exercée contre lui par un tiers.

Un droit de servitude, un droit d'usufruit, que le possesseur est obligé de souffrir au profit d'un tiers, est une éviction de partie de la chose, puisqu'il y a démembrement, soit d'une partie de la propriété, soit d'une partie de la possession.

Le trouble est un acte qui tend à empêcher la jouissance du possesseur.

Il y en a de deux espèces, l'un en droit, l'autre en fait.

Le trouble est en droit, lorsqu'il est exercé par suite d'un droit réel prétendu sur la chose.

Il est en fait, lorsqu'il n'est exercé que par une voie de fait, sans que l'auteur du trouble prétende d'ailleurs aucun droit sur la chose.

Le trouble qui n'est qu'en fait, ne peut donner lieu à l'action en garantie contre les cohéritiers

III.

43

de celui qui l'éprouve. Puisqu'il ne s'agit pas d'un droit sur la chose, les cohéritiers n'ont rien à faire valoir : c'est aux possesseurs à se défendre contre les voies de fait, et aussi l'on voit dans l'article 1725 du Code, que le bailleur n'est pas même tenu de garantir le fermier ou locataire, des troubles qui n'ont lieu que par voie de fait.

3. Lors même qu'il s'agit d'évictions, ou de troubles en droit, il y a plusieurs exceptions à l'obligation de la garantie entre cohéritiers.

Ces exceptions résultent, ou de la cause de l'éviction et du trouble, ou de conventions particulières faites entre les héritiers, ou de la faute personnelle de l'héritier qui éprouve l'éviction et le trouble, ou de la prescription. Il faut les examiner séparément, et nous verrons ensuite comment s'exécute la garantie, dans les cas où elle a lieu.

4. Et d'abord, pour que l'éviction soufferte par l'un des héritiers, donne lieu à la garantie, il faut qu'elle procède d'une cause antérieure au partage, et non pas d'une cause survenue postérieurement.

Tous les effets échus à un cohéritier, sont à ses risques et périls, depuis le partage, puisqu'il en est devenu seul propriétaire, et qu'en conséquence il doit en supporter les pertes, comme il en a les profits. Il ne peut donc y avoir, en cas d'éviction ou de trouble, qu'une cause antérieure au partage, qui puisse donner à l'héritier évincé ou troublé dans sa propriété ou sa possession, le droit de se pourvoir en indemnité contre ses cohéritiers.

Ainsi, lorsqu'un immeuble que le défunt avait vendu, a été compris dans le partage de sa succession, parce qu'on ignorait la vente, et que l'acquéreur fait ordonner le désistement à son profit, comme l'éviction a une cause antérieure au partage, puisqu'elle procède d'un fait du défunt, l'héritier à qui cet immeuble est échu, doit avoir l'action en garantie.

Mais si un immeuble avait été détérioré ou détruit, postérieurement au partage, par une force majeure, par un cas fortuit, ou par tout autre événement quelconque, comme la perte qu'éprouverait l'héritier, procéderait d'une cause postérieure au partage, il n'y aurait pas lieu à garantie.

« Les pertes qui peuvent arriver par des cas fortuits après le partage, disait Domat, regardent celui à qui était échue la chose qui périt, ou est endommagée; comme si c'était des grains, des liqueurs, des animaux, ou autres choses sujettes à ces sortes de pertes, ou quelque héritage situé sur une rivière et qu'un débordement aurait entraîné, ou une maison périe par un incendie; car, dans tous ces cas, et même les plus imprévus, la chose n'étant plus commune, celui que

43.

le partage en avait rendu le maître, en souffre la perte. »

Il n'y a donc pas lieu à garantie pour le dépérissement qui provient de la nature même de la chose. « Si l'on suppose, dit Lebrun, que, dans la succession d'un marchand de vins, l'on ait donné à l'un des héritiers tous les meubles meublans, et à l'autre tous les vins qui se sont trouvés et qui se sont corrompus peu de temps après le partage, il faut dire qu'il n'y a pas de garantie en ce cas. »

De même, il n'y a pas de garantie, lorsque le gouvernement prend un immeuble pour l'utilité publique, quand même il n'y aurait pas d'indemnité, ou qu'elle serait insuffisante.

A tous ces cas il faut appliquer la maxime : *res perit domino.*

5. L'action en garantie est encore inadmissible, si l'espèce d'éviction qui est soufferte par l'un des héritiers, a été exceptée par une clause particulière et expresse, dans l'acte de partage ; c'est-à-dire, si elle a été mise formellement aux risques et à la charge de cet héritier.

Par exemple, s'il a été dit dans l'acte de partage, qu'une maison comprise dans l'un des lots, a un droit de vue ou d'égoût sur l'héritage voisin, mais qu'il existe ou peut survenir à cet égard une contestation avec le propriétaire de l'héritage, et que l'héritier auquel écherra le lot, fera

valoir le droit, à ses risques et périls, sans pouvoir
réclamer une indemnité en cas d'éviction, cette
clause devra être exécutée, et conséquemment
il ne pourra y avoir lieu à garantie, quoique le
propriétaire de l'héritage fasse juger qu'il n'est
pas tenu à la servitude. On doit présumer qu'à
raison de l'incertitude du droit, la valeur du lot
où se trouve comprise la maison, a été augmentée.

Cependant, si de l'éviction que l'un des héritiers
éprouverait, même dans le cas où elle aurait été
exceptée par une clause expresse du partage, il
résultait une lésion de plus du quart de sa portion
héréditaire, il pourrait se pourvoir, non point
à la vérité par action en garantie, mais par voie
de rescision pour cause de lésion, puisqu'il éprouverait réellement la lésion suffisante pour autoriser la rescision.

Il faut remarquer, en outre, que l'article 884
ne refusant la garantie, que dans le cas où *l'espèce*
même de l'éviction soufferte a été exceptée par
une clause expresse et *particulière*, on doit conclure de ces termes restrictifs de l'article, qu'il
n'est pas permis de stipuler *généralement*, dans
les actes de partage, qu'il n'y aura lieu à garantie
pour aucune espèce de troubles ou d'évictions.

Cette clause générale serait manifestement en
opposition avec l'égalité qui doit régner entre les
héritiers, et d'ailleurs elle serait trop dangereuse,

puisqu'elle pourrait être souvent employée dans les partages à l'amiable, pour tromper ceux des héritiers, qui n'auraient pas une connaissance suffisante des charges de la succession.

Le partage n'est point une affaire de commerce. Il n'a pour objet que de faire cesser l'indivision des biens de la succession, et de les distribuer *également* entre les héritiers, suivant les droits respectifs de chacun d'eux; on ne peut donc y insérer des conventions *à forfait*, qui violeraient l'égalité même qu'il doit établir; ce serait en changer la nature, et le convertir en une véritable aliénation.

6. La garantie ne peut encore avoir lieu, si c'est par sa faute que le cohéritier a souffert l'éviction, lors même que l'éviction procéderait d'une cause antérieure au partage.

Il n'est pas besoin d'établir la justice de cette exception; mais il peut être utile d'en faire l'application à quelques cas particuliers.

Il n'y a pas lieu a garantie, lorsque le cohéritier a omis ou négligé d'opposer une prescription qui était acquise contre le titre ou le droit en vertu duquel il a été évincé.

Mais, s'il avait appelé ses cohéritiers en garantie, et qu'ils eussent négligé, comme lui, d'opposer la prescription, ils ne seraient pas recevables à dire qu'il a souffert l'éviction par sa faute, puisqu'ils étaient tenus, comme lui, d'employer tous les moyens nécessaires pour repousser la demande, et qu'ils pouvaient aussi, de leur chef, proposer la prescription. La faute étant commune à tous, la perte qui peut en résulter, doit retomber sur tous également.

Si un cohéritier perd une créance comprise dans son lot, et qu'il soit prouvé que le débiteur était insolvable avant le partage, il y a lieu à garantie, puisque la perte provient d'une cause antérieure au partage, et qu'il n'y a aucune faute à imputer à l'héritier, puisque déjà avant le partage, c'est-à-dire, avant que l'héritier pût être particulièrement tenu des poursuites, le débiteur était insolvable.

Mais, si le débiteur n'est devenu insolvable que depuis le partage consommé, et que le cohéritier ait eu le temps et les moyens de se faire payer, soit en exerçant de suite et sans interruption les poursuites nécessaires, soit en prenant des inscriptions sur les immeubles du débiteur, soit en renouvelant celles qui avaient été précédemment prises, et qu'il ait négligé ces moyens, il y a faute de sa part, et il ne lui est pas dû de garantie.

Si le cohéritier a laissé acquérir prescription contre la propriété d'un droit, ou d'un héritage, compris dans son lot, il est évident encore qu'il souffre l'éviction par sa faute, et conséquemment qu'il ne peut demander la garantie.

Mais si la prescription était commencée avant
le partage et s'était achevée *peu de temps après*,
la perte devrait-elle retomber entièrement sur
le cohéritier ?

Voici comment Lebrun s'explique sur cette
question, dans son *Traité des Successions*, liv. 4,
chap. 1, som. 74.

« Pour moi j'estime, dit-il, que, si, lorsque le
partage a été fait, il ne manquait que très-peu
de temps pour la prescription, l'on ne peut pas
imputer à l'héritier de n'avoir pas pris possession
dans ce temps qui restait, si ce n'est qu'il ait été
averti, et c'est la disposition de la loi *si fundum* 16, *ff. de fundo dotali*, où il est dit : *planè
si paucissimi dies ad perficiendam longi temporis
possessionem superfuerint, nihil erit quod im-
putetur marito ;* et qu'au contraire, si la possession était commencée de quelques jours seulement
sous le défunt, l'héritier sous qui elle s'achève,
ne peut pas imputer ce commencement de prescription qu'il lui était aisé de faire cesser, ayant
eu un long temps pour prendre possession de la
chose. Enfin, dans ce concours de raisons opposées où l'héritier qui souffre la prescription, a
droit de dire qu'on lui a dû céder des droits entiers, ou l'avertir de la prescription commencée,
et qu'il ne lui restait qu'un certain temps pour
prendre possession, et que cet avis ne lui ayant
pas été donné, il lui est dû garantie pour cette

éviction; et où, d'autre part, les cohéritiers lui objeçtant qu'il devait prendre connaissance de l'état de la chose, et se mettre en possession après le partage, je voudrais régler un certain temps, *comme celui d'un an,* où l'héritier étant obligé de prendre possession des choses qui font partie de son lot, il se devrait imputer, si ayant négligé de le faire dans ce même temps, la prescription commencée contre le défunt, se serait achevée contre lui; et en ce cas il n'aurait aucun recours de garantie contre ses cohéritiers. »

Le délai d'un an serait aujourd'hui beaucoup trop long. Lebrun ne l'avait adopté, ainsi qu'il le dit lui-même *loco citato,* que parce que, dans le droit, l'héritier *ab intestat,* ou testamentaire, n'était obligé de prendre possession que dans l'année, suivant la loi *cum antiquioribus C. de jure delib.,* et qu'il en était de même dans plusieurs de nos coutumes; mais cette disposition ne se trouvant pas dans le Code civil, il faut que la prescription ait été achevée peu de temps après le partage, et que le cohéritier qui en souffre, n'ait pas eu les moyens de l'interrompre, pour que la garantie soit admise. Les juges doivent se décider à cet égard, suivant les circonstances et l'équité.

7. Le cohéritier qui souffre une éviction, peut-il demander la garantie, lorsqu'il avait connais-

sance, avant le partage, que la chose était sujette à l'éviction qu'il éprouve?

Lebrun, dans son *Traité des Successions*, liv. 4, chap. 1, nᵒˢ. 75 et 76, a répondu sur la question, que, si avant le partage le cohéritier avait une connaissance certaine que la chose à lui attribuée était sujette à éviction, il ne peut exercer l'action en garantie, lorsque l'éviction arrive, quoique dans le partage on n'ait pas eu d'égard à l'éviction; qu'à plus forte raison la garantie ne doit pas être admise, si l'on a eu égard à la possibilité de l'éviction, et que la chose en ait été moins estimée; que, d'ailleurs, on doit toujours présumer qu'on a eu égard à l'éviction, dans la composition des lots, et qu'enfin, lors même que cela ne serait pas, l'héritier se doit imputer sa propre faute.

Mais cette opinion ne doit pas être suivie sous le Code civil, parce qu'elle est inconciliable avec la disposition très-précise de l'art. 884, qui ne refuse l'action en garantie, que dans le cas *seulement* où l'espèce d'éviction soufferte a été exceptée par une clause particulière et *expresse* de l'acte de partage, et qui ne fait aucune mention du cas où le cohéritier qui a souffert l'éviction, avait connaissance, avant le partage, qu'elle pouvait arriver.

C'est donc avec raison qu'il a été dit par un auteur moderne, que, lors même que l'héritage aurait été donné pour une moindre valeur, en

raison de l'éviction qui était à craindre, et si
d'ailleurs il n'y avait pas une clause expresse qui
chargeât l'héritier de souffrir cette éviction, il y
aurait toujours lieu à l'action en garantie, parce
qu'on peut croire, en ce cas, que la diminution
de valeur donnée à l'objet, a eu pour unique
motif d'indemniser le cohéritier, de la crainte qu'il
pouvait avoir d'être évincé, et du désagrément
de ne pouvoir faire sur l'objet toutes les constructions et améliorations qu'il jugerait convenables, sans que de là on pût conclure avec certitude que la diminution de valeur a été donnée
pour l'équivalent de l'éviction.

J'ajouterai que, lorsqu'une éviction est seulement à craindre, et qu'il est possible qu'elle
n'arrive pas, il est rare que de suite on donne à
l'héritier qui peut l'éprouver, l'équivalent de
l'éviction, et qu'enfin il pourrait s'élever sur l'intention des parties à cet égard une foule de contestations que l'art. 884 a très-sagement prévenues,
en ne refusant l'action en garantie, que dans le
cas seulement où, par une clause expresse, le
cohéritier a été chargé de supporter seul l'éviction.

8. L'action en garantie entre les cohéritiers,
s'éteint, comme toutes les actions, par la prescription. Aux termes des art. 2257 et 2262, elle
ne se prescrit que par le laps de trente ans écoulés
depuis le moment où a eu lieu le trouble ou
l'éviction.

9. Hors les exceptions qui viennent d'être expliquées, la garantie peut être exercée, soit que les partages aient été faits en justice, soit qu'ils aient été faits à l'amiable, à l'égard des mineurs, comme à l'égard des majeurs. Le même motif d'egalile s'applique évidemment aux uns et aux autres.

Le même motif existe encore, lorsque le défunt a fait lui-même le partage de ses biens entre ses descendans. Il a voulu que chacun de ses descendans eût la portion qu'il lui a valablement attribuée, et sa volonté ne serait pas exécutée, si l'un d'eux, éprouvant une éviction, n'avait pas une action en garantie contre ses cohéritiers.

D'ailleurs, c'est en règle générale que l'article 884 établit la garantie entre héritiers, et il ne fait à cet égard aucune distinction quant aux différentes espèces de partage.

10. L'obligation de garantie consiste en ce que tous les cohéritiers sont tenus d'indemniser celui qui a souffert l'éviction, de la perte que cette éviction lui a causée.

On verra, dans l'article suivant, comment chacun des cohéritiers est tenu de contribuer à cette indemnité.

En ce moment, il s'agit de savoir comment elle doit être réglée. Est ce au taux de la valeur qu'avait, *au moment du partage*, l'objet dont l'héritier a été évincé? Est-ce au taux de la valeur, *au moment de l'éviction.?*

Pothier, dans son *Traité du Contrat de vente,* part. 7. art. 6, n° 652, a soutenu que les cohéritiers sont seulement tenus de faire raison de la valeur pour laquelle l'objet a été donné en partage, et qu'en cela ils ne sont pas obligés comme un vendeur, ou cédant à titre onéreux.

« La raison de différence, dit-il, est que mes cohéritiers ou autres copartageans ne peuvent être considérés comme mes cédans par rapport à la chose dont je souffre éviction, puisque, suivant nos principes, les copartageans par les partages ne cèdent rien et ne tiennent rien, les uns des autres. La seule raison sur laquelle est fondée la garantie des copartageans, est que l'égalité qui doit régner dans les partages, se trouvant blessée par l'éviction que souffre l'un des partageans dans quelqu'une des choses comprises dans son lot, la loi qui exige cette égalité, oblige chacun des copartageans à la rétablir : or, il suffit pour cela, qu'ils lui fassent raison, chacun pour leur part, de la somme pour laquelle la chose évincée lui a été donnée en partage. »

Mais cette opinion pourrait-elle aujourd'hui se concilier avec la disposition de l'art. 885, qui dit, en termes formels, que chacun des coheritiers est obligé d'indemniser son cohéritier, *de la perte que lui a causée l'éviction ?*

Quelle est la perte que l'éviction a causée à l'héritier évincé ? C'est évidemment celle de la valeur qu'avait l'objet au moment de l'éviction, et non pas celle de la valeur au moment du partage.

Si, en effet, l'immeuble dont un héritier a été évincé, ne valait ou n'a été estimé que 1,000 fr. lors du partage, et qu'après un laps de quelques années, sa valeur réelle, d'après le prix actuel des immeubles, se trouve portée à 1,200 francs, il est incontestable que c'est une perte de 1,200 fr. que cause l'éviction, et non pas seulement une perte de 1,000 francs, puisque sans l'éviction l'héritier aurait conservé un immeuble valant 1,200 fr.

Il eût donc fallu que le législateur rédigeât autrement l'art. 885, s'il n'avait entendu que les cohéritiers ne devaient indemniser que de la perte de la valeur au moment du partage.

Mais d'ailleurs, puisqu'après le partage chaque héritier supporte personnellement, et sans aucun recours contre ses cohéritiers, les pertes que peuvent éprouver les immeubles qui sont compris dans son lot, n'est-il pas juste aussi qu'il ait les profits qui surviennent à ces immeubles ?

Et enfin, comme l'action en garantie a pour

objet de rétablir l'égalité entre les héritiers, ne faut-il pas, pour que l'égalité soit pleinement rétablie, que l'héritier évincé ait le droit de répéter les profits qui étaient survenus à l'immeuble dont il est dépossédé, puisque ses cohéritiers ont aussi les profits des immeubles qui leur sont échus et qu'ils conservent?

L'égalité consiste à réparer pleinement la perte réelle qu'a causée l'éviction, et non pas à la réparer seulement en partie, de manière que, par l'effet de l'éviction, l'un des héritiers se trouve perdre plus que les autres.

Article 885.

Chacun des cohéritiers est personnellement obligé, en proportion de sa part héréditaire, d'indemniser son cohéritier de la perte que lui a causée l'éviction.

Si l'un des cohéritiers se trouve insolvable, la portion dont il est tenu, doit être également répartie entre le garanti et tous les cohéritiers solvables.

1. S'il est juste que tous les héritiers soient tenus de se garantir respectivement des évictions que chacun d'eux peut éprouver après le partage,

il est juste aussi que chacun d'eux ne soit tenu de
contribuer qu'en proportion de sa part héréditaire, à l'indemnité qui est due à celui qui a
éprouvé éviction. C'est encore là une conséquence de l'égalité qui doit régner entre les copartageans.

Il en résulte aussi que l'héritier qui a éprouvé
l'éviction, doit supporter lui-même, en proportion de sa part héréditaire, une portion de l'indemnité, puisque l'éviction doit être également à
la charge de tous les héritiers.

Supposons, par exemple, que, dans une succession qui a été partagée entre deux frères,
chacun d'eux ait eu, pour sa part, une valeur
de 12,000 francs, et qu'ensuite l'un d'eux éprouve
une éviction qui lui cause une perte de 3.000 fr.
Si celui qui est évincé, avait le droit de répéter
contre son frère l'indemnité entière, il arriverait
que, nonobstant l'éviction, sa part dans la succession se trouverait être toujours de 12,000 fr.,
et que cependant la part de son frère serait
réduite à 9,000 francs; il n'y aurait donc plus
d'égalité; au lieu qu'en partageant entre les deux
frères la perte qui résulte de l'éviction, la part de
chacun d'eux se trouve également réduite à une
valeur de 10,500 fr.

2. Il est dit dans l'art. 873, que les héritiers sont
tenus des dettes et charges de la succession, personnellement pour leur part et portion virile,

et hypothécairement pour le tout; mais ce n'est pas ainsi que dispose l'art. 885, relativement à l'indemnité due à l'héritier évincé; il dit seulement que chacun des cohéritiers est *personnellement* obligé à cette indemnité, en proportion de sa part héréditaire : il n'ajoute pas ces mots qui se trouvent dans l'art. 873, *et hypothécairement pour le tout;* il a donc entendu restreindre, pour ce cas, l'obligation de chaque cohéritier à l'obligation personnelle et pour la portion virile seulement.

Cette restriction est fondée sur les mêmes motifs que celle qui se trouve dans l'art. 875; elle a eu également pour objet, d'empêcher entre les héritiers un long circuit d'actions hypothécaires et récursoires, qui auraient porté le trouble et la dissention dans les familles.

Ainsi, l'hypothèque que l'héritier évincé peut avoir pour sa garantie, ne grève les immeubles possédés par chacun des cohéritiers, que du paiement de la portion virile dont chacun est tenu dans la masse de l'indemnité.

3. C'est également pour établir l'égalité entre les héritiers, qu'il est dit dans l'art. 885, que, relativement à l'indemnité due à l'héritier évincé, les portions pour lesquelles seraient tenus de contribuer les cohéritiers qui se trouvent insolvables, sont également réparties entre les autres cohéritiers qui sont solvables, et que l'héritier évincé

III.

44

est soumis lui-même à cette répartition, de même que s'y trouve soumis, en vertu de l'art. 876, l'héritier qui a été contraint de payer la totalité d'une dette hypothécaire.

La première disposition de l'art. 885, n'obligeant chacun des cohéritiers que personnellement, et en proportion de sa part héréditaire, à indemniser le cohéritier évincé, on aurait pu en conclure que ce cohéritier devait perdre la part des insolvables; il a donc été nécessaire d'ajouter que cette part serait également répartie entre tous les cohéritiers solvables, et, d'autre part, on a dû comprendre dans cette répartition l'héritier évincé, puisqu'autrement il y aurait eu inégalité au préjudice des autres cohéritiers solvables sur lesquels aurait frappé la répartition toute entière.

ARTICLE 886.

La garantie de la solvabilité du débiteur d'une rente, ne peut être exercée que dans les cinq ans qui suivent le partage. Il n'y a pas lieu à garantie à raison de l'insolvabilité du débiteur, quand elle n'est survenue que depuis le partage consommé.

1. Suivant l'ancienne jurisprudence, les rentes n'étaient pas, comme les autres biens, aux risques des héritiers à qui elles étaient échues par le partage. Quoique la caducité de ces rentes n'eût pas une cause antérieure au partage, quoique les débiteurs ne fussent devenus insolvables que long-temps après, les héritiers à qui elles étaient échues pouvaient cependant toujours exercer l'action en garantie contre leurs cohéritiers, quel que fût le laps de temps écoulé depuis le partage, à moins cependant que ce ne fût par leur faute et parce qu'ils auraient négligé des actes conservatoires ou des poursuites contre les débiteurs, que les rentes fussent devenues caduques.

La raison pour laquelle les rentes n'étaient pas, comme les autres biens de la succession, mises aux risques des héritiers, dès le moment du partage, est expliquée par Pothier, dans son *Traité des Successions*, chap. 4, art. 5, §. 3, pag. 544.

« La raison, dit-il, est qu'une rente est un être successif, composé de parties qui doivent se succéder les unes aux autres jusqu'au rachat qui s'en peut faire, et qui de sa nature doit durer jusqu'au rachat. Le cohéritier à qui elle est échue par le partage, ne l'a donc point entière, lorsqu'elle cesse d'être payable; il faut donc que ses cohéritiers la lui parfournissent, en la lui

44.

continuant jusqu'au rachat. Il n'en est pas de même d'une maison ou autre chose. Ces êtres ne consistent point dans une succession de parties; dès le premier instant que j'ai une maison, j'ai tout son être; si elle vient à périr par quelque cas fortuit, c'est une suite de sa nature. »

Il est bien évident que cette distinction n'était, dans l'espèce, qu'une pure subtilité; qu'elle n'était pas de nature à faire déroger à la maxime, *res perit domino*, et que d'ailleurs elle produisait l'inconvénient très-grave de laisser tous les héritiers exposés à des actions en garantie, pendant un temps illimité, et comme le disait Pothier lui-même, plus de cent ans après le partage.

C'est donc avec grande raison qu'elle n'a pas été adoptée par le Code civil. L'art. 886 dit, au contraire, et d'une manière très-formelle, qu'il n'y a pas lieu à garantie, à raison de l'insolvabilité du débiteur d'une rente, quand l'insolvabilité n'est survenue que depuis le partage consommé.

C'est donc une règle générale, et sans aucune exception, que l'héritier dans le lot duquel a été comprise une rente provenante de la succession, ne peut exiger que ses cohéritiers le garantissent de la perte qu'il éprouve de cette rente, par l'insolvabilité du débiteur , que lorsqu'il

prouve que déjà cette insolvabilité existait avant
le partage.

Il n'y a pas à distinguer si c'est par sa faute,
ou seulement par des événemens extraordinaires,
seulement par des cas fortuits, que l'insolvabilité est survenue. Il suffit qu'elle ne soit survenue
qu'après le partage, pour qu'il doive supporter
entièrement la perte, sans aucun recours.

2. Le Code civil est allé plus loin. Il a statué
encore par l'art. 886, que la garantie de la solvabilité du débiteur de la rente, ne pourrait
toujours être exercée que dans les cinq ans qui
suivraient le partage. C'est une juste exception
aux règles générales sur la prescription. Le délai
de cinq ans est assez long pour que l'héritier
à qui est échue une rente, puisse vérifier la solvabilité du débiteur, et se pourvoir, s'il y a lieu,
en garantie contre ses cohéritiers. Il en résulte
qu'après les cinq ans, vainement l'héritier à qui
la rente était échue, alléguerait et prouverait
même que, déjà avant le partage, le débiteur de
la rente était insolvable; son action en garantie
ne serait plus admissible, puisque l'art. 886 exige
qu'elle soit exercée dans les cinq ans, et qu'il est
bien évident qu'il a fixé ce délai spécialement à
l'égard des rentes dont les débiteurs étaient insolvables avant le partage, puisqu'il a refusé toute
action en garantie à l'égard des rentes dont les

débiteurs ne sont devenus insolvables qu'après le partage consommé.

3. Les art. 884, 885 et 886 doivent s'appliquer aux successeurs à titre universel, comme aux héritiers ; c'est-à-dire, que les successeurs à titre universel sont obligés personnellement, chacun au prorata de son émolument, d'indemniser l'héritier de la perte que lui a causée l'éviction, et que, par réciprocité, tous les héritiers doivent également contribuer, chacun en proportion de sa part, à l'indemnité de la perte qu'a éprouvée par éviction un successeur à titre universel.

L'égalité est requise respectivement dans les partages, à l'égard des successeurs à titre universel, comme à l'égard des héritiers. Chacun d'eux doit avoir, dans le partage, la portion de biens, qui lui est attribuée par la volonté du défunt, ou par la disposition de la loi, et l'égalité n'existerait plus, s'ils n'étaient pas tous respectivement garans, les uns envers les autres, des troubles et évictions qu'ils peuvent éprouver, à raison des effets qui ont été compris dans leurs lots.

SECTION V.

De la rescision en matière de partage.

ARTICLE 887.

Les partages peuvent être rescindés pour cause de violence ou de dol,

Il peut aussi y avoir lieu à rescision, lorsqu'un des cohéritiers établit, à son préjudice, une lésion de plus du quart. La simple omission d'un objet de la succession ne donne pas ouverture à l'action en rescision, mais seulement à un supplément à l'acte de partage.

1. L'égalité étant de l'essence des partages, il fallait prendre tous les moyens nécessaires pour la faire rétablir, lorsqu'elle aurait été violée; en conséquence l'action rescisoire fut admise, dans tous les temps, contre les partages qui contenaient lésion, au préjudice de l'un ou de plusieurs des héritiers. Elle a dû être maintenue par le Code civil.

Il faut voir comment et dans quels cas elle s'exerce et quels en sont les effets.

2. Suivant l'art. 887, les partages peuvent être rescindés pour cause de violence ou de dol. Il ré-

sulte de ces termes, que les partages ne sont pas
nuls de plein droit, par cela seul qu'ils ont été
extorqués par violence ou surpris par dol, et d'ailleurs l'article 1117 du Code civil, dispose, d'une
manière générale, que la convention contractée
par violence ou dol, n'est pas nulle de plein droit,
et que seulement elle donne lieu à une action en
nullité ou en rescision, dans les cas et de la manière expliqués à la section VII du chapitre 6 du
titre 3.

Mais on voit dans cette section, que l'action
en nullité ou en rescision n'est admise que pour
les cas où il résulte, soit du dol, soit de la violence, une lésion, au préjudice des parties contre
lesquelles il y a eu dol ou violence.

Et, en effet, quand le dol et la violence n'ont
causé ni lésion, ni préjudice, on est sans intérêt
à s'en plaindre, et on ne peut être recevable à
former une demande sans intérêt.

Un partage ne doit donc pas être rescindé,
lors même qu'un ou plusieurs héritiers ne l'auraient souscrit que par dol ou violence, s'il ne
contient lésion, au préjudice d'aucun d'eux.

Mais aussi la moindre lésion suffirait, en ce
cas, pour faire rescinder le partage, parce qu'il
serait contre l'équité et contre la morale, qu'un
héritier souffrît le moindre préjudice de la violence ou du dol, exercé contre lui.

3. Lors même qu'il n'y a pas eu dol ou vio-

lence, le partage peut encore être rescindé pour cause de simple lésion ; mais il faut, en ce cas, que la lésion soit de plus du quart de la *juste* portion qu'aurait dû avoir l'héritier qui réclame.

Si la moindre lésion avait été admise comme un moyen de rescision, il n'y aurait pas eu de partage qui ne pût être attaqué par cette voie, parce qu'il est impossible, malgré tous les soins qu'on peut mettre à former des lots égaux, que cependant il n'existe pas entre eux quelque légère différence. Il ne fallait pas, pour un très-modique intérêt, anéantir des actes faits de bonne foi, autoriser de nombreuses contestations dans les familles, et rendre incertains et précaires, pendant dix ans, tous les partages de successions.

L'ancienne législation n'admettait également l'action en rescision, que pour lésion *du tiers au quart*, qui est évidemment la même que la lésion de *plus du quart.*

Ainsi, le cohéritier qui devait avoir une valeur de 40,000 fr. pour sa portion, et qui n'a eu, par le partage, qu'une valeur de 30,000 fr., n'est pas admissible à se pourvoir en rescision. La lésion qu'il éprouve, n'*excède* pas le quart de la portion à laquelle il avait droit ; elle n'est que du quart seulement, et conséquemment elle n'est pas suffisante.

Mais, s'il avait eu moins de 30,000 fr., quel-

que légère que fût la différence, il serait fondé
à se pourvoir en rescision.

4. L'ant. 887 ne met point l'*erreur* au nombre
de moyens de rescision contre les partages, et
cependant l'erreur est, suivant l'art. 1110 du
Code, une cause de nullité de la convention,
lorsqu'elle tombe sur la substance même de la
chose qui est l'objet.

Mais, en matière de partage, ou l'erreur tombe
sur la *valeur* de la portion que devait avoir un
cohéritier, ou elle tombe sur la *quotité* de la part
à laquelle il avait droit, ou elle tombe sur l'*omission*
d'effets qui devaient être compris dans le partage.

Lorsque l'erreur tombe sur la valeur de la
portion que devait avoir un cohéritier, elle se
confond évidemment avec le moyen résultant de
la lésion.

Lorsque l'erreur tombe sur la quotité de la
part à laquelle avait droit un cohéritier; par
exemple, si un cohéritier qui, d'après la loi,
avait droit à la moitié de la succession, a souffert que dans le partage on ne le considérât comme
héritier que pour un quart, et qu'en conséquence
on ne lui attribuât, pour son lot, que le quart
des biens; ou, si étant héritier pour un quart,
il a souffert qu'on ne lui attribuât, pour son lot,
qu'un cinquième, alors il faut examiner si l'erreur à cet égard est la suite de manœuvres criminelles qu'on aurait pratiquées contre lui pour
le tromper.

S'il a été pratiqué contre lui de semblables manœuvres, il y a dol à son préjudice, et conséquemment il peut demander la rescision du partage, conformément à la première disposition de l'art. 887.

Mais, si ce n'est point par suite de manœuvres criminelles qu'il ait été induit en erreur, il ne peut être recevable à réclamer, qu'autant qu'il résulte à son préjudice, de l'erreur qu'il a commise, une lésion de plus du quart de la juste portion à laquelle il avait droit.

Dans ce cas encore, le moyen résultant de l'erreur, se confond avec le moyen résultant de la lésion.

Enfin, si l'erreur ne tombe que sur des effets qui dépendaient de la succession et qu'on a omis de comprendre dans le partage, il n'y a pas lieu, d'après l'art. 887, à l'action en rescision contre le partage qui a été fait. Seulement il doit être procédé, entre tous les héritiers, à un nouveau partage, qui ne porte que sur les effets qui ont été omis dans le premier.

5. Lorsqu'un partage est rescindé, la succession se trouve encore indivise ; il faut donc que chacun des cohéritiers rapporte tous les biens qui lui avaient été attribués, pour que la masse de la succession soit rétablie, pour qu'il en soit formé de nouveaux lots, pour qu'il soit procédé à un nouveau partage.

Mais, si des cohéritiers avaient aliéné ou hypothéqué, même avant la demande en rescision du
partage, des immeubles à eux échus, la rescision
du partage produirait-elle l'effet, à l'égard des
autres cohéritiers, de résoudre les aliénations de
ces immeubles et de faire rentrer les biens dans la
masse de la succession, libres de toutes hypothèques et autres charges créées depuis le partage ?

L'affirmative ne me paraît pas douteuse.

C'est un principe de tous les temps, et qui se
trouve formellement consigné dans l'art. 1183 du
Code civil, que toute condition résolutoire, lorsqu'elle s'accomplit, révoque l'acte où elle est
insérée, et remet les choses au même état que si
l'acte n'avait pas existé.

Or, la rescision, pour cause de dol, de violence, ou de lésion, est une condition résolutoire
de tous les partages. Cette condition est imposée
par la loi elle-même, de la manière la plus impérative, et conséquemment elle est toujours réputée écrite, sans qu'il soit besoin d'aucune stipulation, à cet égard, de la part des copartageans.

La rescision d'un partage, lorsqu'il est prononcé par la justice, remet donc les choses au
même état que si le partage n'avait pas existé, et
comme, si le partage n'avait pas existé, aucun
héritier n'aurait pu, au préjudice de ses cohéritiers, aliéner, ou grever d'hypothèques ou autres
charges, des immeubles de la succession, il en

résulte nécessairement que, par l'effet de la rescision qui a révoqué le partage, qui remet les biens
au même état qu'avant le partage, les aliénations,
les hypothèques et les charges qui peuvent avoir
été consenties, depuis le partage, par quelques
héritiers, ne peuvent nuire ni être opposées aux
autres cohéritiers.

Il ne pourrait, d'ailleurs, y avoir de doute quant
aux hypothèques, puisqu'à leur égard il y a
une disposition très-précise dans l'art. 2125 qui
dit formellement que « ceux qui n'ont sur l'immeuble qu'un droit suspendu par une condition
ou résoluble dans certains cas, *ou sujet à rescision,*
ne peuvent consentir qu'une hypothèque soumise
aux mêmes conditions *ou à la même rescision.*

Et, à plus forte raison, il en doit être de même
à l'égard des aliénations, qui seraient plus nuisibles encore aux cohéritiers des vendeurs.

Aussi, voit-on que dans une matière bien moins
favorable que celle des partages, en matière de
rescision *de ventes consenties entre étrangers*, le
législateur admet que la rescision d'une semblable vente résoud de plein droit la revente constituée par l'acquéreur évincé.

Et ce qu'il y a de remarquable, c'est que le législateur n'en fait pas une disposition pour l'espèce.
Considérant cette résolution de la revente, comme une conséquence nécessaire du principe consigné dans l'art. 1183, il ne la prononce pas de nou-

veau ; mais il se borne à en faire l'application, en disant, dans l'art. 1681, que le *tiers possesseur* a , comme l'acquéreur contre lequel a été prononcée la rescision, le choix de rendre la chose en retirant le prix qu'il en a payé, ou de garder le fonds en payant le supplément de juste prix, *sauf sa garantie contre son vendeur.*

Sans doute, il n'était pas plus nécessaire à l'égard des partages, qu'à l'égard des ventes entre étrangers, de faire une disposition particulière, pour donner à la rescision les effets qui lui sont pleinement attribués par la disposition générale de l'art. 1183.

N'est-ce pas encore un principe incontestable que, lorsqu'un acte est révoqué pour une cause, pour un vice, qui existait au moment de l'acte et qui se trouve dans l'acte lui-même, la révocation a lieu, non pas *ex nunc*, mais *ex tunc*, c'est-à-dire, qu'elle remonte au jour de l'acte, qu'elle l'anéantit dès son origine et qu'elle fait cesser tous les effets qu'il avait pu produire, même à l'égard des tiers ?

S'il en était autrement quant à la rescision des partages, cette rescision ne serait-elle pas souvent un secours inefficace pour les héritiers qui auraient été lésés, et même pour ceux qui auraient été victimes de dols ou de violences ? Les auteurs de la lésion, du dol, de la violence, ne s'empresseraient-ils pas d'hypothéquer et même d'aliéner les immeubles qu'il se seraient fait attribuer par les partages, et lorsqu'ils seraient insolvables ou qu'ils n'auraient que des propriétés mobilières qu'ils pourraient aisément déguiser ou soustraire, à quoi servirait la rescision de partages ?

6. Comme il n'est dit dans aucun article, par quel laps de temps se prescrit l'action en rescision contre les partages, il faut se reporter à l'art. 1304, qui dispose que, dans tous les cas où l'action en nullité *ou en rescision* d'une convention, n'est pas limitée à un moindre temps par une lo. particulière, cette action dure dix ans.

L'action en rescision contre un partage, ne se prescrit donc que par le laps de dix ans, ainsi que dans l'ancienne législation.

L'art. 1304 ajoute que la prescription ne commence à courir, dans le cas de violence, que du jour où la violence a cessé; dans le cas de dol, que du jour où il a été découvert; à l'égard des interdits, que du jour où leur interdiction est levée, et à l'égard des mineurs, que du jour de leur majorité.

ARTICLE 888.

L'action en rescision est admise contre tout acte qui a pour objet de faire cesser l'indivision entre cohéritiers, encore qu'il fût qualifié de vente, d'échange et de transaction, ou de toute autre manière.

Mais après le partage ou l'acte qui en tient lieu, l'action en rescision n'est plus admissible contre la transaction faite sur les difficultés réelles que présentait le premier acte, même quand il n'y aurait pas eu à ce sujet de procès commencé.

1. La première disposition de cet article établit d'une manière précise le véritable caractère du partage, pour empêcher qu'en donnant à cet acte la forme et la dénomination d'une autre espèce de contrat, on ne parvienne à le soustraire, contre le vœu de la loi, à l'action en rescision pour cause de lésion.

Tout acte qui a pour objet de faire cesser l'indivision entre cohéritiers, est un partage, dans quelque forme qu'il ait été rédigé et quel que soit le titre qu'on lui a donné.

Vainement on chercherait à en changer la nature, en dissimulant son véritable objet : vainement on chercherait à le cacher sous la forme d'une vente, ou d'un échange, ou d'une transaction, ou de toute autre manière. Il suffit que

l'acte ait pour objet réel de faire cesser l'indivision entre cohéritiers, pour qu'il soit toujours un
partage, quelles que soient les conventions qu'on
y a insérées, quelle que soit la dénomination qui
lui a été donnée, et qu'en conséquence il soit
sujet à la rescision, pour cause de lésion de plus
du quart.

Autrement, en effet, rien ne serait plus facile
que de violer l'égalité qui doit régner entre les
cohéritiers.

D'une part, il suffirait, pour empêcher toute
action en rescision pour cause de lésion, de supposer, dans le partage, une transaction *sur des
difficultés imaginaires*, et cela ne peut être tolé-
rable. (Mais s'il y avait transaction réelle sur des
difficultés réelles et sérieuses, l'action en lésion
serait-elle encore admissible? *Voyez* le n° 4.)

D'autre part, si, au lieu de procéder à la division de biens des la succession, quelques héritiers souscrivaient, au profit des autres, ou des
ventes ou des échanges de tout ou de partie de
leurs portions héréditaires, ou de quelques objets
déterminés, même en restant personnellement
chargés de contribuer aux dettes de la succession, ils ne pourraient plus se pourvoir en rescision contre ces ventes ou échanges, que pour
cause de lésion *de plus des sept douzièmes dans
le prix*, et se trouveraient ainsi privés du recours

que la loi accorde contre tous les partages, pour cause de lésion *de plus du quart*.

Mais les ventes et les échanges faits entre les cohéritiers, pendant que la succession est encore indivise, contiennent évidemment partage, en ce que les héritiers qui vendent ou qui échangent, reçoivent, soit pour leurs portions dans la masse de la succession, soit pour leurs portions dans les objets déterminés, ou le prix des ventes par eux consenties, ou les biens qui leur sont donnés en échange. Cette manière de procéder au partage, doit donc être également soumise à la rescision pour cause de lésion du quart, afin d'assurer l'égalité entre les héritiers, dans tous les actes qui font cesser l'indivision.

Il ne peut y avoir à cet égard d'exception, que pour le cas prévu par l'art. 889, où il s'agit d'un contrat purement aléatoire, qui, par sa nature et à raison de l'incertitude respective des chances de perte ou de gain, ne peut être sujet à l'action rescisoire pour cause de lésion.

2. Cette action serait encore admissible, lors même que les cohéritiers auraient procédé entr'eux à la licitation, même en justice, des biens de la succession. La licitation, comme on l'a déjà vu, n'est qu'un mode de partage; entre les héritiers elle tient lieu de partage, ainsi que l'a jugé l'arrêt du 2 mars 1812, rapporté au n° 5 des observations sur l'art. 882; et conséquemment les

héritiers adjudicataires pourraient être attaqués par les autres héritiers, pour cause de lésion de plus du quart dans le prix de l'adjudication.

3. Il en serait de même à l'égard du partage qui aurait été fait régulièrement en justice. Quoiqu'on doive présumer en général que, d'après les précautions qui sont prescrites par la loi pour assurer l'égalité dans les partages judiciaires, il ne s'y trouve pas de lésion, au moins de plus du quart, au préjudice d'un des héritiers, il suffit cependant que cette lésion existe réellement, pour qu'elle doive faire prononcer la rescision. L'art. 887 dit, en termes généraux et absolus, qu'il peut y avoir lieu à rescision, lorsqu'un des cohéritiers établit, à son préjudice, une lésion de plus du quart. L'article ne fait aucune exception; il n'admet et n'établit aucune distinction entre les partages faits à l'amiable et ceux faits en justice, parce qu'en effet, dans les uns comme dans les autres, il doit y avoir égalité.

4. Le cas où l'acte qui fait cesser l'indivision, est qualifié de transaction, mérite d'être particulièrement examiné.

Aux termes de l'art. 888, l'acte qui a pour objet de faire cesser l'indivision entre cohéritiers, est soumis à l'action en rescision pour cause de lésion, encore qu'il soit qualifié de transaction. Or, ces expressions, *encore qu'il soit qualifié de transaction*, annoncent suffisamment qu'il s'agit d'une

45.

qualification fausse, laquelle aurait été donnée à un acte qui n'aurait d'autre objet que de faire cesser l'indivision entre les cohéritiers, qui ne contiendrait pas en effet de transaction sur des difficultés réelles, et qu'on n'aurait rédigé en forme de transaction, en supposant des difficultés qui n'existaient pas ou qui n'étaient pas sérieuses, qu'afin de le soustraire à l'action rescisoire pour lésion, en vertu de l'art. 2052 du Code.

Mais, si l'acte contenait vraiment une transaction réelle sur des difficultés réelles et sérieuses, nées ou à naître, serait-il encore sujet à l'action rescisoire pour lésion, au moins pour le tout, nonobstant la disposition de l'art. 2052? C'est ce qu'il faut examiner.

Il arrive souvent que, lors même que les cohéritiers sont d'accord sur leurs droits respectifs dans la succession, il s'élève entr'eux des discussions relativement au partage, soit pour le faire ordonner en justice contre ceux qui ne veulent pas y procéder à l'amiable ou qui veulent le faire ajourner, soit sur la possibilité du partage ou la nécessité d'une licitation, soit sur l'estimation des biens et la composition des lots, soit enfin généralement sur le mode de procéder au partage et sur la manière de le terminer.

Mais il est bien évident que toutes ces discussions n'ayant pour objet que de parvenir à la division des biens, l'acte qui les termine, en faisant cesser l'indivision, est réellement un partage et ne peut être considéré comme une transaction.

Autrement, la disposition de l'art. 888 serait purement illusoire, puisqu'il suffirait, pour en éluder l'application, de former en justice la demande en partage et de faire élever quelques incidens, bien ou mal fondés, sur la forme de procéder.

Mais, s'il s'était élevé des contestations *réelles et sérieuses*, relatives aux droits respectifs des prétendans à la succession, par exemple, sur les qualités de l'un ou de plusieurs d'entr'eux; sur la quotité de la portion qui doit appartenir à chacun, sur la validité de dons et de legs faits à quelques-uns des cohéritiers; sur l'obligation ou la dispense du rapport, et si, pour terminer tous les débats, les héritiers avaient procédé au partage des biens, non par quotité et en formant des lots, mais par attribution, c'est-à-dire, en convenant que, d'après les bases adoptées, chacun d'eux aurait tels et tels biens désignés, dans ce cas, on ne peut douter que l'acte ne fût une véritable transaction qui ne serait pas soumise à l'action rescisoire pour cause de lésion.

Le réglement des droits respectifs des héritiers peut donner lieu à des questions épineuses et à des difficultés graves, qui seraient de nature à jeter les parties dans une involution de procès ruineux. Si, dans le dessein de prévenir ces procès, ou pour les terminer, lorsqu'ils ont été déjà commencés ; les héritiers font un traité à l'amiable, pourra-t-il être permis de revenir contre ce traité, sous prétexte de lésion, et de manière à ressusciter tous les débats qu'il avait éteints? Dans cette supposition, il n'y aurait plus de transactions à faire sur les contestations qui pourraient s'élever à l'égard d'une succession indivise; il faudrait porter en justice toutes ces contestations et les faire décider toutes par les tribunaux, puisqu'autrement on s'exposerait à les voir toutes renaître sur des demandes en rescision? Mais ne serait-ce pas allumer le flambeau de la discorde dans toutes les familles?

Telle n'a pas été, sans doute, l'intention du législateur. Il a bien voulu que, lorsqu'il ne s'agit entre cohéritiers que de procéder à un partage, il ne fût pas permis, en déguisant la nature de l'acte et en lui donnant la couleur et la forme d'une transaction, de le soustraire à l'action rescisoire pour cause de lésion; mais il n'a pas entendu que, dans le cas où une transaction aurait été nécessaire et réelle, l'acte qui la contient et qui, par la manière dont il règle les débats, fait cesser l'indivision des biens dût être regardé comme n'étant qu'un simple partage. Dans ce cas en effet, le partage n'est que le résultat de la transaction; il est lié avec elle, et, comme elle, il doit être inattaquable, puisqu'il ne serait pas possible de le rompre, sans rompre également la transaction, sans renouveler tous les procès terminés

Ainsi l'ont décidé la cour royale de Grenoble et la section civile de la cour de cassation. Par arrêts des 15 avril 1807 et 7 février 1809, elles ont jugé,

1° Que, lorsqu'un père a fixé, par son testament, la part de chacun de ses enfans dans sa succession, et qu'après sa mort il s'élève entre les enfans des contestations sur cette fixation, l'acte par lequel elles sont terminées, par lequel les droits respectifs sont réglés et qui fait cesser l'indivision, ne doit pas être considéré comme un simple acte de partage ;

2° Que, lorsque des cohéritiers demandent le partage d'un immeuble, et que l'un d'eux prétend en avoir exclusivement la propriété, l'acte qui intervient sur cette prétention, si elle est réelle et sérieuse, ne doit pas être réputé acte de partage ;

3° Que, dans les deux cas, l'acte doit être considéré comme une transaction, et ne peut être conséquemment soumis à l'action rescisoire pour cause de lésion.

Mais il est bien important de remarquer que l'acte ne peut être considéré comme transaction, et non comme un simple partage, que dans le cas seulement où les contestations et les difficul-

tés sur lesquelles il a été transigé, étaient réelles ;
étaient sérieuses et présentaient des questions
dont la solution pouvait être incertaine. Il est
donc nécessaire que, dans l'acte même, les contestations, les difficultés et les questions sur lesquelles on transige, soient clairement énoncées,
pour que, sur la demande en rescision pour cause
de lésion, les tribunaux soient en état de vérifier
les motifs véritables et les caractères essentiels de
l'acte, et puissent décider s'il est réellement une
transaction, plutôt qu'un simple partage.

Il faut ajouter que, dans le cas même d'une
transaction réelle, si on avait fixé d'abord la
quotité de la portion que devait avoir chacun des
héritiers, et que, d'après cette fixation, il eût été
procédé au partage de la masse, celui des héritiers qui n'aurait pas eu la totalité de la portion
déterminée et qui éprouverait à cet égard une
lésion de plus du quart, serait encore fondé à se
pourvoir en rescision pour cause de lésion.

L'acte vaudrait bien comme transaction, quant
à la fixation de la quotité des parts pour chacun
des héritiers ; sous ce rapport, il ne pourrait être
attaqué ; aucun des héritiers ne pourrait réclamer
plus que la quotité qui a été réglée, mais si
dans la distribution des parts un des héritiers
avait eu moins des trois quarts de la quotité ou
de la portion qui devait lui revenir d'après la
base adoptée, il aurait le droit de se pourvoir

contre l'opération même du partage, sans toucher aux autres conventions, l'acte en ce cas ayant deux parties trés-distinctes, la transaction sur la fixation de la quotité des parts, et le partage qui aurait déterminé chaque part séparément.

5. Lorsque le partage est consommé, il peut s'élever des difficultés et même des contestations sur son exécution. Si les héritiers transigent sur ces difficultés, sur ces contestations, la transaction est irrévocable, on ne peut plus lui appliquer la première disposition de l'art. 888, puisque l'indivision avait cessé par le partage.

Mais encore, pour que cette transaction ne soit pas soumise à l'action rescisoire pour cause de lésion, il faut d'après la seconde disposition de l'art. 888, qu'elle ait été faite sur des difficultés *réelles* que présentait l'acte de partage. Autrement, en effet, on serait retombé, d'une autre manière, dans l'inconvénient que la loi a voulu prévenir, puisqu'en amenant un héritier à souscrire une prétendue transaction sur des difficultés imaginaires, on l'aurait frauduleusement fait renoncer, sans motifs légitimes, à l'action rescisoire contre le partage.

ARTICLE 889.

L'action n'est pas admise contre une vente de droits successifs, faite sans

fraude à l'un des cohéritiers , à ses risques et périls , par ses autres cohéritiers , ou par l'un d'eux.

1. La disposition de cet article est une exception à la règle générale établie dans l'art. 888.

L'exception est fondée sur ce qu'une vente de
droits successifs, faite entre cohéritiers, aux risques et périls des acquéreurs, et sans fraude, est
un véritable contrat aléatoire, à cause de l'incertitude de la perte et du gain, soit relativement à
la quotité des biens, soit relativement à la quotité
des charges; et qu'ainsi elle ne peut être soumise
à l'action rescisoire pour lésion.

Cependant les anciens auteurs n'étaient pas
d'accord sur ce point.

Plusieurs tenaient d'une manière absolue, au
principe, que le premier acte qui fait cesser l'indivision entre cohéritier, est toujours un partage, quelles que soient les conventions qu'on y
fasse.

D'autres, au contraire, et notamment Lebrun
et Pothier, disaient que, si un héritier, voulant
avoir une somme claire et liquide, sans s'exposer
aux risques des dettes et des charges de la succession, et de manière à se débarrasser de toutes
les affaires, vendait ses droits successifs à l'un ou
plusieurs de ses cohéritiers, ce n'était pas là réellement un partage, mais un pacte licite qui de-

vait être maintenu , s'il n'y avait pas eu de fraude, et qu'au surplus , dans l'espèce , il ne pouvait y avoir de base pour établir la lésion au moment de l'acte, puisque l'incertitude sur la quotité de l'actif de la succession et sur la quotité des dettes et des charges , rendait également incertaine la valeur des droits successifs.

En adoptant cette dernière opinion , le Code civil a fait cesser toutes les difficultés et prévenu une foule de procès.

2. Mais, pour que l'exception soit admise, trois choses sont requises par l'art. 889.

1º Que ce soit une vente *de droits successifs*, c'est-à-dire , une vente faite, avant partage, de tous les droits en masse qui appartiennent au vendeur dans l'hérédité , et non pas seulement de sa part dans des immeubles désignés , ou même de sa part dans tous les immeubles , ou dans tout le mobilier ;

2º Que la vente ait été faite aux risques et périls de l'acquéreur, c'est-à-dire , que l'acquéreur ait pris à forfait les droits successifs, et soit en conséquence chargé d'acquitter les dettes et les charges de la succession , au lieu et place du vendeur, et sans aucun recours.

Sans ces deux conditions, le contrat ne serait pas purement aléatoire, dans le sens de l'art. 889.

3º Que la vente ait été faite sans fraude, c'est-à-dire, que l'acquéreur, connaissant les affaires et l'état de la succession n'ait pas profité de ce que le vendeur ne les connaissait pas également, pour obtenir frauduleusement une cession qui ne lui présente aucun risque.

« Il faut néanmoins, disait Lebrun, *Traité des Successions*, liv. 4, chap. 1, n° 58, distinguer le temps et les autres circonstances de la vente des droits successifs : car si un héritier absent traite, par procureur, avec ceux qui avaient eu une demeure commune avec le défunt et qui pouvaient être fort instruits des affaires de la succession, et qu'il leur vende ses droits, sans avoir eu communication de l'inventaire que les parens ont fait faire, *non visis inspectisque tabulis*, en ce cas, il est vrai de dire, avec la loi, que le vendeur *non tàm paciscitur quàm decipitur*, et qu'il y a lieu à la restitution. En effet, on ne peut comparer un tel traité au marché d'un coup de filet, appelé dans le droit *jactus retis*, parce que l'incertitude n'est pas réciproque, les acheteurs connaissant beaucoup mieux les affaires de la succession, puisqu'ils en connaissent au moins les effets ; et généralement toutes les fois qu'il y a du dol et de la fraude de la part des cohéritiers acheteurs, il y a lieu à la restitution. La loi *qui non dùm* 3. *C. de hæred, vel. act. vend.*, donne même, en ce cas, la révendication. »

ARTICLE 890.

Pour juger s'il y a eu lésion, on estime les objets suivant leur valeur à l'époque du partage.

1. Pour vérifier si un partage contient lésion, au préjudice de l'un des héritiers, il faut que tous les biens de la succession soient estimés; ce n'est que par cette estimation générale, qu'on peut connaître si la valeur des objets qui ont été attribués par le partage à l'héritier qui réclame, est réellement inférieur de plus du quart à la valeur de la juste portion qu'il aurait dû avoir dans la masse de l'hérédité, et dès-lors il est évident que les biens doivent être estimés suivant la valeur qu'ils avaient au moment même où le patage a été fait, puisqu'il s'agit uniquement de savoir quelle est la valeur qu'a eue l'héritier par le partage et quelle est celle qu'il devait avoir.

Ainsi les augmentations ou diminutions qui ont pu survenir, depuis le partage, dans le prix et la valeur des biens, ne doivent être aucunement considérées.

Si le partage ne contenait pas, au moment où il a été fait, une lésion de plus du quart, au préjudice de l'un des héritiers, il ne peut, aux termes de la loi, être rescindé, et il suffit qu'il contienne cette lésion, pour qu'il soit soumis à l'action rescisoire.

Dans l'un et l'autre cas, les variations qui sont survenues, par des cas ou événemens fortuits, dans la valeur des biens, ne peuvent étréoagir sur les opérations du partage, ni les rendre plus ou moins équitables. Elles forment, pour ou contre chaque héritier personnellement, en ce qui concerne sa part et portion, des chances de profits ou de pertes, qui ne peuvent plus entrer dans la communauté, puisque la communauté a été dissoute par le partage.

2. Le mode et la forme de l'estimation, sont réglés par le titre 14 du deuxième livre de la première partie du Code de procédure civil.

ARTICLE 891.

Le défendeur à la demande en rescision peut en arrêter le cours et empêcher un nouveau partage, en offrant et en fournissant au demandeur le supplément de sa portion héréditaire, soit en numéraire, soit en nature.

1. Dans la rigueur du droit, le partage devrait être toujours rescindé, aux termes de

l'art. 887, lorsqu'il y a preuve d'une lésion de plus du quart, au préjudice de l'un des héritiers, et il devrait être procédé à un nouveau partage.

Cependant l'art. 891 autorise les héritiers contre lesquels a été formée la demande en rescision, à en arrêter le cour et à empêcher un nouveau partage, en fournissant à l'héritier qui a été lésé, le supplément de sa portion héréditaire.

Il leur donne même le choix de fournir le supplément, soit en numéraire, soit en nature.

Cette disposition est fondée sur ce qu'il convient, pour la tranquillité des familles, de terminer conciliatoirement les procès entre héritiers; que, d'ailleurs, les héritiers contre lesquels est dirigée l'action en rescision, peuvent avoir été de bonne foi lors du partage; que leur bonne foi ne peut pas même être suspectée, lorsqu'ils n'ont pas eux-mêmes composé les lots et que les lots ont été tirés au sort; qu'il serait donc injuste de les punir d'une erreur qui aurait été commune, en leur faisant subir les frais, les embarras et les désagrémens d'un nouveau partage, et qu'en conséquence il est équitable de les admettre à fournir à leur cohéritier qui a été lésé, le supplément de sa portion héréditaire.

2. C'est un juste supplément qui doit être fourni à l'héritier lésé, c'es-à-dire, un supplément qui indemnise entièrement cet héritier de la lésion

que lui a fait éprouver le partage, qui complète la valeur qu'il avait le droit de prendre dans la masse de la succession, et qui rétablisse aussi l'égalité.

- Sur ce point, il existe entre le partage et la vente nue différence qu'il est important de remaɪ- quer. L'acquéreur qui est également admis à offrir le supplément du juste prix, après l'admission de l'action rescisoire pour cause de lésion, est en outre autorisé par l'art. 1681, à déduire le dixième du prix total; mais cette déduction ne doit pas avoir lieu en matière de partage, parce qu'en cette matière l'égalité doit être toujours pleinement rétablie, au lieu qu'elle n'est pas aussi rigoureusement requise en matière de vente entre étrangers.

. 3. Lorsque les héritiers contre lesquels a été formée la demande en rescision, fournissent le supplément en numéraire, il en doivent les in- térêts, mais seulement à compter du jour de la demande. Avant cette demande, ils sont censés avoir possédé de bonne foi, puisqu'on suppose qu'il n'y a eu de leur part, ni dol, ni violence; et d'ailleurs l'héritier lésé pouvait se pourvoir plutôt.

Si les héritiers fournissent le supplément en biens héréditaires, ils doivent pareillement les jouissances de ces biens, à compter du jour de la demande.

Dans ce dernier cas, comme les biens héréditaires qu'ils fournissent pour le supplément,
ont dû être estimés, conformément à l'art. 890,
suivant leur valeur à l'époque du partage, il doit
être tenu compte à ces héritiers du montant des
impenses qu'ils ont faites, eu égard à ce dont la
valeur des biens s'en trouve augmentée au moment de la restitution, et réciproquement ils
doivent tenir compte, suivant la valeur à la
même époque, des dégradations et détériorations qui, depuis le partage, ont été commises
sur ces biens.

4. La disposition de l'art. 891, qui autorise
les héritiers contre lesquels a été formée la demande en rescision, à empêcher un nouveau
partage, en fournissant à celui qui a été lésé le
supplément *en numéraire*, doit-elle être appliquée au cas où la demande est fondée sur le
dol ou sur la violence?

Il me semble hors de doute que cette question doit être décidée négativement.

La faculté de fournir le supplément en numéraire, est évidemment une faveur pour les
héritiers qui ont profité de la lésion, puisqu'aux
termes du droit ils seraient tenus de rendre à
celui qui a été lésé, la totalité de sa portion héréditaire *en nature*.

Mais la justice et la morale ne s'opposent-
elles pas à ce que la moindre faveur soit accordée

III.

46

à ceux qui, par dol ou par violence, ont lésé l'un de leurs cohéritiers? Ne s'opposent-elles pas à ce qu'ils puissent retirer de leurs propres manœuvres un privilége qui ne peut être accordé qu'à la bonne foi? *Nemini fraus sua patrocinari debet.*

Aussi, avait-il été généralement admis par l'ancienne jurisprudence, ainsi que l'attestent Lebrun, *Traité des Successions*, liv. 4, chap. 1, n° 63, et Charles Dumoulin sur l'art. 22 de la coutume de Paris, que, si la rescision était pour cause de dol ou de violence, et même pour cause de lésion énorme, le demandeur n'était point obligé de recevoir en numéraire le supplément qui lui était dû, qu'il avait droit de le réclamer en biens héréditaires, et qu'en conséquence un nouveau partage devait être ordonné.

Vainement on voudrait argumenter de ce que l'art. 891, donne au défendeur le choix de fournir le supplément, soit en numéraire, soit en nature, sans distinguer quelle est la cause de la rescision. Ce serait abuser des termes de l'article, pour lui faire dire ce qui sûrement n'a pas été dans l'intention du législateur, et il est évident d'ailleurs que l'art. 891 n'a trait, comme les deux autres articles qui le précèdent, qu'aux actions en rescision pour cause de lésion.

Article 892.

Le cohéritier qui a aliéné son lot en tout ou en partie, n'est plus recevable à intenter l'action en rescision pour dol ou violence, si l'aliénation qu'il a faite est postérieure à la découverte du dol, ou à la cessation de la violence.

1. La rescision d'un partage oblige chacun des cohéritiers à rapporter tout ce qui avait été compris dans son lot, pour qu'il soit procédé à un nouveau partage de tous les biens de la succession.

Lors donc qu'un héritier aliène, en tout ou en partie, le lot qui lui avait été attribué par un partage et se met ainsi volontairement dans l'impuissance d'en faire le rapport, comme il rend impossible, par son propre fait, un nouveau partage de toute la succession, il ne peut plus être admis à le demander lui-même.

D'ailleurs, il exécute volontairement le partage qui a été fait, en disposant, comme propriétaire définitif, des biens que ce partage lui avait attribués : or, suivant l'art. 1338 du Code, l'exécution volontaire d'un acte emporte la re-

46.

nonciation aux moyens et exceptions que l'on pouvait opposer contre cet acte.

Telle est la règle générale.

Cependant il a paru juste de faire une exception en faveur de l'héritier qui a aliéné son lot, en tout ou en partie, ou lorsqu'il n'était pas encore instruit qu'il y avait eu dol à son préjudice dans le partage, ou avant la cessation de la violence qui l'avait contraint à souscrire cet acte. Au premier cas, l'exécution qu'il a donnée au partage, n'est qu'une suite de l'erreur dans laquelle il avait été induit par les manœuvres frauduleuses pratiquées contre lui; au deuxième cas, l'exécution peut n'être encore que le résultat de la violence.

Mais, après la découverte du dol, ou la cessation de la violence, l'exécution que l'héritier donne au partage, en aliénant son lot, est absolument libre et volontaire, puisqu'il pouvait, au lieu d'aliéner, former la demande en rescision. Ainsi, lorsqu'il préfère d'aliéner, il renonce bien volontairement à attaquer le partage.

Tel est le véritable sens dans lequel doit être entendu l'article 892.

L'article aurait été peut-être mieux rédigé, s'il avait dit simplement que le cohéritier qui a aliéné son lot, en tout ou en partie, est néanmoins recevable à intenter l'action en rescision pour dol ou violence, lorsque l'aliénation qu'il a faite est antérieure à la découverte du dol, ou à la cessation de la violence. C'était là précisément l'exception que le législateur voulait établir.

Quoi qu'il en soit, comme l'art. 892, tel qu'il est rédigé, ne prononce la fin de non-recevoir contre l'action en rescison, que pour le cas où l'aliénation a été *postérieure* à la découverte du dol ou à la cessation de la violence, il en résulte nécessairement que l'action est recevable, lorsque l'aliénation a été faite *antérieurement* à la découverte du dol ou à la cessation de la violence, et ainsi l'objet principal de l'article se trouve clairement expliqué.

2. Mais, sous un autre rapport, la rédaction de l'art. 892 a fait naître la question de savoir si l'héritier contre lequel il n'y a eu ni dol ni violence dans le partage fait avec lui, et qui a aliéné son lot en tout ou en partie, est ensuite recevable à exercer contre ce partage l'action rescisoire, *pour cause de lésion.*

L'article, a-t-on dit, ne prononce la fin de non-recevoir qu'à l'égard de l'action en rescision pour cause de dol ou de violence, puisqu'il ne la prononce que contre l'héritier qui a aliéné après la découverte du dol ou la cessation de la violence; il ne la prononce donc pas à l'égard de l'action en rescision pour cause de lésion : *qui de uno dicit, de altero négat.*

Mais n'est-il pas évident que cette conséquece

ne peut résulter, ni des termes ni des motifs de
de l'art. 892?

Pourquoi, en effet, l'héritier qui n'a aliéné
son lot qu'après la découverte du dol ou la cessation de la violence, est-il déclaré non-rece-
vable à intenter l'action en rescision? C'est parce
qu'il doit être présumé avoir volontairement renoncé à cette action, en exécutant le partage
dans un temps où il en connaissait le vice, dans
un temps où il avait la pleine liberté d'agir et
de réclamer.

Or, la même raison ne s'applique-t-elle pas
nécessairement à l'héritier contre lequel il n'y a
eu ni dol ni violence, et que rien n'empêche de
vérifier s'il y a eu dans le partage lésion, à son
préjudice? Il peut, il doit même faire cette vérification, avant d'aliéner son lot, avant d'exécuter le partage, et ne doit-on pas présumer, ou
qu'il l'a faite, ou qu'il y renonce dans ses intérêts, lorsqu'au lieu de réclamer, il aliène et
exécute? Cette exécution n'est-elle pas tout aussi
volontaire de sa part, n'est-elle pas tout aussi
libre, et conséquemment ne doit-elle pas produire tous les mêmes effets, que celle qui a lieu
de la part d'un autre héritier, après la découverte du dol ou la cessation de la violence, dont
il avait été victime?

Si l'art. 892 s'est occupé particulièrement du
cas où il y a eu dol ou violence, c'est qu'on aurait

pu croire que, dans ce cas, l'héritier lésé mé-
ritait assez de faveur pour que son action dût
être admise, lors même qu'après la découverte
du dol ou la cessation de la violence, il aurait
exécuté le partage, en aliénant son lot. Mais si
le législateur a pensé que, même dans ce cas,
la faveur devait cesser, quand il y avait eu exécution volontaire, peut-on supposer que, pour un
autre cas beaucoup moins favorable, le législateur ait voulu cependant conserver l'action à
l'héritier qui aurait volontairement exécuté le
partage?

Quant à l'argument que l'on a voulu tirer des
termes de l'art. 892, en invoquant la maxime,
qui de uno dicit, de altero negat, je réponds,
par des observations générales, qui termineront
convenablement mon commentaire,

Que la prétendue maxime qui est invoquée,
n'est pas toujours exacte et concluante, sur-tout
en matière d'interprétation de lois ;

Que, si les termes d'une disposition législative
ne la restreignent pas formellement au cas qu'elle
a prévu, si pour ce cas particulièrement ils ne
prononcent pas une exception expresse, on peut
et l'on doit même appliquer la disposition à
d'autres cas de même nature, lorsque les mêmes
motifs s'y appliquent évidemment;

Que, suivant la doctrine établie par Domat,
dans ses règles du droit, s'il se trouve dans

quelque loi, une omission d'une chose qui soit
essentielle à la loi, ou qui soit une suite nécessaire de sa disposition, et qui tende à donner à la
loi son entier effet selon son motif, on peut,
en ce cas, suppléer ce qui manque à l'expression
et étendre la disposition de la loi à ce qui, étant
compris dans son intention, manque dans les
termes : *Quod legibus omissum est, non omittetur
religione judicantium. L. 13, ff. de Test.;*

Que, pour bien entendre le sens d'une loi, il
faut juger de ses dispositions par ses motifs et
par la suite de tout ce qu'elle ordonne, et ne pas
borner son sens à ce qui pourrait paraître différent de son intention, ou dans une partie de la
loi tronquée, ou dans le défaut d'une expression;
qu'il faut préférer à ce sens étranger d'une expression défectueuse, celui qui paraît d'ailleurs
évident par l'esprit de la loi entière;

Que, dans les lois qui *permettent*, on tire la
conséquence du plus au moins, pour les choses
qui sont du même genre que celles dont les lois
disposent ou qui sont telles que les motifs de ces
lois doivent s'y étendre, et que, dans les lois qui
défendent, on tire la conséquence du moins au
plus, à moins que, dans les unes ou les autres,
il ne se trouve des termes réellement restrictifs;

Qu'enfin les lois doivent être interprétées sai-
nement, et non pas d'une manière trop subtile,
non pas d'une manière qui en explique et res-

treigne les termes purement énonciatifs, dans un sens évidemment opposé à leur intention, à leurs motifs, aux principes généraux de la matière et aux règles de l'équité. *Scire leges non hoc est verba earum tenere, sed vim ac potestatem.* l. 17, ff. *de legib.*

BIBLIOTHÈQUE PUBLIQUE MONTBÉLIARD

FIN DU TROISIÈME ET DERNIER VOLUME.

www.ingramcontent.com/pod-product-compliance
Lightning Source LLC
Chambersburg PA
CBHW031538210326

41599CB00015B/1934